“十三五”江苏省高等学校重点教材
农林经济管理系列教材

研究设计与论文写作
——经济管理类大学生科研训练指导

（第二版）

主　编　何　军
副主编　纪月清　潘　丹

江苏省高校品牌专业建设工程项目资助

科　学　出　版　社
北　京

内 容 简 介

本书着重探讨了三个层次的问题：一是经济管理的科学的基本研究方法问题。探讨了科学方法的特征、科学研究的类型、研究的各个要素、研究问题的提出、研究方案的设计等，从而为学生进行研究计划设计提供指导。二是资料收集与数据的处理问题。介绍了经济管理领域文字资料和二手数据的来源及整理方法、一手数据的调查和整理方法及常用的数据分析方法。三是各种类型科研论文与学位论文的写作问题。介绍了论文写作规划、开题报告、文献综述、调查报告、案例研究论文、定量分析论文及学位论文的写作要点与写作规范，并提供了相应的代表性论文案例。

本书适用于农林经济管理、理论经济学、应用经济学和工商管理类高年级本科生和低年级学术型硕士研究生，同时也适用于经济类、管理类各领域专业硕士研究生。

图书在版编目（CIP）数据

研究设计与论文写作：经济管理类大学生科研训练指导 / 何军主编. —2版. —北京：科学出版社，2022.9

农林经济管理系列教材

“十三五”江苏省高等学校重点教材

ISBN 978-7-03-067805-8

Ⅰ. ①研… Ⅱ. ①何… Ⅲ. ①经济管理-研究方法-高等学校-教材 ②经济管理-论文-写作-高等学校-教材 Ⅳ. ①F2-3 ②H152.3

中国版本图书馆 CIP 数据核字（2020）第 264823 号

责任编辑：王京苏 / 责任校对：刘 芳

责任印制：赵 博 / 封面设计：蓝正设计

科学出版社出版

北京东黄城根北街 16 号

邮政编码：100717

http://www.sciencep.com

天津市新科印刷有限公司印刷

科学出版社发行 各地新华书店经销

*

2011 年 6 月第 一 版 开本：787 × 1092 1/16

2022 年 9 月第 二 版 印张：19 1/4

2025 年 1 月第二十一次印刷 字数：454 000

定价：52.00 元

（如有印装质量问题，我社负责调换）

作 者 简 介

何军，男，1964 年 12 月生，博士，先后毕业于复旦大学、南京大学、南京农业大学，分别获得经济学学士、法学硕士和管理学博士学位。现任南京农业大学经济管理学院管理系主任，教授、博士生导师，教育部首届课程思政教学名师。兼任劳动经济学会理事、江苏省现代农业产业体系技术经济岗位专家。长期从事经济学、管理学等学科的教学与科研工作，多次荣获南京农业大学教学质量优秀奖，获得南京农业大学“师德标兵”称号。出版教材、专著 7 部，在《中国农村经济》等核心期刊发表文章 60 余篇。

纪月清，男，1983 年生，博士。现任南京农业大学经济管理学院教授、博士生导师，被评为江苏高校“青蓝工程”优秀青年骨干教师、紫金文化优秀青年、南京农业大学“钟山学术新秀”。主持国家社会科学基金重大项目 1 项、国家自然科学基金项目 4 项，研究成果在《管理世界》、《经济研究》、*Ecological Economics*、*China Economic Review* 等国内外重要期刊上发表。

潘丹，女，1986 年 6 月生，博士。江西财经大学经济学院教授、博士生导师，第四批国家“万人计划”青年拔尖人才，江西省首批“青年井冈学者奖励计划”人选，江西省杰出青年科学基金获得者。现任江西财经大学生态经济研究院副院长。长期从事农业经济管理、人口资源与环境经济学及应用生态学等方面的跨学科研究。近年来，作为第一主持人，主持各类科研项目 20 余项，在 *Ecological Economics*、*Science of the Total Environment*、*Journal of Cleaner Production*、《中国农村经济》、《中国农村观察》等国内外重要学术刊物上发表学术论文 60 余篇。

出 版 说 明

农林经济管理学科主要研究农林部门社会经济活动的客观规律、宏观管理政策和微观管理决策。但是，不同于国民经济其他部门，农林部门的经济活动不能简单运用一般的经济学原理进行分析并依此提出宏观管理的政策建议。经济再生产与自然再生产交织在一起是农林生产的根本特点，由此决定了农林生产类型、方式和组织形式在很大程度上受自然条件影响。而且在现代经济转型过程中，农林产业占国民经济比重的下降速度远远超过劳动力转移的速度，对农林业劳动者的经济地位和福利产生重要影响，并且引发一系列社会、文化和政治问题。因此，农林经济管理的研究对象不仅是特定条件下的生产、流通、分配和消费，更是特定时期与社会经济和资源环境变迁相关的经济理论和管理决策问题。农林经济管理不同于一般的部门管理，也不能简单应用一般的经济管理原理，它是一门具有特殊性的交叉学科。

本系列教材根据教育部卓越人才教育培养计划改革和品牌专业建设的要求，以农林经济管理专业培养方案为指南，汇聚南京农业大学农林经济管理领域的优秀教师编写而成。本系列教材将分批陆续出版，包括《农业经营学》《农业园区规划设计》《农村金融学》《研究设计与论文写作》《农业经济研究方法》等。本系列教材充分吸收了国内外相关教材的优点，注重科学性、实用性和先进性，突出交叉学科特点，重视方法论的教学，弥补传统教材空白，力求满足新时期农林经济管理教学的需求。

本系列教材可以作为农林经济管理等学科专业的本科生、研究生以及干部培训班的教材或参考书，也可以作为其他读者了解农林经济管理专业知识的基础读物。

本系列教材的出版得到教育部卓越农林人才教育培养计划改革试点项目和江苏高校品牌专业建设工程资助。

科学出版社

2022 年 1 月

前　言

经济管理类各专业在本科层次培养学生的科学精神与科研能力，使其掌握基本的学术规范，与国际先进水平接轨，已成为共识。本书着重探讨了三个层次的问题：一是经济管理的科学的基本研究方法；二是资料的收集与数据的处理；三是各种类型科研论文与学位论文的写作。

本书初版自 2011 年出版以来，以其全面性、知识性、实用性和针对性受到了读者的广泛好评。多所大学将本书作为本科生、研究生“研究设计”与“创新思维”等课程的主讲教材或主要参考教材。笔者也收到了多所高校的主讲教师、学生的来信，称赞本书对学生的科研训练、毕业论文质量的提升起到了良好的促进作用。

教材出版已经超过 10 年，为了进一步提升教材的质量，笔者根据自身的教学体会和使用教材的部分教师、读者的反馈，计划对教材进行以下几个方面的修订。

一是在结构上对全书内容进行了新的梳理，将全书内容分为三个部分。上篇：研究方法；中篇：研究程序；下篇：写作过程。在下篇中将原书中第十、十一、十二章内容合并为论文形式一章。这样调整，框架结构上会更为清晰。

二是对部分章节内容进行了更新，特别是在第六章数据分析方法中增加了质性研究方法，以及分位数回归、倾向得分匹配方法等近年来常用的研究方法。

三是更新了每章的参考书目，对部分扩展阅读内容进行了替换，同时也更新了范文与附录内容。

本书第二版的写作是在全体作者通力协作下完成的。何军教授（南京农业大学）负责整体框架的设计与调整，纪月清教授（南京农业大学）负责上篇的修订，潘丹教授（江西财经大学）负责中篇与下篇的修订。参加修订编写工作的还有南京农业大学经济管理学院的张梅主任，南京农业大学校报编辑部赵烨烨主任，南京农业大学经济管理学院博士生赵清军、杨浩鹏，江西财经大学经济学院的研究生周金龙、宋嘉音，东北农业大学经济管理学院的李庆博士，太原理工大学经济管理学院王恺博士。

南京农业大学经济管理学院朱晶院长、林光华副院长、应瑞瑶教授始终关心本书的修订工作并提出了许多建设性意见，在此表示衷心的感谢。

本书第二版的出版得到了“十三五”江苏省高等学校重点教材（修订）建设项目和江苏省高校品牌专业建设工程项目的资助，在此对资助方表示感谢。

何　军
2022 年 6 月于南京

目　　录

上篇：研究方法

中篇：研究程序

下篇：写作过程

上篇：研究方法

第一章

什么是科学研究

第一节　什么是科学和科学方法

人们的求知方式有很多种。就个人而言，其求知可以是对常识的亲历感知，也可以是对已有知识的记忆学习。就人类而言，要产生新知识，或采取科学方法或采取思辨方法。

一、传统的求知方式

大家知道很多知识。大家知道地球是圆的，或许也知道月球阴暗的一面相当寒冷，还可能知道维生素C可以预防感冒。大家是如何知道的？如果稍微思考一下，就会想到是某些人告诉我们的，而且我们信以为真。有些知道的事情，显得非常理所当然。不过，过去大家都“知道”天圆地方，大地是平的。

很多人们知道的事情其实是约定俗成的或是信仰，很少是个人的经验和发现。我们对事物的了解一部分通过传统，一部分通过权威专家。不过，我们还有其他方法，我们可以通过经验或者观察来了解事物。问题在于，当个人经验和大家约定俗成的知识发生冲突时，个人经验往往可能在众议之下认输。

（一）传统

我们每个人都继承了很多根深蒂固的知识。我们可能从他人那里得知：很多农作物在春天播种，在秋天将获得丰收；吃太多糖可能会造成蛀牙，圆周率的近似值是22/7。尽管我们可以亲身去检验这些知识，但我们还是直接接受了其中的大部分。因为这些都是“众所周知”的事。

传统对人类的研究是有所助益的。接受人人皆知的事物，可以替我们省下不少亲自去研究的时间。知识是累积的，继承已有的信息和知识体系，正是发展更多知识的起点。我们常说“站在巨人的肩膀上”，就是指知识的传承。

不过，传统也可能阻碍人类的研究。如果想在人们已知的事物上寻求新的观点和不同的知识，很可能会遭到他人的质疑乃至抵制。更有甚者，有些人可能根本不想对已知的事物去做不同的认识。

（二）权威

即使传统的力量很大，新知识还是每天涌现。除了我们亲身的研究之外，我们终生都是他人新发现和新知识的受惠者。通常人们对这些新知识的接受程度和发现者的地位有关。例如，当我们生病时，往往更相信医生，而不是厨师或出租车司机的建议。关于飓风如何形成和地震何时会发生的知识，我们更加相信百科全书，而不是小说或漫画。然而，对专家的知识必须保持谨慎并且不能无条件接受。我们知道医生在诊断时也会犯错，并且，因为新的证据的出现，知识会随着时间而改变。其实，大多数权威专家的知识是通过科学研究而来的，甚至由科学研究而来的知识只是暂时的真理，有待于通过更多的研究进一步证实或辩驳。

就像传统一样，权威专家既可能帮助也可能阻碍研究。我们会信任接受过特殊训练的人、专家或信誉很好的人，在有争议的问题上更是如此。同时，权威专家在自己专长的领域犯错时，也会严重地阻碍我们的研究。如果专家超出自己专长的领域发表意见，也会妨碍我们的研究。例如，广告公司经常会邀请人们喜爱的运动员来向消费者介绍牛奶的营养价值、让电影明星评估汽车的性能等。

（三）经验

个人经验是我们获得知识的重要方法。不需要他人告知，我们也知道冬天的河水是冰冷的；火可以取暖，但靠得太近会灼伤我们；经常暴露在太阳底下，我们的皮肤将会变黑。

然而，个人经验是有限的，得到的知识或者结论有可能是不可靠的。例如，某人每天都购买一张彩票，经过三个月后他发现周一买的彩票中奖的概率更大，于是他把这种现象看作一种规律，然后决定只在周一买七张彩票。然而再经过一段时间他就可能会发现，这样做并没有提高中奖的概率。为了得到更可靠的知识，我们往往需要更系统和更大规模的调查观察，更重要的是我们还需要了解现象背后的原因。

个人经验经常会受到传统和权威的影响。例如，传统告诉我们蔬菜炒熟了才能吃，而水果必须生吃。我们到了一个陌生的地方看见那儿的人拿着生菜的叶子往嘴里塞或拿着香蕉在火上烤，可能觉得不适。经过当地人的鼓励，我们尝了一口，感觉味道怪怪的。经过一段时间，我们发现这儿所有的人都生吃生菜、烤着吃香蕉，而我们也逐渐喜欢上了这种味道，并开始认为生菜理所当然该生吃。

二、思辨方法与科学方法

（一）思辨方法

思辨是指进行纯理论、纯概念的思考。它是一种思考方式，但不是与外界相关的，甚至可以不符合逻辑。以欧几里得几何为例，首先是定义，其次是公设公理，这些内容就是先于经验也先于逻辑的。从定义、公设、公理再推出定理，继而得到每一个现象的解释就需要逻辑了。思辨方法曾经很受推崇，哲学家认为通过思辨，人可以为自然立法，也就是为自然界建立规则。关于“鸡和蛋谁先谁后”“风动还是幡动”的争论都是思辨的实例。

【例 1-1】某一天，六祖慧能来到南海法兴寺（今称光孝寺），正好遇到印宗法师讲《涅槃经》。那时，风吹刹幡，有两位僧人辩论风和幡，一个说是风动，一个说是幡动，两人争执不已。六祖却说：“非风动，非幡动，仁者心动。”

随着近代科学的发展，思辨方法逐渐从主流的地位退下来，实验方法占领了主流。虽然理论和逻辑推理是求知的重要方法，但是这只是暂时的真理。如果其他人提出新理论来提供不同且更加令人信服的解释，那么由之前的理论所支持的暂定的真理就会被推翻。除非逻辑推理所依赖的理论前提与经验世界完全一致，否则仅仅只有逻辑不足以建立真理。科学研究的作用就是使用实证数据来证明逻辑的有效性。

（二）科学与科学方法

在英文中，“科学”（science）一词来源于拉丁文“scientia”，意思就是“知识”“学问”。早在古希腊时期，亚里士多德在使用和讨论“科学”这一范畴时就把它与知识联系在一起，认为科学是关于事实的原因的知识。被誉为近代实验科学的真正始祖的培根，在提出“知识就是力量”这一口号时，进一步把知识与科学联系在一起。罗素曾经把“科学”规定为诉诸人类理性的“确切的知识”。“确切的知识”是指关于有限领域、有实证根据、有明确适用范围的知识。

《韦伯斯特新世界大辞典》给“科学”下了这样一个定义：“科学是从确定研究对象的性质和规律这一目的出发，通过观察、调查和实验而得到的系统的知识”。一般地说，科学知识是人类认识客观世界的知识，但并不是任何关于客观世界的知识都是科学。

科学方法是一种求知方式，它是通过观察、调查和实验而得到系统知识的求知方式。科学方法的目标是追求真理，解释并预测自然或社会现象。从科学方法中得到的真理既包括逻辑，也包含证据，逻辑和证据两者相辅相成，缺一不可。

科学方法和思辨方法这两种创造新知识的方式，它们的区别是什么呢？

科学方法建立在直接观察和实验数据基础上，思辨方法建立在研究者的洞察力、直觉判断和逻辑推理基础上。科学方法所做的数据观测是可重复的，其步骤清晰有序，其结果可以检测，其他人遵循同样的程序和方法可以得出同样的结果。思辨方法虽然也可以从事物状况出发，但主要依靠直觉判断，其思考结果与事物状况之间的联系不明确，无法表述其思考过程和步骤，因而不具有可重复性。

科学方法和思辨方法无优劣之分，它们各有所长也各有局限。虽然在科学研究过程中大量应用科学方法，但是知识创新的一些关键环节的突破，往往靠的是研究者的思辨能力。在方法论的研究中，我们往往比较强调科学研究，这是由方法论研究本身的性质所决定的。方法论研究总是企图将研究工作纳入清晰的、可观测的、能重复进行的轨道，让后来者可以遵循以往成功的经验，少走弯路，这和科学研究的特征是一致的，而思辨研究的经验却往往是“说不清道不明”的。

第二节 科学方法的程序

科学与其他求知方式的不同之处主要在于它的方法，即科学的研究程序。科学的研究程序是科学方法的核心。

——因为好奇或疑难产生研究问题。

——通过对理论的逻辑演绎等建立研究假说。

——经验观察或实验。

——利用归纳推理得出研究结论。

一、提出研究问题

世界到处是尚未解答的疑问和要解决的问题。我们到处都能发现会引起我们好奇、思索、疑问的事物。提出问题，就如我们点燃了引发研究过程的一连串反应中的第一个火花。研究常常源于一个好奇的念头，它通常始于问“是什么？为什么？何种条件？将来会怎样？”等。例如，对农业机械作业的观察可能让我们提出这样的问题：在农机购置补贴政策实施后，为什么有的地区农机作业价格下降，而另外一些地区却没有下降？在什么条件下，农机购置补贴能降低农机作业价格？提出问题的时候，我们往往陈述了两个事件之间的潜在关系，在上面例子中两个事件是“实施补贴”和“价格变动”的关系，以及在不同条件下两者关系的差异。在提问的时候虽然没有明显地回答，但却暗示有可能进行实证检验。

尽管在经济学、管理学和其他社会科学中，在现实社会生活中，都存在着大量的尚未解决的一般问题，但是要从中选择出一个有着明显研究需要和较大研究价值的特定的问题，也并不总是一件容易的事情。例如，美国政治学者贝蒂·H.齐斯克说：“依靠丰富的想象创立并发展一个可行的研究问题是研究工作中最为困难的一部分”。特别是对于初次独立进行一项社会科学研究的人来说，他们常常会有这样一种感觉，那就是，要找到一个合适的研究问题似乎比实际去研究这个问题还要困难。

二、寻求理论解释并建立研究假说

研究是由具体的研究问题及针对它的疑问和尝试性回答（即假说，有时也称假设）所引导的。在着手研究问题及其伴随的附属问题后，研究人员往往会对他们研究问题的可能的结果提出一种或多种假说。假说是有逻辑的推测、有理由的猜想、有根据的推理。它提供给正在调查的现象一种尝试性的解释。它将影响人们思考哪些信息来源会有助于问题的解决。一旦某种假说被越来越多的资料所证实，这些假说就会演变成理论。

理论实际上是用来解释特定现象的、有组织的概念和原理。利用理论进行逻辑推导获得假说，再对假说进行实践检验，这是测试理论的重要方法。

问题引起我们的思索、探究，促使我们提出各种假设性回答，然后通过事实“证伪”而形成知识。

假说在日常生活中也是常见的，它代表着人们思考问题的基本模式。

【例 1-2】天黑后小明回到家，打开门，走进屋子，摸到台灯开关，打开开关发现灯不亮。面对这一问题，他通常会进行一系列合乎情理的猜测——假说——来解释灯为何不亮。

假说一：连续的雷雨天气导致这一地区停电了。

假说二：忘记交电费，家里停电了。

假说三：台灯插头脱落。

假说四：灯泡坏了。

假说五：连接台灯的电线老化，断路了。

每个假说都可以提供一种有助于解释台灯不亮的信息及解决办法。于是小明可能通过调查、查找信息来决定哪种假说是正确的。换句话说，去寻找一些信息来支持某种假说而排除其他假说。

小明在回来的路上看了一下邻居家，每家都有电。（假说一被“证伪”）

他打开电视机等其他电器，发现都在正常运转。（假说二被“证伪”）

他仔细检查了一下插座，灯的插头是插好的。（假说三被“证伪”）

找到一只新灯泡，然后把新灯泡装上去，台灯亮了。（实验结果支持第四种假说）

非常幸运，第四种假说解决了这一问题。他暂时不需要更换电线了。

具体的研究问题阐明了研究试图发现的内容，研究假说是对具体研究问题的预测。要验证假说的真伪，我们往往需要从不同视角和层次去研究，因此需要形成“假说树”，如图 1-1 所示。假说树的最顶层是主题（核心假说），下一层次的假说支持和细化上一层次的假说。核心假说反映研究的价值，而多层次的假说是构成该研究的实体框架，层次越低的假说并非越不重要，它意味着探索越深入，越能成为直接通过观测验证的假说，越有可能取得新的发现。

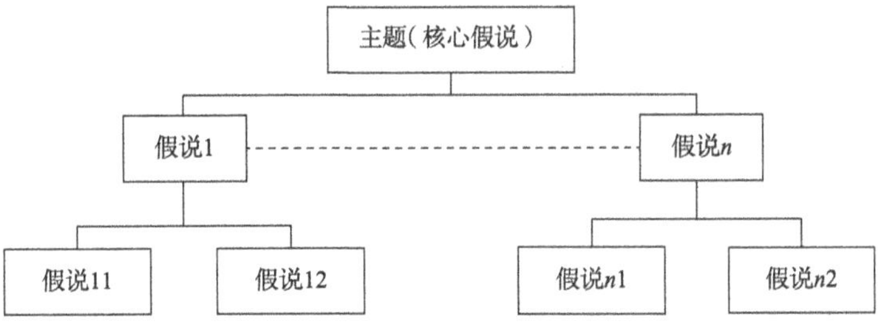

图 1-1　假说树

在科学研究中，建立假说之前还需要进行文献回顾（literature review）。综合的文献回顾帮助我们评价研究问题是否已经得到回答，也可以帮助我们找到相关的理论来解决困惑。文献回顾还可以帮助我们改进研究问题，甚至通过发现文献的不足或审查未经检验的命题，可以彻底改变我们的研究问题。

三、经验观察或实验

科学的基本程序是通过经验证据来检验假说和回答问题。社会科学方法的一个重要特点就是它具有非实验性，我们往往通过观察和调查来记录已经发生的事情，然后对这些经验事实进行整理和阐释，从而检验假说。

该步骤包括研究设计、数据收集和数据分析。我们需要对搜集到的资料做出阐释。资料、事实和观察结果，其本身的意义并不大，其重要性只有在研究者对其加以提炼并得出含义时才会得以凸显。在研究中，未被人类思维加工理解的资料是毫无价值的。资料需要加以分析及理解，但并没有特定的规则或公式能引导研究者进行毫无偏差的分析及理解。分析及理解是主观的，它完全基于研究者的假说、推测及逻辑推理过程。

因此，搜集资料不是机械式地记录资料，而是必须同时分析和解释资料，并且必须立即知道这些资料是否互相矛盾，是否需要进一步搜集更多的资料。当资料中的主题已显然可见时，研究者才能准备结束资料的搜集工作，专注于资料的综合分析和解释。反之，若一直等到资料搜集结束后，研究者才开始做资料的审查，在研究途中可能迷失于未经分析组织的大量资料中，而很难知道自己何时已经搜集有某一主题的资料。若在最后的分析资料时再发现问题，很可能很难再回到现场搜集资料。

四、得出研究结论

结论可能是对假说的支持，也可能是对假说的反对（否定），从而开始新一轮的研究循环。这时，一个甚至更多的问题又呈现出来。

研究结论虽然是通过对一些具体现象的观察得到的，但它可以推广到更大的范围。例如，如果发现有工作的母亲的孩子比没有工作的母亲的孩子有较高的取得成就的动机的话，这个结论可以导致这样的理论命题：朝着取得成就的确定方向的努力程度，直接关系到其他重要方面成功的程度。其他的研究问题是这个命题演绎的结果。人们可以预测，具有较高收入父母的孩子渴望他们自己得到较高的收入，朋友有较好工作的人其目标是较好的工作，父亲具有有声望的职业的妻子渴望她们的丈夫干有声望的工作。这种通过归纳而发展的理论解释，又通过演绎得到可观察的关系，或者两者并举的所构想的可能的研究结论，可以极大地增进知识，推动某一领域研究的发展。

第三节　科学研究的类型

根据研究目的可将科学研究分为探索性研究（exploration research）、描述性研究

(descriptive research)和解释性研究(explanatory research)三类。多数研究描述和解释兼有，只是侧重点不同。

一、探索性研究

探索性研究是一种对所研究的现象或问题进行初步了解，以获得初步的印象和感性认识，同时为今后更周密、更深入的研究提供基础和方向的研究类型。从方法上来说，探索性研究的弹性较大，可以根据研究者的主观判断和方便调查的原则选取调查对象，样本规模可以相对较小。

(一)探索性研究的使用范围、目的和成果

1. 探索性研究的使用范围

探索性研究经常出现在下列两种情况中。

一是当研究者准备研究的问题或现象本身十分特殊，十分新鲜，很少有人涉及时。例如，对我国社会中的艾滋病问题所进行的探索性研究。因为这些问题在我国的大多数地区、大部分人群中并不普遍，人们对它们的了解很少，对它们进行的科学研究就更少了。在这种情况下，研究者往往需要采用探索性研究的方法，对它们进行初步的了解。

二是研究者本人对打算研究的问题或现象不大熟悉，了解很少时。例如，某人是个研究农业经济的学生，现在他开始关心牧业的生产、牧民的生活和牧区的环境问题等，他就需要进行探索性研究。

2. 探索性研究的目的

探索性研究的目的有两个：一是通过对所研究的问题或现象进行考察，达到对这一现象的初步了解；二是为更深入、更系统、更周密的研究提供指导和线索。

3. 探索性研究的成果

探索性研究的成果表现在三个方面：一是形成关于所研究现象或问题的初始命题或假说；二是发展和尝试可用于更为深入的研究中的方法；三是探讨进行更为系统、更为周密的研究的可能性。

(二)探索性研究的分类

探索性研究可以分为两种类型：第一种类型是短期的、走访式的调查研究。这种调查可以增加感性认识，了解具体情况，从中发现和提出一些问题。它用于了解社会中的一些新现象、新事物和新问题。第二种类型也称为先导性研究。它作为一项调查研究的前期工作，一般在大规模的调查中采用。它的任务是了解调研课题的具体内容及与课题有关的一些情况，探索适当的调查方法，为更周密的研究提供指导。先导性研究通常包括三个部分：实地考察、请教专家、查阅资料。

(1)实地考察。实地考察是在正式调查前先到调查现场去观察、询问、走访，以

便明确调查内容、确定调查方法、设计调查方案。

（2）请教专家。专家是指熟悉这一调查课题内容的人，如曾研究过这一课题的科研人员、政府有关部门的干部、所调查地区或部门的主管人员及掌握第一手资料的“知情人”等。目的是征求他们的意见和建议，了解他们的经验和想法，以便更全面掌握课题的背景、现状、内容范围等。

（3）查阅资料。已有的资料可提供许多与调查课题有关的信息。从以往的理论文献和调查报告中可知道其他人是从哪些角度、采用哪些方法研究这一课题的，他们得出了哪些结论，哪些经验值得吸取，哪些方法值得借鉴。有这些资料就能对课题有更全面的了解。

二、描述性研究

（一）描述性研究的含义

描述性研究是一种对研究的总体或某种现象在某些特征上的分布状况进行描述的研究类型。可以解答某种社会现象“是什么”的问题，它能对现象的状况、特点和发展过程做出客观、准确的描述。系统周密的描述是正确认识与解释社会现象的前提。它只关注事实状况是怎样的（what/how），但不关心事实状况为什么会这样（why）。描述性研究的主要目的是收集资料、发现情况、提供信息，特别是从杂乱的现象中描述出主要的规律和特征。描述的对象可以是某一变量的分布特征，如某地区居民的平均收入水平、收入差距情况等；也可以是两个变量之间的关系，如收入水平和汽车消费的关系等。

【例 1-3】在市场营销学中，经常对“消费者市场细分”进行描述性研究。例如，牛奶供应商想知道当前主要是哪类消费者在购买并消费牛奶，进而根据这类消费者的喜好设计产品和包装、制定价格、确定分销渠道和促销手段等。如果供应商发现，这个地区老年人很少食用牛奶，主要是年轻人和小朋友在食用牛奶，那么他们就可以相应地设计活泼、可爱型的包装以吸引消费者的眼球。

（二）描述性研究需注意的两个方面

（1）准确性，即我们需要对社会经济现象的分布状况、基本特征等，都要做出定量和精确的描述与说明。

（2）概括性，是指研究结果所描述的不应当是个别的或片面的，而应当是能反映出总体及各个组成部分一般状况的普遍现象。

描述性研究的例子在生活中随处可见，如民意调查、人口普查、员工满意度调查、居民生活消费水平调查等。相比于探索性研究，描述性研究的样本规模较大，样本选取严格遵循随机抽样的原则，具有全面、系统的特征，以便根据调查结果描述总体的相应状况。描述性研究比探索性研究前进了一步，但科学研究的目标绝不仅仅停留于描述，它还追求解释和预测。

三、解释性研究

（一）解释性研究的含义

解释性研究试图解释原因，说明关系，是那种探寻现象背后的原因，揭示现象发生或变化的内在规律，回答各种“为什么”的研究类型。

例如，为什么会出现房地产价格快速上涨的情况？为什么来自城市家庭的大学生和来自农村家庭的大学生就业选择存在差异？为什么有的农民选择外出打工而其他农民则选择留在农村？

在这类研究中我们会讨论一些事件和因素（专业术语叫变量）对我们所关心的现象的影响。通常两个变量之间可以出现正相关关系、负相关关系或者无相关关系。如果两个变量之间存在相关关系，且这种相关关系不是由第三个相关变量引起的，就说它们之间存在因果关系。

【例 1-4】在对某市市民牛奶消费的描述中发现，老年人很少食用牛奶。这时我们想知道年龄（或年龄代表的生理特征）变化是不是牛奶消费变化的原因。我们猜测牛奶消费和幼时的饮食习惯有关，幼时经常喝牛奶的人长大后可能也会保持这一习惯。我们还知道现在的老年人在他们年幼的时候很难获得并食用牛奶(那个年代缺少牛奶销售点，牛奶的价格也很高昂)，这可能是现在的老年人很少食用牛奶的一个原因。到底是什么因素在影响牛奶消费，年龄本身还是与年龄相关的饮食习惯？如果是后者，我们就会说虽然在这个地区消费者年龄和牛奶消费存在相关关系，但并不是因果关系，饮食习惯才是牛奶消费差异的原因，而消费者的年龄碰巧和饮食习惯相关而已。

（二）解释性研究的特点

需要注意的是，与自然科学相比，社会科学中的解释性研究有一定的局限性。这种解释所探讨的因果关系是变量间存在的概率性因果关系，并非自然科学中所阐述的绝对因果关系。因为人们的心理和行为受很多因素影响，而社会事实是既定的，容不得我们像在实验室一样通过严格地控制其他变量来确定影响因素。

例如，社会学中研究独生子女这一因素是否会对中学生社会适应能力造成影响，我们就不可能让一个中学生既是独生子女又不是独生子女，并比较这两种状态下他的社会适应能力的差别；我们只能找到一组是独生子女的中学生和一组非独生子女的中学生，在他们各种背景条件都比较相似的情况下进行比较，如果发现两者社会适应能力差异显著，我们一般会认为是不是独生子女是影响中学生社会适应能力的因素之一。

同时社会科学研究者所获得的数据是受到限制的。研究万有引力的物理学家可以在他们的实验室里扔下许多物体，以得到检验他们理论的数据。与此相比，研究通货膨胀的经济学家绝不会被允许为了获得有用的数据而操控一国的货币供应。社会科学研究者像天文学家、进化论生物学家一样，有时不得不使用这个世界碰巧向他们提供的数据。因此，为了寻找实验室实验的替代品，社会科学研究者十分关注历史所提供的自然实验。

相比于描述性研究，解释性研究的理论色彩更浓。它通常从理论假说出发，经过深入实地收集经验材料，并通过对资料的分析来检验假说，最后达到对社会现象进行理论解释的目的。假说的建立通常需要有一定的理论依据，并且符合逻辑和经验一致性原则。在调查研究中，解释性研究与描述性研究一样，都有严格的抽样和问卷设计要求。但解释性研究不需要像描述性研究那样在问卷内容上面面俱到，它追求调查内容的有效针对性，将焦点集中在可能说明原因或自己关注的原因变量上。

（三）解释性研究的分析方法

解释性研究往往要求进行双变量和多变量的统计分析。进行多变量分析的好处在于可以在保持其他影响因素不变的情况下，考察某一变量独自变动的影响。

【例 1-5】在年龄与牛奶消费的例子中，为了分析年龄本身是不是牛奶消费的原因，我们需要控制幼时的消费经历。这时我们就需要进行多变量分析：把所有人按某个变量分组，如分成两组，一组是幼时经常喝牛奶的人，另外一组是幼时很少或没喝过的人，分别观察这两组中不同年龄的人牛奶消费量是否不同。或者干脆到牧区进行调查，被访者都是幼时有消费牛奶经历的人，这时再来观察年龄和牛奶消费的关系。

（四）解释性研究成果的应用

解释性研究为我们提供了因果关系，其分析成果可以用来预测和控制。

以牛奶消费为例，如果发现年龄变化是消费变化的原因，我们就可以预测：随着时间推移和老龄化社会的到来，人们对牛奶的需求将会降低。如果我们发现年龄不是影响牛奶消费变化的原因，幼时习惯才是主要原因，我们将提供完全不同的预测：晚出生人口获得牛奶的可能性一直在增加，随着时间推移，晚出生人口替代早出生人口，人们对牛奶的需求将会增加。

知道了变量间的因果关系，我们就可以控制或改变影响因素从而达到改变被影响因素的目的。例如，政府打算通过增加消费需求来刺激牛奶行业发展和提高牧民收入，那么政府就可以为幼儿和小学生消费牛奶提供补贴，培养他们的饮食习惯，从而持久地增加消费需求。

在调查研究中，这三类研究的汇总与比较见表 1-1。

表 1-1　三类研究的汇总与比较

比较项目	探索性研究	描述性研究	解释性研究
对象规模	小样本	大样本	中样本
抽样方法	非随机抽取	随机抽取，按比例分层	不按比例分层
研究方式	观察、无结构访问	问卷调查、结构式访问	调查、实验等
分析方法	主观的、定性的	定量的、描述统计	相关与因果分析
主要目的	形成概念和初步印象	描述总体分布特征	变量关系和理论检验
基本特征	设计简单、形式自由	内容广泛、规模很大	设计复杂、理论性强

参考书目

巴比 E. 2009. 社会研究方法. 11 版. 邱泽奇，译. 北京：华夏出版社.

波普尔 K. 2008. 科学发现的逻辑. 查汝强，邱仁宗，万木春，译. 杭州：中国美术学院出版社.

利迪 P D，奥姆罗德 J E. 2005. 实用研究方法论：计划与设计. 7 版. 顾宝炎，牛冬梅，陈国沪，等译. 北京：清华大学出版社.

乔晓春. 2017. 中国社会科学离科学还有多远？. 北京：北京大学出版社.

第二章

研究的要素

第一节 理论、概念与变量

一、理论

（一）理论的概念

单个经验研究结果在人们认识社会现象的过程中往往存在一定的局限性。我们需要的是一种建立在更为广阔的基础上，同时也更为系统的知识。缺乏这种知识，社会科学研究的眼光就会被局限在研究者所分析的特定现象和问题上。因此，各种科学的理论和规律在具体的经验研究中具有十分明显的作用。生物学中的进化论就是一个极好的例子。它可以赋予成百上千种孤立的观察以规律、理解和解释。

理论是一个有着广泛含义的概念。在不同的场合、不同的背景、不同的学科中，理论的概念具有十分不同的内涵。在社会科学研究中，理论的含义也与在其他场合出现的理论有所不同。

先看看两种对理论的定义。我国《现代汉语词典》中“理论”一词的定义是“人们由实践概括出来的关于自然界和社会的知识的有系统的结论”。美国《哈珀柯林斯社会学词典》中的定义如下：①由逻辑的或数学的陈述所连接的一组假设或命题，它对经验现实的某一领域或某一类现象提出解释。②在不太严格的意义上，有关现实某一领域的任何抽象的、一般性的陈述都可称为理论，它通常包括对一般性概念的详细阐述。

《哈珀柯林斯社会学词典》定义中的两种解释较好地代表了众多学者对理论的认识。实际上，不同的学者看重或强调理论的不同方面，因而给出的定义也不同。有的学者比较强调理论是一组命题，如经济学中的消费者理论、厂商理论、市场理论等；另一些学者则主要把理论看成对经验现象的解释性陈述，如对人类起源、太阳东升西落现象、全球粮价上涨的原因有不同解释，形成了不同的“理论”。

总之，理论具有如下几个方面的特征：①理论来自经验的实践；②理论是一种抽象的、系统的认识；③理论的目标是对经验现实做出解释。因此，我们可以对研究中的理论概念做出如下的定义：理论是以一种系统化的方式将经验世界中某些被挑选的方面概念化并组织起来的一组内在相关的命题。这一定义指出，理论是一组逻辑相连的符号，这些符号表示现实世界中我们所思考的那些事物。理论及其构成因素只是人们认识活动的一种工具，是人类想象和思考的产物。

需要特别说明的是，在实际社会科学研究中，人们所涉及的理论通常并不是《现代汉语词典》中定义的那样的理论，社会科学研究中的理论通常指的是“一组具有逻辑关系的假设或命题”。这些假设或命题可能属于同一层次，也可能属于不同的层次。大多数的理论，往往具有两层以上的假设或命题。较低层次的假设或命题可以由较高层次的假设或命题演绎或推论而来，而这种推论所依据的则是逻辑法则。

（二）判断理论优劣的标准

对于同一种现象，我们可以有多种不同的解释。或者说，可以有多种不同的理论来说明同样的社会现象。有时，这并不意味着这些理论中有的真、有的假，而只是意味着这些理论对于具体现象的解释，有的相对好一些、有的相对差一些。那么，怎样判断几种理论中哪一种理论更好呢？一般来说，判断理论优劣的标准有三条，那就是在其他条件相同的情况下：①解释范围越广泛的理论越是好的理论；②解释越精确的理论越是好的理论；③结构越简练的理论越是好的理论。

这三条标准决定了理论的解释力。第一条标准反映的是理论的影响面或概括范围。一种理论的解释范围越大，说明它对越多种不同的社会现象都具有解释能力，即它可以用来解释不同时间、不同地点的现象，我们也可以从中导出预测，并在不同的环境中进行检验。这种理论无疑比那种只对某一具体的现象有解释力的理论作用更大，因而其应用范围也更广。第二条标准反映的是理论的效果或精确程度。如果有两种或多种不同的理论都可以用来解释某类社会现象，那么，其中对社会现象的解释和说明最为精确的那种理论具有更大的解释力。这种理论的逻辑性强、概念确切，具有内在一致性，它对社会现象的解释和说明更令人信服。第三条标准反映的是理论的效率或节俭性。前面我们说过，理论的复杂程度、抽象程度各不相同。对于同样的社会现象，哪种理论所用的解释变量最少、所附加的条件最少、理论本身的结构最简单，哪种理论就最好。

需要说明的是，这三条标准所强调的是理论的不同方面，因而在实际研究中对几种不同的理论进行比较时，有可能出现不同的理论在不同的标准上优劣不同的情况。我们在发展一种理论时，必须从中进行选择。例如，可能一种理论的解释范围广，但其精确性不够，而另一种理论则正好相反。也可能一种理论解释的精确程度很高，解释的范围也很广，但结构却十分复杂，而另一种理论则比这一理论在结构上更为简单，但它在解释上却不够精确或不够广泛。在上述各种情况下，我们应该保留所有这些理论，直到我们找到某一种理论，它在所有三个方面都优于其他理论，这时我们才能抛弃其他理论。

如果把作为研究成果的理论比作一台机器，那么概念就好比零件，把若干个概念按一定的关系组织起来就成为命题，而理论是若干命题按一定关系组成的体系。

在语言学中，与概念和命题相对应的是语词和陈述。在研究方法论中，与概念/语词和命题/陈述相对应的是变量和假设。一切研究都开始于变量，依据变量提出关于变量之间关系的假设，围绕假设进行检验，拒绝或接受假设，最终推进理论创新。

清晰地定义所用概念/语词，严密地确定概念/语词所对应的变量，是达成研究目的的基础工作。

二、概念

（一）概念的含义和功能

1. 概念的含义

人们在认识过程中，把所感觉到的事物的共同特点抽象出来，加以概括，就成为概念。

概念反映了客观事物的一般的、本质的特征。内涵和外延是概念所具有的逻辑特征。内涵是概念对事物的本质的反映，如市场这个概念是对市场的本质—— 一定时间、一定空间条件下商品的交换——的反映。外延是概念对事物涵盖范围的反映。市场的概念范围包括以交换商品类别划分的商品市场、劳动力市场、金融市场、外汇市场、资本市场及以交割方式划分的现货市场和期货市场等。

内涵越明确和丰富，所表达的事物的特征就越清楚，但同时外延就越狭小即涵盖面就越窄。概念具有不同的抽象层次，抽象层次越高，概念内涵越不明确，涵盖外延越广，外延的界限也越模糊。例如，“家庭财富”“物质财富”“用于消费的财富”“耐用消费品”“电视机”这五个概念就分属不同层次。

应用

不同抽象层次概念间的权衡取舍

经济学基本原理之一是人们面临权衡取舍。我们在使用不同抽象层次的概念时也需做出权衡取舍。例如，我们想获取农村居民“家庭收入”的数据。“家庭收入”这一概念抽象层次非常高。直接询问被访者，被访者很难回答或即使回答也只能给出一个不精确的结果。这时我们可以使用抽象层次低的概念，把收入分成“农业纯收入”、“非农经营纯收入”、“就业工资”和“资产转移性收入”四部分询问。“农业纯收入”又可以按种植业、畜牧业、林业、渔业划分。“种植业纯收入”又可以按照作物种类划分。“小麦纯收入”又可以根据小麦产量、价格和投入成本来计算。

在调查过程中，抽象层次高的概念内涵不明确、外延模糊，因此难以获取精确数据；但使用这些概念所需询问的问题少，调查难度和成本小。抽象层次低的概念虽然可以获得更精确的数据，但需要询问大量问题，调查成本也会很高。

逻辑学的概念与语言学的语词有着对应关系。概念是语词的思想内容，语词是概念

的语言表达形式。一个概念必然使用一个语词来表达，以便书面和口头交流。例如，人们搭建了各式各样的房屋，有茅草房、木板房、土坯房、砖石房，还有地窨子等。人们把这些房屋的共同特点——有一个与外界环境相对隔开的建筑空间，可以避风、遮雨，适合人们在里面居住或从事其他活动——抽象出来，加以概括，就有了“房屋”这样的概念，再使用“房屋”这一语词对这个概念进行表达。通常情况下，概念所表达的事物并不具体存在，它只是通过概括和抽象而得到的。例如，不存在抽象的房子，只有一幢幢高矮大小不等、风格各异的具体的房子。

一门科学发展的重要标志之一，是这一科学共同体中的成员相互之间具有某种共同的语言，即具有作为交流媒介的科学概念和术语。在自然科学中，这一特征特别明显。例如，物理学中的“密度”概念，被明确地定义成“物体的质量与其体积的比率”；“速度”的概念则被明确地定义成“物体在某个特定方向上移动的距离与所用时间的比率”。这一类概念常常还可以用数学公式表示，如：

$$D（密度）=M（质量）/V（体积）$$

$$y（速度）=S（距离）/T（时间）$$

这种用数学公式来表示科学概念的能力，意味着研究者在科学研究中所用语言的含糊性将降到最低限度。在社会科学研究中，却往往不存在像自然科学中那样精确的概念。这也可以说是社会科学研究比自然科学研究更为复杂的一个方面。正是由于社会科学研究中所涉及的概念的复杂性和模糊性，在实际研究中很难避免这样一种现象：同一概念对于不同的研究者来说，其含义不太一样；或者说，同一概念在不同的研究者那里所指称的现象不同。所以，在社会科学研究中，研究者必须对他所使用的概念加以明确界定。

社会科学研究的对象和内容就是现实的社会世界，就是社会中人们的日常生活，因而它们在指称事物和现象时所用的语言、概念与人们在日常生活中所用的语言和概念非常相似、相近，甚至相同。有时，这种接近性、相似性、相同性给社会科学研究者增加了一种将日常生活交谈中所用的概念与在社会科学研究中所用的同样概念进行区分的负担。例如，在日常生活中人们经常用到“需求”这个概念。尽管没有十分明确、十分严格的定义，但人们照样理解它的含义，照样用它进行各种交流。然而，如果经济学讨论商品“需求”问题时，研究者则必须对“需求”的概念进行明确的定义。

2. 概念在科学中的功能

概念提供一种观察或勾画那些无法直接观察到的事物的方式。概念的抽象性对于理论有着重要的作用，从牛顿发现重力的事例中，我们可以看到这一点。许多世纪以来，人们经常看到苹果从树上掉下来，但却不能真正理解这一现象发生的原因。直到抽象的“重力”概念的提出，人们才找到答案。同时，它还使许多类似的现象在重力概念的范围内得到了说明。另外，概念的发展为研究者提供了一种思想的网络，它将各种单个的研究成果相互连接，并且使得不同时期的经验得以组织和再组织。正是这种由概念所形成的思想网络，指引着各个领域的具体研究。例如，生物学中染色体和基因的概念形成了某种模式，它一直指引着这个领域中的研究；文化、制度、地位、角色等概念所形成的思想网络，则一直指引着社会学领域中的研究。

概念是建构理论的“砖石”和“基本材料”，理论是将概念逻辑地联系起来形成的。概念作用的大小主要取决于以下三个方面的考虑。

（1）有用的概念所指称的现象必须至少是潜在可观察的。这并不是说有用的概念必须指称那些可以直接观察的事物，社会科学中一些十分有用的概念所指称的都是我们所不能直接观察的事物。潜在可观察的含义是指可以被直接或间接观察到。

（2）有用的概念必须是精确的。它们必须是指称现象的一组且仅一组性质。当我们运用一个概念来描述一个对象时，我们必须能够确切地知道我们所谈的是什么。

（3）有用的概念是具有理论重要性的概念。具有理论重要性，指的是它与理论中的其他一些概念相互联系，并且在解释现象上扮演着最基础的角色。

如何恰当地运用概念，或者如何合理地形成概念，是体现一项经验研究所具有的理论色彩和理论深度的关键一环。各种具体的现象、事实和材料也许是人们司空见惯的、普通平常的，甚至是唾手可得的和“一文不值”的。但是，一旦我们从这些现象、事实和材料中抽象、提炼出某种概念，即将它们冠以某种新的“概念标签”，这些现象、事实和材料也许就十分珍贵、大有价值，且令人耳目一新了。实际研究中，这种提炼的工作有两种基本的方式：一是从理论文献中借用概念；二是从经验材料中抽出概念。

（二）实体概念和名词

概念有实体概念、性质概念和关系概念之分。实体概念是反映各种具体事物的概念，如市场、员工、车辆等。它们的内涵所反映的是具体事物的质的规定性，其语词的表达形式是名词及代词。性质概念是反映具体事物的各种性质的概念，如紧缺、尴尬、成长等。它们的内涵所反映的是具体事物的性质的质的规定性，其语词的表达形式是形容词、不及物动词等。关系概念是反映具体事物之间的各种关系的概念，如提拔、购并、优于等。它们的内涵所反映的是事物之间所具有的关系的质的规定性，其语词的表达形式是及物动词、由介词和其他词类构成的词组。

实体概念又有普遍概念、单独概念和零概念之分。普遍概念是反映若干个别事物组成的一类事物的概念，它对应的是一般名词，如企业、城市、航天器等。单独概念是反映一个事物组成的一类事物的概念，它对应的是专用名词，如广州、神舟十二号等。零概念是反映空类的概念，它不包括任何一个现实的实际事物的类，是虚构的概念，如永动机等。

科学研究中最为重视的是实体概念，另外对性质概念和关系概念也给予一定的关注。在实体概念中，零概念一般不会涉及，大量使用的是普遍概念，在采集资料或举例时也会涉及单独概念，案例分析的研究方法会重点关注单独概念。基于这种考虑，本书后面主要围绕普遍概念及其与一般名词的对应关系进行阐述。

名词和概念之间虽然存在对应关系，但并非一一对应。在一定的地域范围和社会范围内，人们通过约定俗成或权威规定的途径选择名词对共识的概念加以表达，为的是便于交流和沟通，而超出一定的地域范围和社会范围，同一概念可能会用不同的名词加以表达；反过来，同一名词也可能用于表达不同的概念。

（三）构念

在研究中，人们除了使用从可感觉的具体事物中抽象出来的概念，还使用另一类概念，这样的概念所指特征不能直接观察到，只能在前一类概念的基础上进一步抽象产生。这种根据研究需要构建出的更为一般的概念称为构念，如经济学中使用的效用、机会成本、交易成本等概念。效用是指消费物品和劳务带来的满足感。以消费者购买电水壶的满足感为例。电水壶会带来什么样的满足感？我们可以说“我能喝到开水了，因此很满足”。但没有电水壶时我们也可以喝到开水，我们又可以说“有了电水壶，我不用像以前那样用煤气烧水，不用闻煤气的味道，不用一直想着关火等，因此我很满足”。

（四）定义

定义是对一种事物的本质特征或一个概念的内涵和外延的确切而简要的说明。在研究中使用名词表达实体概念，其内涵和外延必须清晰，因此要对这个概念所抽象概括的一种事物的本质特征给予一个清晰的界定。在提出概念时应注意其定义的几种情况：①使用权威辞书关于某名词的定义，这种情况在论文里不必说明；②对名词按约定俗成的意思来理解，这种情况在论文里一般也不必说明，然而怕的是作者认为是约定俗成的，而实际并非约定俗成；③对一名词有相近的然而不统一的理解，作者应该明确提出自己支持哪个定义；④作者使用不为目标读者群所熟悉的名词、术语，应该对其定义做出交代；⑤作者借用有确切定义的概念来表达自己另外的概念，或者干脆是作者构建的新概念，对此必须做出确切定义。

1. 实质定义

从形式逻辑规范的角度看，对概念的定义方式有实质定义和语义定义两种。实质定义即属加种差的定义。属和种是两个层次的事物，属包含一个以上的种，种之间具有差别。实质定义公式为

种概念=种差+属概念

据报道，2005 年“7・7”伦敦恐怖主义爆炸案发生后，人们对公共汽车、地铁等交通工具被袭的恐惧心理加重，于是骑行交通工具受到青睐。商家或许能从这条消息中捕捉到商机。这里的“骑行交通工具”就是一个新概念，用属加种差的定义方式给它下个定义，应该这样表述：

骑行交通工具=出行者骑坐开行+陆地交通工具

用“出行者骑坐开行”这样的种差，在所有的陆地交通工具里划出特定的范畴，以区别于不是出行者以骑坐方式驾驶开行的陆地交通工具。这样就把自行车、摩托车等骑行交通工具与公共汽车、电车、地铁列车等非骑行交通工具区别开来。

2. 语义定义

语义定义也称内涵说明方式，就是用描述的语言对概念的内容进行说明。对“管理会计”的内涵说明可以写成：管理会计是在财务会计基础上以现代管理科学为理论指导

所发展起来的一门学科，其实质是以会计信息系统形式存在的一种决策支持系统。

在研究中，人们还采用外延列举、同义词界定和数学算式表达等其他方式来对概念进行说明和界定。这些方式虽不是严格意义上的“定义”，但也能对名词起到注释的作用。

外延列举方式就是列举适用于该名词的全部或部分主要对象，使人明了概念的适用范围。例如，性别是指男性或女性，婚姻状态是指未婚、已婚、离异、丧偶。对于某些概念而言，其包含的对象较多而列举者可能不能全面观察到，或者其包含无数对象而不能穷举，采用列举方式就有定义不全面、不准确的可能。

有的概念单纯用内涵说明仍不尽意，于是就采用内涵说明加外延列举的方式。例如，“零售业态”，本是日语的说法，日本商学界用其来说明零售业、饮食业等的营业形态，在 20 世纪 90 年代初由日本传入我国，目前已经广为我国业界和学术界使用。对于这样一个源于日文的汉字概念，其定义采用说明加列举的方式更好。

零售业态是指零售企业为满足不同消费需求而形成的不同经营方式，在我国具体包括百货商店、超级市场、大型综合超市、便利店、专业店、专卖店、购物中心、仓储商店、家居中心等类型。

同义词界定就是用大家已经比较熟悉的同义词来界定有人尚不熟悉的名词，使信息的接收者因为这一同义词比较接近自己的经验而能了解尚未熟悉的名词。例如，曲蟮，是蚯蚓的别名。又如，镭射，即激光，英文 laser 的音译词。

数学算式表达的例子如：

$$n! = 1 \times 2 \times 3 \times \cdots \times (n-1) \times n$$

三、变量

（一）变量的定义

实体概念中的普遍概念包括若干个子范畴、属性或亚概念，它们反映出概念所指称的现象在类别、规模、数量、程度等方面的变异情况。例如，性别这一概念包括男性和女性两个子范畴，或者说性别这一概念是由男性和女性这两个属性所构成的；职业这一概念包括工人、农民、干部、教师、医生等多个子范畴，或者说是由多个不同的属性所构成的。正是因为概念具有这种多值的特性，因此，在社会科学研究中，人们借用了一个数学术语，把所研究的概念称作“变量”。变量就是具有一个以上不同取值（不同的子范畴、不同的属性，或不同的亚概念）的概念。那些只有一个固定不变的取值的概念，则叫作常量。

根据这一定义，性别就是一个包括男性和女性两个取值的变量。同样，职业是一个包括工人、农民、干部、教师、医生等多个取值的变量；文化程度是一个包括文盲半文盲、小学、初中、高中、大专及以上五个取值的变量；收入则是一个包括从零到几千元或者上万元不断变化的各种取值的变量。为了便于分析和探讨现象之间的因果关系，社会科学研究者也像其他科学家一样采用变量的语言，即从变量之间的相互影响和相互关系来分析事物产生的原因和结果。在社会科学研究中，理论也可以说是由变量语言构成的，其目的是描述不同变量及其不同属性之间所存在的某种逻辑关系。

应用

检查获得的数据是变量还是常量

在科学研究中我们经常考察变量之间的关系，但在做这件事之前需要检查获得的数据。例如，我们想考察收入和牛奶消费的关系，把月收入分成了 4 段：①0~2 000 元；②2 001~5 000 元；③5 001~10 000 元；④10 000 元以上。结果发现所有人的收入都位于第 2 组即 2 001~5 000 元。这时我们就无法观察收入和牛奶消费的关系。所以在设计问题和问题的答案时需要保证能获得变量。

（二）变量的测度——概念的操作性定义

变量就是概念的具体化，反映了概念在具体形态的变异性。变异性可由量值和差异来体现。变量既然是为对概念进行定量分析而设立的，就应该便于测度。尽管概念的定义对其内涵和外延都做了严格的界定，但并非所有概念的定义都方便测度。因为测度时需要人使用具体的工具来操作，如果不加以明确而只凭对概念的理解，就会出现因人而异、因时而异的情况，最终造成测度的数据不准。因此，对于某些概念还必须提出操作性定义（operational definition）——围绕具体的检测标准或操作手段对概念所下的定义。

【例 2-1】外国直接投资（foreign direct investment，FDI）这个概念，按国际经济学通常的解释，是国外自然人或法人对东道国企业进行的投资，目的是通过对该企业的控制使投资者获取长远利益。然而这个概念在实际判断一个投资行为是否确定为外国直接投资时简直无法操作，因为对“通过对该企业的控制使投资者获取长远利益”的理解可能会有歧义。因此，为清晰界定外国投资达到何种程度才列为外国直接投资，提出了下述操作性定义：国外自然人或法人在东道国企业中的控股权达到 10%的投资，则列为外国直接投资。

（三）变量间的关系

根据变量之间的数量关系，可以把变量关系分为正相关关系、负相关关系或者无相关关系。例如，收入和食品支出呈现同时增加的正相关关系，收入和食品支出占总支出比例呈现负相关关系，食盐价格上涨和某人每节课听讲时间无相关关系，等等。

因果关系科学研究最关心变量关系。因果问题是一个老问题，已经激发了科学家数百年来的讨论，对这一问题有不同的观点。这里，我们主要关注因果关系的关键特征。

（1）两个变量间要存在相关关系。

（2）时间上原因一般先于结果。但有的时候结果也会出现在原因之前，如新年到来是人们互赠新年贺卡的原因，但是互赠新年贺卡总是出现在新年到来之前。

（3）两个变量间的关系不因第三个变量的存在而消失。例如，常有人称他关节一痛天就要下雨，这并不意味着其关节对天气有任何影响，空气湿度这个第三个变量才是关节痛和下雨的原因。又如，某人发现随着他的年龄增长，中国的国内生产总值也在增长，这也并不意味着其年龄影响了国内生产总值，资本积累和技术水平随着时间推移而提高等其他变量才是经济增长的原因。

应用

分析因果关系的三个步骤

怎样分析两个变量间的因果关系呢？考虑下面的例子：某商家将电视机的价格下调10%，销售量增加了20%。降价是销售额增长的原因吗？

第一步，要成为原因，相伴随的变动是必需的，也就是说，在原因与结果之间应存在共变性。我们需要观察价格下降和销售量变化之间是否有共变性。

第二步，原因先于结果。我们需要确定价格变化是否发生在销售量变化之前。

第三步，应排除其他可能的原因。销售量增长是在宣布电视机价格下降之后立即发生的，还是在一项重大体育赛事（如奥林匹克运动会）发生的一周前观察到的，或是在法定节假日（如五一节、中秋节等）观察到的，排除其他原因是确定这个变量间因果关系的关键。

假设有两个变量，x 和 y，它们之间可能存在下述关系：x 导致 y；y 导致 x；x 和 y 互为因果；x 和 y 无因果关系。

在因果关系中，我们可以把变量分为自变量（independent variable）、因变量（dependent variable）及中介变量（intervening variable）。我们把那种引起其他变量变化的变量叫作“自变量”，而把那种由于其他变量的变化而导致自身发生变化的变量叫作“因变量”。当一个变量影响另一个变量，或者说一个变量的变化“引起”或“导致”另一个变量的变化时，就形成了某种因果关系。例如，“高的受教育程度倾向低的生育率”“工业化导致人际关系疏远”“酒后开车会造成交通事故”，这些说法都是用一种因果关系把两个变量联系起来。在实验研究中，自变量是实验者主动操纵其变动的变量，即实验刺激；因变量则是受实验刺激影响而变动的变量。在社会科学研究中，往往无法操纵自变量，通常通过观察，然后利用统计和计量等数量分析手段保持其他因素不变来观察变量间的关系。

一项基本的因果关系只需要一个自变量和一个因变量。中介变量则是出现在更为复杂一些的因果关系链中的第三个变量。它在自变量与因变量的联系中处于二者之间的位置，是表明自变量影响因变量的一种方式或途径。中介变量一般有三种形式：①在复杂的因果关系链中，一个变量通过引起其他变量变化产生影响；②抽象层次较高的概念向操作层次的概念转化时，作为概念演绎的中间环节；③作为“无法直接观察”的概念的替代变量出现，如对交易成本、效用等的测量需要测量中介变量。

在同一个因果关系链中，中介变量既是相对于自变量来说的因变量，又是相对于因变量来说的自变量。自变量和因变量之间的因果关系是通过中介变量而相连接的。例如，在降水量和小麦产量的关系中，土壤含水量就是中介变量。降水量是土壤含水量的原因，而土壤含水量又是小麦产量的原因。

在分析两变量间的因果关系时，我们需要排除其他可能的原因。但我们绝不可以排除中介变量。例如，某人认为降水量通过影响土壤含水量影响小麦产量，如果保持土壤含水量不变，则无法观察到降水量和小麦产量间的相关关系。

扩展阅读

学校的午餐计划降低了学生的考试成绩吗?

美国联邦政府为了帮助贫困学生推行了免费午餐计划。我们估计在其他条件不变的情况下，午餐计划对学生的成绩有正的影响。因为如果一个学生太贫穷而不能保证有充足的饮食时，可能他的学习成绩会下降，而午餐计划则可以保障他的学习成绩。

伍德里奇利用 1992~1993 学年 408 所密歇根高中的数据进行了分析。因变量 y 是学生通过数学考试的百分比，自变量 x 是接受午餐计划的学生的百分比。单因素的回归结果如下：

$$y=32.12-0.319x$$

也就是说，如果接受午餐计划的学生增加 10 个百分点，通过数学考试的学生会减少 3.19 个百分点。我们能够相信这一点吗？答案几乎是否定的。正如伍德里奇所言，我们没有排除既影响学生成绩又与获得午餐计划资格高度相关的其他原因，如学校学生的贫困率、学校教学质量和资源等。因此，需要将这些因素也放入回归方程中。

思考：在考察午餐计划对学生成绩的影响时，能把营养摄入量也放入方程以保持该因素不变吗?

改编自伍德里奇:《计量经济学导论：现代观点》，北京：中国人民大学出版社，2003。

中介变量和作用机制是有所区别的。例如，经济理论中讲述价格变化通过收入效应和替代效应影响商品的需求量，这里的收入效应和替代效应讲的是两种作用机制。我们说价格变化通过影响商品消费量影响人们的效用（即从商品消费中获得的满足程度），或者说产品价格和要素价格变化通过影响要素投入量影响产品供应，这里的商品消费量和要素投入量就是中介变量。

第二节 命题、陈述与假说

一、命题、陈述与假说的含义及它们之间的相互关系

在研究时，人们对两个或两个以上的概念之间的关系进行思考，这就是判断。判断是思维的基本形式之一，其功能是肯定或否定某种事物的存在，或指明它是否具有某种属性的思维过程。在形式逻辑中，判断的结果体现为一个命题。例如，研究者对“四天

工作周”和“单位工时生产率”这两个概念的关系进行思考，认为在工作日制度中如果把现行的五天工作周改为四天，就能提高每一天中每小时的生产效率，这就是判断。研究者可以使用“引入四天工作周将导致办公工作单位工时生产率的提高”这个陈述句来准确表达其判断。这个判断尚未经过经验数据的检验，只能作为一条假说提出。于是围绕这一假说的证实或证伪，就成为一项研究主题。假说是有待验证的命题，而命题是人们对观察资料经过思考做出判断的结果。命题的语言表达形式是一个非真即伪的陈述句。陈述句是句子的最普通形式，它表达了人们对事物特征或性质的肯定或否定的判断。疑问句、命令句和一些感叹句不能表达肯定或否定的意思。另外一些能够表达肯定或否定的意思的感叹句只不过是对陈述语气的加重。

二、命题的层次

在理论层面上，命题具有不同的层次和类型，包括公理、定理、设定、假说等。

（一）公理

公理（axiom）是无须经过事实检验而自行成立的真理（self-evidence truth）。公理为整个理论推演过程的始发点。从公理出发，经过论证导出其他理论命题。例如，关于人性的命题，中国自古以来就有“性本善”和“性本恶”这样截然相反的说法。无论是“性本善”还是“性本恶”都被当作公理。从“性本善”出发，人们可以推导出一整套育人和治国的理论；从“性本恶”出发，人们也可以推导出一整套育人和治国的理论。西方也有类似的例子，他们把“自利是人性中不可改变的弱点”视为公理，据以推演出一套制衡管理体制。经济学的消费者理论认为消费者是追求效用最大化的，从这一公理出发，推导出一整套关于消费者行为的理论。

（二）定理

定理（theorem）是由公理推导来的命题，它可以由经验检验和证实。几何学中开始提出几条公理，其后所有定理都是由这些公理推导出来的。

在经济学中也有各式各样的定理。例如，对于收入效应为正（即收入增加，消费者购买量也增加）的商品，价格下降，该种商品需求量增加；价格上升，该种商品需求量下降。

（三）设定

设定（assumption）是研究者自行设定的作为一种前提条件或约束条件存在的命题，这类命题从未经过验证，也不准备在研究工作中验证。设定并非研究主题，但是服务于研究主题。由公理或已证明的定理出发，以设定为前提，或受设定的约束，推导出结论。如果有人不接受这种设定，便可完全拒绝相关研究结论。例如，假定农民是垄断的农产品供应者并得出相关研究结论，而事实上农民数量非常多，他们之间是接近完全竞争的，这时得出的研究结论就会遭到拒绝。当然有时人们可以不接受研究者的设定，但仍承认理论推导的意义。

简化的假定是与设定有区别的，假定即使完全不真实也并不会对结论产生实质性影响。例如，为了研究国际贸易的影响，我们往往假定世界上只有两个国家，而且每个国家只生产两种产品等。通过这种假定，我们可以集中思考问题的实质，一旦我们理解了这种简化了的假想世界中的国际贸易，我们就可以更好地理解现实世界中的国际贸易。

是否能进行简化取决于我们研究的问题。例如，我们问物理学家，一块大理石从十层楼的楼顶落下来需要多长时间，他可能会通过假定这块大理石在真空中落下来回答这个问题。但我们问他一根羽毛从十层楼的楼顶落下来需要多少时间，他可能就不会假定它是从真空中落下的。他会根据空气的摩擦力相对于重力是否足够小，以至于其影响可以忽略不计来进行假定。

（四）假说

假说（hypothesis）亦称假设，它是对未知的客观事物所做的尚未经过实践检验的假定性设想或说明。换言之，假说是有待检验的尝试性判断。它采取的形式可以是对一个预期结果的简单判断或对一种关系或多种关系的断言。它表现为在研究开始时提出的待检验的命题。它可以构成研究主题。

提出假说要充分考虑到以下四个方面的要求。

（1）假说以现有理论为基础。假说应该是现有理论的扩展和继续，不可能离开现有理论的支持去孤立地研究某项假说。

（2）假说绝不是纯主观的猜测或任意的虚拟，它必须以一定的客观事实为依据，而不能与已知的客观事实相矛盾。

（3）假说需要明确地表述变量之间的关系，这包括清晰地界定自变量、因变量，明确因变量与自变量之间的关系。提出假说不能使用界定不清或含糊歧义的语言。

（4）假说必须是可以验证的。即假说必须可以被实践证实或证伪，而不能是一个无法被实践检验的虚幻的设想或说明。在提出假说时，对于变量的测度、数据的采集和分析方法与技术都应该是事先有底的。在方法和技术上不能验证的假说对于研究没有意义。

假说的提出和验证是研究工作的主线。

假说是设计研究方案的指南。任何研究方案的设计，特别是变量的设计，在客观上都是以一定的研究假说为指南的。

假说是采集资料的向导。无论是采集经验资料，还是查阅各种文献资料，假说都具有导向作用。

例如，企业文化研究工作者提出下列假说：青年工人与老工人追求的价值不一致，就使用了两个变量，一个是年龄变量，另一个是价值追求变量。整个研究方案设计就要考虑青年工人与老工人在价值追求上有何差异，方案中关于调查总体、样本构成与抽取、问卷的设计、数据的分析等研究环节，都要围绕这个假说进行设计。当然对于年龄变量，只需要界定好年龄段来区分谁是老工人和谁是青年工人即可；而对于价值追求变量，则需要进一步做到可操作。若把价值追求视作一个构念，就需要找到支撑它的可测度变量。在解决这个构念定义操作化的过程中，需要对一系列人员（包括社会工作专家和对此类问题有较深体会的其他人员）进行拜访或与他们座谈，需要查阅许多相关文献，这些都是在所提假说的导向下开展的。或许最终决定用“对待荣誉的态度”、“对待物质生活的态度”和“对待社会义务工作的态度”等问题的答案来综合产生价值追求变量的测度值。

假说是探究客观真理的桥梁。因为人们通过调查所掌握的客观事实，是检验假说的最重要的依据。在检验过程中，原有的假说可能被证实，也可能被证伪，在更多的情况下是被修改、补充和完善。随着调查逐步深入，原有假说被不断地修改、补充和完善，人们的认识也就越来越接近实际，直到最后发现真理或进一步发展真理。这说明，在探求真理的道路上，假说是一种不可缺少的工具或桥梁。检验假说、修改假说、完善假说的过程，实质上就是发现真理和发展真理的过程。

三、假说的类型

从假说理念萌生的来源看，有归纳型假说和演绎型假说两种。

归纳型假说是在对事物特征进行观察的基础上发现变量间可能存在的关联，从而做出的尝试性解释。以前面所说的“四天工作周”为例，研究者关注到有若干个机构和企业实行四天工作周制度，每周总的工作时数虽然砍掉了 1/5，但是仍然能够完成工作任务。这意味着员工按单位时间衡量的完成工作量明显增加。由若干个案例推及一般，于是提出“引入四天工作周将导致办公工作单位工时生产率的提高”这一假说。用这个表述正确解释现有事实不成问题，但能否适用于类似机构和企业，乃至更大的范围，有待于检验。

演绎型假说是从公理、原理或学说出发运用逻辑推理提出的假说。例如，在发展中国家农村劳动力迁移研究中，托达罗模型告诉我们预期的城乡收入差距是决定因素，教育程度可以提高劳动力在城市中找到工作的概率和工资水平，因此，我们可以推导出如下假说：教育程度越高的农村劳动力前往城市就业的可能性越大。

从在研究过程中出现的次序来看，有陈述假说和统计假说。无论是归纳型假说还是演绎型假说，它们在萌生时都是对概念间的联系的文字表述，如果所用概念还有待于可操作化，这时的假说就是陈述假说。陈述假说又称定性假说。一旦实现了假说中概念的可操作化，即有了可直接测度的变量，那么就可以用数理逻辑的语言表述这些变量间的关系，此时就转换成为统计假说。统计假说又称量化假说，它是可以直接被实施统计检验以便对假说证实或证伪的。统计假说实际上是以一对假说的形式出现，统计检验是根据经验数据在一对假说中进行抉择。其中一个称为零假说或虚无假说（null hypothesis），它处于第一选择位置，具有无据而立的次序优势，在定量表述时含有“无差异”的意思。处于第二选择位置的假说称为对立假说（alternative hypothesis），它是决策者期望以充分的经验数据支持的假说。接受对立假说的条件是，检验所使用的统计模型中的统计量与零假说所表述的参数值有显著意义上的差别。如果没有观测到显著差别，就不可以拒绝零假说。

例如，在教育程度与农村劳动力外出就业的关系中，零假说是“教育程度对外出就业没有影响”，需要检验或证伪的对立假说是“教育程度越高外出就业的可能性越高”。又如，第一章牛奶消费的例子中，虽然老年人较少食用牛奶，但我们并不认为年龄本身是牛奶消费变化的原因。零假说是“年龄增大将减少一个人的牛奶消费”，需要检验或证伪的对立假说是“年龄变化对一个人的牛奶消费没有影响”。

第三节 推理与假说演绎法

与其他科学研究一样，社会科学研究中研究者普遍使用两种推理方式，即归纳推理和演绎推理。归纳推理的过程是从特殊到一般，即从一组具体的观察结果推导出一般性的规律或法则。在现实中常常不可能进行完全的、穷尽的具体观察，因而，由归纳推理所得出的结论也容易遭到意想不到的驳斥。在这方面最为人们所熟知的例子是由卡尔·波普尔等所引证的有关白天鹅的结论。许多年来，人们所观察到的天鹅都是白色的，因而生物学家设想所有的天鹅都是白色的。但是，当人们在塔斯马尼亚岛看到黑天鹅时，“天鹅都是白色的”这一结论就在一天之内被事实证明是错误的了。与归纳推理的过程相反，演绎推理的过程是从一般到特殊。研究者从他所希望检验的一般性理论开始，然后到现实中去观察、收集资料，以检验这种一般性理论。

应该说，两种推理方式在科学研究中都具有重要的作用。对于归纳推理来说，其在系统地提出问题、提出带规律性的结论、建构解释现象的理论方面无疑是一个有用的阶梯；而对于演绎推理来说，其在帮助人们检验一种理论、判断一种理论的正确性方面起着至关重要的作用。没有经过经验检验的理论解释常常只是一种可能的解释。在科学研究中，一般的模式是将这两种推理过程有机地结合起来，构成一种称作“假说演绎法”的逻辑过程。这种过程由以下四个相互联系的步骤组成：①观察一种现象或一组完整的事件。②对观察的结果进行概括，试图形成一种能够解释所观察的现象的理论。③从这种概括出的理论出发，推演出具有逻辑性的某种结论。④用具体的材料来检验这种理论。若理论被检验所证实，那我们就可以得出结论：我们获得了能够解释这种现象的知识（当然，这种知识通常只能作为一种“或然性的解释”，而非完全肯定的解释）；若理论不能被我们的检验所证实，我们就要回过头来修改原始的理论，并进行新的检验。在这一过程中，前两个步骤采用的是归纳推理（即从具体的观察中概括出一般性的结论），而后两个步骤采用的是演绎推理（即从一般性的理论推演到新的经验性现象）。

一、演绎推理

演绎推理是由已知判断引出新判断的思维形式。概念和判断是推理的组成部分和要素。要使一个推理有效，必须保证其构成的概念和判断合乎要求，并按照一定的逻辑要求来联结。推理由前提和结论两部分构成。前提是已知的判断，是整个推理的出发点，结论是推理所得出的新判断，是推理的目的和结果。推理的前提和结论之间的推断关系通常用以下的连词表达：“因为……，所以……”“由于……，因此……”“既然……，就……”等。有时也对前提或结论单独使用连词或连接词组，如在前提前冠以“因为”“根据”“由（出）于”“鉴（基）于”“既然”等词，在结论前冠以“所以”“因此（而）”“就”“为（据）此”“于是”等连词，或者“总之”“由此可见”“这些都说明”等词组。

（一）直言三段论

直言三段论是最常见的演绎推理。直言三段论由三个直言判断组成，其中两个判断是前提，一个判断是结论。它借助一个共同概念把两个前提判断联系起来，从而得出结论。两个判断中第一个表示一般原理，称为大前提；另一个表示具体场合，称为小前提。结论是由一般原理结合具体场合推导出来的。

【例 2-2】

企业中的资源都是管理的对象；　　（大前提）

信息是企业资源；　　（小前提）

因此，信息也属于管理的对象。　　（结论）

【例 2-3】

中国海关关境内受中国海关总署管辖；　　（大前提）

香港（是单独的关税区）不在中国海关关境内；（小前提）

所以，香港不受中国海关总署管辖。　　（结论）

任何一个具体的直言三段论都存在着前提的真实性和形式的正确性的关系问题。只有前提真实且形式正确，结论才是真实的。以上两例的前提和形式没问题，因此结论才是真实的。试看下面的例子。

【例 2-4】

凡亏损企业都是管理不善的企业；

黎明厂亏损；

所以，黎明厂属于管理不善的企业。

这个直言三段论的大前提不真实，并非亏损企业都是管理不善的企业。在价格完全由国家指定或者至少价格的市场形成机制不健全的改革过程中，企业亏损分为经营性原因和政策性原因两种，因为原材料定价较高而产成品定价较低，企业出现亏损的属于后者。黎明厂究竟属于哪种情况要具体分析，不能一概认定为管理不善。其实，这种“亏损”在跨国企业内部也是存在的。再看下面的例子。

【例 2-5】

高科技企业应该遵守税法；

知华旅行社不是高科技企业；

因此，知华旅行社不应该遵守税法。

这个直言三段论的结论一看就不对劲，但其逻辑错误在哪儿？两个前提都真实，问题出在两者联系不正确，即形式不正确，犯了“大项不当周延”的错误①。“应该遵守税法”的是所有企业，不分其科技运用水平高低。“高科技企业应该遵守税法”在前提中不周延，故而结论不正确。

（二）假言推理

由一个假言判断作为大前提，而小前提和结论仍是直言判断的三段论，就是假言推理。根据前提条件的性质不同，假言推理分为充分条件假言推理、必要条件假言推理和充分必要条件假言推理。

1. 充分条件假言推理

充分条件假言推理是以一个充分条件的假言判断作为大前提而构成的假言推理。充分条件假言推理有两条规则：①肯定前件就必然肯定后件，否定前件不必然否定后件；②否定后件就必然否定前件，肯定后件不必然肯定前件。

【例 2-6】

如果要提高国有商业银行竞争力，就要对其进行股份制改造；

今欲提高中国银行和中国建设银行的竞争力；

所以，要对这两家银行进行股份制改造。

【例 2-7】

如果要提高国有商业银行竞争力，就要对其进行股份制改造；

没有对某银行进行股份制改造；

所以，该银行的竞争力没有提高。

2. 必要条件假言推理

必要条件假言推理是以一个必要的假言判断作为大前提而构成的假言推理。必要条件假言推理有两条规则：①否定前件就必然否定后件，肯定前件不必然肯定后件；②肯定后件就必然肯定前件，否定后件不必然否定前件。

【例 2-8】

只有员工有足够的质量意识，才会有高质量的产品；

某企业的员工没有足够的质量意识；

所以，该企业不会有高质量的产品。

【例 2-9】

只有员工有足够的质量意识，才会有高质量的产品；

某企业有高质量的产品；

所以，该企业员工有足够的质量意识。

---

① 有关直言三段论的规则，共有 7 条。这里不展开讨论，读者请参考有关逻辑学著作。

3. 充分必要条件假言推理

充分必要条件假言推理是以一个充分必要的假言判断作为大前提而构成的假言推理。充分必要条件假言推理有四条规则：①肯定前件就必然肯定后件；②否定前件就必然否定后件；③肯定后件就必然肯定前件；④否定后件就必然否定前件。

【例 2-10】

当且仅当开展全面抗战，方可战胜日本侵略者；

中华民族开展了全面抗战；

所以，必能战胜日本侵略者。

【例 2-11】

当且仅当开展全面抗战，方可战胜日本侵略者；

中华民族战胜了日本侵略者；

所以，必然是开展了全面抗战。

二、归纳推理

归纳就是由个别到一般的推理。它也是由一般性程度较低的知识过渡到一般性程度较高的知识，由特殊事例推导出一般原理的思维方法。根据归纳对象的不同特点，归纳法可分为完全归纳法和不完全归纳法。

（一）完全归纳法

完全归纳法就是根据某类事物中每一个对象都具有（或不具有）某种属性，从而概括出该类事物的全部对象都具有（或不具有）某种属性的归纳方法。完全归纳法的优点在于：结论没有超出前提断定的范围，因此，只要前提是真实的，那么它的结论就一定是真实的、可靠的。完全归纳法的缺点在于：它必须确知某类事物全部对象的具体数量，并在对每一个对象进行调查的基础上确知每一个对象具有（或不具有）被研究的某种属性。管理研究中往往难以满足这两个条件，因而完全归纳法在管理研究中的应用受到限制。

（二）不完全归纳法

不完全归纳法是根据某类事物的部分对象具有（或不具有）某种属性，得出一般性结论。不完全归纳又可分为全称归纳、统计归纳和科学归纳，此外还有典型归纳。

1. 全称归纳

全称归纳又称简单枚举法，它根据某类事物中部分对象具有（或不具有）某种属性，而又没有发现相反事例，从而推论出该类事物都具有（或不具有）某种属性的全称命题。

【例 2-12】

地球与月球之间互相吸引；

太阳与地球之间互相吸引；

地球与火星之间互相吸引；
太阳与木星之间互相吸引；
木星与木卫一之间互相吸引；
月球与木卫一之间互相吸引；
火星与哈雷彗星之间互相吸引；
……
所以，任何两个天体之间是互相吸引的。

全称归纳是建立在直接经验基础上的归纳方法，它的结论是依据某种现象反复出现，又没有遇到相反事例而做出的，因此有一定的可靠性。这种方法简便易行，不需要调查某类事物的全部对象，在管理研究中具有广泛的应用。它的缺点在于其结论不具有必然性，若发现一例与结论相反的情况，即可推翻结论。例如，人们观察到长有翅膀的动物——鸡、燕、鹤、鹰等——都会飞，就归纳出结论：凡长有翅膀的动物都会飞。但是，当后来人们看到鸵鸟虽有翅膀但不会飞时，就推翻了该结论。

2. 统计归纳

统计归纳根据被考察的样本中一定比率的对象具有（或不具有）某种属性，从而推出总体中同样比率的对象具有（或不具有）某种属性，它的结论是概率命题。例如，美国大选前民意调查机构通过抽取选民样本，调查他们对候选人的支持意向，再根据他们中对某一党派候选人的支持率，推断出全国选民对某一党派候选人的支持率。统计归纳的结论是或然的，在抽样和其他环节都存在误差，乃至可能出现偏差，因此要精心设计、精心实施，力求避免偏差、减少误差。

3. 科学归纳

科学归纳是根据某类事物中部分对象与某种属性之间的必然联系，推论出该类事物的所有对象都具有某种属性的归纳方法。科学归纳是认识更为深刻、作用更大的归纳方法。要正确地应用科学归纳，除了前提必须真实外，关键在于运用科学的分析方法，正确揭示出对象与属性之间的必然联系。下面例子是应用科学归纳的典型。

1960 年，英国有一个农场的 10 万只鸡、鸭，由于吃了发霉的花生而患癌症死去。用这样的花生喂鸽子、羊、猫，它们也同样患癌症死去。

1963 年，人们在实验室给白鼠喂食发霉的花生，结果是白鼠也患癌症死去。

这样几例动物吃发霉的花生而患癌症死去的现象，启发科学家寻求患癌症与发霉的花生之间的必然联系。经过对发霉的花生进行化验分析，发现其中含有强烈致癌物质黄曲霉毒素。

于是科学家得出结论：动物吃含有黄曲霉毒素的发霉花生，就会患癌症死去。

4. 典型归纳

典型归纳是从一类事物中选择一个标本作为典型，对它进行考察，然后将其显示的某种属性概括为同类其他个体对象共有的属性。它不列举一个以上的个体对象，因此关键是选准具有典型意义的代表性个体。无论是对自然界现象还是对社会现象都有使用典型归纳的成功事例，当然也不乏失败事例。

归纳推理和演绎推理密切联系，相辅相成。演绎推理离不开归纳推理，因为演绎推理的大前提是一般原理，而一般原理要靠归纳推理来提供；归纳推理也离不开演绎推理，因为归纳推理要靠科学知识作指导，或者对归纳推理的前提进行科学分析，都要应用演绎推理。

三、假说和假说演绎法

（一）假说

1. 概念

假说是在人们已有知识的基础上，对在实践中观察和研究到的一些现象，在理论上提出假定的解释的思维形式。它提出新的尚待证明的思想或观点，或者对旧有的理论质疑并且做出自己新的尝试性解释。假说在科学发展中有着十分重要的意义，起到突破、创新的作用。即使某一假说被证明是错误的或局部错误的，它仍对后来的研究起到了铺路的作用。例如，天体物理学中宇宙大爆炸的假说、地质学中大陆漂移说，都对相关学科的发展起到了很重要的推动作用。

2. 特征

科学的假说具有以下特征：首先，假说必须以事实或科学知识为根据，其所依据的事实必须是真实可靠的。假说不能背离科学世界观的基本原理，不能与其研究领域的普遍有效的理论相冲突。其次，假说具有猜想的性质，即假说中既含有可靠的知识基础，其核心观念的真实性又是尚未判定的。

3. 包含步骤

一个完整的假说一般包括以下几个步骤：假说的提出；假说的推演；假说的验证。由假说的提出到假说的验证，实际上是一个运用各种推理的过程。一般来说，提出假说的阶段，多用类比推理和归纳推理。在假说的推演和假说的验证阶段，多运用演绎推理。在提出阶段，根据基本理论，依据观察到的部分事实归纳出一般性结论。在推演阶段，遵循逻辑规则，从假说出发，引申出新的可以解释具体事物的结论。在验证阶段，通过科学实验和社会实践，对推演出的结论，用事实给予验证。就一次科学实验和社会实践的验证而言，结局大略分为以下两种。

（1）观察和实验中获取的事实基本支持假说，只是在某些细节上有出入。

在天文学发展过程中，牛顿的万有引力假说是对涨潮和退潮这一长期以来人们认为很神秘的现象的很好的解释，但是它还停留在假说的阶段，因为还没有强有力的事实对其验证。到后来数学家克雷洛根据万有引力假说，预测出哈雷彗星将要经过近日点的日期为

1759年4月或5月，前后偏差是1个月。事实上，哈雷彗星果然在1759年3月12日经过近日点。这被认为是对万有引力假说的强有力的证实。自此人们接受了万有引力学说。

（2）观察和实验中获取的事实只是在某些细节上与假说相吻合，基本上不支持假说。

17 世纪时化学家们曾面对一个关于“燃素”的假说，该假说认为存在“燃素”这样的物质对燃烧起作用，在物体加热时“燃素”与该物体相结合。化学家玻义耳用实验去验证“燃素说”。他把烧瓶里的金属加热，经过测定，金属加热后的重量确实增加了。根据金属重量增加的事实，证明有“燃素”穿过瓶壁进入烧瓶，跑到金属里面去了。到 18 世纪时，化学家们对“燃素说”提出质疑，重新审视玻义耳的实验，认为金属重量增加的原因是瓶中一部分气体与金属化合的结果，而在加热后再打开瓶盖时，外界的空气又补充进去了。这些都是玻义耳实验所忽视的。他们再次重复玻义耳实验的前几个步骤，但在加热后不打开瓶盖，而是把金属与瓶子一起称量，结果是重量不变。这就证明并没有什么“燃素”钻进瓶中与金属结合，从而支持了对“燃素说”的质疑。后来又经过其他实验，“燃素说”最终被证伪。

假说的形成实际是一个历史过程，往往要经过多次验证，也可能伴随着对假说基本思想的补充或修改。

（二）假说演绎法

1. 概念

理论是人们通过实践总结出来的关于自然现象和社会现象规律的系统的知识，用于指导人们的行动。从语言和逻辑角度也可以把理论看作一组系统地结合在一起的一般性陈述。基础研究旨在进行理论创新，应用研究虽以解决实际问题为导向，但是也会涉及理论问题。使用定量的、实证的方法进行研究，就是遵循“理论—假说—数据—模型”研究路径，从问题出发，提出尝试性的理论假说以求对问题做出解释。从这一理论假说推导出研究假说，然后有目的地采集数据，使用这样或那样的数据分析模型来检验研究假说；如果研究假说与观察到的事实不相符，就要修改原来的理论，提出新的理论假说，再由这一新的理论假说推导出新的研究假说，进行新的观察……这个研究路径称为假说演绎法，它是科学研究的逻辑方法，由演绎和归纳两种推理构成。假说演绎法是科学研究循此程序周而复始，循环下去。这一科学研究过程可以划分为以下四个阶段。

（1）确定研究课题。

（2）在初步研究基础上提出理论假说。

（3）大量观察采集资料。

（4）根据占有的资料对假说进行检验。检验结果可能是否定假说、部分否定假说、不能否定假说。

当出现前面两种结果时，需要重新建立理论假说，或者对其进行修改，然后开始新的一轮研究。当出现第三种结果时，可以接受假说为一种理论，待以后发现它与其所指导的实践不相符合时再重新对之进行检验。

2. 假说演绎法是科学的方法

这种研究方法之所以被认为是科学的方法，是因为它符合下列三条要求。

（1）客观性。客观性是指在研究过程中极大地排除了研究者个人偏好的影响。即无论是什么人，只要遵循既定的研究程序进行研究，都有望导出同样的结论。

（2）严密性。严密性是指在研究中对概念的界定尽可能地严格，对变量的测定基于严格的尺度。

（3）可证性。可证性是指必须是在经验层面上可以检验判定其成立的。做不到这一点，就无法完成假说的证明。对于一条假说，只要举出一个与其不符合的事物，即可判其为伪。要判其为真，则必须穷举可能出现的全部事物，这在经验层面上是做不到的。在这个意义上讲，可证性即证伪性。

第四节 理论与经验研究的关系

科学知识的积累和发展过程，包含两个相互依存的方面：理论与经验研究。二者缺一不可，相辅相成。理论向人们提供了认识和理解世界的一般框架，同时，它也指导着人们去探索具体的事件。尽管理论常常是一种理性思维的产物，很少有经验数据的支持，但在科学发展的过程中，理论与观察之间的联系变得越来越紧密。经验研究与理论携手共进才能增加人们对世界的认识。二者对于对方都有十分重要的贡献和影响。

一、“科学环”：研究的逻辑

美国社会学家华莱士在其名著《社会学中的科学逻辑》一书中，提出并详细阐述了社会科学研究的逻辑过程，其被人们称作“科学环”并广泛运用（图 2-1）。

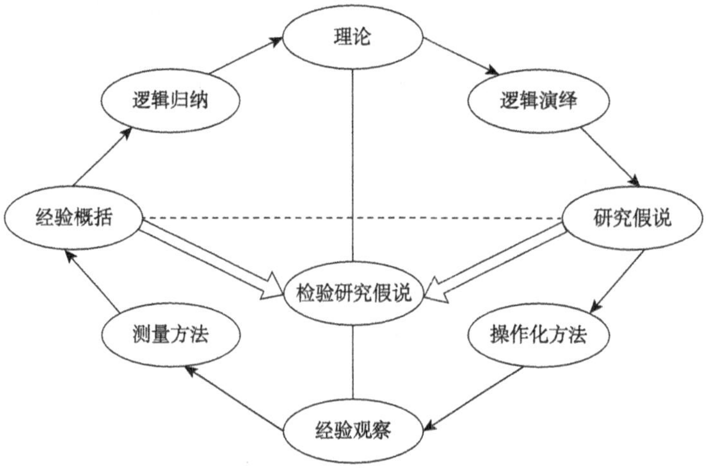

图 2-1 “科学环”示意图

华莱士所提出的“科学环”告诉我们：科学是理论与经验研究之间不断相互作用的过程。在这一“科学环”中，研究者有两个入口：①研究者首先从观察事实、记录事实入手，通过描述和解释他们所观察到的事实，形成经验概括并上升为理论。然后在他们的理论的基础上做出预测，即对未知事物的假说，再通过观察新的事实以检验这种预测。②研究者首先从理论出发，由理论产生假说，再由假说导致观察，然后由观察形成经验概括，用这种概括支持、反对或建议修改理论，或提出新的理论。

华莱士还从另外两种角度对“科学环”进行了分析。首先，他认为，“科学环”的左边一半意味着从观察和对观察的理解中进行归纳和理论建构；而“科学环”的右边一半则意味着从理论出发，通过演绎，应用理论于观察中，进行理论检验。其次，他认为，“科学环”的上面一半代表着运用归纳和演绎等逻辑方法的理论化过程；而“科学环”的下面一半则代表着运用研究方法所从事的经验研究过程。换句话说，图中的水平虚线将抽象的理论世界与经验的研究世界区分开来。

需要说明的是，华莱士所建构的“科学环”是针对社会科学研究的一般逻辑过程而言的，即对于社会科学研究的总的过程来说，它有两个起点，反复循环，螺旋上升。但是，对于任何一项具体的社会科学研究来说，它往往只是走完整个圆环的一半，即理论建构的研究往往只走完左半圆——从经验观察走到理论，而理论检验的研究则只是走完右半圆——从理论到经验观察。同是观察产生的事实，在其作为导出理论的起点时和其作为检验理论的终点时是不一样的；类似地，同是理论解释，在其作为推出假说、指导观察的起点时与其作为具体观察和经验概括的终点时也是不一样的。

二、理论对经验研究的作用

（一）理论作为研究的基础、背景，为研究提供特定视野和概念框架

这种基础和背景的作用首先是从研究课题产生的角度来说的。具体的社会科学研究课题有两个最基本也是最重要的来源：一是现实；二是理论。许多经验研究直接来源于理论并服务于理论。另外，对于从具体的社会现实中所提出的研究课题，理论也通过提供特定的视野和概念框架来体现这种作用。理论告诉研究者应该提出什么样的问题，以及为了回答这一问题应该去探讨什么。提出这一研究课题后，理论可以给我们提供许多不同的探讨角度和分析视野。

（二）理论指导研究的方向

在进行一项经验研究时，理论可以告诉研究者现实中哪些事实是与研究有关的，理论可以指导研究者去收集特定的事实，对于解释性研究就更是如此。例如，我们想知道哪些因素影响农村劳动力外出打工行为，改变哪些因素可以促进这一行为。经济学理论会告诉大家人们的选择行为受成本收益的影响，因此在分析时我们需要考察外出打工的成本收益，即相对于留在农村而言外出打工额外得到了哪些经济利益，同时损失了哪些经济利益，而不同农民的成本收益是如何不同，又是怎么影响他们外出打工的选择的。

需要指出的是，对于同一种现象，当不同的研究者用不同的理论做指导去进行观察时，他们各自所看到的“相关事实”是不同的。例如，社会学研究者在研究迁移行为时可能会更关注“社会认同”“社会地位”方面的影响。

（三）理论提供研究的解释

在资料的分析过程中，理论也有着十分重要的作用。举例来说，对农村劳动力外出打工行为的调查通常会得到这样一个结果：女性外出打工的比例明显低于男性。如果缺乏理论，研究者往往只能描述这种现象的存在及其特征。一旦涉及“为什么会有这种现象发生”这样的问题，就必须依靠理论来解释。例如，利用家庭分工理论来解释男性和女性在外出打工方面的差别：女性在家务劳动等方面更具优势，而男性在市场劳动方面更具优势，因此农户决策时更倾向把女性留在农村的家中。

总的来看，理论通过对研究提供有显著意义的指导，通过将基本过程相似的分散结果进行合适的联系，以及通过对所观察到的各种现象、各种联系提供一种解释，大大地增加了研究成果的价值和意义。可以说，一项研究越是被系统的理论所指引，它的结果就越可能对知识的发展和进一步的累积做出贡献。

三、经验研究的理论功能

经验研究所起的作用并不只是被动地为理论服务，即被动地检验理论、证实理论，它还扮演着另外四种主动的角色。美国著名社会学家默顿对此进行了专门的阐述。他认为，经验研究至少执行四个主要功能以帮助决定理论的发展。他所说的这四个功能是开创理论、重整理论、扭转理论、廓清理论。

第一，经验研究中所获得的那些“不期而遇、异乎寻常而有关全局的资料”，常常成为某种理论的开创者。越是富有成效的经验研究，就越可能成为新的假说和理论的发源地。默顿还特别强调，正是这种不期而遇、异乎寻常和有关全局的经验事实，构成了一种“偶发机遇模式”。这种情形就像在霍桑工厂所进行的管理实验一样，研究者所关注的本来是劳动条件与工人生产的产量之间的关系，然而研究者在这方面却并未获得结果。幸运的是，研究者意外地从实验中得到了某种更为重要的“副产品”——一个以前未被研究者所认识，但却对各种社会及行为科学研究有着重要影响的现象——那些意识到自己正在被别人观察的个人具有改变自己行为的倾向。这就是著名的“霍桑效应”。

第二，如果说前述的“偶发机遇模式”把注意力集中在迫切要求解决的明显的矛盾上，那么，“重整理论的模式”则是把注意力集中在那些到目前为止被忽视了、但却是有着重要关系的事实上，正是这些被忽视的事实迫切要求扩展和改善原有的概念系统。任何一项具体的理论都具有某种相对性，它们往往主要针对现实中的某两类特定现象或过程。但是，实际社会科学研究中人们往往会发现一些新的、原有理论框架和概念系统并未注意的事实。这些事实提出了一些新的变量，它迫使研究者把这些新的变量与一个具体的理论相结合，导致原有理论的重整。

第三，经验研究中新的研究方法和研究技术的运用大大地拓展了研究者探索现实、建立理论和检验理论的能力，如问卷调查方法、计算机技术、统计软件、历年人口统计资料数据库等。这些新的研究方法和技术将会产生许多原先人们无法得到或无法利用的新的资料，而这些新的资料又会促成研究者形成新的假说，并导致产生新的理论关注点。可以说，新的研究方法的运用不断帮助研究者形成新的理论兴趣中心，不断为研究者打开建立新理论的窗口和途径。

第四，经验研究促使概念的澄清。概念是理论建构的砖石，而概念含义的准确、清晰则是进行理论建构的基础与前提。许多事例表明，正是经验研究的需要，才促使人们去澄清公认的概念。在理论探讨中长期不加分辨的概念问题却在经验研究的过程中被首先提了出来。事实上，“理论化”工作的一个重要部分就是进行概念的澄清。经验研究的一个基本要求就是要对概念进行界定，同时，经验研究还通过对所讨论的变量的选取和指标的确定来澄清概念。这种被称作“概念操作化”的过程，要求研究者对概念的内涵与外延、概念的维度、概念的层次性等弄得清清楚楚，因为只有这些方面确切了，研究者才便于设计出恰当的、反映概念本质特征的并且是可观察的指标。

四、经济管理核心理论与研究

（一）经济学核心理论与研究内容

1. 经济学研究的内容

经济学（economics）被称为“社会科学之皇后”。相对于人们的欲望，经济资源总是短缺的。经济学就是研究如何合理配置和充分利用稀缺的经济资源来满足人们的多种需求的科学。

马歇尔认为经济学是“对日常生活中人的行为的研究”。对于日常发生的经济行为或决策，人能做到理性。理性人在各种约束条件下追求目标（效用或利润）最大化。当约束条件发生变化时，人的行为和经济结果也会发生变化。经济学有时被描述成“约束条件下的最大化问题”。

经济学主要进行三点考虑：①资源的稀缺性是经济学分析的前提；②选择行为是经济学分析的对象；③资源的有效配置是经济学分析的中心目标。经济学的首要任务是利用有限的资源尽可能持续地开发出人类所需求的商品及在人们之间合理分配商品。

微观经济学与宏观经济学是经济学的基础。微观经济学是研究社会中单个经济单位的经济行为以及相应的经济变量是如何决定的经济学说。因为价格是如何决定的及价格变动对经济行为的影响是微观经济学研究的主要内容，微观经济学有时又被称为市场经济学或价格理论。宏观经济学是以国民经济总过程的活动为研究对象，主要研究就业总水平、国民总收入等经济总量的经济学说，因此宏观经济学也被称为就业理论或收入理论。

具体而言，微观经济学的研究内容主要是，以单个经济单位（单个生产者、单个消费者、单个市场经济活动）作为研究对象，分析单个生产者如何将有限资源分配在各种商品的生产上以取得最大利润；单个消费者如何将有限收入分配在各种商品消费上以获得最大满足；单个生产者的产量、成本、使用的生产要素数量和利润如何确定；生产要素供应者的收入如何决定；单个商品的效用、供给量、需求量和价格如何确定等。

宏观经济学的具体研究内容主要包括经济增长、经济周期波动、失业、通货膨胀、国家财政、国际贸易等方面。涉及国民收入及全社会消费、储蓄、投资及国民收入的比率，货币流通量和流通速度，物价水平，利息率，人口数量及增长率，就业人数和失业率，国家预算和赤字，出入口贸易和国际收入差额等。

2. 应用经济学研究的选题

经济学的核心原理之一是"人们会对激励（惩罚或奖励的预期）做出反应"。应用经济学或者说政策研究都是围绕这一命题展开的。政策正是通过影响人们面临的约束条件，改变人们可供选择方案的成本或收益来改变人们的选择行为。例如，汽油税会鼓励人们开小型的节油型汽车。

当政策制定者未能考虑到他们的政策如何影响激励时，这些政策就会带来意想不到的效果。例如，考虑有关汽车安全的公共政策，政府希望通过强制安装安全气囊来提高汽车驾驶的安全性。直接的影响显而易见：当安装安全气囊以后发生车祸时存活的概率将大大提高。但是其影响不仅如此，它还会改变激励，影响人们的行为。以往高速驾驶或不谨慎驾驶的代价是惨痛的，当安全气囊降低了车祸的代价后，人们就不再花费那么多时间和精力进行缓慢而谨慎的驾驶。随之而来的是车祸数量增加，汽车行车安全程度并没有提高太多，而行人和骑乘其他交通工具的人的安全性反而降低了。又如，政府想通过对奢侈品的购买者征税来缩小收入差距，直接的影响是高收入者支付了税收。但购买者会对激励做出反应，他们会减少奢侈品的购买，事实上奢侈品需求对价格很敏感，需求减少的数量会很多，因此市场价格下降的幅度会很大，奢侈品的生产者将承担税收的大部分。如果这些生产者是低收入的手工业工人，那么政策实施的结果将与初衷相背离。

在分析任何一种政策时，我们不仅应该考虑它的直接的显在的影响，还应该考虑通过激励产生的不太明显的间接影响。如果政策改变了激励，那就会使人们改变自己的行为。我们需要考察政策制定所依据的微观主体行为和市场运行机制，这样才能完善政策，最终使政策手段能达到政策的目标，而不至于出现"好心办坏事"的现象。

（二）管理学主要研究内容

管理是指在一定的环境中，由组织的管理者运用各种职能，采取一定的方法与手段，配置和运行组织内的各种资源，以实现组织目标的实践活动，如图 2-2 所示。

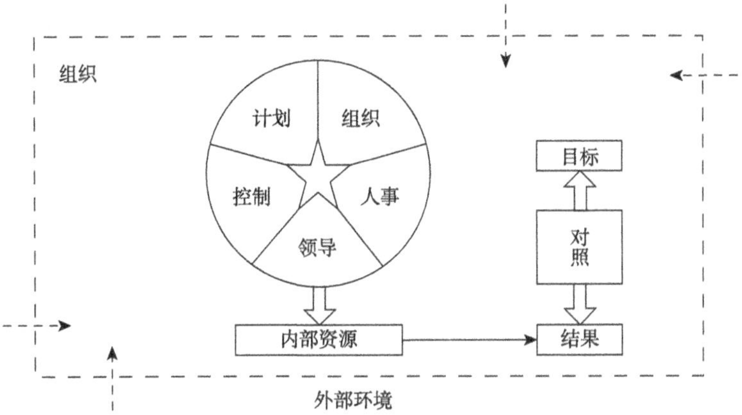

图 2-2　管理示意图

以上关于管理的定义体现了管理实践的几个特征。

（1）管理是在一定的组织中进行的，管理的目的是实现组织的目标。管理由特定组织所实施，无论是某一企业、某一政府机构还是某一非政府组织，要实现其组织担负的使命，就需要管理，而管理又是针对这个特定组织的。

（2）对象是组织中所有的资源。组织所掌握的全部资源包括人力资源、物力资源、财力资源和信息资源等，这些都是管理实施的对象。其中最重要的是人力资源，在某种意义上，管理就是对人的管理。

（3）管理是在一定的环境中进行的。一个组织总是存在于一定的外部环境之中。因此，对该组织的管理必定不能脱离其外部环境。

（4）管理要通过各种职能体现出来。管理过程是管理者执行各种职能的过程，或者说管理就是对各种职能的抽象概括。至于管理职能有哪些，有不同的说法，一般将计划、组织、人事、领导、控制列为其基本职能。

管理实践与组织的运行过程是分不开的。就物质产品生产企业的管理来说，既含有纯粹的物质转化，也包括人的因素参与。这与在实验室里单纯地进行由几种试剂原料生成一种目标物质的化学实验不同。实验场合下，“资源”是实验人员选取的，“外部环境”如压力、温度等，处于实验人员控制下。因此，这里有的只是操作，而无管理。但是当我们把这个实验扩大为企业生产和经营时，不仅物质投入发生了重大变化，如资源和产品的规模扩大了许多倍，小小的实验仪器换成一定规模的生产装置，更重要的是，介入了人的因素，完成物质转换的生产过程需要人来操作，支持这一过程的辅助工作也需要人来做。由原料到产品的转化过程就是管理者对所用资源的管理过程。

管理研究旨在发现、辨识和解决管理领域中发生的各种问题。从研究的内容看，可以说管理研究围绕管理定义中所包含的组织、目标、资源、环境和职能五个关键词进行。举凡企业的治理机制和组织机构的构建，企业愿景和战略目标及措施的确定，各类资源的当前状况和变化趋势，外部环境的现状和变化对本企业的影响，各项职能各自具体的履行方式、效果和综合绩效，还有这五个方面的相互联系等，都可以作为企业管理研究的课题。其中管理者、内部资源和外部环境都含有人的因素，职能行为的发出者是人，接收者也包括人，因此对人的行为的研究在管理研究中占有非常重要的地位。

扩展阅读

经济学研究什么，怎样研究？

钟甫宁

经济学研究人的行为。具体地说，经济学研究人的经济行为。更具体地说，经济学研究人（以及人组成的经济组织）在经济活动中如何配置自己拥有或可支配的资源，在各种约束条件下如何实现自己的最大效用或利润。再具体一点说，经济学研究公共政策及其变化如何影响个人和经济组织的行为，在他们依据自己可支配资源并且受限于既定约束条件下追求最大效用或利润的同时，借助于他们追求自己最大效用或利润的行为，实现提高整个社会资源配置的效率并且（或者）改善社会收入分配状况的政策目标。

经济资源的种类和初始分配因时间和地点而异，各种自然、经济、社会、政治和法律约束条件也因时间和地点而异，因而即使假定人们的行为动机完全相同，其具体行为也可能有所不同。这就是说，同样的公共政策在不同的环境下可能导致不同的行为并产生不同的结果。或者，为了实现相同的结果，在不同的环境下需要不同的公共政策。从根本上看，公共政策仅仅是个人和经济组织在追求自身目标时面临的约束条件之一。公共政策的改变可能影响人们的经济行为，但是，影响的方向和程度不仅取决于政策本身的改变，而且取决于其他约束条件，取决于各种因素相互作用形成的合力。因此，要实现某种公共政策目标，不能仅仅根据目标本身的需要选择政策工具，而且必须清楚地了解当前的经济资源配置和分配情况以及自然、经济、社会、政治和法律等约束条件，更需要弄清楚引入各种新的公共政策（新的约束条件）以后会形成什么样的合力，人们的实际行为将发生什么样的变化，从而选择能最大限度实现既定目标的工具。

制定公共政策不能仅仅根据良好的愿望，也不能假定（或要求）人们会自动配合良好的政策意图。同理，所谓“经是好的，只是被歪嘴和尚念歪”的说法也是站不住脚的。歪嘴和尚的存在是客观现实，歪嘴和尚按照自己的利益来念经也是必然的行为。制定政策时未通盘考虑客观现实或考虑了但未能采取预防措施是政策制定者的不智；采取了预防措施而执行不力则是政策制定者和监督者的无能。当然，执行不力同时也表明政策制定时的不智：未能预见执行中的困难，或者未能预见执行机构和监督机构的必然的行为偏差。政策执行机构和监督机构的行为也服从理性人假设，它们也有自己的动机，追求自身目标时也受内部可控制资源及自然、经济、社会、政治和法律等各种外部条件的约束。制定政策或提出政策建议的目的是实现某种政策目标，不是为了事后追究某些人和机构、制度的责任，更不是为了表现自己在某种假想条件下的“高明”。政策的正确与否不在于本身是否符合某种抽象的原则，而在于能否在既定条件下实现既定的目标。因而不仅要研究政策作用对象的行为，也要研究政策执行和监督机构的行为。

综上所述，经济学的研究不能从抽象的原则出发，更不能脱离现实演绎某种观点。如果不能准确地描述人（包括经济组织、政策执行和监督机构）的行为动机，不能准确描述其拥有或可以控制、利用的资源以及面临的种种约束条件，就无法正确研究其行为的特征和变化规律，也无法正确研究增加或改变某种政策约束条件以后其行为变化的方向和程度。因此，经济学的研究不仅需要经济学和数学的知识，也需要社会学、政治学、法学和历史学的知识。对于应用领域的研究来说，还需要涉及相关领域的自然科学和生产知识、经济组织和市场结构知识。当然，无论是理论研究还是应用研究都离不开逻辑思维和方法论的严格训练。

经济学的研究必然要从现实生活中的问题出发，但其本身的目标不是单纯解决现实生活中的问题。解决实际问题是决策者的目标，而解决实际问题中提炼出来的科学问题才是经济学家的目标。实际问题和科学问题两者有交叉的地方，即从实际问题中提炼科学问题，以实际问题为素材解决科学问题；反过来，科学问题的解决为实际问题的解决提供了有科学依据的方案。实际问题和科学问题两者也有不一致的地方，即科学问题的解决强调一般性、共性和规律性，注重是否对人的行为的研究有所进展，注重是否能推进同类研究，而实际问题的解决则注重具体方案和特定条件下的具体结果。在许多情况下，非标准的方法也许能够为某一具体问题的解决提供更好的方案，但是缺乏解决更一般问题的能力。因此，实际问题是科学问题在某种条件下的特例，而科学问题的回答则解释同类问题的共性和规律。在具体科研课题的研究中两者必然是结合在一起的，但仍然应当对两者做出适当区分。

资料来源：南京农业大学经济管理学院院内刊物《经济学刊》，2005 年第 2 期。

参考书目

埃思里奇 T. 1998. 应用经济学研究方法论. 朱钢，译. 北京：经济科学出版社.

加瑞 P，格朗霍格 K. 2007. 经管研究方法：实践指南. 熊剑，江伟，等译. 大连：东北财经大学出版社.

贾怀勤. 2006. 管理研究方法. 北京：机械工业出版社.

刘军强. 2020. 写作是门手艺. 桂林：广西师范大学出版社.

曼昆 N G. 2003. 经济学原理. 3 版. 梁小民，译. 北京：机械工业出版社.

秦伟，吴军，等. 2000. 社会科学研究方法. 成都：四川人民出版社.

第三章

研究过程

第一节　寻找研究问题

问题是整个研究工作所围绕的核心。首先，问题的陈述必须尽可能地准确，并且可将其分解为更易把握的子问题，通过这样来阐明和理解整个研究工作的目标和方向。

问题是每一个研究项目的核心。它对研究工作的成功具有第一位的重要性。对问题意图的清晰把握和确切表述，是整个研究过程中首要的要求。

一、研究问题与主题

研究问题（research issue），指的是一项研究所要回答的具体问题，它是一个可以通过研究来进行回答的问题。它与人们日常生活中所说的问题或现象既有些相似，又有所不同。社会科学研究中的许多“问题”，的确常常是现实生活中的某种社会现象或某种社会问题，这是它们有些相近的原因。但社会科学研究的问题通常比某种社会现象或社会问题更为具体、更为集中，也更为明确，这是它们之间有所不同的地方。

与研究问题有关的另一个概念是研究主题（research subject）。研究主题指的是研究所涉及的某一类现象领域或问题领域。与研究问题相比，研究主题显得相对宽泛，也更有一般性。例如，农业生产、农村社区发展、农民收入、劳动力市场、信贷市场、产品市场等，就是研究主题的几个例子；而“农村劳动力转移的方式及影响因素”“土地产权对农户农业生产投资的影响”“农户借贷需求、获取借贷的能力及影响它们的因素”等，则是研究问题的几个例子。一般来说，一个研究主题中，可以包含许多个不同的研究问题。选择研究问题的过程则常常是从宽泛的研究主题开始，逐步缩小到更为集中的研究问题。

社会生活包括众多的层次和方面，构成众多不同的领域。在每个方面或领域中，都有许多值得探讨的研究问题。对于一项具体的研究来说，它只能集中到一个具体问题。

因为社会科学研究作为人们了解社会现象、探索社会规律的一种认识活动，既不是笼统的和无所不包的，也不是盲目的和漫无边际的，而是十分具体、明确、有针对性的。现实生活中的每一项社会科学研究，可以说都是针对某一社会生活领域中的某种特定社会现象或社会问题的。不同的研究问题，所涉及的领域不同，所针对的现象或问题也不同。

社会科学研究作为一种具体的社会认识活动，会有层次深浅、质量高低等差别。这也就是说，有的社会科学研究能够在比较深入的层次上，揭示社会现象的内在联系，而有的则只能在比较浅显的层次上，一般地描述社会现象的表面特征；有的社会科学研究能够在比较高的层次上，概括社会现象的整体状况、发展变化规律，而有的则只能在比较低的层次上，简单列举社会现象的个别状况和具体表现；有的社会科学研究能够及时回答人们在社会中新遇到的、普遍关心的焦点问题，而有的则只能重复人们早已明了的事实、状况和结论。所有这些差别的形成，虽然有着多方面的原因，但是，研究问题选择上的差别，却往往是其最重要的原因。

之所以研究问题的选择能体现研究的水平，这主要是因为，在选择和确定研究问题的过程中，既需要用到研究者所掌握的专业理论知识、研究方法知识，又需要研究者具有比较开阔的视野、比较敏锐的洞察力、比较强的判断能力，同时，还需要研究者具有一定的社会生活经验。一个具体的研究问题从选择到最终确立，正是上述几方面因素共同作用的结果。研究者在上述任何一个方面的欠缺或不足，都会在所选择和确立的问题上留下“痕迹”，都会直接影响到所选问题的水平和质量。

扩展阅读

经济学研究要区分现实问题与学理课题？

周应恒

改革开放以来，13亿（现为14亿）人口的经济腾飞，创造中国经济奇迹的中华大地，越来越吸引世界的目光。在960万平方千米的这方热土上，上演的是人类历史上史无前例的经济大实验。无数的经济现象需要人们去分析，涌现出来无数的现实问题需要人们去解决。既有的经济学体系无法完全解释中国的经济现象与问题。因此有人说，谁能科学地说明和解释中国的经济现象，谁就可以获得诺贝尔经济学奖。中国经济学已经成为经济学的明珠，当今经济学已经成为中国最主要的显学之一。经济管理类专业的年轻学子们，投身中国经济学的研究不仅是历史赋予他们的使命，也一定是大有可为的。

有志于经济学研究的同学都面临着如何开展研究的问题。与其他科学研究一样，做经济学研究也是一个发现问题，分析问题，最后解决问题的过程。不同的是，经济学研究特别是应用经济学研究基本上不能在实验中进行，必须在更加复杂的社会的大课堂中，通过调查、观察，科学求证，来分析解决问题。

经济学研究需要学以致用，解决现实面临的“problem”（问题），这就是“问题志向”“经世济民”。但是要解决现实问题，前提是必须学会发现与认识“问题”，科学分析与把握“问题”，这是经济研究的真谛。这个认识与把握问题的过程就是我们所讲的科学研究的过程。现实问题的发生与存在，可能是受多种因素影响的结果，通过深入的学习，长期的研究实践会发现，很多“issue”（课题）已经在理论上或者实证中由前人解决。作为经济学者，科学规范的学术研究就是要利用经济学的知识体系与分析框架，在前人研究的基础上，分析把握并说明还没有究明的因果关系状况及其强度。现实的经济问题并不等于科学上还没有解决的课题，从现实的问题出发，凝练出没有解决的学理上的课题，并试图分析把握它，这一个过程才属于规范的学术研究，它需要我们有扎实的经济理论基础，充分了解该问题相关的前人研究成果。

资料来源：南京农业大学经济管理学院院内刊物《经济学刊》，2005 年第 2 期。

二、研究什么样的问题

可用于研究的主题和问题，随处可见。观察我们的四周，看看个人的兴趣在哪里，是在农业、经济学还是管理学或者在其他许许多多的学科中。在每门学科中，我们也有众多的领域可以选择。

任何研究都需要花费大量的时间和精力，因此在确定研究项目时需要考虑到这些项目是否值得花费时间和精力。在开始寻找合适的研究课题时，需要注意两点：第一，这个研究课题十分重要，而且研究成果会是与众不同的；第二，所选的课题能帮助我们提高认识，或能引导出新的思想、新的应用或能为以后进一步的研究打下基础。在确定这两点后，还要明确研究课题不但需要收集资料，而且要对这些资料加以剖析和阐明。

有些问题是不适合去做研究的。因为，有些资料不需要剖析和阐明。在选择研究课题时，应当避免下面三种情况。

（1）研究课题不应成为自我学习的途径。每个人在教育上都会有许多空白，我们也都乐于努力减少这些空白。但自我学习并不是研究的目的。收集信息以便对某些知识领域有更多的了解与收集信息以便识别其中哪些有助于问题的解决是完全不同的。

【例 3-1】有位学生递交了这样一份研究问题的陈述：本次研究的问题是进一步了解巴拿马运河是如何建成的。对这位学生来说，通过所付出的努力，可以对巴拿马运河是如何建成的有更多的了解，但并不会因此而带来什么新的知识。

（2）简单计算两组数据的相关系数，以表明它们之间的相互关系，这也不是一个可接受的研究项目。为什么？因为研究的最基本的要求被忽略了，那就是要运用人的智慧对资料加以剖析和阐明。这个项目的数据比较，计算机就能做到，而且比我们做得更快、更准确。相关系数只能告诉我们两组数据间相互关系的紧密程度，它并不能告诉我们为什么存在这种相互关系。

有时我们会因为通过一系列的统计操作，发现两个事物间的紧密关系（如父母的智商与孩子的智商）而感到很得意。于是我们向世人公布“研究表明，父母的智商和孩子的智商是如此这样的……”。这显然是不对的，因为研究并没有显示这些。相反，研究工具只是给予了我们一个令人神往、有待探索的事实。它向我们提出了这样一个问题：孩子的智商和父母的智商存在相互关系的原因是什么？是遗传？是环境？还是两者兼有之？

（3）仅以是或不是作为问题的答案，也不适合作为研究课题。“做家庭作业会对孩子带来好处吗？”这就不是一个研究问题，尤其是这样的提法不对。值得研究的并不是家庭作业是否有益，而是究竟有益在哪里，哪些家庭作业是有益的，哪些是没有什么意义的。如果我们知道这些答案，我们就能设计出更有针对性、更有趣、更能激发孩子们学习热情、更有效果的家庭作业。

每天都有如此之多要学的、崭新的、相关的、重要的问题在涌现，我们要去寻找那些有意义的课题，而不要去思考那些没有意义的问题。琐碎的问题只会带来琐碎的答案。只是感到问题很有趣，那是不够的。因为几乎任何问题，只要有一些研究，都可能变得有趣。

三、问题的来源

对于研究者来说，要选择一个有价值的、有新意的、可行的，并且适合个人情况的研究问题，并没有普遍适用的方法。有的问题可能主要来源于研究者的某种好奇；有的问题则可能起源于研究者偶然碰到的一件事情；有的问题可能来自研究者与朋友的一次聚会或交谈；有的问题则来源于研究者无意之中读到的一篇文章、一本杂志或一部著作。当然，应当指出的是，我们不能总是寄希望于这种碰运气似的机会，或者总是期待着某种突发的“灵感”。与此相反，我们应该主要依靠自己所掌握的理论知识，所熟悉的生活经验，所面对的社会现实，所具有的观察、分析能力，以及对选择研究问题过程中的某些带规律性的方法和常见的选题途径的熟悉和了解。

所有的研究都是从某种具体的思想开始的，这些思想有时是规范的假说，有时是研究者个人的直觉，有时则仅仅只是偶然的思想火花。了解这些思想是怎样转化为具体的、系统的研究计划的，对于研究者有着重要的意义。我们先用下面的例子来描述一种思想的发展过程，特别是这种思想转化为具体研究设计的过程。

【例 3-2】美国心理学家特里普利特是一个自行车迷。在研究美国自行车竞赛联合会的比赛记录时，他发现集体项目的成绩比个人计时赛的成绩要好得多。在这项具体观察所得到的发现的基础上，他提出了人的行为动力的渊源问题（这个理论是当代社会促进论的原型）。他的理论基本上提出了“其他人的行为是一个刺激因素”的观点。特里普利特认为，如果他的这个结论正确，它就不仅适用于自行车比赛，同样也应该适用于其他类似的活动。为了验证他的这一理论，他设计了一项绕线的实验。他选择了 40 名儿童，并让其中一部分孩子自己单个绕线，而让另一部分孩子在一起比赛绕线。实验的结果证实了他的理论假说：一起比赛的孩子比单独的孩子绕线的速度要快得多。因此，特里普利特从一个简单的观察开始，进而把其思想应用于实验研究，提出了社会心理学研究的核心问题：其他人的活动怎样影响到行为的个体。

社会科学研究的问题有哪些主要的来源？或者说，我们可以从哪些方面或通过哪些途径去寻找一个合适的研究问题呢？答案是现实社会生活，个人经历，文献、研讨与咨询专家。

（一）现实社会生活

千姿百态、形形色色的社会经济行为是各种研究问题最主要、最丰富和最经常的来源。各种可以作为经济问题的经济现象、经济行为、经济和社会事件总是客观地存在于我们的周围。之所以有时难以被我们发现，主要是我们每时每刻都生活在它们中间，对它们早已“司空见惯”，因此常常对它们“熟视无睹”。例如，对于大多数人来说，各式各样、大小不一、经营范围不同的企业和组织出现在我们周围，这是人们十分熟悉也很一般的现象。然而，当我们向自己提出一些“为什么”的时候，就会从这种很熟悉、很普通、很一般的现象中，抽出诸如“企业为什么会存在”“企业的边界是什么”“哪些生产要素是企业需要拥有而非从市场购买或租赁的”这样一些值得探讨的经济问题。这些正是科斯开创的工作，他及其继承者对这些问题的回答形成了经济学中的交易成本理论。

从现实社会生活中发现研究问题的关键，是要善于观察、勤于思考。在日常生活中，我们要养成对各种社会经济现象和行为经常问“为什么”的习惯。这样做往往可以使我们从纷繁复杂的生活大潮中，从变化无穷的社会经济现象中，抽出值得研究和探讨的研究问题。对于这一点，我们可以借用一句格言来概括，这就是处处留心皆“问题”。同时，一项好的研究问题的发现，也和作家写小说一样，既需要“深入生活”，也需要“灵感和火花”。这里所说的“深入生活”，主要指的是广泛地接触社会，而“灵感和火花”则指的是那些可以发展成为研究问题的最初的想法和思路。应该指出的是，没有广泛地与现实社会生活的密切接触，这种“灵感和火花”也就成了无本之木、无源之水。

（二）个人经历

个人经历和经验是人们参与社会经济生活的特定记录，也是人们对社会经济生活的认识、感受的积累和沉淀。这种经历形成了人们观察各种事物、理解各种现象的基本视角和出发点。因此，对于以观察和理解经济现象为目的的研究来说，同样也离不开个人经历和经验的帮助。

我们每一个人总是生活在社会的某个特定的角落，所走过的也往往是一条特定的人生道路。不同的人对现实社会的认识不同，对社会生活的具体感受也不同。一种现象在有些人看来也许是理所当然、司空见惯，但在另一些人看来或许会大惑不解、十分新奇。这是因为，每个人特定的人生经历为他观察现实世界、观察社会生活提供了一种特定的视角。从这些各不相同的视角里所看到的世界并不完全一样。因此，我们自己在社会生活中的各种经历、各种体验、各种观察、各种感受，常常是众多合适的研究问题的最初来源。许多有价值的、有创造的，并且切实可行的研究问题，正是从研究者个人的经历和经验中，特别是从个人特定的生活环境、特定的生活感受中发现和发展起来的。另外，发生在社会研究人员身边的一件事情、他与朋友进行的一次交谈、他所参加的一次活动，都有可能成为导致一个研究问题产生的最初的火花。

特别是当我们学习的理论或书本上的知识与我们的个人经验有冲突或者难以合理

解释一些经验事实的时候，我们就需要进行研究，创新理论。例如，教科书或其他一些研究都把农民看作独立的企业家，他们依据市场价格等约束条件进行独立的生产决策。但具有农村生活经验的人或坐过火车的人一般会留意到各家各户的田块总是水稻和水稻种在一起，花生和花生种在一起，大豆和大豆种在一起，桑树和桑树种在一起。农民更倾向联合在一起进行决策。这是因为我国耕地地块细小，水、肥、农药在不同地块之间具有外部的相互影响，迫使农民不得不选择集体、联合决策的形式。

从某种意义上说，这种从个人自身经历中寻找问题的方式，是一种十分简单实用的方法。它常常是以“坐在椅子上空想”的方式，去静静地思考个人的经历、经验、观察和体会。千万不要小看这种方式，在许多情况下，它常常可以帮助我们找到既十分有趣又值得探讨的研究问题。

（三）文献、研讨与咨询专家

研究人员必须充分了解所感兴趣的研究课题，并要了解如何切入才能在此领域中做出重要贡献。下面是对研究人员很有帮助的三个方法。

（1）大量阅读文献。这是一个重要方法，那就是要对我们所感兴趣的课题迄今为止的研究成果有一个充分的了解。就如再去发明车轮是没有意义的，阅读文献除了能了解什么是已知的，还能了解什么是该领域至今还不了解的。换句话说，还有什么是需要做的。例如，某人的研究项目可能如下：

a. 为其他研究人员所开展的研究工作提供一些建议。

b. 采用不同的方法或不同的样本，来重复某一个研究项目。

c. 思考在同样的情况下，不同取样中的不同表现。

d. 运用现有的认识，对新的情况做出解释。

e. 对以往研究中出现的意外发现和矛盾现象做出探索。

f. 对某些研究浮于表面或是事实的研究成果，提出疑问。

阅读文献还有其他的好处，它可为我们的研究更加理性而提供理论基础，它可为我们提供适用的研究方法和测量方法，它还有助于我们联系领域内的其他研究成果来阐明自己的研究发现。

在阅读文献时需要注意以下两点。

一是始终带着审视的、提问的、评论的眼光，不要过于恭敬地、崇拜地和盲目地接受书上、文章中所说的一切。由于眼光不同了，我们对同样的文献、同样的内容、同样的材料的看法就会有所不同，就会产生一些新的疑问、新的思索，迸发出一些新的火花。从这些新的疑问、思索和火花中，往往能够找到值得研究也能够研究的问题。

二是要进行广泛的联想。我们可以从纵向与横向、形式与内容、对象与方法、时间与空间等方面，从不同角度、不同侧面、不同层次，对所阅读的文献展开广泛的联想，由此及彼，换个角度观察，往往也能碰撞出一些新的火花，开启一些新的思路，并在此基础上进一步提炼出切实可行的新的研究问题。

（2）参加专业研讨会。许多研究人员都是通过参加全国或地区的学术研讨会成功地找到新的研究课题的。通过了解会议主题和参加专题讨论，他们能把握在他们的研究领域内，哪些问题是热点，哪些不是。而且，在研讨会上，初学者可以见到许多资深的专家，向他们讨教，互相交流切磋，交换电子邮件地址。

有些初学者，包括许多学生，不愿接近研讨会上的著名学者，他们担心这些学者没有时间或者没有兴趣与初学者交流。事实恰恰相反，绝大多数有丰富经验的研究人员，很乐于与初学者进行交谈。事实上，他们会为大家对他的研究成果的了解，并可能在某个方面进行拓展或者应用，而感到得意。

（3）向专家咨询。另一个简单而有效的方法就是向专家咨询。哪些是需要做的？哪些热点问题还没有人去解决？以往的研究成果，有哪些解释不通之处？这些问题都可以通过请教教授及在研讨会上遇到的资深专家获得指点。

四、研究问题的陈述

如前所述，问题是研究项目的核心。在研究过程中的每一步，成功的研究人员总在不断地问自己：我在做什么？我做的目的是什么？这些问题有助于研究人员把精力集中于为达到最终目的而收集资料，并解决问题。

研究人员正是以其对所研究问题清晰明确的表述，来作为其研究项目开始的标志。在研究的问题确定后，应该用准确的措辞描述出整个研究的目的。下面是一些有助于大家做到这一切的指导方针。

（一）问题的表述应清晰而完整

问题的表述应十分清晰，以便他人能理解。如果我们的表述不能达到此要求，那么我们就只能自欺欺人地认为我们自己是明白的。这样的自我欺骗会使以后的研究陷入麻烦。

只有将问题表述得全面完整，才能使之清晰。至少用一个或多个合乎语法的完整句子来表述问题。为说明这一点，下面举出一些含意不清、表达不完整的陈述——只是用了一些零碎的词语对问题做了一些提示。看看大家是否明白这些学生的研究计划，了解他们究竟想干什么？

一个社会学系的学生：社会福利和孩子的态度。

一个管理系的学生：外部条件与生产效率。

一个经济学系的学生：消费者购买转基因食品。

一个农业经济系的学生：市场结构与农机购置补贴效果。

十分可惜，这四个表述都很不清楚。非常有必要用准确而完整的语句来描述这些研究目的。可以把上述不完整的表述加以扩展，用一个或多个完整的句子来构成对研究问题的描述。

社会福利和孩子的态度改为：对父母的社会福利帮助，将会对他们的孩子今后的工作态度带来什么样的影响。

外部条件与生产效率改为：通过工厂实验，改变环境条件（如照明强度、湿度等）及心理影响因素（如休息间隔、团队压力、工作时间、管理者的领导力等），来观察这些外部条件对工人生产效率的影响，以便科学地进行管理。

消费者购买转基因食品改为：转基因标签对消费者食品需求的影响，以及哪些因素影响消费者是否购买贴了转基因标签的食品等。

市场结构与农机购置补贴效果改为：市场结构对农机购置补贴降低农机服务价格效果的影响。理由是农机购置补贴属于固定投入补贴，根据微观经济理论，在完全竞争的市场上，固定品补贴会降低产品生产的总成本和平均成本，从而吸引更多企业进入，最终价格回落到平均成本最低点，超额利润消失；而在垄断市场上，固定品补贴不改变边际成本和收益，因此也不会降低市场价格。

（二）仔细考虑项目所含问题得以解决的可行性

有时候，学生们对问题的含义还没有认真地思考，就急急忙忙地投入研究。有一个思路很重要，但要能有一个切合实际的思路则更好。在激情充满我们的头脑之前，先来看一下小丽的研究计划。

对中国农村劳动力外出就业情况进行调查，其目的是……

中国有 4.7 亿个农村劳动力，超过 1 亿个农村劳动力外出就业。小丽根本不可能对每个农村劳动力进行采访调查。或许她想做的是抽样调查，对各省区市进行随机抽样也不切实际。

（三）准确表达意思

在陈述我们所研究的问题时，应该确切地说出我们的意思，不能想当然地以为别人会懂我们的意思。人们总是以自己的观念来理解，注重的是某人说了什么，而不注重他所说的意味着什么。

某人的措辞不当，可能会带来葬送他作为一个学者、一个研究人员地位的后果。在学术界通行的基本原则是，学者的每个陈述都应当是绝对真实的和完整的。

回过头再来看小丽对问题的陈述。如果说她只是选择一些农民来做调查，那么她应当清楚地这样表达：本研究选择一个外出就业多的省份进行抽样调查。

关于问题的陈述，另一个引起大家十分关注的要点是，如果研究者不能准确而充分地描述问题的本质，人们将会怀疑，这位研究人员是否能够在收集数据、分析数据中做到准确充分。这些怀疑确实要给予关注，因为它将会影响到整个研究工作的基本可信度。

我们已讨论了一些在陈述问题中通常会犯的毛病，包括陈述的不清晰和不完整，项目建议的不实际和缺乏可行性。还有一个毛病有时也会出现，那就是一位研究人员一直在谈论问题，却一直不谈问题究竟是什么。对问题没有导言引入，没有背景介绍，只是做了一些笼统性的讨论，把问题弄得晦涩而令人难以捉摸，从不做清晰而明白的说明。举个例子，请看下面这段“问题陈述”。

在成年人和儿童中，对阅读和学习缺乏兴趣现象的扩大，已经引起了教育学家、心理学家、语言学家对语言综合病症的注意。要弄明白怎么学习语言，那就先要弄明白什么是语言。语言掌握是每个人发育成长的表现，但人们至今对此还缺乏足够深入的研究。为了使研究人员理解语言贫乏的反常现象，需要提供必要的背景资料，意味着要认识到语言发育过程是和个人从不成熟走向成熟联系在一起的。作为语言学习的一个方面，语法要在语言的实际运用中去把握，音韵学、句法和语义学也都包含在对语言能力缺乏的研究之中。

在这里，大家能找出对问题的陈述吗？这提到了好几个问题，但没有一个能表达得足够清楚，以至可以明确地指出："这就是问题"。

陈述问题时常用的第一句话是"本研究的目的是……"。这一点必须十分明确，不必铺垫背景，直截了当地直奔主题，所有的问题都必须如此清晰地加以表述。

（四）修订编辑文稿

对文稿的仔细编辑，可使大家免去许多前面曾提到过的麻烦。通过修订编辑文稿，可以进一步提炼升华思想，去除文件中的冗词。更准确的遣词造句，使我们的表述更加清晰。

修订必定能更好地表达我们的思想，减少那些废话。许多学生认为只要把意思传递过去，用词上差不多就行了。事实并非如此，"差不多"从来不是"精确"。

在修订编辑时要记住以下建议。

（1）借助词典等工具，这有助于找到我们所需要的准确的词语。

（2）用简单词语来表达。

（3）使用专业术语将本研究规范地与有关的理论和文献相联系。

（4）尽量使用短句。当然句子可以有长有短，但要把那些意思容易被曲解的长句拆开，改成比较简单明了的短句。

（5）谨慎使用形容词、副词或其他修饰词。误用措辞会影响我们思想的表达。

（6）逐字逐句检查语句文字是否确切表达了我们的思想。逐段仔细地阅读，看看是否可用一个词语来代替两个或更多的词语，删去那些多余的言辞。

思想需要由简单明了的词语、具体明确的名词，以及表达鲜明活泼的动词来包装，从而使其清晰地表达出来。每个学生都在学习那些著名的作家和诗人是如何用文字来表达他们的思想的。这些大师也是通过这种方法，来对那些难于用文字来表达自己思想的人，给予启示和教导。

五、将研究课题分解成若干子课题

大多数研究课题都显得过于庞大和复杂，如不加以分解，往往难以开展研究。因此，在策略上要对其加以分解，然后逐一研究。几乎每个课题都可以分解为若干个子课题。从研究的角度来说，这些子课题往往比较容易研究。

（一）子课题的特征

由于有些研究人员对子课题的性质和目的不是很清楚，在这里做些简短的讨论。

（1）每个子课题都应是一个完整的研究单元。它都应是所承担的大课题中合乎逻辑的一个子领域。每个子课题又可以在大课题目标一致的前提下，分别地展开。每个子课题的研究成果，综合起来，有助于主课题的完成。

每个子课题都应予以清晰而简明的陈述，这点很重要。通常，一个子课题会用问题的形式来给予描述。以问题的形式来描述，要比宣言式的陈述能更直接、更集中地反映研究人员确立此子课题的意图。另外，质疑的态度也往往是一个真正的研究人员的标志。

（2）每个子课题都应和资料的说明明确地联系在一起。每个子课题都会从某种角度为主课题从事实和数据方面提供论证。这些事实或者作为子课题的组成部分来陈述，或者就成为完全分离的子课题。

（3）子课题的综合应成为主课题的整体。在对各子课题做了陈述后，应再对照主课题的陈述，检查两点：子课题的研究不应超过主课题所覆盖的要求；主课题的各主要部分都已涵盖在各子课题之中。

（4）子课题在数量上不可过多。如果主课题的陈述是清晰的，而且要落实到可行的工作之中，通常来说以2~6个子课题为宜。有些缺乏经验的研究人员，有时会设置10个、15个甚至20个子课题。这时，应对主课题及其子课题，逐个加以审阅。在这种情况下，要检查每个子课题是否有些是伪子课题，或者是否有些子课题是可以合并的，或者是否主课题比原先的设想要复杂得多。如果是最后一种情况，要认真考虑一下，时间和条件是否允许，是否有可能对整个研究课题取得实际的成果。

（二）子课题的确定

学生常常困惑于如果从主课题中确定子课题，就要从主课题自身开始。如果主课题的表述是恰当的，那么通过进一步研究即可确定子课题的范围。古老的格言指出：总体等于部分之和。所有子课题加起来就等于主课题。

我们可以用纸和笔将主课题写在纸上，然后将它分割成若干个子课题，具体步骤如下。

（1）把问题写在一张白纸上，在行与行之间留些间距。

（2）认真阅读问题，考虑在主课题得以解决之前需要深入思考的领域。

（3）在每个子课题中应有一个如分析、揭示、比较等的词语，来指明该子课题的必要性。在此词语下面应加下划横线予以强调。

（4）将已分割成若干个子课题的整个课题归并在一起，从而显示出主课题的研究框架。这样，我们也就有了总体研究构思的框架。

这些寻找子课题的步骤，对任何学科、任何课题都是适用的。为了说明上述方法，可用此方法来分析前面提到的课题：市场结构与农机购置补贴的降价效果研究。

此项研究，将通过分析完全竞争市场上农机购置补贴政策实施前后农机服务市场价格的变化来揭示补贴降低市场价格的效果，同时还会把这个降价效果与其他市场结构（如垄断等）下的降价效果比较，从而得出市场结构与固定品补贴政策降价效果的关系。

在这个表述中，我们就将这一课题分成三个子课题：子课题 1，分析完全竞争市场上农机购置补贴政策实施前后农机服务市场价格的变化；子课题 2，分析垄断市场上农机购置补贴政策实施前后农机服务市场价格的变化；子课题 3，比较两者，揭示市场结构与固定品补贴政策降价效果的关系。

第二节 回顾相关文献

正如在前一节中提到的，阅读与研究的课题相关的文献资料能帮助我们构思所研究的问题，而且这些相关的文献还能帮助我们理解更多的研究途径。在本节，我们讨论文献综述的重要性及如何全面有效地进行相关资料的文献综述。文献回顾也称为文献考察或文献评论，指的是对到目前为止的、与某一研究问题相关的各种文献进行系统查阅和分析，以了解该领域研究状况的过程。或者说，就是一个系统地识别、寻找、考察和总结那些与我们的研究有关的文献的过程。在社会研究报告中，往往也会有这样的内容。但研究报告中的文献回顾实际上是对选题阶段所做的大量查阅和分析工作所进行的总结，此处我们所介绍的则是这种过程本身。

一、文献在研究中所起的作用

文献综述描述了和将要展开的研究相关的理论展望和先期的研究成果。它的作用就是“再看一次”各领域中别人已经做的和自己做的有何共性，虽然没有必要完全相同。作为一名研究人员，我们应该非常熟悉与自己研究主题相关的文献资料，这不仅能帮助我们准确说明自己研究的问题，还能带来许多其他益处。

（1）帮助研究者熟悉和了解本领域中已有的研究成果。通过系统的文献回顾，我们将会比较全面地了解本领域中的研究状况，特别是已取得的研究成果。这种了解对于帮助我们选择和确定自己的研究课题具有十分重要的作用。它将我们自己的研究放到现有研究的背景中，便于我们确立自己的研究在该领域中的位置。认识到自己的工作对增加人们的认识、对学科理论的发展，以及实际问题的解决所具有的意义和贡献（哪怕只是一点小小的贡献）。

（2）为研究者提供一些可供参考的研究思路和研究方法。通过文献回顾，我们可以了解到以前的研究者在探索该问题领域时所采取的各种不同的研究角度、不同的研究策略，以及各种具体的研究方法。这些角度、策略和方法代表了以前的研究者曾尝试过的探索道路。无论其成功与否都为我们在自己的研究中进行研究设计、资料收集和分析提供了一种借鉴和参考的具体框架。文献回顾的结果，既可以使我们在一种与先前研究稍微不同的框架中来重新安排自己的研究，也可以帮助我们去探讨这一问题的一些新的方面。此外，文献回顾还可以帮助研究者发现和利用现有研究中对某些关键变量的操作化方法和测量指标。

（3）为解释研究结果提供背景资料。文献回顾的另一个重要作用是它在客观上给我们提供了一种与该研究领域有关的背景资料。这种背景资料既是研究者在选择研究问题时的参考框架，同时也是研究者在对自己的研究结果和研究发现进行解释时所依据的一种参考框架。任何一项社会研究都可能会产生一些研究者未曾预料的结果，或者是与研究者所期望的结果不同甚至相反的结果。要正确地理解这些结果，合理地解释这些结果，都离不开文献回顾所给予我们的这种背景资料。

二、文献阅读的方法

文献阅读的方法分为浏览和精读两种。

浏览的目的是一般性地了解该文献是否对自己的研究题目具有参考价值，然后确定是否应精读。浏览的步骤如下：第一，根据题目是否贴切选择拟阅读的论文；第二，阅读论文的摘要或引言部分、各节题目和结论部分，大致了解其内容，判断该论文是否有必要精读。

精读的目的是全面了解文献所陈述的理论、方法、结论和引用资料，从中吸取自己的研究可以借鉴的内容。精读需要注意了解作者的论点（理论框架）、论据、论证方法、分析的逻辑性、所使用的资料、相关文献等。对于这样的文献要采取多次深入阅读、与其他文献参照阅读等方法，弄清其内容实质和论证方法，从而提高自己的分析能力。在阅读时需要注意按规范保留记录。这里要注意：一是不要受权威意见的束缚；二是要注意分析不同见解的论证依据和方法，从而形成自己的研究思路。

在可能的情况下，文献阅读应从最新的研究成果开始。这样做有两个益处：使我们较早地了解到最新的进展；最新的研究通常可以提供以前研究的有关信息。在阅读时，首选的文献应为本领域的综述性期刊文章，这类文章将多种来源的文献资料综合组织在一起，给读者提供一个有关该领域思想发展过程的清晰脉络和对不同认识的解释、分析、比较，指出需要注意的理论和方法问题，从而为研究工作打下一个较全面的理论框架基础。经济学中，专门的文献综述一般发表在期刊上，或者出现在学科手册里，如经济文献期刊、经济增长手册、各种学科手册等。

三、文献阅读笔记

一份好的文献阅读笔记首先要让自己几乎不用阅读原文就可以掌握大致内容。对于经济学论文的读书笔记而言，好的读书笔记应该包括以下几个方面。

（1）写作动力。读书笔记开头就应该明确地交代本文的写作背景或者写作目的，即本文是为了解决什么理论问题或解释什么现实问题。通常的做法就是简要交代一下文章所遵循的理论线索。这部分内容需要作者自己整理。

（2）文章的主要观点。这一部分最好用简短的几句话概括一下原文的主要观点，这些观点一般体现为核心命题，通常可以从文章的引言部分或结论性评述中归纳出来。

（3）主要模型或分析框架。这一部分可以包括：对文章中所使用的模型基本假设的介绍、文中所使用的基本模型的基本框架和具体形式及作者提出的主要研究假说和研究命题。因为每一个观点的得出，都离不开具体的环境，所以需要了解最重要的几个假设。同时为了加深理解，了解作者所使用模型的基本框架也是很重要的。

（4）对文章的思考或扩展。这是读书笔记的实质性部分，可以总结一下原文可能的扩展方向，或者展望一下未来可能的研究课题。如果对文章理解较深刻，最好自己能对文章提出一些批评，或者指出其瑕疵。实际上，这才是写读书笔记最重要的目的或收获。

（5）参考文献。可以列出与主题有关的主要参考文献，以便今后查询，也方便别人“按图索骥”。

四、对文献资料的评估、梳理和综合

对相关文献应当有一个总结性的文字材料，以利于梳理思路。

许多文献综述并没有比其他人的报告或陈述多了什么新的研究发现，尤其是刚上路的研究人员，就像下面这样。

在1992年，琼斯（Jones）发现了……此外，史密斯（Smith，1994）研究了……布莱克（Black，1995）又提出了……的建议……之后……

我们在这样的回顾中没有学到新的东西，还不如我们自己去读原始文章。

在优秀的文献综述中，研究人员不仅报告相关的文献资料，还要评估、组织和综合别人的研究成果。

我们不仅要阅读别人的成果，更要批判地评估他人的方法和结论。永远不要从表面轻信别人的文章、数据、结论，它们的真伪应由我们自己判定。

除了对阅读过的文献进行评估，我们也必须对整个文献综述理清思路。看看别的作者是如何组织与我们的课题有关的文献综述的，这会对我们有所帮助。

另外，非常重要的是，我们必须综合在文献综述过程中所学到的内容。换句话说，我们必须把读到的各种不同的观点和研究结果整合起来。这里有一些可以借鉴的例子。

（1）比较和对照与研究课题有关的各种理论观点。

（2）展现研究课题是如何随时间而变化深入的。

（3）描述研究发现的常规趋势。

（4）鉴别研究发现的差异或矛盾，并对此进行可能的解释。

（5）确定贯穿整篇的主题。

当我们这样着手文献综述时，综述本身也可能为这个知识领域做新的贡献。事实上，有贡献的文献综述经常直接发表。

扩展阅读

文献的阅读

陆　铭

确定了问题之后，我们已经对它有了一定的了解。接下来我们要去阅读别人的文献，去了解别人做了什么，这样才能知道我们的边际上的贡献可能是什么。但是我们很多老师和同学却不够重视这一点，以为做完了研究就行了，却不知道自己的贡献在哪里。要知道自己研究的贡献在哪里就要去比较我们的工作与别人的不同之处，必须要对文献有足够的了解。这才是研究的完整过程。

怎样去找文献？首先要学会合理地利用网络，学会利用关键词。关键词的选取取决于我们对这个问题的理解是怎样的，取决于我们想做的东西是什么。关键词太多则出来的文献太少，关键词太少则出来的文献太多，所以一定要选取3~5个合适的关键词。另外，大家要从经典的相关文献或者同一问题的综述论文中去找文献。当我们找到文献的时候，就会发现，我们评论什么文献，如何评论，实际上取决于我们对问题的理解，而这种理解是工具本身不能告诉我们的。例如，“土地换保障”，既涉及中国的土地问题，也涉及保障问题和发展模式问题。这个文章怎么写呢？是把它当作一个土地问题来写，还是当作一个保障问题来写，还是当作一个发展模式的问题来写呢？要知道同一个问题有不同的写法。在综述文章的时候，在把自己的工作去跟别人的工作比较的时候，要知道我们要跟哪些文章去做比较。实际上就取决于大家对自己要研究的问题理解的程度。例如，同样是“土地换保障”的问题，站在一个发展中国家的城市化进程和土地制度的高度来看问题，就显然比把这个问题仅仅看作一个如何解决失地农民就业和社会保障的问题要深刻得多。在综述文献的时候，在把我们的贡献和别人的文章做比较的时候，就要考虑到这点。

接下来我要讲的是，要看好而相关的论文。我想借此机会回答同学们经常问的一个问题。很多同学问我，陆老师，就算我用3~5个关键词，我也大概能搜出1 000篇文献。就算没有1 000篇，100篇总是有的。怎么办？怎么看得完？我建议大家把文献根据相关程度分成三类。

第一类文章，在100篇里面至少占五六成。这类文章相关性不强，只要看摘要就可以了，它们大概能够帮大家知道自己的研究在文献中所处的位置。有些文章里面有一个表格，有一个数据，能够在我们的文章里有所引用，或者支持我们的论点。这些文章可以看得很快。

第二类文章就是跟我们的文章相关，但从它的技术路线、它所关注的问题来讲，与我们的文章又不是直接相关的。我们做“inequality and growth”（不平等与增长）这项研究[①]的时候，我们要做一篇实证文章。这里面就涉及许多关于“inequality and growth”的理论文章。对于我做的研究来讲，我可能不需要每篇都从第一个字看到最后一个字。我要知道的是这些理论是什么样的逻辑，它们怎么做，模型的起点是什么，它们得到了一个什么样的结论。在100篇里面，这些文章大概占了20篇。这类文章一定要看，但是不必要从第一个字看到最后一个字。

第三类文章，大概100篇里面有5~10篇。这几篇文章就是对我们的研究来讲最相关的，因为它们研究的几乎是同一个问题。我们的研究跟这些文章相比较，我们的贡献是边际上的。对这几篇文章，不仅要从第一个字看到最后一个字，而且要看很多遍。

另外，我想提醒各位，如果大家去做一个研究，没有发现跟自己最相关的——我刚才讲

① 陆铭，陈钊，万广华. 2005. 因患寡，而患不均——中国的收入差距、投资、教育和增长的相互影响. 经济研究，（12）：4-14，101；Wan G H，Lu M，Chen Z. 2006. The inequality-growth nexus in the short and long runs：empirical evidence from China. Journal of Comparative Economics，34（4）：654-667.

的第三类文章，或者发现跟自己相关的文章有30篇甚至50篇，这本身就是个非常坏的信号。没有相关的文献，就说明我们很可能研究了一个大家都觉得不重要的问题，所以没有人研究。除非是天才，天才有可能一篇参考文献也没有，我的理论体系跟谁都不一样，我不要参考文献。我想大多数人肯定不是天才，所以这种可能性是极低的。反过来讲，如果我们发现篇篇文章都跟自己的研究有关，很可能研究了一个大家已经研究透了的问题。或者是对自己在什么方面有可能构成贡献仍然不清楚。那什么时候是最优规模呢？就是我刚刚讲的，5~10篇。如果我们发现，有5~10篇是值得反复读的、读透的，读到这些文章里面用了什么样的模型、用了什么样的数据、相关的变量怎么度量都非常清楚的时候，就说明找到了好的起点，可以继续往下做。而且，当大家做完这个题目以后，会发现自己就是这个小领域的专家了。

资料来源：《现实·理论·证据——谈如何做研究和写论文》。

第三节　研究方案设计

在建造一个建筑物之前，建筑师都会制订一整套细致的方案。这些方案可以确保这个建筑物建造成功。作为研究人员，在研究一个课题之前，同样应该设计一个详尽而明确的研究方案，来确保研究顺利进行。方案、说明、标准及设计，所有这一切都为建筑师、施工人员效力，这和研究人员极为相似。

建筑设计和研究方案有许多共同之处，它们都要求每个项目具有概念化的整体组织和详尽的规范步骤，唯有这样的计划才能在工程真正展开后发挥作用。为了项目的圆满结束，建筑计划要有明确的构思和精准的草图，研究项目的方案也要求内容具体、详尽。

什么是研究方案设计呢？它是解决研究课题中核心问题的一项完整的策略。它为研究人员提供了实施步骤、数据采集及数据分析等过程的整体框架。简而言之，研究方案设计就是计划方案。

对研究人员的成功而言，认真地设计整体计划方案是头等重要的事情。观念上或程序上的含糊，会导致匆匆开展的研究努力付诸东流。作为研究人员，如果在项目一开始时就牢记自己要实现的核心目标，并以此来识别数据、把握进程，那么我们的研究将会更有效率、更有成效。

一、研究方案设计的作用、原则和类型

在研究的准备阶段，研究者在初步探索之后，必须确定具体的研究课题，阐述研究项目的意义和作用，提出自己的研究设想或研究假说，其中包括有关概念或术语的操作化定义，调查项目和测量指标，以及调查问卷或调查提纲，还要具体说明研究步骤、研究方法等。因此，方案设计的作用首先在于研究方案是研究者对研究项目总体设想的概括和详细说明。

其次，方案设计的作用还在于向有关方面申报研究项目和申请研究经费。经验研究

是社会科学研究的主要方法，它的研究课题必须来自社会生活，必须是社会发展过程中需要解决的理论问题和实际问题。这样的社会研究，尤其是规模较大的经验研究，需要比较多的经费投入。按照通常的做法，研究者必须向政府、有关部门或各种基金会提出申请，提供有关研究项目的研究设计、经费预算，以及该研究对社会和学科发展的重大意义和作用，然后由这些部门组织专家对申报项目进行评审。如果通过，则由这些部门提供经费，并根据项目申报书对研究项目予以监督，研究者有义务定期向这些部门汇报研究的进展情况。

最后，研究方案的设计便于对整个社会研究过程实施监督、管理和控制。一般来说，规模较大的社会研究涉及的研究对象比较复杂，参与研究的人员比较多，经费的使用和安排要有详细计划，项目实施要有具体的步骤和程序。因此，研究方案不仅包括研究项目总体构想的说明，还包括具体的工作计划。不但提供研究经费的有关部门要依据研究方案对研究项目实施监督，并评估研究成果的实际意义和作用，而且研究者也必须按照研究方案对研究过程实施监督、管理和控制。例如，在研究方案中应说明，每个阶段和终结时的研究成果是什么、怎样完成、成果的形式是什么等。

研究方案的设计要遵循系统性、规划性、可行性和灵活性（留有余地）的原则。研究方案的系统性是指在方案设计过程中应该以系统论的思想为指导。大规模的经验研究本身就是一项系统工程，因此在设计研究方案时首先要确定研究所要达到的目标，即该项研究将要达到什么水平，是要在理论上有所创新，还是在解决实际问题上提出应对策略，然后分析为达到此目标需要的各种条件或环境因素。其次，社会研究都有自己的步骤和时间上的安排，以及在每个阶段应该达到的目标，因此，方案设计要有规划性。即在设计研究方案时，要详细阐述每个阶段的任务、方法和目标，并要注意每个阶段的联系和衔接以及研究时间的总体安排。同时还必须建立统一组织，统一指挥和安排项目成员或各研究单位的研究活动，督促和检查研究方案的实施。再次，方案设计应该具有可行性，即在方案设计时，应该充分注意到方案的操作性和方案实施的具体条件，要具体分析研究的主观条件和客观条件。例如，研究队伍的构成、研究队伍的总体素质、研究成果可能引起的正面影响和反面影响、研究过程中可能遇到的障碍等。可行性的另一方面是研究方案应该是可操作的，因此方案中确定的目标、采取的各种措施都应该是具体的、详细的。最后，设计方案时应该留有余地，或者说具有一定的灵活性。因为，人的认识能力是有限的，任何表面看似圆满的方案，在实施过程中总会碰到新问题，尤其是实地研究方案。由于实地研究的特殊性，研究方案一开始往往不是很具体，随着实地研究的逐步深入，研究者会发现很多新问题，产生新的思想，因此实地研究方案一般会随研究的深入逐步完善。这种情况在调查研究中也会发生，而且，在调研过程中出现的新情况也可能要求对原有方案进行修正。因此，在设计方案时留有一定的余地，保持一定的灵活性可以使研究适应周围环境或条件的变化，有的时候甚至可以使研究水平、研究构想达到更高的层次。

研究方案可以从方案的作用、性质、研究方式等方面划分为不同的类型，但主要是以研究方案的作用分成项目申报书和正式研究方案。项目申报书是向有关方面申报课题和申请经费资助。例如，美国福特基金会申请社会学研究基金的报告书就规定以下几个部分：研究项目说明摘要；研究的主要关注点和研究的意义；研究方案、基本假说和想解决的主要问题；研究设计；分析方法；工作计划；该研究对社会学发展具有的意义；经费预算；参阅的文献资料及研究小组成员基本状况。正式研究方案是在对研究课题初步探索的基础上产生的，它包括：研究课题的说明，其中包括研究的意义、目的和问题；研究假说或研究设想的具体说明；调查提纲或调查问卷；抽样方案；分析方法；调研人员的培训；工作计划；等等。项目申报书和正式研究方案的内容基本上是相似的。但是前者带有论证性质，研究者的很多设想是以文献资料为基础的，认识也较为抽象；后者则是在初步探索基础上产生的，因此它的研究设想或研究假说更加具体，计划也更为周密，更具有操作性。在正式研究方案中，有时还必须根据实际情况对原先项目申报书的设想进行修正或充实。

二、研究方案设计的内容和撰写要求

在撰写研究方案时，首先应该知道方案的阅读者除了研究者自己和课题组成员之外，还有批准研究课题、提供研究经费的有关部门或某个基金会及其聘用的专家、学者。方案撰写的基本要求是文理通顺、重点突出、逻辑清楚、简明扼要。不同的研究方案虽然可以有自己的特点，但通常总有一定的格式，这种格式固然不是一成不变的，但是大多数研究方案的结构基本是相似的，归纳起来，方案的文体结构和每一部分的撰写要点如下。

（1）提出研究的目的、问题和意义。即说明为什么要进行这项研究，这项研究在理论上或在应用上的价值是怎样的。需要以简洁明了的词语提出研究的主要问题；界定主要的研究范围；提出所要检验的假说或要研究的具体问题；说明研究课题的重要性和意义；写作的语气一般是以第三者的身份，通常是以“本研究的目的是……”“本研究的假说是……”的语气写作。有些研究方案的阅读者或许不是同行专家，或许不专攻研究课题所在的学术领域，因此使用的语句必须简单、清晰，以便一开始就深深地引起评阅者的注意。例如，我国人口普查的目的和意义如下：为了准确地查清我国人口数，查清我国人口的地区分布和社会经济结构情况，为社会主义现代化建设统筹安排人民的物质和文化生活，制定人口政策和规划，以及为其他有关国计民生的政策和规划提供可靠的资料。

（2）有关文献资料的整理和评介。整理和评介文献资料的主要目的是向评阅者表明研究者对有关领域的研究水平，以及该领域最新研究动态的认识；揭示本研究将要突破的地方，本研究如何改善、修正或扩展以前的知识，即本研究的理论或实际贡献是什么。不要因为文献太少或太多而回避对文献资料的评介。对文献资料的评介可以反映出研究者的学术功底和造诣，可以使人们了解研究者在研究中将要做出的贡献，以及这些贡献对该研究领域的重要性。有些研究者把这一部分置于末尾，笔者认为，将其放在前面的效果更好一些，而且为提出问题和假说做了铺垫。

（3）问题与假说。应详细介绍本研究的假说或问题，其中包括概括程度较高的理论假说和经过概念操作化后得到的经验假说，或者本课题研究的具体问题，这些问题的相互关系以及产生这些问题的原因分析；解释研究假说或具体问题的理论基础和经验事实，并对研究的可能结果进行尝试性解答；如果是以研究假说的形式提出本课题所要研究的具体问题，则应说明假说中主要概念的测量指标，并具体说明哪些是说明变量（自变量）、哪些是被说明变量（因变量）及变量之间的逻辑关系。

这部分内容虽然在方案的开始部分有过简单的提示，但仍需详细解释，它反映了研究者的研究思路和总体设想，是方案中最重要的部分。一个理想的研究假说或设想既要有理论上的逻辑自洽，又要和经验事实相符。

（4）研究方法的说明。研究方法的介绍主要包括：抽样方法的说明，其中包括样本或个案的意义、抽样的精确度、样本数量、具体的抽样方法；调查方法或收集方法的说明，包括为什么要采用这种方法、怎样保证资料的准确性和真实性等；统计方法说明，其中包括具体的统计程序、统计技术和统计采用的设备状况；概要地介绍研究中使用的各种测量工具，如问卷、调查表格、量表、测验表、观察表等。研究方法的说明亦是研究方案的重要内容，须详细说明。方法的介绍应使评阅者体会到项目申请者对于具体研究方法使用所表现出来的科学性、逻辑性和可行性。

（5）研究步骤的说明。需要指出研究中的具体步骤，分几个阶段进行；说明每个阶段应该完成的任务和应该达到的目标；具体规定每个阶段所必需的时间，建立工作流程图。

（6）研究的重要意义。需要指出本研究在该领域的重要作用，它将如何改善、修正或扩充现有的知识，包括理论和方法上的重要突破。一般而言，任何研究都可能在学科理论和实际应用方面有所贡献，因此研究者要说明自己的研究在理论或应用上的潜在意义，它在社会上将产生哪些影响，对政府或有关部门的决策会起到什么作用。还要具体说明这项研究对本单位和本人的学术研究的作用。例如，它是否符合单位和本人的科研方向，是否有助于本单位或本人的科研发展，它在哪几个方面会促进本单位或本人的学术研究。

对于研究重要性的解释仍然是研究方案的重点，仅靠研究方案开始部分的简要说明是不够的，需要在项目申报书中更加详细地解释。在对研究重要性的解释中，要注意被申报部门的性质。例如，在向政府或有关工作部门申报课题时要强调研究的应用作用，强调研究对于具体决策的重要意义。此外，很多研究者较少注意自己的研究对于本单位或本人研究的重要意义，其实审批部门有时很注意个人研究是否会对所在单位或本人的研究起到促进作用，是不是单位或本人比较擅长的研究领域。因为这不仅可以给研究提供坚实的基础，同时也可以深化这一领域的研究，形成这一领域研究的特色和权威，甚至形成一个学派。

（7）经费概算。在经费概算中，除了对研究经费的各项支出做出具体计划之外，还要说明筹措经费的各种渠道；除了向审批部门提出经费申请之外，最好还要说明自己筹措经费的能力，包括本单位对自己研究的经费资助，从而显示研究者的个人“信用”和本单位的重视程度。此外，申请经费要实事求是，不要虚列支出，并具体说明经费使用的办法。

三、研究方案和研究方法的比较

千万不要将研究方案和研究方法混淆。从学科角度看，对所有学科来说，设计一个研究方案大体是相似的，但用来收集、分析数据的特定方法却是与特定的学科相对应的。这从根本上来说是由于数据分布的广泛性。我们不可能用处理历史文件的方式去处理一个血细胞，同样对元世祖忽必烈的寻根问源，与探寻来自外太空的无线电讯号的问题也是有分别的。我们也不可以用化学分析的方法来研究行为姿态。

因此，对研究人员来说，在设计研究方案时，不仅选择一个可行的研究课题很重要，而且要充分考虑研究问题需要的数据类型、收集数据的可行性等。许多初级研究人员因为被其研究问题的魅力所吸引而没有考虑到数据的有无、可否收集、可否解释等实际问题。

例如，对天资过人和天赋一般的儿童脑电波的研究项目是引人注目的，但是必须考虑以下一些因素。

（1）能找到足够多的自愿为研究做试验的人员吗?

（2）有脑电图记录仪可供使用吗?

（3）如果上述条件都具备了，大家会使用这台仪器吗?

（4）有足够多的知识去处理我们所获得的数据吗?

（5）如果有，那么大家是否知道怎样来解释数据、组织整理我们的发现，从而进一步提出结论?

除非每一个问题都能解决，否则就应放弃这个项目，转到我们有足够知识、资料和技术的可操作的项目中去。我们的研究应该是切实可行的，建立在精确、翔实的方案之上，而且是在一个明确的构思和可行的设计框架的基础上去实施的。

四、研究设计的分析单位与时间维度

研究设计需要处理好“6W”问题：谁（who）——研究的客体是谁？通常包括个人、群体（含家庭）、组织（含企业）、社区和市场等；什么（what）——研究的对象是什么？通常分为特征、意向和行为三类；何时（when）——研究是在同时点（时段）展开还是沿时序推进？横剖研究和纵贯研究是两类常用的方法；何地（where）——观察是在不加控制的场合还是相反？何法（how）——以何种手段采集研究对象的特征资料？以何种方法分析数据？何因（why）——是要寻求对象某些特征变化的原因，还是仅对其状况进行描述？一般分为描述性研究和解释性研究。

这里我们着重介绍有关分析单位（unit of analysis）和分析的时空维度的知识。

（一）分析单位

1. 分析单位的概念

研究对象又称为分析单位。换句话说，分析单位就是研究中将被分析和描述的对象（人或事物）。例如，个人常常是各种社会科学研究中的分析单位。当然，社会科学研究的分析单位不仅仅限于个人，它还有一些其他的类型，如家庭、学校、公司、企业、城镇等。作为分析单位，个体被赋予了某种群体成员的特征。例如，一个来自农村社区的大学生，或者一个有着高收入父亲的大学生，就是对单个的大学生赋予了“农村社区”或“有高收入父亲”等群体特征。同样地，作为分析单位的群体或组织也可以通过其成员来获得某种特征。例如，一个有着高文化程度家长的家庭，或者只有一个孩子的家庭等。分析单位的选择和确定，也是研究设计中的一项重要内容。

经济管理分析单位有五种主要的类型，即个人、群体、组织、社区、市场结果。无论是哪一种类型的分析单位，都具有下列特点。

（1）研究收集的资料，直接描述分析单位中的每一个个体。例如，如果分析单位是个人，则研究资料直接描述每一个人的年龄、性别、职业、文化程度，以及其对某些现象的看法等；如果分析单位是家庭，则研究资料直接描述每一个家庭的规模、结构、人均收入等。

（2）将这些对个体的描述聚合起来，可以描述由这些个体所组成的群体（研究的样本），以及由这一群体所代表的更大的群体（总体），或者用这种描述的聚合去解释某种社会现象。

对于分析单位的理解，需要将其与调查对象和研究内容或主题进行区分。分析单位是一项社会研究所研究的对象；调查对象则是研究者收集资料时所直接询问的对象；研究内容或主题则是分析单位的属性或特征。例如，我们做一项家庭代际关系问题的社会学研究时，我们的分析单位是“家庭”，研究内容或主题是“代际关系”，而我们的调查对象则是每一个家庭中的“户主”。

2. 分析单位的主要类型

1）个人

对于社会科学研究来说，个人是最常见的分析单位。可以说，社会科学研究方法自身的性质和特征，就在很大程度上决定了它所用的分析单位最经常的是社会中的个人。这种个人在具体的研究中各不一样：他既可能是大学生、中学生，也可能是农民、工人、军人、个体经营者，或者是城市居民、老人、女职工等。正是通过对个人进行描述，并将这些描述进行聚合和处理，我们才能够描述和解释由个人所组成的各种群体，以及由个人的行为和态度所构成的丰富多彩的社会生活现象。

例如，在一项有关某城市就业问题的社会研究中，该城市中的每一个合格的劳动力（假说为年龄在18~60岁的居民）就是我们的分析单位。我们可以用在业、待业、失业等来描述他们中每个人的状况，用年龄、性别、文化程度等来描述他们每个人的特征。然后，将这些对单个劳动力就业状况的描述聚合成“就业率”或“待业率”、“失业率”，去描述该市整个劳动力总体的就业状况，用待业者的平均年龄、男女比例、文化程度分布等，去分析和解释与这种就业状况相关的各种原因和结果。

以个人作为分析单位的描述性研究一般旨在描述由那些个人所组成的总体，而那些以个人为分析单位的解释性研究则是为了发现存在于该总体中的社会动力。作为分析单位的个人可以用他所隶属的社会群体来指示其特征，因此，一个人可以被描述为“出生于干部家庭”或者“出生于工人家庭”；他也可以被描述为“受过高等教育”或者“受过中等教育”。我们也许会在一项研究中考察，出生于干部家庭的人是否比出生于工人家庭的人更倾向接受高等教育；或者受过高等教育的人是否比只受过中等教育的人更倾向选择行政干部的职业。在这两种情形中，分析单位始终都是个人，而不是家庭出身或者受教育程度。

2）群体

由若干个人所组成的各种社会群体本身，也可以成为社会科学研究中的分析单位。例如，由若干个有着姻缘关系或血缘关系的个人所组成的家庭、由若干名学生所组成的班级等。

以各种群体为分析单位的研究与那些以个人为分析单位的研究，在描述的对象上有所不同。例如，如果我们打算研究家庭在成员之间进行劳动分工和食品分配，那么家庭成员就是我们的分析单位；但是如果我们打算研究某个地区不同家庭在劳动供给和食品上的差别，如不同财富水平家庭之间的差别、不同受教育程度家庭之间的差别、不同年龄结构家庭之间的差别等，那么，我们的分析单位就不再是家庭成员，而是家庭。

当以群体作为分析单位时，它们的特征有时与群体中个人的特征有关，如家庭的收入就与个人的收入有关；有时群体的特征可以从其成员的特征中抽取，如我们可以用家长的收入、职业或文化程度来描述家庭的特征（经济条件好的家庭、社会地位低的家庭、教育条件好的家庭等）。但在更多的情况下，这种群体的特征则不同于个人的特征，再如以家庭作为分析单位时，我们可以用家庭的规模、结构、代际关系、高档家电拥有量等特征来描述家庭，但却不能用同样的特征去描述家庭中的个人。应当记住的是，当我们以群体作为分析单位时，我们的研究和分析就不能下滑到群体层次之下，我们所研究的群体就是资料集合中的最小单位。

3）组织

各种正式的社会经济组织，如工厂、公司、机关、学校、商店、医院、合作社等，同样可以成为社会科学研究中的分析单位。假定我们希望对全国高校中的经济学系进行一项研究，那么，每一个经济学系都可以用“教授所占的比例”“每年发表的论文数”“每年招收的研究生人数”“每年毕业的本科生人数”等特征来进行描述，并与其他的经济学系进行比较。我们也许会发现，规模比较大的系每年所发表的论文数比规模比较小的系要多，每年所获得的科研课题也比规模比较小的系多，但本科生的实践机会却比规模小的系要少。同样地，我们也能在以组织为分析单位的社会研究中，通过对组织的各种特征进行分析来解释和说明某些社会现象。

在经济管理学科中，组织是重要的研究对象。对经济学而言，组织（或者是厂商）是重要的产品供给者和要素需求者；对管理学而言，组织（或者是厂商）是管理的对象。

组织与群体一样，都是由若干个个人组成的，因而作为分析单位的组织所具有的某些特征，往往也在一定程度上与组成它的个人有关。有时，对同一现象的研究，会依据研究的侧重点的不同而使用不同的分析单位，这样就大大地增加了分析单位的复杂性。例如，如果我们研究那些教授比例大的经济学系是否比教授比例小的经济学系更有可能多招研究生，那么，我们的分析单位就是经济学系；如果我们研究的是各个经济学系中，那些带有较多研究生的教授是否比那些带有较少研究生的教授发表的论文更多，那么，我们的分析单位就是教授；如果我们研究的是那些教授比例比较大的经济学系中的研究生是否比教授比例比较小的经济学系中的研究生更有可能参与科研课题，那么，我们的分析单位则是研究生。

4）社区

社区作为一定地域中人们的生活共同体，也可以作为研究中的分析单位。无论是乡村、城市，还是街区、集镇，我们都可以用社区的人口规模、社区的异质性程度、社区的习俗特点、社区的空间范围等特征对它们进行描述。也可以通过分析社区不同特征之间的关系来解释和说明某些社会经济现象。例如，我们可以探讨社区规模与社区流动人口之间的关系等。在这样的社会研究中，社区就是我们的分析单位。如同以个人为分析单位的社会研究中的个人那样，从每一个具体的社区中所收集的资料，既用来描述和反映这一社区自身的具体特征，又作为若干个具体社区的集合中的一个个案，参与到描述整个社区的集合的特征及解释某些特定的社区现象中去。

5）市场结果

我们用市场结果一词来概括那些无法包括进前述几种分析单位类型中去的其他一些分析单位形式，其范围涉及各种形式的经济行为及由经济行为所导致的经济结果。市场中的价格水平、交易量是微观经济分析中重要的分析单位；总体就业水平、总的经济产出等则是宏观经济分析中的分析单位；此外，还有技术、制度等更为抽象、也更为复杂的分析单位。例如，我们可以考察价格在不同地区和不同环节（上下游）的传递问题，或考察技术采纳和制度变迁的决定因素。

3. 与分析单位有关的两种错误

1）区群谬误

区群谬误（ecological fallacy）又称为层次谬误或体系错误，它指的是在社会研究中，研究者用一种集群的分析单位做研究，而用非集群的分析单位做结论的现象。或者说，研究者用一个集群的分析单位收集资料，而用一个非集群的分析单位下结论的现象。例如，当一个研究者所收集的是有关某种集群（如城市、公司或工厂）的资料，然后从这些资料中抽出有关个人行为的结论时，他就犯了区群谬误。下面是两个区群谬误的例子。

【例 3-3】在研究城市犯罪现象时研究者发现，流动人口多的城市其犯罪率大大高于流动人口少的城市，呈现出“城市的流动人口越多，城市的犯罪率越高”的趋势。如果研究者根据这一现象得出结论说：“流动人口比非流动人口的犯罪率高”，那么，他就犯了区群谬误。因为他的研究资料是以城市为单位收集来的，所得出的也只能是有关城市的结论，而不能是有关流动人口和非流动人口（分析单位是群体）的结论。如果要得出有关群体的结论，或者说要用群体的特征来解释犯罪率，那么，就应该用群体作为分析单位来进行研究，收集有关群体的资料。例如，分别在流动人口和非流动人口中研究犯罪的情况，统计二者的犯罪率，再通过比较得出结论。

【例 3-4】研究者在两个规模相当的小城镇做研究时发现，甲城镇中高收入居民的比例超过 50%，大大高于乙城镇的比例；同时，他还发现，甲城镇中居民拥有摩托车的比例也大大高于乙城镇。如果在这些资料的基础上，研究者得出结论说："收入高的居民更可能拥有摩托车"，或者得出结论说："资料表明家庭收入与拥有摩托车之间存在相关性"，那么，他就同样犯了区群谬误。因为我们并不知道这两个城镇中的哪些家庭收入较高，也不知道哪些家庭拥有摩托车，我们所知道的只是对于城镇总体来说的收入分布和摩托车拥有量。也许是甲城镇中的那些中等收入和低收入的家庭更多地拥有摩托车。要想做出有关家庭收入水平与家庭拥有摩托车之间关系的结论，研究者就必须以"家庭"而不是以"城镇"作为分析单位来收集有关的资料。

类似的例子还有很多。例如，当研究发现越穷的"村庄"（分析单位为社区）生育率越高时，我们不能立即推论为越穷的"农民"（分析单位为个体）生的孩子越多，因为可能是穷村中那些较富裕的农民生的孩子多，才使得整个村庄的生育率增高。

2）简化论

简化论（reductionism）又称作简约论，它指的是研究者用个体层次的资料来解释宏观层次的现象。从形式上看，简化论的错误正好与区群谬误相反。在研究者用非集群的分析单位来进行测量，而做出的是有关集群的分析单位是如何运行的结论时，或者说在研究者所拥有的是微观的有关个人的行为的资料，但是他所做出的却是有关宏观层次的单位如何运作的结论时，这种错误最容易发生。

例如，一个教育经济研究者发现，一个人在义务教育时期的投资是决定他是否能考上大学的关键因素。如果他因此做出推断：政府加强义务教育投资可以提高大学入学率，这时他就犯了简化论的错误。又如，一个研究者发现，在男女比例失调的社会中，拥有较大面积住房的男性更可能获得女性的青睐并结婚，据此得出结论：增加住房供应可以提高这个社会中的男性结婚率，这时他同样犯了简化论的毛病。全国的大学入学率显然是教育部决定的，与个人或国家在义务教育时期的投资关系不大；全社会的男性结婚率和女性数量有关，与住房面积完全无关。可见适合于个人的结论未必适合集群。

导致简化论发生的一个基本原因是，社会研究很容易获得有关个人的具体资料，而宏观层次的单位的运行则往往比较抽象和模糊。要避免犯简化论及区群谬误这两种错误，关键的一点是要保证做出结论时所使用的分析单位，就是运用证据时所使用的分析单位。这也提醒我们在做研究时，必须对所使用的分析单位有一个清楚的认识。

最后再举一个综合的例子。一般可以观察到劳动力非农就业多的村庄土地租赁普遍，村民租入和租出土地的面积大，据此得出结论"参与非农就业的农户比未参与非农就业的农户更多地租入土地"就是不恰当的；同样当我们观察到参与非农就业的农户比未参与非农就业的农户更少地租入土地时，我们也不能推论"在非农就业多的村庄，农户将更少地租入土地"。

（二）分析的时空维度

在进行变量之间因果关系的探讨时，横向对比和纵向观察都是常用的方法。例如，我们想了解收入水平与食品消费之间的关系，我们既可以比较不同收入水平家庭在食品购买量方面的差别，也可以观察随着收入水平变化，某个家庭或平均每个家庭食品购买量的变化。

时空维度是社会科学研究设计中另一个重要的方面。它可划分为两类方式：横向的和纵向的。一旦研究的课题确定下来，研究者就要围绕研究的目标，从时空的角度进行一些考虑。例如，如果我们希望考察社会经济行为发展变化的某些方面，那么显然我们的设计就必须涉及在不止一个时间点上去观察我们所感兴趣的现象；如果我们所感兴趣的仅仅是不同特征分析单位在行为、态度方面的差别，那么我们可以在同一时点或时段内进行一次性观察。

1. 横向研究

横向研究（cross-sectional studies）也称为横剖研究，它指的是在一个时间点上收集研究资料，并用以描述研究对象在这一时间点上的状况，或者探讨这一时间点上不同变量之间的关系的研究类型。各种内容的民意测验和全国人口普查可以说是横向研究最典型的例子。需要说明的是，这里所说的“一个时间点”，并不是指一天，更不是指一分一秒，而是相对比较短的一段（连续的）时间，如一个星期、一个月、三个月等。

横向研究是社会研究中最常见的一种形式，特别是各种探索性研究和描述性研究，基本上都是采用横向研究的形式进行的。横向研究的主要目标是对某种社会经济现象或某一社会经济总体的横截面进行了解，它也可以用来分析和比较某一社会现象或社会总体中的不同部分的特点及其相互关系。

当然，许多解释性研究也同样属于横向研究。只不过在有些解释性的横向研究中，常常存在着某种内在的问题。这是因为，解释性研究的目标通常是为了理解社会现象中的因果关系或因果过程，而作为原因的现象与作为结果的现象在时间上往往会有先后之别，社会现象之间的因果过程也常常是发生在一段比较长的时期中。在有些情况下，如果研究者仅仅依靠来自一个时间点上的观察所得到的资料，那么它们的结论往往难以成立。

2. 纵向研究

纵向研究（longitudinal studies）指的是在若干个不同的时间点上收集资料，用以描述现象的发展变化，以及解释不同现象前后之间的联系的研究类型。纵向研究主要有三种不同的类型。

（1）趋势研究（trend studies）指的是对一般总体随时间推移而发生的变化的研究。例如，通过对我国 1953 年、1964 年、1982 年、1990 年、2000 年、2010 年、2020 年七次人口普查结果的比较，来分析我国人口发展变化的趋势和规律，就是趋势研究的一个典型的例子。类似地，在美国总统选举过程中，通过对连续几次盖洛普民意测验的结果进行分析，研究不同候选人的势头，也是一种趋势研究。

趋势研究的目的是通过对一般总体在不同时期的态度、行为或状况进行比较，以揭示和发现社会现象的变化趋势和规律。实际上，我们可以说，对某一总体的趋势研究，就相当于利用对这一总体所进行的若干次横向研究的结果来分析和探寻其发展变化规律的研究。

关于趋势研究，有一点需要注意，即对同一总体在不同时点上所进行的若干次横向研究必须是具有同样的研究内容，采用的是同样的测量方法。更具体地说，每次研究所问的问题都应该是一样的。如果问题不同，就无法进行比较。

（2）同期群研究（cohort studies）又称作人口特征组或共同特征组研究，它指的是对某一特殊人群随时间推移而发生的变化的研究。在这种研究中，每次研究的样本并不相同，即每次研究的具体对象可以不一样，但他们必须都同属于这一特殊人群。这种特殊人群通常都与时间或年代相关。

例如，以 1968 年上山下乡的“老三届”学生为一特殊人群，分别研究他们在 1978 年、1988 年和 1998 年的情况，以反映这一特殊人群在我国几个特定历史时期的发展过程中所发生的变化，就是一个同期群研究。又如，美国社会学家曾做过一项关于出生于 20 世纪 30 年代初大萧条时期的人的经济态度的研究。这一研究的基本方式是每隔 10 年进行一次全国性研究。1950 年，他们从 20~25 岁的人中抽取研究样本；1960 年，他们从 30~35 岁的人中抽取样本；到了 1970 年，他们再从 40~45 岁的人中抽取样本。虽然这三次研究的样本都是由不同的人组成，但代表的都是出生于 1930~1935 年的那一代人。

（3）同组研究（panel studies）又称为定组研究或追踪研究，它指的是对同一组人随时间推移而发生的变化的研究。同组研究与同期群研究比较相似，二者的区别在于同组研究每次研究时所用的都是同一个样本，即第一次研究了这些人，以后每次再研究时，依旧还是找这些人做样本，无论这些人分散在哪里，都要一一找到并进行研究。

同组研究主要用来探讨人们的行为、态度或意向的改变模式和变化过程，分析影响这种改变的各种因素。同组研究每次进行研究时都使用同一个样本，但被研究者随时间推移所发生的各种变化有时是难以预料的，因而进行同组研究最大的困难往往是在第二次、第三次……研究中，无法找到或获得首次研究样本中的全部被研究者。越是后面的研究，找全样本就越难。这样，就会使得不同时期的比较难以进行。

纵向研究的优点是可以描述事物变化的过程，便于探寻不同现象相互之间的因果关系。在这一点上，它比横向研究更为优越。但是，纵向研究的这种优越性是以付出比横向研究多得多的时间和金钱为代价的。这也是导致纵向研究较少被研究者采用的一个重要原因。

3. 纵横研究的比较

需要注意的是，纵向观察和横向比较得出的结论往往是有差别的，这是因为它们之间的因果关系也是有差别的。

【例 3-5】以收入与购买食品之间的关系为例，高收入者比低收入者购买了更多食品，一方面是收入水平在起作用：他愿意并且有能力购买更多的食品；另一方面是收入排序在起作用：无论是朋友聚会还是几个兄弟家庭聚餐，收入高的朋友或兄弟总是更多地在公共聚会时付费。如果假设收入排序在时间上基本不变，那么纵向观察某个人食品消费与收入的关系将只能得到前一种作用机制。因此，纵向观察得出的食品消费收入弹性往往小于横向对比得到的收入弹性。

很多时候横向对比和纵向观察获得的是不同的因果关系，因此，所得到的结论是不同的。这些结论对控制和预测的含义也是不同的。例如，不能用横向对比获得的收入与食品消费之间的数量关系预测随着收入水平增加全国未来食品需求的变化趋势。

参考书目

贾怀勤. 2006. 管理研究方法. 北京：机械工业出版社.

金 G，基欧汉 R，维巴 S. 2014. 社会科学中的研究设计. 陈硕，译. 上海：格致出版社.

利迪 PD，奥姆罗德 J E. 2005. 实用研究方法论：计划与设计. 7 版. 顾宝炎，牛冬梅，陈国沪，等译. 北京：清华大学出版社.

林聚任，刘玉安. 2008. 社会科学研究方法. 2 版. 济南：山东人民出版社.

明托 B. 2019. 金字塔原理：思考、表达和解决问题的逻辑. 汪洱，高愉，译. 海口：南海出版公司.

徐有富. 2019. 学术论文写作十讲. 北京：北京大学出版社.

中篇：研究程序

第四章

论文资料收集

俗话说“巧妇难为无米之炊”，研究过程中，如果没有相应的资料，研究就无法进行。因此，如何有效地检索、合理地利用相关资料，已成为科研工作者必须掌握的基本方法。本章拟对资料的收集方法及管理方法做详细的介绍，旨在使读者能够对资料的收集有一个基本的了解。

第一节　文字资料的收集

论文资料可以分为两大类：一是文字资料，是指用文字记载的资料，如报刊、杂志、书籍、档案等；另一类是数据资料，是以数字形式来反映历史和现实状况的一种文献形式，如统计年鉴、统计报表及其他各种数据表格。本节集中对文字资料的收集做简要介绍，下一节讨论二于数据资料的收集。

在对文字资料进行收集时，关键的三个方面如下：选取合理有效的方式检索到适宜研究的文字资料；对检索到的文字资料进一步加以阅读；采用科学的方式对文字资料进行管理，以方便日后的研究。

一、文字资料的检索

（一）常用检索方法

文字资料检索方法多种多样，主要可分为三种。

1. 常规检索法

常规检索法是指利用文摘、题录、索引等各种检索工具查找所需文献的方法。它可分为顺查法和逆查法。顺查法是按时间顺序由远及近地进行检索。这种方法查全率较高，但费时费力，检索工作量大。逆查法的时间顺序与顺查法正好相反，即根据由近及远的时间逆序进行检索。这种方法可节省检索时间，能查到最新且有价值的文献，但查全率较低。

顺查法适用于主题复杂、范围较大、时间较长的课题研究，逆查法适用于检索最新课题。

2. 跟踪检索法

以著作后附录的参考文献或参考书目，以及期刊上发表论文中所引用的参考文献为线索，跟踪查找有关主题的文献的方法为跟踪检索法。这种方法不需要检索工具，针对性较强，能抓住主要问题，获取文献方便迅速，并能以滚雪球的方式扩大检索范围。

这种方法在检索工具不齐全、不熟悉或对论文中某个问题不需要做深入探讨时是可取的，尤其该论著、论文是比较权威的，利用此法查找，可以节省时间，快速地查到有效信息。但是，一般情况下用此方法查得的信息资料不够全面，容易漏检，查全率较低。如果研究者仅查这类信息资料，课题研究容易流于主观随意性。

3. 计算机检索法

目前这种方法最为常用。应当说，大多数读者已能非常熟练地利用互联网进行查询。通过输入关键词、主题等，就可以查询到与关键词或主题相关的内容。一般使用较多的搜索引擎是谷歌学术搜索。

利用计算机查找有关信息资料通常由以下几步完成：首先，要明确论题的要求和问题的本质，以便有的放矢。其次，要确定检索标志，确定所需要信息的作者姓名、信息资料分类号、表达主题内容的关键词和所属类目。再次，选定检索工具和途径，查出信息资料线索与馆藏。最后，将检索所得到的信息资料线索汇集起来，再根据论题内容与要求加以分析，决定取舍和是否深入查阅。若是题录，则要考虑是否查看文摘；若是文摘，则要考虑是否查看全文。

从专业化的角度来看，网上经济文献分类体系是很好的关于经济学管理和其他社会科学分类的搜索引擎。目前常用的包括 www.econlit.org 和 www.isinet.com。前者简称 EconLit，后者简称 SSCI（Social Science Citation Index，社会科学引文索引）。EconLit 在选题或寻找相关著作时，可以在线按照题目、作者或关键词的方式从大量的刊物文章中进行所需信息的搜索；SSCI 主要提供曾引用过某一研究工作内容的期刊、书籍等的清单（通常根据作者姓名查找），在寻找与社会科学领域相关的论文时非常有用，其中包括那些引用率较高的论文。

另外，也可利用《经济文献杂志》（*Journal of Economic Literature*，JEL）采用的分类系统和一些优秀期刊的信息。JEL 是国内外大多数大学图书馆必订的季刊杂志，主要提供经过分类的上一季度出版的书籍和期刊文章清单，对每一篇论文确认一组编号并归类于经济学的某一子领域，按照题目进行编排，甚至包括文章的摘要。例如，研究劳动力流动性问题，首先要在领域分类代码为 J 的“劳动和人口经济”下查找对应项，可以看到相关分类号码为 J6 的“流动性、失业和空位”，翻到“本期期刊文章主题索引”，该项内容为经过分类的最近发表文章的详细列表，依据此表就可以摘录自己感兴趣的内容，帮助进行选题。另外，该期刊也列出了本期期刊的内容并给出了一些书籍和文章的摘要，仔细阅读这些摘要，有助于对题目有更多的了解。

以上几种检索方法各有优缺点，研究者应根据自己的实际情况、检索条件、研究要求等做出选择。一般对于实际工作者，在缺乏检索工具的情况下，可采用跟踪检索法；若有大量的检索工具可利用，则应采用常规检索法；科研人员有条件的话，最好采用计算机检索法。

归纳而言，经济管理研究中，文献检索的有效途径如下：先到相关数据库检索，如中国期刊网数据库，首先找到一篇较新的文献，按照其参考文献往后找。此时要注意所选择的较新文献的权威性，可以通过这篇较新文献所在的杂志和作者在该学科领域的权威性来加以初步判断。另外一种高效率的途径如下：在确定了自己的研究领域之后，跟踪该研究领域最好的3~5本杂志，跟踪本领域较活跃的3~5位学者，通过这种方法也可以很快地了解该领域最前沿的研究方向。

扩展阅读

JEL 经济学文献分类系统简介

JEL 经济学文献分类系统由著名经济学杂志 JEL 创立并推广实施。JEL，全称 *Journal of Economic Literature*，即《经济文献杂志》，于 1969 年始在美国经济协会（American Economie Association，AEA）赞助下在每年的 3 月、6 月、9 月和 12 月发行。该系统将所有的经济学文献按内容分为 A、B、C、D、E、F、G、H、I、J、K、L、M、N、O、P、Q、R、Z 共计 19 个领域，每个领域又细分为若干个子方向，在每个子方向之下再设有专题内容。其中，各领域和子方向都有专门的综述栏，专题就不再设有综述内容栏。例如，D 类为微观经济学领域，共设 9 大方向（D00 是有关该领域的综述性文献，另作一栏）：D1——家庭行为；D2——生产和组织；D3——分配；D4——市场结构和定价；D5——一般均衡和非均衡；D6——福利经济学；D7——集体决策分析；D8——信息和不确定性；D9——跨期选择和增长。其中，D4 即市场结构和定价方向下又设有：D40——该方向的综述专题；D41——完全竞争专题；D42——垄断专题；D43——寡头和其他形式的不完全性专题；D44——拍卖专题；D45——配给、许可证专题；D46——价值理论专题；D49——其他专题。再以 E 类的宏观经济学和货币经济学领域为例（E00 为宏观经济学和货币经济学领域的综述性内容栏）：E1——一般总量模型；E2——消费、储蓄、生产、就业和投资；E3——价格、商业波动和周期；E4——货币与利率；E5——货币政策、中央银行、货币与信贷的供给；E6——公共金融的宏观经济层面、宏观经济政策和一般内容。其中，E4 即货币与利率方向下又设有：E40——综述；E41——货币需求专题；E42——货币准则和制度、管制与货币体系专题；E43——利率的决定和利率期限结构专题；E44——金融市场和宏观经济专题；E47——预测与仿真专题；E49——其他专题。整个分类系统都以这样的三级目录来组织。

（二）三大检索工具

目前，经济管理文献检索常使用三大检索工具，具体是指 SCI（*Science Citation Index*，《科学引文索引》）、EI（*Engineering Index*，《工程索引》）、ISTP（*Index to Scientific & Technical Proceedings*，《科技会议录索引》）。

各检索工具的各个版本的收录范围、检索性能各不相同，特别是在查询个人文章的收录与引用时，情况比较复杂，对查全率、查准率都要求较高。以下介绍利用三大检索工具查找个人文章被收录、引用情况的方法与技巧。

1. SCI

SCI 即《科学引文索引》，是由美国科学信息研究所（Institute for Scientific Information，ISI，网址：http://www.isinet.com）出版的一部世界著名的综合性检索工具，于 1961 年创刊，其出版形式包括印刷版期刊、光盘版及联机数据库，现在还发行了互联网上 Web 版数据库。

SCI（印刷版，双月刊）收录全世界出版的数、理、化、农、林、医、生命科学、天文、地理、环境、材料、工程技术等自然科学各学科的核心期刊约 3 500 种，另外也收录一些会议录、专著丛书、图书等。ISI 通过它严格的选刊标准和评估程序挑选刊源，而且每年略有增减，从而做到 SCI 收录的文献能全面覆盖全世界最重要和最有影响力的研究成果。

作为一部检索工具，SCI 一反其他检索工具通过主题或分类途径检索文献的常规做法，设置了独特的“引文索引”（citation index），即通过先期的文献被当前文献的引用，来说明文献之间的相关性及先前文献对当前文献的影响力。SCI 以上做法上的特点，使得 SCI 不仅作为一部文献检索工具使用，而且成为科研评价的一种依据。科研机构被 SCI 收录的论文总量，反映整个机构的科研，尤其是基础研究的水平；个人的论文被 SCI 收录的数量及被引用次数，反映他的研究能力与学术水平。

SCI 主要由三大部分组成，即引文索引、来源索引（source index）和轮排主题索引（perm term subject index）。

引文索引是根据文献中所附的参考文献的著者姓名的字顺组织编排文献的，每一篇参考文献就构成引文索引中的一个被引款目，而每个被引款目又导引出与它有关的引用款目。因此，一个著者无论在过去什么时候发表的文章，只要被他人在发表的文章中参考引用，这个著者的姓名就会出现在引文索引中。引文索引是 SCI 的主索引。引文索引能协助研究者了解他人引用自己研究工作的情况，掌握同行或竞争对手的研究动向，分析研究工作的学术影响力，了解活跃在某一研究领域的专家，掌握学术机构的研究情况。

来源索引主要是根据引用著者姓名查找引文题目等的索引，它按引用著者姓名的字顺编排。在每个著者下列出完整的著录项目，如合著者、文章标题、刊名缩写、卷、期、页码、出版年份、参考文献篇数、第一著者的地址。例如，一篇文章有两个或两个以上的著者，在非第一著者姓名下只作“参见”并列出原文出处。来源索引是 SCI 的辅助索引。

轮排主题索引按所选文章题目中的所有关键词的字顺编排，以数字开头的关键词，放在索引的最后。一篇文章的题目中选出若干个关键词，其中任意一个关键词轮排放在首位时，称为主要词，其余关键词排列在主要词之下，称为配合词。当检索者对所需检索的文献毫无线索，又不知有关著者姓名时，则可利用轮排主题索引根据课题内容的关键来查找。

2. EI

EI 即《工程索引》，于 1884 年创刊，由美国工程信息公司（Engineering Information Inc.）编辑出版。EI 名为“索引”，实际上是一种文摘刊物。文摘比较简短，一般是一两百字的指示性文摘，指明文章的目的、方法、结果和应用等方面，不涉及具体的技术资料。

EI 报道的文献资料是经过有关专家、教授精选的，覆盖的学科领域有工程技术方面的各个领域，收录的文摘主要摘自世界各国的科技期刊和会议文献，少量摘自图书、科技报告、学位论文和政府出版物，具有较高的参考价值，是世界各国工程技术人员、研究人员、科技情报人员经常使用的检索工具之一。EI 印刷版期刊收录世界上 48 个国家、15 种文字、3 500 多种期刊和 1 000 多种世界范围内的会议录、论文集、科技报告、图书、年鉴等，但不收录专利文献。

主题索引（subject index）是 EI 的主体，它是按主标题词的字顺排列的。著者索引（author index）是 EI 的辅助索引，它是按著者姓名字顺排列的。当检索者对著者比较熟悉时，用著者索引查找文献比较简捷；当检索者不知著者姓名时，可用主题索引来查找文献线索。

3. ISTP

ISTP 即《科技会议录索引》，是 ISI 出版的一部世界著名的综合性的科技会议文献检索工具，于 1978 年创刊，其出版形式包括印刷版期刊、光盘版及联机数据库。

当研究者需要一份会议论文但只知道这一会议在何时或何地召开或者想了解某一位研究人员所发表的会议论文时，用 ISTP 可达到目的。ISTP 收录世界科技各领域内用各种文字出版的会议录文献，内容涵盖生命科学、物理、化学、农业、环境科学、临床医学、工程技术和应用科学等各个领域。ISTP 的会议论文资料丰富，有会议信息（主题、日期、地点、赞助商）、论文资料（题目、作者、地址）、出版信息（出版商、地址、ISSN）。ISTP 出版时差短，从 ISI 收到材料到索引出版，仅 6~8 周，比任何其他的索引都快。

ISTP 印刷版包括 12 期月刊和一年累计索引，每年索引 4 700 种会议，总计 203 000 篇会议论文。ISTP 光盘版可一次性检索五年来的会议文献资料，每年首期包括过去四年 28 000 次会议 960 000 篇会议论文，每季更新，新增来自 2 500 种最近出版的 53 000 篇会议论文资料。

ISTP 检索途径多、速度快，提供分类索引、著者/编者索引、会议主办单位索引、会议地点索引、轮排主题索引、著者所在单位索引或团体著者索引。

（三）经济学中常用文献检索网站介绍

1. 常用中文文献检索网站

在中文文献数据库方面，比较常用的如下。

（1）中国期刊网数据库（China National Knowledge Infrastructure，CNKI，网址：https://www.cnki.net/）。它又分为以下几个数据库。

第一，中国期刊全文数据库：这是全球最大的连续动态更新的期刊全文数据库，已收录1994年至今国内公开发行的7 500多种重要期刊，其中3 964种重要核心期刊回溯至创刊（1900年）。文献量累计1 600多万篇，相当于61万本期刊的数据量。期刊集中迅速地反映各行业、学科的最新研究进展和社会热点问题，占科研人员情报来源的60%~70%；研究者可根据已知的文献特征信息与所需课题内容进行查询检索，也可以直接浏览学科主题分类的文献，文献全文可在线下载打开阅读或摘录。

第二，中国优秀博硕士学位论文全文数据库。它是目前国内最完备、质量最高、更新最快的博士硕士学位论文全文数据库，也是国务院学位委员会办公室学位点评估唯一指定参考数据库，已收录2000年至今335家具有博士和硕士学位授予资格学位点所产生的优秀博士硕士学位论文。其中包括中国科学院、中国社会科学院、清华大学、复旦大学等。文献量累计57万篇，每年更新8万篇。它是追踪学科前沿发展、研究过程和研究科学数据的重要资料，也是科学研究不可替代的文献资源。研究者可以在线浏览、全文下载、分章节下载，也可以根据需要只保存单页或者片段文献。

第三，中国重要报纸全文数据库。它是目前传播速度最快的会议资讯媒体，已收录2000年至今750多家国家各类一级学会和协会、行业联合、政府机关等主办的6 000多部会议论文集，文献量累计58万篇，每年更新15万篇。政府机构可以利用其进行行业调研，学习政府会议精神，进行前瞻性决策；科研机构可以在其基础上研究最新动向；企业可以利用其进行储备性研究。

第四，中国重要会议论文全文数据库。它是国内唯一的以重要报纸刊载的学术性、资料性文献为收录对象的连续动态更新的数据库，已收录2000年至今700多种重要报纸，包括全国所有省级党报，基本覆盖了重要报纸与行业报纸。报纸具有政策导向、贴近社会、反应迅速等特点，因此是各种政策、行业动态和社会反映的最快载体，并且具有通俗易懂、语言简洁等特点。

第五，中国年鉴网络出版总库。收录目前我国共出版的各类纸质年鉴2 387种、中央年鉴511种、地方年鉴1 876种。收录的年鉴种数占全国已出版年鉴种数的90%以上，收录的年鉴册数和文献条目数的完整率达到99%以上。

（2）维普数据库，网址：http://www.cqvip.com/。该数据库收录8 000余种社科类及自然科学类期刊的题录、文摘及全文。主题范畴为社科类、自然科学类、综合类。年代跨度为1989年至今。

（3）万方数据库，网址：http://www.wanfangdata.com.cn/。万方数据资源系统的数

据库有百余个，应用最多的主要包括专业文献库、中国科技引文库、中国学位论文库、中国期刊会议论文库等。

（4）书生之家数字图书馆、中国数字图书馆等国内主要汇集各类图书资源的数据库也是中文文献的主要来源。

中文文献数据库的检索方法相对简单，一般的大学机构或研究单位都购买了上述数据库的使用权限。一般地，国内的期刊报纸全文都可以在万方、维普、CNKI 进行检索；学位论文可以在万方、CNKI 检索。通过输入关键词、期刊名称、卷期、发表年等信息即可检索到需要的文献。

2. 通用外文文献检索网站

（1）SpringerLink 数据库。德国施普林格是世界闻名的科学技术出版集团，SpringerLink 数据库提供其定期学术刊物及电子图书的在线服务，包含化学、计算机科学、经济学、工程学、环境科学、地球科学、法律、生命科学、数学、医学、物理与天文学等 11 个学科，其中许多为核心期刊。

（2）ProQuest 数据库。该文献库收录了 1861 年以来全世界 1 000 多所著名大学理工科 160 万篇博士硕士学位论文的摘要及索引，学科覆盖了数学、物理、化学、农业、生物、商业、经济、工程和计算机科学等，是学术研究中十分重要的参考信息源。

（3）ScienceDirect 数据库。该数据库是荷兰 Elsevier Science 公司推出的在线全文数据库，涵盖了数学、物理、化学、天文学、医学、生命科学、商业及经济管理、计算机科学、工程技术、能源科学、环境科学、材料科学、社会科学等众多学科。

（4）EBSCO 数据库（Elton B. Stepheus. Company，商业资源全文数据库）。具体又可分为两种：一种是 ASP（Academic Search Premier，综合学科参考类全文数据库），其内容包括覆盖社会科学、人文科学、教育、计算机科学、工程技术、语言学、艺术与文化、医学、种族研究等方面的学术期刊的全文、索引和文摘；另一种是 BSP（Busincss Source Premier，商业资源子库），其内容涉及经济、商业、贸易、金融、企业管理、市场及财会等相关领域的学术期刊的全文、索引和文摘。

（5）OCLC（Online Computer Library Center）数据库，即联机计算机图书馆中心，是世界上最大的提供文献信息服务的机构之一，其数据库绝大多数由美国的一些国家机构、联合会、研究院、图书馆和大公司等单位提供。数据库的记录中有文献信息、馆藏信息、索引、名录、全文资料等内容。资料的类型有书籍、连续出版物、报纸、杂志、胶片、计算机软件、音频资料、视频资料、乐谱等。

3. 经济学外文文献检索网站

上述介绍的是检索外文文献的通用数据库网站，具体针对经济学研究而言，常用的检索网站有以下几个。

（1）SSRN，全称 Social Science Research Network，即社会科学研究网。SSRN 致力于世界范围的社会科学的快速传播，是一个社会科学（经济类）研究论文数据库，目前已拥有数百种电子期刊，内容主要有会计研究、经济研究、财政经济、法律学术、网络管理研究等几个方面，部分提供全文。网址：http://www.ssrn.com/。

（2）NBER Working Paper。NBER Working Paper 是美国国家经济研究局（National Bureau of Economic Research）的研究论文网站，包括经济研究数值库搜索、最新研究陈述查阅、在线阅览、下载和订购等功能。检索方法为进入NBER主页后，在最上方有个“Search”，点击后进入检索界面。NBER 有四个检索数据库，其中之一是科技报告（Working Paper）。检索时只要输入检索词即可，最终得到的是文摘。网址：http://nber.org。创立者：美国国家经济研究局。

（3）AgEcon Search。AgEcon Search 是一个通过网络免费获取的学科资源库，由美国明尼苏达大学图书馆、明尼苏达大学应用经济学系及美国应用经济协会联合创办。主要搜集自然资源经济学、环境经济学、政策问题、农产品贸易、经济发展及食品供应等方面的工作文件、会议论文及期刊全文，同时搜集部分图书章节和政府文件。到目前为止该数据库已经收录有来自世界40余个国家215个团体的近4万篇农业经济学相关领域的文章。数据库可根据主题、文章作者、文章摘要、关键词、年份等方式进行检索及浏览全文。这个网站是农业经济学者常用搜索网站之一，网址：https://ageconsearch.umn.edu/。

（4）RePEc。RePEc是由分布在全球102个国家和地区的几百名志愿者无偿建立的合作型数值库体系，首要搜集与经济学相关的预印本论文，它所提供的定期刊物杂志及研究论文都是免费的，包括 100 多种经济定期刊物、研究报告等。网址：http://repec.org/。

（5）IDEAS。IDEAS 是康涅狄格大学经济学系建立的数值库。该站点拥有世界上最大的文献网上经济学工作论文集，并与RePEc建立联系，收录跨越170种经济学定期刊物，是免费的全文数值库。网址：http://ideas.repec.org/。

（6）AOM，全称 Academy of Management，即管理学会。AOM 是世界上最权威也是历史最悠久的一家专业致力于经济与管理科学知识传播的学术性组织，成立于 1936 年，起先由两位教授发起，现今已有超过120个国家的近18 000位会员。这些会员中的大部分来自高校、科研院所及大型企业。AOM 出版了四本杂志和 AOM 的会议论文集，它们是 AMLE（*The Academy of Management Learning and Education*，《管理学会学习与教育》）、AMJ（*The Academy of Management Journal*，《管理学会杂志》）、AMR（*The Academy of Management Review*，《管理学会评论》）、AME（*The Academy of Management Executive*《管理学会》）和 AMP（*Academy of Management Proceedings*，《管理学报》）。这些杂志被权威的 JSTOR（Journal Storage，即西文过刊全文数据库，是一个对过期期刊进行数字化的非营利性机构）和 EBSCO 全文收录，能提供电子档文件下载。所有被 AOM 会员授权的资源都可以在线共享由 AOM 编辑的全球各大学术机构的最新资讯，包括学术会议、学术动态等。AOM 的网址：https://aom.org/。

（7）WebEc。WebEc 是芬兰赫尔辛基大学建立的免费提供经济学信息全文的数值库，包括一般经济学资源、经济思想的方法和算术定量方法、微观经济学、宏观经济学、国际经济学、劳动和人口统计经济学、法律与经济学、商业经济学、经济史、技术革新和增长、经济体系、农业和天然资源、地区范围经济学等内容。网址：https://www.helsinki.fi/en。

（8）Economics WPA，An Electronic Working Paper Archive in Economics，即经济学工作报告服务。Economics WPA 是由华盛顿大学经济系提供的经济学科的报告网页，其中包括许多大学的研究成果，按照内容不同分为 22 个类，多数可以免费得到全文，其检索方法非常简单，只要根据需要点击类目即可。网址：https://econpapers.repec.org/paper/。

（9）经济学研究论文服务（Electronic Working Papers in Economics）。由华盛顿大学搜集整理了互联网上的经济类报告，可以下载全文。打开网页，可看到按部门字顺排列的总索引。点击“Department”下的部门名称，可进入该部门的主页。点击“Series”下的项目，得到报告的题名目录。“Series”后面的“Nr.Papers”项标明该部门报告的数量，之后可以看到作者的信息和报告摘要。对大部分报告来说，可以通过下载看到全文。网址：http://www.ariadne.ac.uk/issue/。

（10）Web 统计资源指南（密歇根大学）[Statistical Resources on the Web（University of Michigan）]。该指南由密歇根大学文献中心建立。这是一个内容广泛、编排细致的资源指南，包括以下类目：工商业、生活消费、经济学、财政金融、国际经济、国际贸易、劳动与就业等。网址：http://www.lib.umich.edu/govdocs/stats.html。

二、文字资料的管理

（一）文字资料管理概述

在进行科学研究时，首先我们要查阅大量专业文献并下载；其次要对下载的文献进行整理、做笔记；再次在写作论文时要引用需要的文献；最后对论文的参考文献要规范化、格式化。这一系列的过程都离不开对文献的阅读和管理。为了提高论文写作和科学研究的效率，最好使用个人参考文献管理系统，它可以帮助我们进行全文管理和笔记管理等，便于对文献的检索和分析，而且一些个人参考文献管理系统也会提供一些杂志的全文模板，可以自动帮我们编排参考文献信息。

个人参考文献管理系统的主要功能包括：第一，搜集参考文献并可以编辑插入注释；第二，对参考文献按需求排序并可以检索，解决参考文献管理混乱的问题；第三，帮助管理阅读笔记；第四，方便写作论文时引用参考文献，解决论文修改后参考文献的重排问题；第五，在转投他刊时可随意转成该刊格式。

常见文献管理软件有 THOMSON 公司的 EndNote、Reference Manager、Procite 及基于网络的 Refworks。其中 EndNote 是参考文献管理软件中的佼佼者，其界面简单，搜索查询方便，与 Word 无缝链接，支持 Z39.50 标准，可以检索所有支持此标准的数据库，支持 GB2312 和 utf-8 编码，支持中文。EndNote 有强大的搜索功能，包含 3 384 种书目格式、2 146 个网络资源、671 种过滤器。此外，EndNote 不占用本地硬盘，并且数据可以共享。

（二）个人参考文献管理软件——EndNote 软件简介

EndNote 通过将不同来源的数据整合到一起，自动剔除重复的信息，从而避免重复阅读来自不同数据库的相同信息。同时 EndNote 可以非常方便地进行数据库检索，进行一定的统计分析等。另一个重要的功能是，在撰写论文、报告或书籍时，EndNote 可以非常方便地编排参考文献格式，还可以非常方便地做笔记，以及进行某一篇文献相关资料的管理，如对全文、网页、图片和表格等的管理。

学习并掌握文献管理软件，可以提高我们阅读文献、获取信息的效率，可以省去撰写文稿时手动编排文献的麻烦。同时 EndNote 可以非常方便地做笔记，并对笔记进行管理，为我们撰写综述或阅读大量文献提供了极大的方便。

EndNote 主要有如下功能。

第一，按课题在本地建立自己的数据库，随时检索自己需要的文献，并自动去除重复。

第二，轻松实现对大量文献记录、PDF 全文、图片、表格及笔记的同步管理，随时可以检索、更新、编辑。

第三，撰写论文时，可以随时从 Word 文档中直接调阅、检索相关文献，并将它们自动按照期刊要求的格式插入论文相应的位置，免去手动编排的麻烦。

第四，在论文转投其他期刊时，可以很快将论文格式转换成其他期刊要求的格式。

第五，具有 170 多种论文模板，可以轻松撰写论文。

第六，可以将不同课题的数据库与工作小组成员共享。

有关 EndNote 软件的具体操作，本书不多做介绍。有兴趣的读者可以参考各种网络资源。

第二节　二手数据资料的收集

数据资料是以数字形式来反映历史和现实状况的一种文献形式，根据数据的收集方法可以分为两大类：一类是一手数据，即研究者根据研究目的亲自收集的数据，主要是指调查数据；另一类是二手数据，即由别人收集并且经过加工的数据，包括政府公开发表的统计资料（如各种统计年鉴）、政府及机构内部统计资料（如农业农村部内部信息）、相关参考文献中提供的数据（如专著或论文中的数据）及内部研究报告中提供的数据（如未发表的学位论文/研究报告）。

一、二手数据的收集途径

二手数据最基本的收集途径是通过各种统计年鉴、月报、季报等收集，如《中国统计年鉴》及各地区或各部门编制的年鉴、报告等。一些信息类的报刊也经常提供经济数据。现在许多年鉴等数据报告已经通过网络对公众提供，这里仅列举出国内外最常用的一些网络数据来源。

（一）国内二手数据主要收集途径

（1）国家统计局统计数据网页。该网页里面提供了《中国统计年鉴》等多种中国宏观经济运行数据，几乎所有的数据都可以转换为 Excel 格式，省去将数据一个一个地输入电脑的麻烦，使用非常方便。网址：http://www.stats.gov.cn/tjsj。

（2）中经网统计数据库（Web 版）。它是一个综合、有序的庞大经济数据库群，内容涵盖宏观经济、产业经济、经济专题、区域经济、行业经济及世界经济等各个领域，是一个拥有 15 万个指标量，面向社会各界用户提供权威、全面、及时的经济类数据信息的基础资料库。网址：http://db.cei.cn/。

（3）中国经济信息网（简称中经网）。中经网是依托自身技术、资源优势，在长期历史积累基础上，经过专业化处理组织而成的一个综合、有序的庞大经济数据库群，内容涵盖宏观经济、产业经济、行业经济、区域经济及世界经济等各个领域，是一个面向社会各界用户提供权威、全面、及时的经济类数据信息的基础资料库。产业经济的相关数据，部分内容可试用。网址：http://www.cei.gov.cn。

（4）国务院发展研究中心信息网。该数据库研究内容涵盖：中国宏观经济政策走向及其对经济发展的影响研究；中长期发展战略和区域经济发展政策研究；产业及技术经济的发展动态；中国对外开放的战略与对策；企业改革和发展的重大问题；农村改革与经济发展等诸多经济热点问题。该数据库是中国著名的大型经济类专业网站，是向领导者和投资者提供经济决策支持的权威的信息平台。网址：http://www.drcnet.com.cn/。

（5）人民数据。该数据库收录了《人民日报》1946 年创刊至今的新闻报道，是一座大型的、纪实的、珍贵的资料库。它忠实地记录了中国共产党和中华人民共和国走过的风雨历程，见证了我国人民艰苦奋斗的建设历史，利用电子出版海量信息容量的优势，将《人民日报》自创刊至今的所有报道容纳其中，具有较高的研究价值和珍藏价值。网址：http://data.people.com.cn/directLogin.do。

（6）中国经济学教育科研网（简称 CENET）是大型经济学门户网站，拥有目前国内规模最大的经济学教学科研信息及经济学相关数据。宗旨是为经济学教育科研工作者和经济学师生、政府官员、企事业单位相关工作人员及其他经济学相关人士提供一个经济学的网络平台，通过网络为中国经济学的教学和研究做出贡献。网址：http://www.efnchina.com/。

另外，如果研究者想要从数据收集之日起的完整国民经济核算资料，权威的来源是中国国家统计局国民经济核算司出版的《中国国内生产总值核算历史资料》，其提供了核算中国历年 GDP 的翔实数据，而且部分年份提供了电子版数据，非常好用。

（二）国外二手数据主要收集途径

（1）世界银行数据库。该数据库由世界银行出版，网址：https://data.worldbank.org.cn/。主要包括以下几个子数据库。

第一，世界发展指数（在线数据库）（World Development Indicators，WDI）。该数据库是对全球经济发展各方面基本经济数据的汇总，它包含了 695 种发展指数的统计数据，以及 200 多个国家和地区的人群从 1960 年至今的年度经济数据。数据包括了社会、经济、财政、自然资源和环境等各方面的指数。网址：https://databank.worldbank.org/source/world-development-indicators。

第二，全球金融发展（在线数据库）（Global Development Finance，GDF）。该数据库涵括136个国家和地区的外债与金融流程数据资料，收录了从1970年以来217种参数的统计数据。此数据库覆盖了外债总计和流向、全球主要的经济整合、基本的债务比率、新协议的常规条件、长期债务中的货币构成、债务重组等。网址：https://databank.worldbank.org/source/global-financial-development。

第三，全球经济监控（在线数据库）（Global Economic Monitor，GEM）。该数据库是早期世界银行为了便于银行成员内部监控和报告每日全球经济状态而建立的，是一个能够分析当前经济趋势以及经济与金融指数的“一站式”平台。它将几个早期的“内部”银行产品整合为单一的单界面产品，可链接至优质的高频率更新的（每日、每月）经济和金融数据资源。网址：https://databank.worldbank.org/reports.aspx?source=Global-Economic-Monitor-(GEM)。

（2）国际货币基金组织（International Monetary Fund，IMF），网址：http://www.imf.org。IMF 主要提供组织成员的金融数据，但也包括一些总体数据，如 GDP、失业和通货膨胀等。用户免费注册可享受在线 60 天试用服务。IMF 主要包括以下几个数据库。

第一，国际收支统计（Balance of Payment Statistics，BOPS）数据库。BOPS 提供统计说明，概括经济体之间的经济交易，从全球、区域和国家的角度，记录了商品、服务和金融的流通。BOPS 涵盖了 170 个国家和地区的数据，涉及数据有当前账户余额和构成，包括商品、运输服务、旅行、政府服务、其他服务、员工薪酬、投资收入和当前转移项目的借贷；金融账户余额和构成，包括股票和再投资收益的债权债务、债务证券、金融主管当局、政府、银行和其他部门、金融衍生物、贸易、贷款、货币和存款的资产和负债；储备资产包括黄金储备、特别提款权（special drawing rights，SDRs）和外汇。BOPS 根据不同国家和地区按季度、年度提供自 1967 年以来的数据。网址：http://www. imfstatistics.org/BOP/。

第二，国际金融统计（International Financial Statistics，IFS）数据库。IFS 主要提供 IMF 各成员在汇率、基金、国际清偿能力、储备金、货币和银行账户、利率、商品价格、产品、政府财政、劳力、国民核算、进出口和人口等方面的统计数据。网址：http://www.imfstatistics.org/ifs。

第三，贸易方向统计（Direction of Trade Statistics，DOTS）数据库。DOTS 是当前贸易价值最全面的信息来源，它为国家和地区与贸易伙伴之间的进出口项目提供超过 100 000 个时间序列。数据按国家和地区来展示，并累计记入地区和全球表中。DOTS 收录了 186 个国家的自 1980 年以来的年度和季度数据。网址：http://www.imfstatistics.org/DOT/。

（3）经济合作与发展组织（Organization of Economic Cooperation and Development，OECD）数据库。对富裕国家来说，最有用的资料来源于 OECD。OECD 数据库提供三种极为有用的数据，包括：《OECD 经济展望》（*OECD Economic Outlook*），每年出版两次，提供许多跨国宏观经济数据，这些数据一般都上溯到 20 世纪 70 年代，而且具有很好的一致性；《OECD 就业展望》（*OECD Employment Outlook*），每年出版一次，专门提供劳动力市场的数据；《OECD 历史统计》（*OECD Historical Statistics*），不定期出版，将当期数据和过去数据放在一起。OECD 的网址：https://www.oecd.org。

（4）联合国统计数据库（UNdata）。该数据库由联合国统计处编制，数据来源于 30 个国际专业统计数据信息源，可以按统计系列（series）字母顺序、数据来源（sources）或主题（topic）查询统计数据。该数据库包含 300 多个统计系列、800 余万条统计数据。大部分数据系列的年代自 1970 年或 1980 年起，有许多系列还显示更详细的信息。数据来源于联合国统计司、人口司，联合国经济与社会事务部，联合国粮食及农业组织，国际劳工局，IMF，国际电信联盟，OECD，联合国教育、科学及文化组织，世界卫生组织，世界知识产权组织，世界银行和世界旅游组织等。

该统计数据库还提供相关的技术名词和标准，如什么是“balance of payments”等。读者可以浏览国家和地区的概况（country profile）中的主要统计系列，了解各种经济与社会问题，也可以根据统计数据来源或主题列出统计系列。使用该数据库不需输入密码，直接点击页面左边“Basic View”等栏目即可检索浏览。网址：http://data.un.org/。

二、二手数据的审核

使用二手数据，最大的优点就在于节省了收集数据的费用，从而提高了分析的时效性，但是必须注意的是这种资料是在过去出于不同目的或在不同条件下收集的，使用前应判断是否符合本研究的需要，认真分析这些数据的内涵、数据包含的范围、数据的计算方法、数据所说明的问题、与其他数据的关系等。如果数据与模型中变量的要求不一致，则应当对数据做必要的加工或调整，或者应当重新寻求符合模型要求的数据，以避免错误地做出解释。

对二手数据的审核主要包括以下两个方面。

第一，审核指标的定义和分组的标准问题。在审查和利用含有分类统计数据的文献时，必须搞清指标定义及分组的标准。如果和自己研究的分组标准不一致，则不能使用这些资料，如若使用，必须根据自己的研究目的重新分组。

第二，审核指标的统计总体范围的一致性。在利用统计资料进行比较时，一定要注意统计的总体范围。例如，我们从某县的县志上查出该县 1930 年的人口是 30 万，而 1980 年的人口是 60 万，我们不能据此下结论说该县人口增加一倍，而应审查核对 50 年前该县的疆界和现在是否相同、有无扩大和缩小，不解决这一问题是无法比较的。

扩展阅读

肉类生产统计数字的水分不容忽视

从生产统计数字看，我国粮食间接消费的数量确实在持续大幅度增长。以肉类生产为例，1985 年总产 1 926.5 万吨，1995 年增长到 5 260.1 万吨，10 年间平均年增长率达到 10.57%；1996 年继续保持 10%以上的年增长率，总产高达 5 800 万吨。如果假定 10 年前非粮食类饲料的利用率已经很高，新增加的肉类产量主要依赖粮食的转化，那么，现在每年需要多消耗 1 亿多吨饲料粮，占当年粮食总产量的 1/4 以上。如果这一趋势保持下去，每年新增饲料粮需求将高达 2 000 万吨左右，粮食总产量的增长无论如何也追不上。但是，从消费统计数字得出的结论完全不同。城镇居民和农村居民人均消费的猪牛羊肉 1985 年时分别为 18.72 千克和 10.97 千克，1995 年上升到 19.68 千克和 11.29 千克，年增长率分别为 0.5% 和 0.3%。考虑到人口的自然增长和城乡人口结构的变化，这一期间肉类总消费量的年增长率大约在 2%。进入 20 世纪 90 年代以后，人均肉类消费量基本不变或略有下降，因此总消费量的年增长率大约与人口增长率相等，即大约在 1.5%。如果按照消费数字计算，1996 年我国生产 2 400 万吨肉类即可满足需要，而出口不足 100 万吨，那么，3 300 万吨剩余肉产品，即总产量的 55% 以上到哪儿去了？生产和消费统计数字到底哪一个比较可靠？

肉类生产和消费统计数据的来源不一样。肉类及其他消费数据来自农调队和城调队的抽样调查，而生产数据则来自主管部门的逐级汇总资料。一般来说，抽样调查存在抽样误差，居民住户可能误计、漏计。但是，抽样调查毕竟比较客观，同时抽样调查的数据从来不是考察政绩的依据，没有必要弄虚作假。因此，抽样误差和误计、漏计的数字可以互相抵消，或者呈现一定规律，对估计增长速度影响不大。生产数据就不一样了，它是衡量政绩的一个重要指标，在逐级汇总的过程中很容易受各种因素的干扰。如果缺乏有效的监督，完全可能出现长期虚报产量的情况。在生产和消费数据出现很大误差时，应当说消费统计比较可靠。

摘选自：钟甫宁：《关于肉类生产统计数字中的水分及其原因的分析》，中国农村经济，1997，(10)：63-66。

第三节　经济研究常用资料收集数据库介绍

一、联合国商品贸易统计数据库

UN COMTRADE 是联合国商品贸易统计数据库（其首页见图 4-1）的常用名，网址为：https://comtrade.un.org/pb/，载有详细的进口和出口的统计数据，由联合国统计司编制。每年全世界超过 170 个国家和地区向联合国统计司提供其年度国际贸易统计数据，这些数据具体到交易的商品名称和相关贸易国。然后联合国统计司运用联合国/OECD 科普雷拉内部处理系统将这些数据转化成具有统一编码和估价的标准格式保存到数据库中。

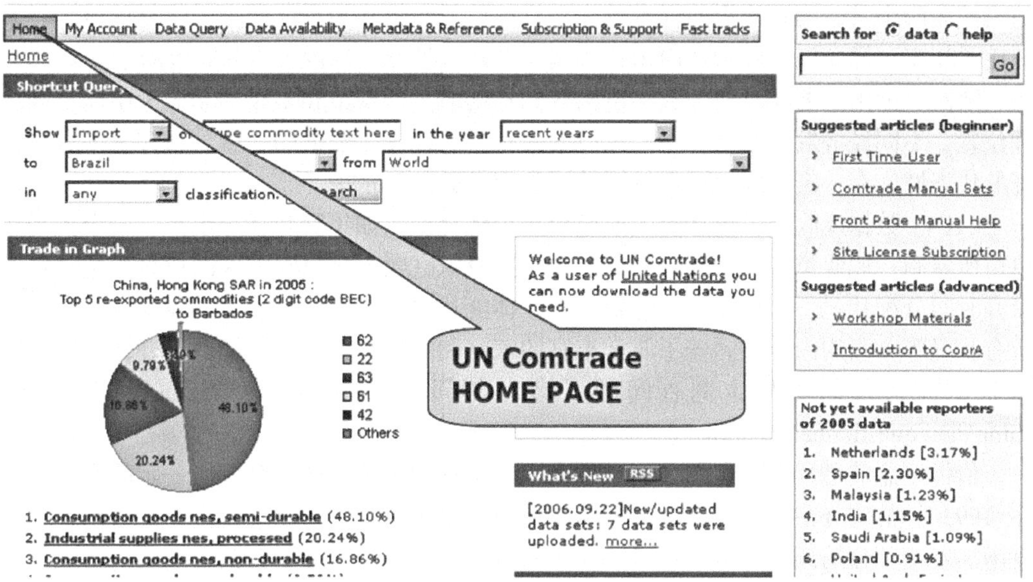

图 4-1 联合国商品贸易统计数据库首页

数据库中的商品估价是根据提交国和地区提供的汇率将其国家货币转换成美元而得到的结果，或者源于每月的市场汇率和贸易额。商品分类遵循《国际贸易商品标准分类》（SITC 标准）。编码遵循协调商品分类目录及其编码制度（harmonized system）。

该数据库是世界上存储国际贸易数据最多的库，包含了 1962 年以来全世界超过 170 个国家和地区的商品贸易统计数据，现有 17 亿多条贸易数据公布在互联网上。用户可以通过商品名称、代码、国家名称、商品分类或缩写等角度进行检索，也可以按统计系列字母顺序、数据来源或主题查询统计数据。另外，联合国统计司也以每年出版《国际贸易统计年鉴》的方式来公布目前的数据，由联合国销售部进行销售。

二、中国健康与营养调查数据库

中国健康与营养调查数据库（China Health and Nutrition Survey，简称 CHNS，网址为：http://www.cpc.unc.edu/projects/china）是由美国北卡罗来纳大学分校人口研究中心、美国营养与食品研究所和中国疾病预防控制中心共同组织实施的。该调查的初衷是研究中国社会和经济的转变、国家性和地方性政策对中国居民健康、营养的影响，由于调查中涵盖了相当丰富的家庭和个体信息，被广泛运用于各类不同的研究领域，产生了丰硕的研究成果。

CHNS 的调查开始于 1989 年，以后分别于 1991 年、1993 年、1997 年、2000 年、2004 年、2006 年、2009 年、2011 年及 2015 年各进行了一次，该调查采用多阶段随机抽样的方法，首先在每个省份中选取该省份的省会城市和较低收入水平的城市作为城市样本，再在确定的城市样本中随机抽取城区和郊区作为具体调查的城市区域；在每个省份中按照收入水平（即按照高收入水平、中收入水平和低收入水平的标准）和一定的权重随机抽取四个县，再在确定的样本县中随机抽取村和镇作为具体调查的农村区域。样本覆盖了辽宁、黑龙江、江苏、山东、河南、湖北、湖南、广西、贵州、北京、重庆、上海、陕西、云南、浙江 15 个省（自治区、直辖市）的城镇和农村，涵盖了中国不同地理位置、不同经济发展水平、不同人口健康水平的地区，数据的地域分布在全国具有较好的代表性，在一定程度上可以较好地反映全国的总体水平。

CHNS 数据库收集了包括有关家庭成员个体特征（如年龄和教育水平）、个人工作单位所有制、职业类型、工资水平、健康状况及家庭收入等家庭方面的信息，也包括了家庭时间分配状况、医疗保险、计划生育、体能状况、家庭营养、劳动参与状况、财产所有状况等方面的内容，涵盖了非常丰富的家庭和个体信息。除社区数据外，CHNS 数据是面向公众的。具体调查问题可参考其问卷：http://www.cpc.unc.edu/projects/china/data/questionnaires.html。

值得注意的是，在已有的 10 次调查中，调查的区域和样本群体有一定的变化，如在 1993 年的调查中，如果原样本中的成员新组建了家庭，仍然被看作调查对象，这样就增加了一部分的调查样本，在 1997 年的调查中，不仅增加了对调查地区内新成立的家庭的调查，同时增加了一些家庭以代替那些不再参加调查的家庭，一些新的社区也取代了不再参加调查的社区，如辽宁省无法继续参加调查，因而用黑龙江省取代了辽宁省，而在 2000 年的调查中，加入了新组建的家庭、代替的社区和家庭，在保留黑龙江的同时，辽宁又重新回到样本中来，一直到对 2004 年的调查中，调查范围才一直保持在九个省份之内，没有大的变动，但新组建的家庭、新加入的家庭成员、新成立的社区仍然被纳入调查中，直至 2011 年的调查中，调查范围才新增了三个特大城市（北京、重庆、上海），在2015年的调查中，新增了3个省份（陕西、云南、浙江），并得到了中国合作方中国疾病预防控制中心的全力支持。到目前为止，调查样本大约覆盖了 7 000 多个家庭（其中 1989 年、1991 年、1993 年、1997 年、2000 年、2004 年、2006 年、2009 年、2011 年、2015 年的调查家庭数分别为 3 795 户、3 619 户、3 456 户、3 875 户、4 396 户、4 387 户、4 467 户、4 517 户、5 923 户、7 319 户），20 000 多人（其中 1989 年、1991 年、1993 年、1997 年、2000 年、2004 年、2006 年、2009 年、2011 年、2015 年的调查人数分别为 15 907 人、14 797 人、13 895 人、14 441 人、15 831 人、12 308 人、11 860 人、12 178 人、15 725 人、20 914 人）。尽管在每一年份中会有部分样本的缺失和新样本的加入，因而无法连续地对所有的个体进行追踪调查，但 CHNS 本身采用的是对个体进行追踪调查的方法，因而所留下的样本仍然可以看作一个面板数据。

近年来，CHNS 数据库被广泛应用于经济研究中，研究的主要领域包括新型农村合作医疗、农民健康、农村教育、农民收入等。

三、中国综合社会调查数据库

中国居民生活综合研究项目是中国人民大学社会学系发起的一项全国范围内的、大型的抽样调查项目，在中国已经成功执行两期，主要目的是了解当前我国城镇居民的就业、工作和生活情况，以及对当前一些社会问题的看法。此研究访问的对象是根据随机抽样的方法，在 28 个省（区市）抽取 10 000 个家庭户，然后在每个被选中的居民户中按一定规则随机选取 1 人作为被访者，由访问员手持问卷对该被访者进行调查。中国综合社会调查（Chinese general social survey，CGSS）数据库的网址：http://cgss.ruc.edu.cn/。

2003 年度的调查是CGSS项目的第一期，由中国人民大学社会学系和香港科技大学调查研究中心共同主持。中国人民大学方面由李路路教授担任主持人，香港科技大学方面由边燕杰教授担任主持人。此次调查只包括城镇，共涉及了 125 个县级单位，559 个居委会，5 900 名被访者，收回有效数据 5 894 条。该年度的调查除了被访者个人和家庭基本情况以外，学术研究主题包括社会分层、社会流动和社会网络，具体包括以下几个方面。

第一，住户成员。该部分收集被访者所在户的基本情况的数据，包括所有居住在该户中的家庭成员和其他居住在该户中的人，访问的内容主要涉及被调查居民户中每一位住户成员的年龄、性别、户口性质、职业身份、就业状况、民族等。

第二，个人基本情况。该部分了解被访者本人的一些情况，包括他的婚姻状况、受教育程度、职业类型、工作单位和个人收入等。

第三，户口变动。该部分了解被访者及其家庭主要成员的户口迁移情况，包括同一区域内和异地迁移情况。

第四，家庭情况。该部分主要了解被访者家庭的基本情况，包括父母和配偶的受教育情况、政治面貌、职业类型、工作单位、住房、家庭收入和家庭生活等方面。

第五，社会交往。该部分主要了解被访者的社会关系网络。

第六，教育经历。该部分集中了解被访者接受教育的情况和经历，包括正规教育和在职培训两个方面。

第七，职业经历。该部分主要了解被访者本人从第一个工作开始至今的职业经历。

第八，目前职业。该部分了解被访者本人目前职业的状况，特别是获得目前职业的方式。

第九，评价与认同。该部分了解被访者对于社会上其他人或群体的看法。

第十，态度和行为。该部分通过一些社会上受到关注的或热点的问题，了解被访者本人的看法。

CGSS 2005 年第一次同时覆盖城市和农村，除了一份针对普通居民的问卷以外，还有一份在进行调查的农村地区的所有村庄的村长的调查问卷。农村问卷的主要模块包括：农村住户成员情况；农户个人基本情况；农户家庭情况；农户心理健康；农民对经济态度与行为的评价；农村社区生活与治理情况；农村治理情况。

按照国际综合社会调查（general social survey，GSS）的原则，GSS 各年度调查数据将在调查完成两年后向全社会开放。CGSS 项目组通过下属的子项目中国社会调查开放数据库（Chinese Social Survey Open Database，CSSOD）按期公布各年度数据，有需要使用者可通过 http://www.cssod.org/cgss/register.php 提交使用申请。国内外各研究机构之研究人员，国内外各大专院校之教学人员，国内外各大专院校学生，国内政府机关工作人员，国内外因非商业性（营利性）、政治性目的需要使用本数据之人员等五类人群通过申请后都可以免费获得数据的使用权。

四、中国健康与养老追踪调查数据库

中国健康与养老追踪调查（China Health and Retirement Longitudinal Study，CHARLS，网址：http://charls.pku.edu.cn/）是由北京大学国家发展研究院中国经济研究中心主持的项目，在我国每两年追踪一次。CHARLS 旨在收集一套老年家庭和个人的高质量微观数据，用以分析我国人口老龄化的问题，推动我国老龄化问题的跨学科研究工作。CHARLS 数据在隐去个人识别信息之后，供学术界同仁免费使用。

CHARLS 曾于 2008 年在分别体现我国东西部典型国情的浙江、甘肃两省开展预调查；全国基线调查于 2011 年开展，于 2011 年、2013 年、2015 年和 2018 年分别在 28 个省（区、市）的 150 个县、450 个社区（村）开展调查访问，至 2018 年全国追访完成时，其样本已覆盖总计 1.24 万户家庭中的 1.9 万名受访者。

CHARLS 家户调查主要包括以下几个部分：人口学历背景；家庭结构；健康状况和功能；医疗保健和保险；工作、退休和养老金；家庭和个人的收入、支出与资产等。此外，CHARLS 还包含了社区调查。

五、中国家庭追踪调查数据库

中国家庭追踪调查（Chinese Family Panel Studies，CFPS，网址：https://www.isss.pku.edu.cn/cfps/index.htm）是北京大学中国社会科学调查中心实施的、一个旨在通过跟踪搜集个体、家庭、社区三个层次的数据，反映中国社会、经济、人口、教育和健康的变迁，以为学术研究和政策决策提供数据为目标的重大社会科学项目。

CFPS 重点关注中国居民的经济与非经济福利，以及包括经济活动、教育成果、家庭关系与家庭动态、人口迁移、健康等在内的诸多研究主题，是一项全国性、大规模、多学科的社会跟踪调查项目。CFPS 样本覆盖 25 个省（区、市），目标样本规模为 16 000 户，调查对象包含样本家户中的全部家庭成员。

CFPS 在 2008 年、2009 年两年在北京、上海、广东三地分别开展了初访与追访的测试调查，并于 2010 年正式开展访问。经 2010 年基线调查界定出来的所有基线家庭成员及其今后的血缘/领养子女将作为 CFPS 的基因成员，成为永久追踪对象。

CFPS 调查问卷共有社区问卷、家庭问卷、成人问卷和少儿问卷四种主体问卷类型，并在此基础上不断发展出针对不同性质家庭成员的长问卷、短问卷、代答问卷、电访问卷等多种问卷类型。

（1）社区问卷的调查内容包括村/居基础设施概况、人口和劳动力资源概况、自身及周边环境、基层选举、财政收入与支出，以及日常消费品价格等。

（2）家庭问卷的调查内容包括家庭成员结构、日常生活基本设施、社会交往、住房、家庭经济、农业生产与销售等。

（3）成人问卷的调查内容包括教育、婚姻、职业、日常生活、健康、养老、社会保障、社会交往、价值观，以及基准测试等。

（4）少儿问卷的调查内容包括学业情况、日常生活、健康、职业期望、与父母关系、成长环境、社会交往、价值观，以及基准测试等。

六、中国劳动力动态调查数据库

中国劳动力动态调查（China Labor-force Dynamic Survey，CLDS）是由中山大学社会科学调查中心发起的全国第一个以劳动力为主题的全国性跟踪调查。CLDS 的目的是通过对中国城乡以村/居为追踪范围的家庭、劳动力个体开展每两年一次的动态追踪调查，系统地监测村/居社区的社会结构和家庭、劳动力个体的变化与相互影响，建立劳动力、家庭和社区三个层次上的追踪数据库，从而为进行实证导向的高质量的理论研究和政策研究提供基础数据。

CLDS 聚焦于中国劳动力的现状与变迁，内容涵盖教育、工作、迁移、健康、社会参与、经济活动、基层组织等众多研究议题，是一项跨学科的大型追踪调查。CLDS 样本覆盖中国 29 个省区市（除港澳台、西藏、海南外），以 15~64 岁的劳动年龄人口为对象，以劳动力的教育、就业、劳动权益、职业流动、职业保护与健康、职业满足感和幸福感等的现状和变迁为核心。同时对劳动力所在社区的政治、经济、社会发展，以及劳动力所在家庭的人口结构、家庭财产与收入、家庭消费、家庭捐赠、农村家庭生产和土地等众多议题开展了调查，是一项跨学科的大型追踪调查。

CLDS 采用多阶段、多层次、与劳动力规模成比例的概率抽样方法，并在国内率先采用轮换样本追踪方式，既能较好地适应中国剧烈的环境变迁，又能兼顾横截面调查的特点。CLDS 于 2011 年在广东省开展了试调查，于 2012 年完成第一次全国性调查，并于 2014 年、2016 年完成了第一、二轮追踪调查。

CLDS 是一项连续性调查，计划每两年开展一次。它的设计是以社区为追踪范围，对每个社区及社区中的样本家庭和劳动力连续调查四轮（6 年），然后该社区及社区中的样本家庭和劳动力退出调查，同时一个新的轮换社区样本及社区中的样本家庭和劳动力将产生并替代退出的轮换样本。在连续调查的四轮调查期间，如果样本家庭整体迁移出样本社区，将不再跟踪并从样本框中产生新的家庭样本。

七、中国家庭收入调查数据库

为了追踪中国收入分配的动态情况，中国家庭收入调查（China Household Income Projects，CHIP，网址：http://www.ciidbnu.org/chip）已经相继在 1989 年、1996 年、2003 年、2008 年和 2014 年进行了五次入户调查，收集了 1988 年、1995 年、2002 年、2007 年和 2013 年的收支信息，以及其他家庭和个人信息，分别编号为 CHIP1988、CHIP1995、CHIP2002、CHIP2007 和 CHIP2013。这几次调查是由中外研究者共同组织的、关于“中国收入和不平等研究”的组成部分，并且在国家统计局的协助下完成。五轮全国性调查每一轮的核心信息均考虑到了纵向的可比性，从而能够详细反映改革开放以来不同时期收入分配改革、劳动力市场改革、社会保障改革等重大问题的变迁历程。

CHIP 在 1988 年的第一轮调查是在国际合作的框架下进行的，合作机构包括牛津大学等国际顶尖高校或科研机构。项目的设计和实施均按国际学术研究标准进行，是国内最早在国际合作框架下进行微观住户调查的大型项目。这种国际合作的模式一直延续至今，力保高水准的数据质量，力图真正解决中国的现实问题。在这一模式下，截至目前的政策研究成果和学术研究成果都较为丰富。

所有的 CHIP 数据均包含针对城镇和农村住户的调查。鉴于农村向城镇迁移的日渐重要的现实意义，以及城镇和农村住户的子样本并不完全覆盖所有流动人口，2002 年的调查增加了对流动人口的调查。因此，2002 年 CHIP 调查包含了三个子样本。2007 年的调查也采用了同样的方法，因此也由三个部分组成：城镇住户调查、农村住户调查和流动人口调查。这一结构反映了中国的城乡分割和近 20 年中不断增加的迁移到城镇地区的农村个体数量。

每轮调查的内容主要包括：家庭成员人口统计信息、户籍、教育、健康、居住情况、社会保障状况等；成年人就业信息、劳动时间、工资性工作和经营性工作状况；家庭收入、财产、支出等信息；家庭主要成员的父母、子女、兄弟姐妹信息；针对特定时期，还包括拆迁、离退休、借贷、土地经营等内容。不同轮次的调查问卷不完全相同，不过主要信息基本一致，能够作为跨时期比较的重要参考。

2014 年 7~8 月，中国居民收入项目进行了第五轮全国范围调查，主要收集了 2013 年全年的收入和支出信息，编号为 CHIP2013。本轮调查得到国家自然科学基金资助和国家统计局的支持，由北京师范大学中国收入分配研究院联合国内外专家共同完成。具体的调查过程由国家统计局城乡一体化常规住户调查办公室执行。

CHIP2013 的样本来自国家统计局 2013 年城乡一体化常规住户调查大样本库。后者覆盖 31 个省（区市）的 16 万户居民。CHIP 项目组按照东、中、西分层，根据系统抽样方法抽取得到 CHIP 样本。样本覆盖了从 15 个省（区市）126 个城市 234 个县区抽选出的 18 948 个住户样本和 64 777 个个体样本，其中包括 7 175 户城镇住户样本、11 013 户农村住户样本和 760 户外来务工住户样本。数据内容包括住户个人层面的基本信息、就业信息，以及家庭层面的基本信息、主要收支信息和一些专题性问题，覆盖除新疆外的 14 个省份，包括收入、支出、住户成员个人情况、2013 年劳动时间安排、就业情况、住户资产、拆迁征地情况、农业经营等内容。

八、中国老年健康与家庭幸福调查数据库

中国老年健康与家庭幸福调查（Chinese Longitudinal Healthy Longevity and Happy Family Study，CLHLS-HF，网址：https://opendata.pku.edu.cn/dataverse/CHADS），是由北京大学健康老龄与发展研究中心/国家发展研究院组织的老年人追踪调查，调查范围覆盖 23 个省（区市），调查对象为 65 岁及以上老年人和 35~64 岁成年子女，调查问卷分为存活被访者问卷和死亡老人家属问卷两种。

（1）存活被访者问卷的调查内容包括老人及家庭基本状况、社会经济背景及家庭结构、经济来源和经济状况、健康和生活质量自评、认知功能、性格心理特征、日常活动能力、生活方式、生活照料、疾病治疗和医疗费承担。

（2）死亡老人家属问卷的调查内容包括老人死亡时间、死因等。

该调查项目在 1998 年进行基线调查后分别于 2000 年、2002 年、2005 年、2008~2009 年、2011~2012 年、2014 年和 2017~2018 年进行了跟踪调查，最近的一次跟踪调查（2017~2018 年）共访问 15 874 名 65 岁及以上老年人，收集了 2014~2018 年死亡的 2 226 位老年人的信息。中国老年健康影响因素跟踪调查累计入户访问 11.3 万人次，其中最需照料的 80 岁及以上高龄老人占总样本的 67.4%，其余为较低龄老人和中年对照组；同时访问 2.89 万位 65 岁及以上已死亡被访老人的直接家庭成员，收集了老人死亡前健康状况、生活质量与医疗和照料需求成本等详细数据。

中国老年健康影响因素跟踪调查免费向学者们提供数据。据不完全统计，截至 2020 年 3 月 10 日，已有 8 019 位研究者（不包括他们的学生及其研究组成员）正式注册免费使用“中国老龄健康调查”数据。这些学者们使用该数据已经发表的成果有：专著 17 部，国际匿名评审 SCI 和 SSCI 学术刊物论文 356 篇；国内期刊论文 455 篇；通过答辩博士学位论文 35 篇，硕士学位论文 104 篇；递交政策咨询报告 58 篇。中国老年健康影响因素跟踪调查（1998~2018 年）是国内全国范围最早、坚持时间最长的社会科学调查。

九、中国工业企业数据库

中国工业企业数据库由国家统计局建立，它的数据主要来自样本企业提交给当地统计局的季报和年报汇总。该数据库的全称为“全部国有及规模以上非国有工业企业数据库”，其样本范围为全部国有工业企业以及规模以上非国有工业企业，其统计单位为企业法人。这里的“工业”统计口径包括“国民经济行业分类”中的“采掘业”、“制造业”及“电力、燃气及水的生产和供应业”三个门类，主要是制造业（占 90%以上）。这里的“规模以上”要求企业每年的主营业务收入（即销售额）在 500 万元及以上，2011 年该标准改为 2 000 万元及以上。基于上述统计口径的数据库自 1998 年开始采集，多数学者使用的工业企业数据库涉及的年份在 1999~2007 年。该数据库的主要成分为制造业企业，在统计口径上与其他国家的产业分类比较一致，而且一些变量（如资本、研发投入和出口交货值）更容易度量，因此使用者通常析出该数据库中的制造业企业。制造业的统计口径包括从农副食品加工业、食品制造业到工艺品及其他制造业、废弃资源和废旧材料回收加工业等 30 个大类（二位数行业），对应国民经济行业分类与代码（GB/T4754-2002）中的代码 13~43（不含 38）。

该数据库包括企业的两类信息：一类是企业的基本情况；另一类是企业的财务数据。企业的基本情况包括法人代码、企业名称、法人代表、联系电话、邮政编码、具体地址、所属行业、注册类型（所有制）、隶属关系、开业年份和职工人数等指标。企业的财务数据则包括流动资产、应收账款、长期投资、固定资产、累计折旧、无形资产、流动负债、长期负债、实收资本、主营业务收入、主营业务成本、营业费用、管理费用、财务费用、营业利润、利税总额、广告费、研究开发费、工资总额、福利费总额、增值税、工业中间投入、工业总产值和出口交货值等指标。全部指标大约为 130 个。特别地，2004 年为第一次全国经济普查年，因此在数据库中当年的企业指标还包括了不同学历（研究生、本科、大专、中专、高中、初中及以下）、不同职称（技术职称和技师等）的男职工和女职工的相应数量。此外，还包括了企业是否加入工会及加入工会的人数等其他年份所没有的信息。

中国工业企业数据库是全国最为详细、所用最为广泛的微观数据库，主要研究工业企业的相关问题。目前开放数据年份：1998~2015 年。

十、世界银行中国企业调查数据

世界银行的企业调查（网址：http://www.enterprisesurveys.org/data）是世界银行在全球范围内的调查数据。关于中国的企业调查数据主要有四个，分别是 2002 年的 1 500 家企业调查、2003 年的 2 400 家企业调查、2005 年的 12 400 家企业调查、2012 年的 2 700 家企业调查。世界银行的企业调查主要关注一个国家的商业环境变化以及公司效率和性能特征。

以 2012 年的数据为例，调查涉及企业位于大连、北京、石家庄、郑州、深圳、成都等 25 个城市，涵盖中国东、中、西三大区域；调查对象为企业总经理、人力资源经理、会计师或者其他职员；调查涉及食品制造业、纺织业、服装业、基本金属制造业、电子工业、交通设备制造业等 20 多个行业；调查内容包括企业基本信息、城市基础设施和公共服务、销售和供货、市场竞争程度、用地和行政许可、创新和技术、融资、政商关系、用工、商业环境及企业绩效等多个方面。

参考书目

陈延斌，张明新. 2004. 高校文科科研训练与论文写作指导. 北京：中央编译出版社.

丁强. 2008. 科研方法与学术论文写作. 昆明：云南科技出版社.

厄普森 M，豪尔 C M，坎农 K. 2019. 怎样玩转信息：研究方法指南. 孙宝库，译. 成都：四川文艺出版社.

拉玛纳山 R. 2003. 应用经济计量学. 5 版. 薛菁睿，译. 北京：机械工业出版社.

第五章

社会调查方法

当所研究的问题无法从公众信息渠道获得时，则需要通过专门组织的调查去获取数据。社会调查主要包括问卷设计、抽样调查和数据处理等几个步骤。本章将深入探讨这些步骤的具体操作规则和技巧，旨在为那些希望搜集、分析或使用社会调查资料的读者提供一个工作手册。

第一节　社会调查概述

一、社会调查的概念

社会调查，指的是一种采用自填式问卷或结构式访问的方法，系统地、直接地从一个取自总体的样本那里收集量化资料，并通过对这些资料的统计分析来认识社会现象及其规律的社会研究方式。它包括调查和研究两个方面：调查是指在系统地、直接地收集有关社会现象的经验材料的基础上，通过对资料的分析和综合来科学地阐明社会生活状况及社会发展规律的认识活动；研究是指对收集到的资料进行思维加工，反映说明社会现象的本质特征，科学地解释现象的产生、发展和变化，由此得出规律性的认识。

在对社会调查的具体程序和实施过程进行介绍之前，这里先举一个典型的或一般性的例子来说明社会调查的实施过程及其大致构成，以便给读者提供一个关于社会调查的粗略印象。

假设某人想知道南京市消费者对转基因食品的购买意愿及其态度的情况。于是他采用一定的抽样方法（可以采取等距抽样方法，也可以采用随机抽样方法，或其他）从南京市消费者中抽取出一定数量（如 400 名或更多）的消费者作为调查的样本。然后设计出一份与他所关注的主题高度相关的调查问卷。这份调查问卷由若干个可以直接对样本中的每个消费者进行询问和测量的具体问题所构成。将问卷打印好后，他采用适宜的调查方式（可以采用面对面访问的方式，或者通过邮寄问卷的方式，或者通过电话询问的方式，或者采用将问卷直接发到消费者手中让消费者自己填写的方式），收集被调查消费者的个人和家庭特征、对转基因食品的态度和购买意愿等方面的资料。在问卷完成和回收后，将每个消费者的答案进行量化编码，并按统一格式录入计算机中，形成调查资料的数据库。在专门的统计分析软件的帮助下，他对这一数据库中的资料进行整理、汇总、统计分析。于是，来自样本中 400 名南京市消费者的各种结果被推广到南京市总体消费者甚至是全国的消费者所构成的整个总体。他可以根据调查结果阐述消费者对转基因食品的购买意愿及其态度的现状，分析不同收入水平、不同年龄、不同受教育程度、不同性别及不同职业的消费者在对转基因食品的购买意愿及其态度上的差异，进而运用经济计量模型解释不同消费者对转基因食品的购买意愿及其态度的差异的具体影响因素，为政府或相关企业部门对转基因食品的管理提供相应的政策建议。

二、社会调查的一般程序

作为一种系统的、科学的认识活动，社会调查有着一种比较固定的程序，这种固定的程序可以说是社会调查自身所具有的内在逻辑结构的一种体现。总体上讲，可以将社会调查的一般程序（图 5-1）分为五个阶段，分别为选题阶段、准备阶段、调查阶段、分析阶段和总结阶段。其中选题阶段包括确定研究目的、明确资料需求两个部分；准备阶段包括设计调查表、样本选择两个部分；调查阶段则主要是资料搜集与检验；分析阶段重在对数据进行分析；而总结阶段则在数据分析的基础上完成分析报告。

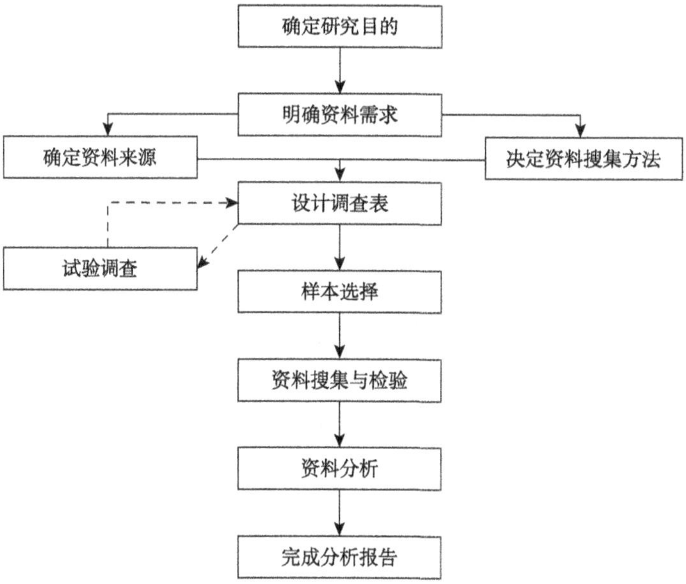

图 5-1　社会调查的一般程序

（一）选题阶段

选择调查问题是一项社会调查活动的起点，是整个调查工作的第一步。调查问题的选择如何，在一定程度上决定着整个调查工作的优劣和成败。关于如何确定合理的调查问题，本书第三章有详细的说明，此处不再赘述。

（二）准备阶段

准备阶段是在确定具体的调查问题之后，为了实现调查目标而进行的调查设计和准备工作，主要包括问卷设计、样本抽取、组织调查队伍三个部分。准备阶段对整个调查工作的完成质量起着关键性的作用，科学设计问卷是保证社会调查取得成功的关键步骤，合理的样本抽取是保证调查结果准确性的前提要求，认真组建调查队伍是顺利完成调查任务的基本保证。

（三）调查阶段

调查阶段是调研活动的现场实施阶段，也是调查者和被调查者直接接触、获取第一手资料的关键阶段。调查阶段的主要任务是根据调查方案中确定的调查方法，以及调查设计的具体要求，采用各种方法收集调查对象的有关资料，全面掌握调查总体及总体单位各方面的基本情况。

在整个调研活动中，调查阶段调查者往往要深入实地接触被调查者，因此在这一阶段，情况最复杂，遇到的实际问题也最多，特别需要很好地组织和管理。首先，要根据调查对象的实际情况及其特点，有针对性地、尽量全面地收集资料；其次，要注意总结经验，根据实际情况对原先设计好的调查问卷进行修改，及时发现和解决调查中出现的新情况、新问题，发挥研究者的灵活性和主动性；最后，需要特别指出的是在正式的大规模调研之前，首先需要进行预调查，使问卷更加完善和符合实际情况。

（四）分析阶段

分析阶段也称为研究阶段。分析阶段的主要任务是对实地调查所收集到的原始资料进行系统的鉴别、整理、统计分析、理论研究。

鉴别资料就是对调查所获的文字资料和数据资料进行全面审核，区分真伪和优劣，消除资料中的假、错、冗现象，以保证资料的真实、准确和完整。

整理资料则是对鉴别后的资料进行初步加工，使之条理化、系统化，并以集中、简明的方式反映调查对象的总体情况。

统计分析，就是运用统计学的原理和方法来研究社会现象的数量关系，揭示事物的发展规模、水平、结构和比例，说明事物的发展方向和速度等问题，为进一步开展理论研究提供准确而系统的数据资料。在需要和可能的条件下，应尽可能使用电子计算机来处理各种数据，以提高统计分析的精度和效率。

理论研究，就是运用逻辑方法和与调查课题有关的各专门学科的科学理论与方法，对经过鉴别整理后的事实材料和统计分析后的数据，进行科学思维加工，揭示调查对象的内在本质，说明调查对象的前因后果，预测调查对象的发展趋势，提出调查者对调查对象的理论说明，并在此基础上有针对性地提出对实际工作的具体政策建议。

（五）总结阶段

总结阶段的任务主要如下：撰写调查报告，总结调查工作，评估调查成果。

调查报告是整个社会调查成果的集中体现，是调查工作最重要的总结。调查报告要侧重说明调查结果和研究结论，并对调查过程、调查方法、调查成果等进行系统的叙述与说明。

总结调查工作，就是对调查方案、调查方法、调查问题的结果及调查工作的全面总结。通过总结，既要积累成功的经验，又要吸取失败的教训，特别要注意寻找改进社会调查的途径和方法，为今后更好地进行社会调查打下基础。

评估调查成果，包括学术成果评估和社会成果评估两方面。学术成果评估方面，主要是对社会调查所提供的事实和数据资料、理论观点和说明，以及所使用的调查研究方法，做出客观的评价；社会成果评估方面，主要是对社会调查结论的社会影响和对实际工作的指导作用，做出实事求是的估计。对调查成果的评估须以实践为基础，在实践中应用和检验调查结论。

第二节　问卷设计

社会调查的结论来自对真实反映社会现象的资料的科学分析，而问卷设计则是在收集这种“真实反映社会现象的资料”的过程中具有重大影响的关键环节之一。设计的问卷质量的好坏，将直接影响到调查资料的真实性、适用性，影响到问卷的回收率，进而影响到整个调查的结果。另外，由于社会调查中的资料收集工作往往具有“一次性”的特点，一切问题都必须在正式调查前考虑好，一旦问卷发出，就难以更改和补救。所以，问卷设计在社会调查过程中占有十分重要的地位。在本节中，我们将详细地介绍问卷设计的步骤、变量的测量、问卷题目和答案的设计及问卷的结构和编排等问题。

一、问卷设计的步骤

问卷设计的步骤包括设计准备、设计问卷初稿、问卷的预调查、问卷的修改及定稿并印制几个方面。

（一）设计准备

首先，必须确定调查的总体目标。问卷设计者应考虑下列一些问题：研究中关键的变量是什么？根据研究的假设应寻求什么资料？研究的样本应该具有什么样的特征？根据研究的目的和样本的特征，应该采用哪种类型的问卷？问卷的使用方式如何？只有在设计具体问题前对整个调查的总体目标有一个明确的认识，研究者才能在实际设计中做到心中有数、系统周密。

其次，要分析调查对象的各种特征。即分析了解各被调查对象的年龄结构、文化程度、职业结构等社会特征方面的情况以及其他的社会特征，这种认识和了解对问卷中问题的形式、提问的方式、所用的语言的具体设计等有着极大的帮助。

最后，在此阶段，还应充分征求有关各类人员的意见，使自己在头脑中对研究所涉及的主要问题及答案有一个初步的认识和了解，弄清楚问卷中应该包含的问题，力求使问卷切合实际，能够充分满足各方面分析研究的需要。

（二）设计问卷初稿

在准备工作基础上，设计者就可按照设计原则设计问卷初稿，主要是确定问卷结构，拟定并编排问答题。在初步设计中的主要工作有以下几个步骤。

（1）根据研究假设和所测量变量的逻辑结构，列出问卷各大部分的主要内容，并初步安排它们的顺序。

（2）根据已有的知识，设计出每一部分问卷中的具体题目及具体答案。

（3）在每一部分中安排不同题目之间的结构并调整其前后顺序，并按照总的结构将各部分的题目首尾相接。

（4）加上问卷标题、问卷说明、编码等内容，形成问卷初稿。

（三）问卷的预调查

初步设计出来的问卷通常存在着一些问题，故需在小范围内进行试验性调查，以便弄清问卷在初稿中的不妥当之处，了解被调查者是否乐意回答和是否能够回答所有的问题，哪些语句不清，选择项是否有重复或遗漏，问题的顺序是否符合逻辑，回答的时间是否过长，等等。如果发现问题，应做必要的修改，使问卷更加完善。好的问卷一般都经过多次预调查。

（四）问卷的修改

在对问卷进行预调查之后，下一步要做的就是根据预调查的结果对问卷进行修改。此时的修改主要集中在两个大的方面：一是问卷的整体结构和问题顺序；二是删除不必要的问题。

问卷整体结构方面首先要注意在重要内容上有无遗漏，其次要注意每一部分的比重是否合适，应该尽量使各个部分的问题数目大体相当。如果某一部分内容实在太多，可以考虑将其再细分为不同的部分。问题的顺序则要以整个问卷能一口气顺利阅读和思考下来为标准，要特别注意不同部分之间转换的自然性和流畅性。

删除不必要的问题也是问卷修改中的一项重要工作。一个防止问卷中提出无用的问题的方法如下：对每一个问题都反问一句，“这个问题的作用是什么？”或者“这个问题的答案对我的研究有什么用处？”，“我如何在我的研究中体现出这个问题的答案？”。如果不能确定这个问题的作用，它或许就应该被去掉。

（五）定稿并印制

问卷的设计还包括问卷的打印格式、编排形式等方面的设计问题。这些问题虽然只涉及问卷的形式，但若不注意，有时也会给问卷调查带来影响。在问卷的打印方面应注意以下几个问题。

（1）用不同字体将问题和答案区分开。为了使问卷更为清楚、醒目，更加便于被调查者阅读和填写，最好用不同的字体将问卷中的问题和答案区分开。

（2）问卷中的说明性文字应当与题目相区别。为了避免混淆并澄清哪些是问卷要填答的问题、哪些是问卷的填答说明，所有的说明性文字应当以不同于问卷题目的字体表示出来（如黑体、斜体等），这能使说明引起访谈员、应答者的足够注意。例如，“如果回答是，则接着答问题 3，否则跳到问题 7”。

（3）尽可能按问题内容将问卷分为几部分并列出小标题。一份问卷中通常会包含几十个、上百个问题。这些问题中的绝大部分虽然都是围绕着共同的调查内容，但仍然可以将它们分为若干个既相联系又有明显不同的部分。例如，调查外出务工的农民工的生活状况，可以将问卷中的问题分为工作情况、消费情况、文化休闲情况、具体情况等。这样设置可以使问卷的设计者对问卷内容及其结构更加明确，在对问卷资料进行统计分析时也会更加方便。

（4）尽量将问题和答案打印在同一页中。这点对于自填式问卷尤为重要。因为如果问题和答案不在同一页中，被调查者往往只看到前面几个答案，而将后面几个答案跳过去了，同时被调查者也很少将前面选择错了的答案改为后面正确的答案，最终使得调查结果不太准确。

二、变量的测量

测量是社会调查的重要环节，社会调查实际上就是对社会经济现象进行观察和测量的过程。测量的手段和质量决定了社会调查成果的质量，因此，调查研究中必须高度重视测量。在本小节中，我们将对测量的含义、测量的要素及测量的层次进行介绍。

（一）测量的含义

在日常生活中，我们对于测量并不陌生。例如，人们总是在用人体自身的各种器官去对外部世界进行测量：眼睛在测量物体的大小、颜色、形状、空间距离；耳朵在测量各种声音的高低、方向、含义；鼻子在测量各种气体的味道；皮肤在测量周围的温度。人体器官的测量能力十分有限，而且测量的结果也不够精确，因而人们在科学研究中发明了许多专门的测量仪器，规定了各种测量的特定程序，创造了许多规范的测量方法，极大地提高了测量的水平和效果。人们不仅有了米尺、磅秤这样一些基本的测量物体长短、高低、大小、轻重的工具，还发明了温度计来精确测量大气的温度、水的温度和人体的温度，发明了望远镜来测量宇宙中不同行星之间的距离，发明了显微镜来测量人无法看到的血液中的红白细胞的数目。

在社会科学研究中，人们也进行着另外一些形式的测量。例如，用人口登记的方法来测量一个国家的人口数量和人口结构；用电话访问的方法来测量人们对不同政党候选人的支持率；用自填问卷的方法来测量人们每日的收入支出情况；等等。虽然各种各样的测量在测量的内容、方式等方面千差万别，但它们在一些最本质的方面却完全一致。这些最本质的方面，就是测量所具有的科学的内涵。那么，究竟什么是测量呢?

美国学者史蒂文斯认为，测量就是依据某种法则给物体安排数字。这一定义被许多社会科学研究人员所采用。在此基础上，本节中用下述定义来进一步解释测量的含义：测量，就是根据一定的法则，将某种物体或现象所具有的属性或特征用数字或符号表示出来的过程。测量的主要作用在于确定一个特定分析单位的特定属性的类别或水平。它不仅可以对事物的属性做定量的说明（即确定特定属性的水平），同时，它也能对事物的属性做定性的说明（即确定特定属性的类别）。在社会研究中，研究者所进行的大部分测量往往都是这种定性的测量。

（二）测量的要素

为了更好地理解测量的概念，有必要对构成上述测量定义的四个必不可少的要素进行专门的说明。这四个要素是测量客体、测量内容、测量法则、数字和符号。

1. 测量客体

测量客体，即测量的对象。它是客观世界中所存在的事物或现象，是我们要用数字或符号来进行表达、解释和说明的对象。例如，我们测量一张桌子的高度时，这张桌子就是我们测量的客体或对象。

2. 测量内容

测量内容，即测量客体的某种属性或特征。实际上，在任何一种测量中，我们所测量的对象虽然是某一客体，但所测量的内容却并不是客体本身，而是这一客体的特征或属性。例如，桌子是我们的测量客体，而桌子本身我们却无法测量，只有桌子的各种特征，如它的高度、宽度、重量、颜色等，才能构成我们测量的内容。同样的道理，社会中的个人、群体、组织及社区等是我们的测量客体，是社会研究中的测量对象，但我们所测量的却并不是这些个人、群体、组织或社区本身，而是其各种特征。例如，测量个人的行为、态度和社会背景；测量群体和组织的规模、结构和管理模式；测量社区的范围、人口密度和人际关系；等等。只有这些特征才是我们的测量内容。在测量的四个基本要素中，测量内容所对应的是“测量什么”的问题。

3. 测量法则

测量法则，即用数字和符号表达事物各种属性或特征的操作规则。也可以说，它是某种具体的操作程序和区分不同特征或属性的标准。例如，“将桌子放置在水平的地面，然后用直尺从地面垂直地靠近桌面的边缘，桌面所对应的直尺上的刻度即桌子的高度”，这句话所陈述的就是测量桌子高度的规则。又如，在社会研究中，我们要测量人们的收入状况，那么，“将被研究者工资单上的应发金额数加上每月奖金发放统计表上他所得的奖金数额”就是一种测量法则。在测量的四个基本要素中，测量法则所对应的是“怎么测”的问题。

4. 数字和符号

数字和符号，即用来表示测量结果的工具。例如，120 厘米、110 厘米等就是测量桌子高度所得的结果；350 元、460 元等就是测量人们收入的结果。在社会研究中，研究者进行测量的结果中，许多是用数字来表示的。例如，被研究者的年龄、收入、上下班路途所需时间，被研究家庭的人口数，用于购置大件家电商品的费用，被研究组织的规模，等等。但是，同样也有许多是用文字来表示的。例如，被研究者的性别（男、女）、婚姻状况（未婚、已婚、离婚、丧偶）、被研究者对住房购买政策的态度（赞成、反对）等。尽管许多用文字表达的测量结果在统计分析时都转换成了数字，但这种数字并不能像算术中的数字那样进行加、减、乘、除运算，最多只能作为不同类别的代号进行频数统计。在测量的四个基本要素中，数字和符号所对应的是“如何表示”的问题。

（三）测量的层次

社会研究中所涉及的现象具有各种不同的性质和特征，因而对它们的测量也就具有不同的层次和标准。1951 年史蒂文斯创立了被广泛采用的测量层次分类法，他将测量层次分为四种，即定类测量（nominal measurement）、定序测量（ordinal measurement）、定距测量（interval measurement）和定比测量（ratio measurement）。

1. 定类测量

定类测量也称为类别测量或定名测量，它是测量层次中最低的一种。定类测量在本质上是一种分类体系，即将研究对象的不同属性或特征加以区分，标以不同的名称或符号，确定其类别。定类测量的数学特征主要是等于与不等于（或者属于与不属于）。我们前面谈到的定性测量实际上都是在定类测量上的测量。在社会研究中，对诸如人们的性别、职业、婚姻状况、宗教信仰等特征的测量，都是常见的定类层次的测量。它们分别将被研究者划分成“男性与女性”、“工人、农民、教师、商人……”、“未婚者、已婚者、离婚者……”和“信奉佛教、信奉天主教……不信教”等各种不同的群体或类别，而每一个被研究者则分别属于或者不属于其中某一类别。

定类测量实质上是一种分类体系，因而必须注意所分的类别既要具有穷尽性，又要具有互斥性，即所分的类别既要相互排斥、互不交叉重叠，又要对各种可能的情况包罗无遗。这样，我们所测量的每一个对象都会在我们的分类体系中占据一个类别，且仅仅只会占据一个类别。例如，将性别分为“男性”和“女性”两类，将职业分为“工人”“农民”“干部”“专业技术人员”“商人”“其他”六类等。

定类测量具有两种属性：对称性和传递性。对称性是指甲对乙的关系也就是乙对甲的关系。如果甲与乙同类，则乙也一定与甲同类；反之，如果甲与乙不同类，则乙也一定不会与甲同类。传递性指的是如果甲与乙同类，而乙与丙同类，那么，甲一定与丙也同类。

由于对任何一门科学来说，分类都是基础，其他几种层次的测量，也都把分类作为其最低限度的操作。或者说，其他的几种测量层次中，都无一例外地包含着定类测量的分类功能。在社会现象的测量中，大量的变量又都是定类变量，分类更是最基本的目标和最经常性的操作。因此，运用好定类测量，发挥其应有的作用，是社会研究人员的一项重要任务。

2. 定序测量

定序测量也称为等级测量或顺序测量。定序测量的取值可以按照某种逻辑顺序将研究对象按高低或大小顺序排列，确定其等级及次序。或者说，定序测量可以按某种特征或标准将对象区分为强度、程度或等级不同的序列。例如，测量人们的文化程度，可以将他们分为文盲、半文盲、小学、初中、高中、大专、本科及以上等，这是一种由低到高的等级排列；测量城市的规模，可以将它们分为特大城市、大城市、中等城市、小城市等，这是一种由大到小的等级排列。社会研究中，研究者可以用定序测量来对人们的社会地位、生活水平、住房条件、工作能力等特征进行类似的等级排列。

定序测量不仅能够像定类测量一样，将不同的事物区分为不同的类别，还能反映事物或现象在高低、大小、先后、强弱等序列上的差异。它的数学特征是大于或小于（> 或者<），它比定类测量的数学特征高一个层次。定序测量所得到的信息比定类测量所得到的信息更多。同时，定序测量除了具备定类测量的对称性（即区分同类与不同类）以外，还具备不对称性。这种不对称性指的是甲对乙具有某种关系时，并不等于乙对甲也具有这种关系。例如，大于的关系（或小于的关系）就是不对称的。甲>乙时，就不会有乙>甲。但此时传递性依然成立，如果甲>乙，乙>丙，那么，一定有甲>丙。

关于定序测量，有一点需要略做说明。通常，研究者为了统计分析的需要，往往将这种有高低、大小、强弱不同的序列转化成大小不等的数字。例如，将“文盲与半文盲”“小学毕业”“初中毕业”“高中或中专毕业”“大专毕业及以上”等类别，分别用数字“1”“2”“3”“4”“5”来代表。需要注意的是，这种数字并非真正意义上的“数字”，即这些数字并不具有数学中数字的实际内涵和功能。它们不能用来进行数学运算，而只是一种单纯表示“大”“小”的符号。

但是在实际研究中，许多研究者常常将某种特定的定序层次的测量结果近似地看作定距层次的运用。例如，在调查中常见的人们对某一事物的态度这样的变量，其最常见的取值是“非常赞成”“比较赞成”“中立”“不太赞成”“很不赞成”，或者“很满意”“比较满意”“一般”“不太满意”“很不满意”，就是这种将定序层次的变量看作定距层次来使用的例子。这些研究者认为，这样的变量在测量尺度上的取值基本上是平均划分的，即“非常赞成”与“比较赞成”之间的差距，基本上等同于“比较赞成”与“中立”之间的差距；“一般”与“不太满意”之间的差距，也基本上等同于“不太满意”与“很不满意”之间的差距。因此，可以将这种类型的定序变量作为定距变量对待，以便可以运用更多复杂的统计方法。但应该注意是，这种处理方法只有在有充分的理由确认测量尺度取值的划分是基本等距的时候才能使用。

3. 定距测量

定距测量也称为等距测量或区间测量。它不仅能够将社会现象或事物区分为不同的类别、不同的等级，而且可以确定它们相互之间不同等级的间隔距离和数量差别。例如，测量人的智商，以及测量自然界中的温度，就是定距测量的典型例子。在定距测量中，我们不仅可以说明哪一类别的等级较高，还能说明这一等级比那一等级高出多少单位。也就是说，定距测量的结果相互之间可以进行加减运算。如果测得张三的智商为125，李四的智商为 110，那么，125−110=15，由此可以说张三的智商比李四高 15。同样的道理，我们测量北京与武汉的温度，结果发现北京的温度为 20 摄氏度，武汉的温度为 30 摄氏度。从这一测量中，我们不仅可以了解到北京与武汉的气温不同（定类测量的测量结果），了解到武汉的气温比北京的气温高（定序测量的测量结果），还了解到武汉的气温比北京的气温高出 10 摄氏度（定距测量的测量结果）。

定距测量的另一个例子是公元年代。我们在调查问卷中经常会询问这样一个问题："请问您是哪一年出生的？____年。"回答者所给出的数字可以向我们表明他们各自的年龄，而且越大的数字表示越小的年龄。数字间的间距与年龄间的间距完全相等。例如，对象甲 1966 年出生，对象乙 1944 年出生。那么，二者的年龄差距就等于数字差距：1966−1944=22 年（岁）。

需要注意的是，定距测量的值虽然可以为 0，但这个 0 却不具备数学中我们所熟悉的"0"的含义。例如，在冬天，我们可以测得今天的气温为 0 摄氏度，但它却并不是表示今天"没有温度"，而只是代表今天的气温达到了水的"冰点温度"。从测量的角度看，此时的 0 只不过是一个特定的数字而已，它是人们主观认定和选取的。

4. 定比测量

定比测量也称为等比测量或比例测量。定比测量除了具有上述三种测量的全部性质之外，还具有一个绝对的零点（有实际意义的零点）。所以，它测量所得到的数据既能进行加减运算，又能进行乘除运算。例如，对人们的收入、年龄、出生率、性别比、离婚率、城市的人口密度等所进行的测量都是定比测量。它们的测量结果都能进行乘除运算，如测得张三的收入为 480 元，李四的收入为 240 元，那么，480/240=2，由此可以说，张三的收入是李四的收入的两倍（或李四的收入是张三的 1/2）。是否有实际意义的零点（绝对零点）的存在，是定比测量与定距测量的唯一区别。

上述四种测量的层次由低到高，逐渐上升。高层次测量具有低层次测量的所有功能，即它既可以测量低层次测量可以测量的内容，也可以测量低层次测量所无法测量的内容。同时，高层次的测量还可以作为低层次的测量处理。例如，定序测量具有定类测量的分类功能，且可以作为定类测量使用。同样地，定距测量具有定序测量的排序功能与定类测量的分类功能，且可以作为这两种测量使用；但反过来则不行。

三、问卷题目和答案的设计

（一）问卷中常见的题目类型

调查问卷的题目大致可以分为两类：开放式题目和封闭式题目。开放式题目就是那种只提出问题，但不为回答者提供具体答案，由回答者根据自己的情况自由填答的题目；封闭式题目则是在指出问题的同时，还给出若干个答案，要求回答者根据实际情况进行选择的题目。下面具体说明两类题目的不同特点。

1. 开放式题目

开放式题目不需要列出答案，所以，其形式很简单。在设计时，只需在问题下面留出空格就行。开放式题目的优缺点及适用范围总结见表 5-1。

表 5-1　开放式题目的优缺点及适用范围

优点	缺点	适用场合
使被访者充分表达自己的想法，为研究者提供大量的信息； 可以为封闭式题目提供额外的选项	标准化程度低，调查结果不易处理，无法深入进行定量分析； 回答率较低，需占用较多的调查时间； 不适用于自填式调查问卷	用于对答案太多或根本无法预料的问题的测量； 由于研究需要，必须在研究报告中原文引用被调查者的原话

【例 5-1】您认为目前实施的新型农村合作医疗制度有什么优缺点？____________

【例 5-2】您希望政府对新型农村合作医疗的哪些方面加以完善？__________

2. 封闭式题目

封闭式题目的形式很多，大体可以分为以下几种。

1）填空式

填空式即在问题后划一短横线，让回答者直接在空白处填写。填空式一般只用于那些对回答者来说既容易回答又容易填写，通常只需填写数字的调查问题。例如，被调查者的年龄、家庭人口、子女数目、收入、从事某项活动的时间等。

【例 5-3】您家有几口人？__________

这类问题的最大优点是所得结果能够形成定距测量数据，包含的信息最充分，方便进行统计分析。因而，只要有可能，这类问题应尽量采用填空式设计。

2）是/否二项选择式

这种形式的题目有两种不同的情形。一是题目所能列举的答案本身就只有两种可能，如：一种是询问人们的性别时，答案只可能有“男”“女”两种；另一种是在询问人们的态度或意见时所进行的两极区分。

【例 5-4】您是不是村干部？1=是；0=否

【例 5-5】您是否赞成三孩政策？1=同意；0=不同意

在农村社会的经济研究中，第一种情形较为常用。第二种情形在市场调查中用得较多。优点是答案简单明确，便于集中、明确地从总体上了解被调查者的看法。缺点是不能很好地测量出人们在态度和意见上的程度差异，因而不便于了解和分析回答者中客观存在的不同的态度层次。

3）复选式

这种形式要求被调查者在两个或多个可能的答案中，选择一个或多个适合自己的答案。其中，选择一个答案的，称为多项单选式；限定选择一个以上答案的，称为多项限选式；不限定答案个数的，称为多项多选式。具体见下例。

多项单选式 【例 5-6】您的婚姻状况是？1=已婚；2=未婚；3=离异；4=丧偶

多项限选式 【例 5-7】您借贷的原因？（请选三项）1=购买农资；2=孩子上学；3=盖房；4=婚嫁；5=看病；6=生产投资；7=其他（文字说明）

多项多选式 【例 5-8】您购买该种子是看中它的什么特点？（可多选）1=便宜；2=单产高；3=商品属性好；4=抗病抗逆；5=抗倒伏；6=熟期合适；7=密植型；8=其他（请注明）

复选式方法的优点是能够较为全面地反映调查者对某个问题的态度，也比较便于统计处理，但采用这种方法，需要注意以下三种情况。

第一，要考虑到题目答案可能出现的所有结果，避免答案的重复和遗漏。

第二，要注意答案的排列顺序。有时被调查者喜欢选择位于前面的答案，从而使调查结果发生偏误。

第三，答案的选项不宜过多，因为答案过多会使被调查者无从选择，甚至产生厌烦，而且当调查样本有限时，选项太多也会使得结果分散，缺乏说服力。一般选项应控制在 10 个以内。

复选式答案特别适合于进行频数统计和交互分析。

4）排序式

当被调查者在复选式中选择答案时，研究者往往无法分辨这些被选择答案的重要程度。为了能够了解不同选项的重要程度，可以采用排序式的方法，如下例。

【例 5-9】有下面五项政府的公共投资：1=修建道路；2=修建学校；3=修建灌溉水利；4=修建饮用水设施；5=修建诊所。如果村里现有 5 万元，你觉得在列出的项目中进行投资的优先顺序是？（按从大到小排序）____________________

在使用排序式方法时，需要注意的是，排序的选项不宜过多，一般以 3~7 项为好，超过 7 项后被调查者区分重要程度的可靠性就会大打折扣。

（二）题目设计的原则

（1）问卷题目措辞用字要清楚。这就要求：①在问卷的题目措辞上必须简单、清晰和口语化，尽量避免使用专业术语和缩略语。②避免使用语意模糊不清的字眼，如“您的收入是多少”就存在着语意模糊不清的问题。因为这里的收入有多种理解：可以理解为周薪、月薪或年薪；税前或税后收入。正确的问法应该是“您家去年家庭税前总收入是多少”。③所涉及的问题必须有清晰的界定，不能出现模棱两可的情况。例如，“您是否定期看报纸”，这里的“定期”存在着模棱两可的理解，被调查者可以理解为一周一次、一个月一次、一天一次等，正确的问法应该是“您每周看报纸几次”。

（2）一次只问一个问题。问卷设计中要避免出现双重负载（double-barreled），即一次只能问一个问题，否则会增加被调查者回答的难度。例如，“您是否打算明年不务农外出务工”就是一个双重负载题目，因为被调查者打算不务农和打算外出务工是两件事，打算不务农并不意味着打算外出务工，正确的做法应该是把这个题目一分为二：先问“您是否打算明年不务农”，再问“如果不务农，您是否打算明年外出务工”。

（3）题目要客观公正。要避免使用引导性语句，题目中应该使用中立语句。例如，题目“你认为南京市的最低工资水平应当提高，是吗？”就显然是用了引导性语句，结果导致大多数选项结果都是应该提高最低工资水平，如果改为“你认为南京市的最低工资水平如何”就可以消除这种倾向性。

（4）对于需要通过研究才能得出结果的变量，不要以问题的形式出现，而应该通过实际的变化来研究。例如，研究实施农民培训对农民收入的效果时，有一个研究人员的问卷中有这么一个问题：“您觉得参加了培训之后收入是否提高了？”，这是一个很差的问题。因为要测定农民培训对农民收入的效果，需要从农民参加培训后收入的变化来研究，而不是通过农民的回答来判断，因为农民收入的提高可能是其他因素作用的结果。

（三）答案的设计

社会调查中的大多数问卷主要由封闭式问题构成，而答案又是封闭式问题非常重要的一部分，因此，答案设计得好坏就直接影响到调查成功与否。

1）答案设计中的量表类型

在社会经济调查中，有很多题目是询问被调查者的基本情况以及其对某一社会现象的判别和态度，如询问被调查者的收入分布、对某种商品的喜爱程度等，这一类题目的答案需要借助一定的量表来实现。因此，这里先对常用的量表类型（类别量表、顺序量表、等距量表和等比量表）进行简单的介绍。

（1）类别量表。类别量表是定类测量所形成的量表。定类测量，是指根据调查对象的性质把对象分成详尽的、互不相容的类别，然后按照类别来测量，如性别、职业等。

在编制类别量表时，常用一定的数字来代表某类事物，如用“0”代表女性，“1”代表男性；用“0”代表非农业户口，“1”代表农业户口，但是，这些数字仅仅是研究者为了便于数据的录入和分析而赋予某类事物的识别标志，不能反映事物本身的数量状况，因此这些数字在统计分析时不可以进行加、减、乘、除等运算，也不可以进行排序。

【例 5-10】您的性别 1=男；0=女

【例 5-11】您的户口类型 1=农业；0=非农业

（2）顺序量表。顺序量表又称次序量表，除了具有类别量表用数字代表特征的特点以外，还增加了对数据进行排序的能力，它能表示各类别之间不同程度的顺序关系。

需要指出的是，顺序量表可以让我们确定一个对象是否比另一个对象具有较多（较强）或较少（较弱）的某种特征，但并不能确定多多少或少多少，如公共投资的名次、对农产品品牌的喜欢程度等。顺序量表所得数据严格地说不能做一般数学运算。但在实际运用中，常通过数学转换把它转变为等距资料进行统计处理。

（3）等距量表。等距量表又称差距量表，它比顺序量表更为精细，不仅能表示顺序关系，还能测量各顺序位置之间的距离。这种量表主要用于对某种物品的偏好程度得分、满意程度得分等。物品满意程度的 6 分与 5 分之差和 4 分与 3 分之差是相同的。但应注意的是，不能说 6 分为 3 分的两倍，这是由于等距量表没有一个真正的零点。

（4）等比量表。等比量表是表示各个类别之间的顺序关系成比的量表，它除了具有上述 3 种量表的功能外，还具有一个真正的零点。等比量表反映了变量的实际数值，如对身高、体重、年龄等变量的测量。但采用这种量表对被调查者态度进行测量有一定的困难，如我们可以说身高 1.8 米的人是身高 0.9 米的人的两倍，但当消费者给予某种洗衣机的评价为 10 分，给另一种洗衣机评价为 5 分时，只能说明其喜爱程度有差别，并不能表示消费者对第一种的喜欢程度为第二种的两倍。等比量表可以做相互间的加、减、乘、除计算，并适用各种统计方法。

2）答案设计的注意事项

第一，答案设计要与所提的问题协调一致。要做到预先设计的答案正是针对问题所询问的内容，而不能出现"答非所问"的情况。这就要求问卷的设计者对问题所涉及的内容范围有十分清楚的认识，并能很好地把握住这一范围中最基本、最主要、最有代表性的方面，恰当地构成问题的答案。

第二，答案应具有穷尽性和互斥性。答案的穷尽性，指的是答案包括了所有可能的情况。答案互斥性，指的是答案互相之间不能交叉重合或相互包含，即对于每个回答者来说，只能有一个答案适合他的情况。

第三，要注意根据研究的具体要求来确定答案设计中的量表层次。例如，我们要设计"您的受教育程度如何"问题的答案，这是一个定比层次的变量，即最高层次的变量，因而它可以用于任何一种量表。如果研究者希望准确了解每一个回答者相互之间的差别和比例关系时，就可以采用等比量表的形式，即"您受过几年教育？_______年"。如果想了解的是调查总体中教育水平处于不同等级的分布情况，那么，就可以使用等距量表来表示，如"您的文化程度是：1=小学以下；2=小学；3=初中；4=高中；5=大学；6=大学以上"。如果研究者仅仅只想了解所调查总体中的人们的教育水平和全国平均水平（假定高中）之上和之下的比例，那么，就可以使用类别量表，如"您的文化程度是：1=高中以下；2=高中以上"。

第四，要注意答案的排列方式可能带来的系统偏差。一些被调查者常常倾向选择第一个或最后一个答案。对于具有程度差别的答案类别，大多数被调查者往往倾向选择非极端的答案。特别是对于收入、消费额等数量的答案，被调查者往往倾向选择偏少的或居中位置的答案。为了防止这类问题的出现，可以采取一些补救办法，如对于具有程度差别的答案，特别是收入等数量分组答案，则可以通过扩大类别的范围，增加分组的数量来补救。举例来说，如果我们了解到大多数居民的收入范围在 1 000~2 500 元，按正常的情况，我们可能会将答案分成 1 000 元及以下、1 001~1 500 元、1 501~2 000 元、2 001~2 500 元、2 500 元以上 5 个类别。如果每一个被调查者都如实回答的话，可能这种收入的分布会接近以 1 501~2 000 元为中心的正态分布。但由于被调查者倾向选择偏少的答案，调查的结果可能会形成一个以 1 001~1 500 元为中心的偏正态分布。为了减少回答者的倾向对实际结果的影响，可以将答案类别增加，如可以分为 1 000 元及以下、1 001~1 500 元、1 501~2 000 元、2 001~2 500 元、2 501~3 000 元、3 000 元以上 6 个类别。尽管调查结果中最后两类的人数会减少甚至完全没有，但这并不重要，重要的是通过这样的处理，被调查者的倾向性偏差得到了纠正。

四、问卷的结构和编排

在问卷设计中，尽管问卷题目和答案的设计是非常重要的环节，但问卷的结构和编排也是不容忽视的。因为一份结构分明、编排整齐的问卷，特别有利于提高访问效率。不仅如此，题目的编排会产生顺序效应，故合理地安排题目在问卷中的相对位置，便能够有效降低访问结果出现偏差的可能性。

（一）问卷的结构

虽然实际调查中所用的问卷的具体形式各不相同，但调查问卷的构成基本相同。一份完整的调查问卷通常采取以下结构：问卷标题、问卷说明、题目与答案、编码和其他资料等四部分。

1. 问卷标题

问卷标题是对调查主题的概括说明，目的是使被调查者对将要回答哪方面的题目有一个大致的了解。调查者应非常明晰准确地从问卷标题上反映研究的主题，使填答者迅速了解问卷意图，增强兴趣。在确定标题时，要尽量做到简明扼要。例如，“农村留守儿童健康状况调查问卷”“农村新型农村合作医疗满意度调查问卷”等题目基本上把调查对象和调查内容都反映了出来。确定标题的原则是要鲜明、准确、易于填答人理解，切忌那种模棱两可，让人摸不着头脑的题目，如“2010 年调查问卷”“调查问卷”等，这种题目易使被调查者产生疑惑，进而导致拒访率上升。

2. 问卷说明

问卷说明包括两方面内容。第一项内容是针对被调查者的说明。它的作用在于向被调查者介绍和说明调查的目的、调查单位或调查者的身份、调查的大概内容、调查对象的选取方法和对结果保密的措施等。此类说明要简明、中肯，篇幅宜小不宜大，短短两三百字最好，最终目的是引起被调查者对调查的重视。此类说明在问卷调查过程中有着特殊的作用，研究者能否让被调查者接受调查并认真地填写问卷，在很大程度上取决于此类说明的质量。特别是对于采用邮寄问卷的方式进行的社会调查来说，此类说明的好坏影响就更大。下面是中国人民大学的“2006 年全国综合社会调查问卷”的问卷说明。

【例 5-12】2006 年全国综合社会调查问卷

先生/女士/同志：您好！

我叫____________，是受中国人民大学社会系委托的社会调查员。我们正在进行一项社会调查，目的是了解民众的就业、工作和生活情况，以及对当前一些社会问题的看法。经过严格的科学抽样，我们选中了您作为调查对象。您的合作对我们了解有关信息和制定社会政策，有十分重要的意义。问卷中问题的回答，没有对错之分，您只要根据平时的想法和做法回答就行。访问大约要一个小时。对于您的回答，我们将按照《中华人民共和国统计法》的规定，严格保密，并且只用于统计分析，请您不要有任何顾虑。希望您协助我们完成这次访问，谢谢您的合作。

第二项内容是对问卷填答及其他相关事项的说明。填答说明又分为两种：一种是对整个问卷填答的一般性说明，包括对问卷填答的方法、要求和注意事项等的说明；另一种是对问卷中某一些比较复杂的问卷题目的填答方法及要求的说明，通常放在具体的题目之后，在问卷调查中，此种说明要尽量少用，应该尽可能地通过题目传递信息。

【例 5-13】问卷的填答说明

a. 请在每一个问题后适合自己情况的答案号码上画圈；或者在题目中的_______处填上适当的内容。

b. 如果有些题目未列出适合您的情况和想法的项目，请在该题的空白处填写您的具体情况和想法，并画上“√”。

c. 若无特殊说明，每一个问题只能选择一个答案。

d. 恳请您在×月×日前寄回问卷。再次感谢您的合作。

3. 题目与答案

题目与答案是问卷设计的主要内容。从形式上看，可分为开放式与封闭式两大类。自填问卷最好采用封闭式的形式，因为在缺乏指导的情况下，如果采用开放式的形式，被调查者提供的答案经常是不完整或语意不清的，很难对问卷的结果进行量化处理，对于经济研究中的统计分析价值不大。

4. 编码和其他资料

编码就是赋予每一个问题及其答案一个数字作为它的代码。在较大规模的统计调查中，研究者常常采用以封闭式问题为主的问卷。为了将被调查者的回答转换成数字，以便输入计算机进行处理和定量分析，往往需要对回答结果进行编码。编码既可以在问卷设计的同时就设计好，也可以等调查资料收集完成后再进行。前者称为预编码，后者称为后编码。在经济学的实际调查中，研究者大多采用预编码的形式。下面是问卷编码的一个例子，如表 5-2 所示。

【例 5-14】问卷编码例子

表 5-2 问卷编码例子

个人编码	01	02	03	04	05	06	07	08	09
	与户主的关系（代码 1）	性别 1=男 2=女	出生年份（年）	婚姻状况 1=已婚 2=未婚 3=离异 4=丧偶	户口类型 1=农业 2=非农业 3=没户口	民族（代码 2）	到目前为止上过几年学（不包括学前班、培训班）（年）	担任村、组干部情况（代码 3）	是否当过兵 1=是 2=否
101									
102									
103									

续表

个人编码	01	02	03	04	05	06	07	08	09
	与户主的关系（代码 1）	性别 1=男 2=女	出生年份（年）	婚姻状况 1=已婚 2=未婚 3=离异 4=丧偶	户口类型 1=农业 2=非农业 3=没户口	民族（代码 2）	到目前为止上过几年学（不包括学前班、培训班）（年）	担任村、组干部情况（代码 3）	是否当过兵 1=是 2=否
104									

代码 1（与户主的关系代码）：1=户主；2=配偶；3=子女；4=孙子/孙女；5=父母；6=兄弟姐妹；7=女婿、儿媳、姐夫、嫂子；8=公婆、岳父母；9=爷爷/奶奶；10=其他亲戚；11=其他（说明）__________

代码 2（民族代码）：1=汉族；2=回族；3=满族；4=蒙古族；5=朝鲜族；6=其他（说明）__________

代码 3（村干部代码）：1=不担任任何干部；2=村支书；3=支委（副支书，组织、宣传委员）；4=村主任；5=村会计；6=其他村委会成员（副主任、妇女主任、干事等）；7=村小组长；8=村民代表；9=其他（说明）__________

另外，为了更好地对问卷进行核查和进一步追踪调查，问卷还必须填写访问员姓名、访问日期、审核员姓名、被调查者住地、被调查者电话号码等有关资料。

（二）问卷的编排

问卷的编排中要注意的事项包括确定问卷题目的数量及决定问卷题目的顺序两大部分。

1. 问卷题目的数量

一份问卷应该包括多少个问题，这要依据调查的内容，样本的性质，分析的方法，拥有的人力、财力、时间等各种因素来决定，没有固定的标准。但一般来说，问题不宜太多，问卷不宜太长，通常以回答者在 20 分钟以内完成为宜，一般不要超过 30 分钟。当然，如果研究的经费和人员相当充足，能够采取当面访问的方式进行，并付给每一位被调查者一定的报酬，调查的内容又是回答者熟悉的事物的话，那么，问卷长一点也无妨。反之，如果采用自填式或电话访问等形式进行调查，那么，此时的问卷一定不能长，一定要尽可能简短。

2. 问卷题目的顺序

问卷中问题的前后顺序及相互间的联系，既会影响到被调查者对问题的回答结果，又会影响到调查能否顺利进行，因此决定问卷题目的顺序是一项重要的内容。实际中常用的原则如下。

第一，最基本的原则是按照调查时被调查者可能遇到的不舒适和混淆程度，来安排题目出现的先后顺序。题目的排列最好是由绕家常式的到专业性的，由容易的到难的，由一般的到特殊的，由不敏感的到敏感的。

第二，题目的设计要层次分明，尽量将同一主题的题目放在一起，不同主题之间的问题要有所区分。如果一会儿对农户的外出务工情况进行询问，一会儿又转到农户的食品消费情况，一会儿又回到农户的外出务工情况，这样在不同的主题之间进行转换，容易使被调查者感到困惑，增加被调查者的回答难度。因此，在进入另一个主题时，最好在开始有一个简短的陈述说明。例如，在问完农户的外出务工情况之后，用“我现在想了解一下您的食品消费情况”等话语来帮助被调查者厘清答题方向，提高调查效率。

第三，被调查者背景资料的摆放问题。背景资料既可以放在结尾，也可以放在开头。在实际调查中，许多问卷都将背景资料放在问卷的开头，这是因为个人背景资料通常都是最常用、最主要的变量，这类题目通常较容易回答，没有多大的威胁性，放在开头容易使调查者和被调查人员建立和谐的关系。不过背景资料通常也比较单调乏味，放在问卷的开头容易使问卷看起来千篇一律，在自填问卷中，很容易破坏被调查者回答的兴致，因此如果调查采用自填式问卷的方式，背景资料宜放在问卷的后面。

第四，若有开放式问题，则应放在问卷的最后面。这是因为，回答开放式问题要比回答封闭式问题需要更多的思考和书写，无论是把它放在问卷开头，还是放在问卷的中部，都会影响回答者填完问卷的信心和情绪，而将它放在问卷的结尾处时，由于仅仅只有一两个问题了，绝大多数回答者是能够完完整整地填答完它们的。退一步说，即使被调查者不愿意填答开放式问题，放弃了回答，也不会影响到前面的问题和答案。

第五，问卷设计中的相倚问题的处理。在问卷设计中，常常会遇到这样的情况：有些问题只适用于样本中的一部分调查对象。例如，“您外出务工的月收入”这一问题，就只适合于那些已经外出务工的调查对象。对于这种情况，为了使我们设计的问卷适合每一个调查对象，在设计问卷时必须采取相倚问题的办法。相倚问题指的是在前后两个（或多个）相连的问题中，被调查者是否应当回答后一个（或后几个）问题，要由他对前一个问题的回答结果来决定，一个相倚问题的例子如下。

【例 5-15】相倚问题的例子

A1　2009 年您是否外出务工?

是

否——→跳过 A2，直接从 A3 开始回答

A2　外出务工平均每月收入多少（元）？ ________

第三节　抽样调查

抽样调查是指从调研总体中抽选出一部分要素作为样本，对样本进行调查，并运用数理统计的原理，根据抽样所得的指标（实际观察数值）来推断总体相应指标，以达到对总体的认识的一种专门性的调查活动。抽样调查克服了普查的组织困难和费用高、时间长的缺点，也克服了传统调查方法（如重点调查、典型调查）的主观随意性和样本代表性不强的弱点，具有较强的代表性和科学性，是比较科学和客观的一种调查方法。本节对抽样调查的基本程序、基本方法及样本规模与抽样误差等内容做简单的介绍。

一、抽样调查的基本程序

抽样调查的基本程序包括界定调查总体、选择抽样框、确定抽样方法、决定样本大

小、实际抽取样本及评估样本正误六个步骤（图 5-2）。

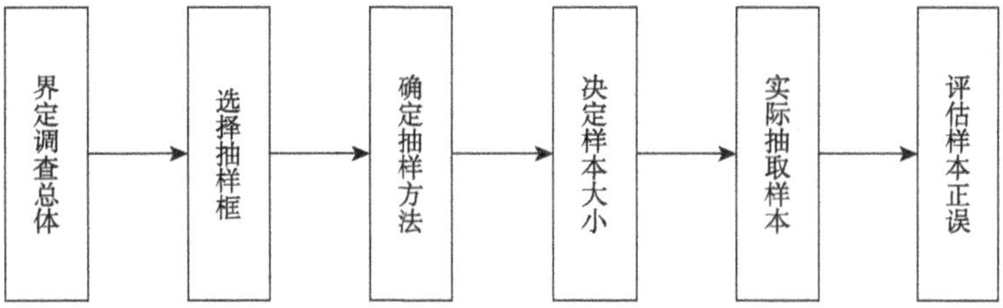

图 5-2　抽样调查的基本程序

（一）界定调查总体

总体是构成它的所有元素的集合，而元素则是构成总体的最基本单位。在社会调查中最常见的总体是由社会中的某些个人组成的，这些个人便是构成总体的元素。

界定总体就是在具体抽样前，首先对从中抽取样本的总体范围与界限做明确的界定，清楚地说明研究对象的范围。

界定总体时，首先必须明确分析单位，即要搞清楚调查研究所关注的分析单位是个人还是家庭；其次要对总体涉及的地理或行政边界加以说明，调查的空间分布如何（城市还是农村、哪些省份等）；最后要对被调查对象进行必要的说明，包括合格的被调查对象的年龄、居住类型等。

（二）选择抽样框

抽样框指的是一次直接抽样时总体中所有元素的名单。选择抽样框就是依据已经明确界定的总体范围，收集总体中全部抽样单位的名单，并通过对名单进行统一编号来建立起供抽样使用的抽样框。

需要注意的是，当抽样是分几个阶段、在几个不同的抽样层次上进行时，则要分别建立几个不同的抽样框。例如，为了调查某地区农民接受职业培训的情况，需要从该地区 25 个乡镇中抽取 15 个乡镇，再从抽中的每个乡镇中抽取 10 个行政村，最后从抽中的每个行政村中抽取 50 位农户。那么，就要分别收集并排列该地区所有乡镇的名单、抽中的每个行政村的名单，以及抽中的每个行政村中所有农户的名单，形成 3 个不同层次的抽样框。

（三）确定抽样方法

不同的抽样方法有其自身的特点和适用范围。因此，对于具有不同研究目的、不同调查范围、不同调查对象和不同客观条件的社会调查来说，所适用的抽样方法也不一样。这就需要我们在具体实施抽样之前，依据研究的目的和要求，依据各种抽样方法的特点和其他有关因素来决定具体采用哪种抽样方法。

（四）决定样本大小

样本大小又称为样本容量，指的是样本中所含个体数量的多少。样本的大小不仅影响其自身的代表性，还直接影响到调查的费用和人力的花费。在确定样本大小时，一般考虑的因素有抽样的方法、总体的性质、研究精确度的要求等。

（五）实际抽取样本

实际抽取样本的工作就是在上述几个步骤的基础上，严格按照所选定的抽样法，从抽样框中抽取一个个的抽样单位，构成调查样本。依据抽样方法的不同及抽样框是否可以事先得到等因素，实际的抽样工作既可能在实地调查前就完成，也可能需要到实地后才能完成。

（六）评估样本正误

一般情况下，样本的抽出并不是抽样过程的结束，完整的抽样过程还应包括样本抽出后对样本进行评估的工作。样本评估，就是对样本的质量、代表性、偏差等进行初步的检验和衡量，其目的是防止样本的偏差过大而导致调查的失误。

评估样本的基本方法是，将可得到的反映总体中某些重要特征及其分布的资料与样本中的同类指标的资料进行对比。若两者之间的差别很小，则可认为样本的质量较高，代表性较大；反之，若两者之间的差别十分明显，那么样本的质量和代表性就一定不会很高。假如我们从 2 000 位农民中抽取了 200 名作为样本，从村委会等相关部门处我们得到以下的统计资料：村中农民男性占 56%，女性占 44%；农民的教育水平平均为 8 年。如果我们对抽取的 200 名农户进行统计，发现男性占 89%，女性占 11%；农民的教育水平平均为 4 年。两者对比，可以发现两者之间的差别十分明显，因此，样本的质量和代表性不是很高，需要重新进行抽样。

二、抽样调查的基本方法

抽样方法可以分为概率抽样方法和非概率抽样方法，其中概率抽样方法又可分为简单随机抽样、等距抽样、分层抽样、整群抽样、多阶段抽样及 PPS 抽样（probability proportionate to size sampling，按规模大小成比例的概率抽样）等方法；非概率抽样可以分为方便抽样、配额抽样、判断抽样和雪球抽样（图 5-3）。

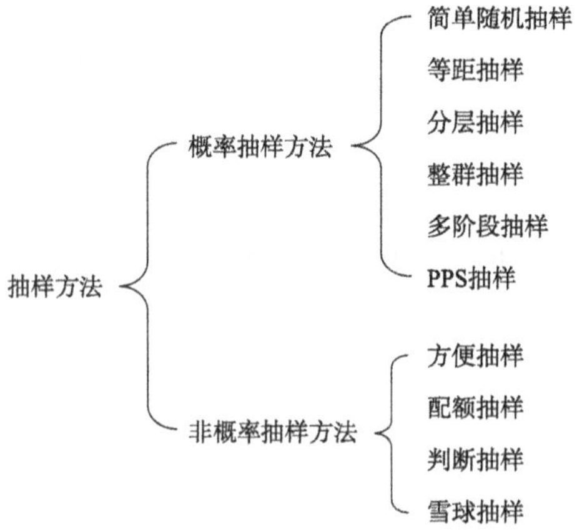

图 5-3　基本抽样方法分类图

（一）概率抽样方法

概率抽样是依据概率论的基本原理，按照随机原则进行的抽样，因而它能够避免抽样过程中的人为误差，保证样本的代表性。具体可以分为以下几种。

1. 简单随机抽样

简单随机抽样又称纯随机抽样，是按等概率原则直接从含有 N 个元素的总体中抽取 n 个单位组成样本（$N>n$）。简单随机抽样是概率抽样的最基本形式，常用的抽样方法包括抽签法和随机数法。

抽签法，即把总体的每一个单位都编号，将这些号码写在一张张小纸条上，然后放入一容器中，搅拌均匀后，从中任意抽取，直到抽够预定的样本数目，则抽出的 n 个号码就是入样的单位号码。这种方法适合于总体数目不大的情况。

当总体数目很大时，常采用随机数法。可以利用随机数表来进行抽样，抽样的基本步骤包括：

（1）先取得一份调查总体所有元素的名单（即抽样框）；

（2）将总体中所有元素一一按顺序编号；

（3）根据总体规模是几位数来确定从随机数表中选几位数码；

（4）以总体的规模为标准，对随机数表中的数码逐一进行衡量并决定取舍；

（5）根据样本规模的要求选择出足够的数码个数；

（6）依据从随机数表中选出的数码，到抽样框中去找出它所对应的元素。

按上述步骤选择出来的元素的集合，就是所需要的样本。例如，某总体共 900 人（3 位数），需要从中抽取 100 人作为样本进行调查。首先，要得到一份总体成员的名单，然后对总体中的每一个人从 1~900 进行编号，再根据总体的规模，确定从 3 位数一组的随机数表中，选择 3 位数。然后以 900 为标准对随机数表中的数码进行取舍，凡小于或等于 900 的数码就选出来，凡大于 900 的数码以及已经选出的数码则不要，直到选够 100 个号码为止。最后按照所抽取的号码，从总体名单中找到它们所对应的 100 个成员。这 100 个成员就构成一个调查的样本。

2. 等距抽样

在实际抽样中，只有在名单很短，而且事先已将所有样本编号时，才会使用简单随机抽样，否则抽样工作量太大，没有实际操作意义。实际中，常用的抽样方法是等距抽样。它是指把总体的元素进行编号排序后，再计算出某种间隔，然后按这一固定的间隔抽取元素来组成样本的方法。

等距抽样的步骤如下：

（1）给总体中的每一个元素按顺序编上号码，即制定出抽样框，这与简单随机抽样的做法一样。

（2）计算出抽样间距，方法是用总体规模除以样本规模：

$$K(\text{抽样间隔})=\frac{N(\text{总体规模})}{n(\text{样本规模})}$$

（3）在 1~K 的范围内抽取一个随机数 r 作为起点，然后每隔 K 个单位抽出一个样本，直到抽到 n 个样本为止。抽中样本的号码分别为

$$r,r+K,r+2K,\cdots,r+(n-1)K$$

将这 n 个元素合起来，就构成了该总体的一个样本。

值得注意的是，等距抽样的一个十分重要的前提条件是，总体中元素的排列应是随机的，即不存在某种与研究变量相关的规则分布，否则，等距抽样的结果将会产生很大的偏差。因此，在使用等距抽样方法时，一定要注意抽样框的编制方法。要特别注意下列两种情况。

第一，在总体名单中，元素的排列具有某种次序上的先后、等级上的高低的情况。例如，被调查者的收入如果是按照收入的高低进行的排序，那么会导致不同的抽样起点，所抽取出的样本的平均收入存在很大差异，正确的做法是打乱原来的顺序，重新编制总体名单，或者改用其他的抽样方法。

第二，在总体名单中，元素的排列上有与抽样间隔相对应的周期性分布的情况。例如，关于大学生的调查，我们计算的间距为 30。如果此时总体名单是按教学班排列，每班正好也是 30 个左右的学生，并且每班的名单都是按学生学习成绩高低排列，或是按班干部、一般学生、较差学生的顺序排列的，那么，当所抽的初始号靠前时，样本就由各班上成绩优秀的学生组成，或是全由各班的班干部组成；当所抽的初始号靠后时，样本就会由各班中成绩较差的学生或是各方面表现较差的学生组成。显然，无论是哪种情况，都不符合总体的全面情况，都是一个有着严重偏差的样本。

3. 分层抽样

分层抽样又称类型抽样。它是首先将总体中的所有元素按某种特征或标志（如性别、年龄、职业或地域等）分成若干类型或层次，其次在各个类型或层次中采用简单随机抽样或系统抽样的办法抽取一个子样本，最后将抽出来的子样本合起来构成总体的样本。

分层抽样方法的优点在于：一是在不增加样本规模的前提下降低抽样误差，提高抽样的精度；二是便于了解总体内不同层次的情况，从而可以对总体中不同的层次或类别进行单独研究，或者进行比较。但是，分层抽样也会带来一些问题：第一，分层抽样需要收集必要的资料，从而耗费额外的费用；第二，分层抽样要求各层的大小都是已知的，当不能精确得知各层大小时，需要通过别的手段进行估计，这增加了抽样设计的复杂性，也会带来新的测量误差。

分层抽样方法的使用条件：第一，被取样的总体是异质的，一个或多个变量可能影响调查结果，如农民的性别、年龄、文化可能影响其进城务工的意愿；第二，对所研究的总体有详细的名单，如某个村全体农民的名单。

在分层抽样中，要注意以下几个问题。

第一，分层的标准问题。使用什么样的分层变量？划分多少层？理论上讲，以调查所要分析和研究的主要变量或相关的变量作为分层的标准。例如，若要调查研究农民的外出务工状况和外出务工趋向，教育水平对能否外出务工起着重要决定作用，因此可以将农民教育水平作为分层标准；另外也可以将那些已有明显层次区分的变量作为分层变量，如性别、年龄、文化程度、职业、收入等。

第二，分层的比例问题。分层抽样中有按比例分层和不按比例分层两种方法。按比例分层抽样是各层的子样本单位在总样本中所占的比例，与各层单位在总体中所占的比例完全相同，样本的结构与总体的结构是完全一样的。例如，某工厂有 600 位工人，其中男工 400 人，女工 200 人，如要抽取 60 位工人，按比例抽样的话，则要抽取男工 40 人，女工 20 人。

第三，不按比例抽样的数据处理问题。当总体中有的类型或层次的单位数目太少时，往往采取不按比例抽样的方法。如上例中，我们可以在男工中抽 30 人，女工中也抽 30 人。采用不按比例分层抽样，主要是为了便于对不同层次的子样本进行专门研究或进行相互比较。但需要注意的是，若要用不按比例抽样所得到的样本资料推断总体时，则需要先对各层的数据资料进行加权处理，即通过调整样本中各层的比例，使数据资料恢复到总体中各层实际的比例结构。如上例中，若要用 30 位男工、30 位女工的收入情况去推断总体的收入情况，就需要在男工的收入后乘以 4/3，而在女工的收入后乘以 2/3，再加总平均，否则会导致偏差。

4. 整群抽样

在简单随机抽样或分层抽样中需要包括所有总体单位的抽样框，而在实际调查中，往往难以获得总体所有成员的名单。有时即使可以获得，真正运用起来也十分麻烦，因此，上述两种抽样方法的应用范围受到一定限制。采取整群抽样的方法，则可以省去这种麻烦，使抽样更加简单易行。

整群抽样是指从总体中随机抽取一些小的群体，然后由所抽出的若干个小群体内的所有元素构成调查的样本的方法。整群抽样与前几种抽样的最大差别在于，它的抽样单位不是单个的元素，而是成群的元素。这种小的群体可以是居民家庭、工厂中的车间，也可以是农村中的某个行政村等。但是整群抽样也容易造成很大的抽样误差。

5. 多阶段抽样

在社会调查中，当总体的规模特别大，或者总体分布的范围特别广时，研究者一般采取多阶段抽样的方法来抽取样本。多阶段抽样是指按抽样元素的隶属关系或层次关系，把抽样过程分为几个阶段进行。具体做法如下：先从总体中随机抽取若干大群，然后再从这几个大群内抽取几个小群，这样一层层抽下来，直至抽到最基本的抽样元素为止。

例如，为了调查某地区农民外出务工的情况，需要从该地区农民这一总体中抽取样本。可以分下述几个阶段进行：首先，以该地区所有的乡镇为抽样框，从中随机抽取一部分乡镇。其次，在抽中的乡镇中，以行政村为单位，从所有的行政村中抽取一部分行政村。最后，在抽中的行政村中抽取农民。需要说明的是，在上述每个阶段的抽样中，都要采用简单随机抽样或等距抽样或分层抽样的方法进行。

6. PPS 抽样

上述的多阶段抽样中，其实暗含了一个假定，即在每一个阶段抽样时，其元素的规模是相同的。但在现实生活中，各个阶段的样本规模往往并不相同，如不同的省区市包含的县个数不一样，不同的乡镇下隶属的行政村的个数也不一样。这时如果采用多阶段抽样，最后抽样单位入样的可能性是大小不一的。PPS 抽样正是为解决这一问题而设计的。

PPS 抽样的做法如下：在第一阶段，每个群按照其规模（其所含元素的数量）被给予大小不等的抽取概率（群越大，其被抽中的概率也越大），但到了抽样的第二阶段，则从每个抽中的群中都抽取同样多的元素。正是通过这样两个阶段上的不等概率抽样，使得总体中的每一个元素都具有同样的被抽中的概率。

PPS 抽样的基本原理：

$$\text{每一个元素被抽中的概率}=\text{所抽取的群数}\times\frac{\text{群的规模}}{\text{总体的规模}}\times\frac{\text{平均每个群所需元素的规模}}{\text{群的规模}}$$

假设一个乡镇有 10 000 户农户，分属 10 个行政村。如果要从总体中抽取 100 户农户，则可以先从 10 个行政村中抽取 5 个行政村，然后，在所抽取的 5 个行政村中，随机抽取 20 户农户。

假如 A 行政村包含 2 000 户农户，那么它在第一阶段被抽中的概率为 2 000/10 000=1/5；B 行政村包含 1 000 户农户，那么它在第一阶段被抽中的概率为 1 000/10 000=1/10，A 行政村被抽中的概率更大。在第二阶段，A 行政村中每个农户被抽中的概率为 20/2 000=1/100；B 行政村中每个农户被抽中的概率为 20/1 000=1/50，B 行政村中每个农户被抽中的概率更大。因此，最后不同行政村每个农户被抽取的概率是相等的，分别为

A 行政村每个农户被抽取的概率=5（所选择的行政村数目）× 1/5 × 1/100=1/100

B 行政村每个农户被抽取的概率=5（所选择的行政村数目）× 1/10 × 1/50=1/100

（二）非概率抽样方法

现实中，由于无法界定总体，无法采用概率抽样方法，在这种情况下，经常会采用非概率抽样，即放弃随机原则，依据研究者的主观愿望、判断或是否方便等因素来抽取样本。非概率抽样的成本较低，操作也较为方便，但是往往容易产生较大的误差，难以保证样本的代表性。所以，在正式调查中，一般很少用非概率抽样，常常只是在探索性研究中采用。常用的非概率抽样有以下几种。

1. 方便抽样

方便抽样是指研究者根据现实情况，使用对自己最为便利的形式来抽取样本。这种

方法很容易产生系统误差，样本代表性很差。因此，在使用时要特别小心。

2. 配额抽样

进行定额抽样时，研究者首先要根据某些参数值确定不同总体类别中的样本配额比例，然后按比例在各类别中进行方便抽样。

例如，研究者想要用配额抽样方法，抽取一个 40 人样本。他首先用性别和年龄作为决定样本配额的参数值，通过查阅相关资料，了解到总体中男女各占 50%，30 岁及以下、30~60 岁和 60 岁以上的比例分别为 25%、50%、25%。实际操作中，可以依据参数值建立相应样本配额矩阵或表格，然后按矩阵中的配额进行方便抽样，见表 5-3。

表 5-3　40 人样本按性别和年龄的配额矩阵

年龄	性别		合计
	男性	女性	
30 岁及以下	5	5	10
30~60 岁	10	10	20
60 岁以上	5	5	10
合计	20	20	40

3. 判断抽样

判断抽样又称立意抽样，它是调查者根据研究的目标和自己主观的分析来选择和确定调查对象的方法。这种抽样方法结果的准确性在很大程度上依赖于研究者的主观判断和个人素质。

判断抽样主要用于以下三种研究场景：第一，研究者用判断抽样来选择特别能提供信息的独特个案，如为检验问题设计是否合理，可有意地选取一些观点差异悬殊的人作为研究对象。第二，研究者用判断抽样来选取难以接近的特殊人群，如在吸毒的研究中，研究者可以通过搜寻一些主要信息，通过对相关人员的访谈来界定研究设计中所包含的吸毒样本。第三，研究者用判断抽样来选取某种特殊个案类型，以便开展深入的研究。例如，选择一些收入远高于平均收入的人群作为研究对象，深入分析其致富路径。这类研究是希望通过对这种类型的深入了解，发现问题，提出假设，而不在于对总体进行概括。

4. 雪球抽样

雪球抽样也称网络抽样，是一种根据已有研究对象的介绍，不断辨识和找出其他符合研究目的的研究对象的方法。雪球抽样特别适合于对那些成员难以找到的总体进行抽样，如城市中的散工、无家可归的流浪者及吸毒者等。

三、样本规模与抽样误差

样本规模又称为样本容量，它指的是样本中所含元素的数量。样本规模一方面会影响到样本的代表性，另一方面也会影响到调查成本的大小。因此，在实际抽样中，样本规模的选择是非常重要的。

（一）样本规模的估算

对样本规模的估算，常采用置信区间法。具体又可以分为以下两种。

（1）用百分率确定样本容量：

$$样本容量=\frac{置信区间临界值z^2\cdot[总体的差异性p(1-p)]}{期望精确度e^2}$$

（2）用平均数确定样本容量：

$$样本容量=\frac{置信区间临界值z^2\cdot(总体参数的标准差s^2)}{期望精确度e^2}$$

在上述计算公式中，置信度是事先确定的，所以其临界值 z^2 可从标准正态分布表中查出，e^2 是研究者根据需要事先确定的，但是总体的标准差、成数或百分比却往往是难以得到的。因此，在实际抽样过程中，研究者往往无法直接运用上述公式计算所需的样本规模，而只能采取某些变通的办法。例如，利用前人所做的关于同一总体的普查或抽样调查资料，来计算或估计总体方差，由此得出推论总体均值的样本规模。在计算推论总体成数（或百分比）的样本规模时，当 $p=\frac{1}{2}$ 时，$p(1-p)$ 达到最大值。因此，即使我们对 p 一无所知，也可以采用比较保险的方法，取 $p=\frac{1}{2}$，也可以保证样本规模足够大。

（二）影响样本规模的因素

如果不考虑研究经费，样本规模主要取决于总体的规模、总体的异质性及抽样的精度。

1. 总体的规模

在一定的精确度的要求下，总体规模越大，则样本规模也要越大，但是样本规模并不是越大越好。研究表明，当总体规模较小时，增加抽样比率对抽样的精度会有较大的改善，但当总体规模较大时，增加抽样比率对抽样的精度没有多大的改善效果。即当总体规模大到一定程度时，样本规模的增加与它并不保持同等的增长速度。

2. 总体的异质性

总体的异质性越强，所需要的样本规模就越小，反之，所需要的样本规模就越大。这是因为异质性越高，表明总体在各种变量上的分布越分散，波动性越大，同样规模的样本对总体的反映就越差。

3. 抽样的精度

抽样的精度是指抽样中希望达到的精确度，精确度要求越高，样本规模越大。

总之，样本规模的确定需要综合考虑各方面因素，没有一成不变的规定。这里给出样本规模的一个大概的范围：

小型调查类：如大学生的课程社会实践、课程论文等，样本规模在100~300；

中型调查类：样本规模在300~1 000，这是目前采用最多的一种规模；

大型调查类：样本规模在1 000~3 000，适用于全国性的社会调查中。

（三）抽样误差

实际抽样中会产生两种误差，即抽样误差和非抽样误差。其中，抽样误差是一种随机误差，是样本范围与总体范围的差异而引起的，这种误差无论采取什么样的抽样方式，都是不可避免的。除了抽样误差以外，抽样调查中还存在另一种误差，即非抽样误差，它是指在调查、记录、填答、汇总等工作中所出现的误差。

抽样误差主要受到下列三个因素的影响。

第一，总体的分布方差。总体的方差越大，抽样误差就越大；反之，则抽样误差就越小。如果总体各单位标志值之间没有差异，那么抽样误差也就不会存在了。

第二，抽取的样本量。当样本的规模增加时，样本统计量的随机波动程度就会降低，从而使抽样误差也降低。有关抽样规模与抽样误差之间的关系问题，应该注意两点：对于比较小的样本来说，样本规模上的很小的一点增加，就会带来精确性方面很明显的增加；对于比较大的样本来说，样本规模增加很小的一点，所带来的精确性方面的增加是微乎其微的，而只有增加大量的样本才能带来精确性的增加。

第三，抽样调查的组织方式。采用不同的抽样组织方式，也会有不同的抽样误差。

第四节 调查组织

一、问卷调查三种方法

问卷调查可以通过三种主要方法进行：访谈调查、电话调查和自填式问卷，如表5-4所示。

表5-4 常用调查方式比较

调查方式比较	访谈调查	电话调查	自填式问卷
调查范围	较窄	较广	较广
调查对象	可选择和控制	可选择和控制	有一定选择和控制，但回收问卷代表性难控制
调查周期	时间较长	时间较短	时间较长且不易控制
调查内容	内容广泛且可以比较复杂，但不适用于敏感性问题	内容有较大限制，只是用于简短的调查	内容有一定的限制，但是通过匿名方式可调查敏感性问题

续表

调查方式比较	访谈调查	电话调查	自填式问卷
调查费用	较高	较低	较低
回答率	较高	较低	较低
投入人力	较多且不易控制	较少且易于控制	较少
数据质量	收集的数据较准确、可靠，但容易产生调查员和被调查者引起的抽样误差	非抽样误差较低，而且调查过程中可以对访问进行控制	没有访员指导，易产生误答、错答、漏答问题，影响数据质量，但降低了访问引起的非抽样误差

自填式问卷的优点在于经济、快捷，可以调查较多的样本，在处理一些敏感性问题时比较有效。但是采用自填式问卷时，受访者在答卷时可能会出现跳着答题、漏答以及对题目理解不清楚的现象，而且自填式问卷的回收率通常不高。

访谈调查不是让受访者亲自阅读并填完问卷，而是由研究者派遣访问者口头提问，并记录受访者的回答。这种方法的优点在于可以获得较高的完成比率和答卷质量，访员在面对面地访问受访者时能够进行一些重要的观察活动，访员与被访者之间的互动可能会有利于获得一些重要的调查信息。但在面对面的访问过程中，如果访员不能做到表现为问题与答案传递过程中的一个中立的媒介，那么受访者的态度将很可能受到访员的影响，而且面对面的访谈需要投入较多的人力、物力和财力。

电话调查与面对面访谈的方法相比，时间和金钱方面的优势比较明显。电话调查不但相当便宜，而且从起草计划到执行，其过程相当快捷。此外，在进行电话调查时，访员可以随意穿着而不会影响到受访者的回答，而且，有时在受访者未能亲眼看到访员的情况下，反而会更加真诚地去回答。当然电话调查也有不足，如电话容易被受访者挂掉，访员与受访者没有面对面接触可能也会影响受访者回答的情况。

二、标准化调查的组织和实施

标准化调查是指在调查过程中，调查员严格按照统一的测量工具、测量程序和测量规则对被访者进行调查。标准化调查是一种高度控制的调查方式。首先，访问是按照事先设计好的问卷进行的，问卷上的题目可能是开放式的，也可能是封闭式的，对于后者还预先设计了答案选项；其次，调查员在访问中，只能按照问卷上的题目、指导语和顺序提问，不能随便对问卷上的题目进行解释和发挥；最后，当被访者不清楚题目含义时，调查员只能重复题目，或者按照调查员手册上的统一说明进行解释。

标准化调查的目的是控制调查员带来的误差。调查实施的过程是调查员和被访者互动的过程，调查员很可能在这个过程中对被访者产生影响，并通过提问误差、记录误差、伪造答案等误差来影响调查结果。因此，要求实施标准化调查，要求调查员完全按问卷进行提问，设立好追问的标准，完整记录答案，并保持中立的立场。

（一）调查员的挑选

不论是当面调查还是电话调查，调查员的选择对调查的完成质量均起着至关重要的作用。一般而言，调查员应该满足以下几个方面的要求：一是诚实与认真。诚实主要是指不弄虚作假，客观地、实事求是地对待调查的结果。认真则是要求不马虎、不敷衍。二是兴趣与能力。调查工作本身并不一定使每位调查员都感到有趣，重要的是调查员要培养自己对调查工作的兴趣。如果不培养一定的兴趣，完全被动消极地去干，效果往往不好。另外，无论是观察能力、辨别能力，还是交往能力，都是一个优秀调查员所不可缺少的。三是勤奋负责。调查工作的艰苦性，要求调查员具有不怕困难、不怕吃苦的精神，以及努力完成调查任务的高度责任心。四是谦虚耐心。这是对调查员工作态度的要求。谦虚体现在尊重被调查者，耐心则体现在访问中要耐心听完被调查者的回答，即便他说得不恰当，也要耐心向被调查者解释问题的含义，不能表现出不耐烦的态度。

（二）调查员的培训

对于标准化的调查来说，对调查员的培训是一个重要的环节。培训的目的在于帮助调查员准确理解调查的要求和目的，快速学会和掌握调查项目的信息搜集方法。

培训的内容主要包括：

第一，对调查项目的基本介绍。包括项目研究相关背景知识的介绍、项目研究的意义和主要调查对象、项目希望达到的目的、研究结果的预期用途、项目的抽样方法、样本量及与调查项目有关的其他情况，以便调查员对该项工作有一个整体性的了解。同时，还要就调查访问的步骤、要求、时间安排、工作量、报酬等具体问题进行说明。

第二，问卷的说明。包括问卷的主要结构；对问卷中可能出现的行业术语进行详细的解释说明；对问卷中的每一个题目和答案逐一加以解释，说明问题之间的逻辑关系和答案的填写方法以及提问时应该注意的重点、提问的方式等。对那些有着特殊含义的题目、跳题等则要重点讲解。

第三，访问的技巧和方法。让调查员了解调查中可能出现的困难（如拒访、所选样本遗失等），以及可能产生的错误行为及其原因，并提供行之有效的解决方法。

第四，其他注意事项。要进行模拟调查或访问实习。最好是在一个小范围中，让每个调查员都按正式调查的要求和步骤，从头到尾实际操作一遍。然后认真总结模拟调查或访问实习中存在的问题，并通过讨论或讲解，解决这些问题。

（三）调查过程的控制和督导

在调查开始正式访问后，也需要对调查员进行监督和指导，主要包括以下几个方面。

第一，抽样控制。严格意义上讲，抽样问题和调查员无关，调查员只是根据抽样员提供的被访者名单进行访问。但实践中，不少调查研究中的调查员也往往充当了抽样员的角色。因此，研究者在抽样设计及调查员手册中要尽可能详细地说明抽样的操作方案，并保证调查员按照抽样指导细则执行，同时说明遇到特殊情况如何处理（如访问者不在家、拒访）等。

第二，调查现场监督。调查较为理想的做法如下：督导带领调查员亲临调查现场，随即指派调查员按照事先确定的被访者名单访问。结束后催促调查员及时整理问卷，完成后督导审核。现场审核完毕后再发放第二份问卷继续调查。但过于严格的督导可能会形成调查员与督导之间的对立、不满等负面影响。因此需要采取一些相对宽松的方式：调查开始阶段陪同调查员调查完成一两个调查；监督可采取隐蔽的方式，如在访问员离开后，督导人员再入户核查；最后督导需要及时收发问卷，并对问卷质量进行复核。

第三，问卷审核控制。问卷审核控制是通过对问卷内容的审核来控制调查质量。调查员必须当天交回访问问卷，由督导对问卷中容易出现漏答、误答等的题目进行审核，不合格则及时返工。有时也需要进行二次复核，即通过调查找到被访者，针对容易出现调查员自己填答的问题进行回访。

第五节 调查数据的初步整理

运用各种方法收集到调查资料后，接下来的任务就是要对这些调查资料进行某种特定方式的处理，转换成可供计算机分析的数据形式。大体上，调查数据的处理包括资料的审核和校订、资料的编码、数据的录入和清理、数据缺失值的处理几个步骤。本节将具体介绍这几个步骤所需要的技术，以及需要注意的问题。

一、资料的审核和校订

资料的审核和校订是资料处理的第一步工作。资料审核的目的是查看资料是否完整、真实和准确，剔除乱填、空白和严重缺答的废卷；校订则是对资料审核中初步检查合格的问卷做更细致的检验，找出不合格的答案，并做相应的处理。

资料的审核工作包含两方面的内容。

第一，检查问卷。检查的内容包括：①检查资料的完整性，即问卷的题目是否有遗漏，所有的调查项目或指标是否填写齐全，等等；②检查资料的准确性，数据是否真实反映客观实际情况，数据是否有错误，答案是否符合逻辑，答案的计算是否正确，等等。

对检查出来的有问题的问卷，处理原则是，能纠正的给予纠正，尽量找到问卷的调查员，让调查员对问卷中出现的漏答、错答等情况加以解释，并且对错误的回答记录做出相应的判断，让调查员通过重新访问纠正错误。如果错误不能纠正，则做废卷处理。

第二，回访问卷。为了确保调查资料的真实性，除了要对原始资料进行上述审核工作外，通常还要进行复查的工作。即在调查资料收回后，由研究者自己或者由研究者重新选择另外的调查员，从原来的调查员所调查过的样本中，随机抽取 5%~15%的个案重新进行调查。复查的内容主要是确认调查员是否按照规定调查了指定的被调查者，调查员是否有违规操作行为，等等。通过复查，可将两次调查的结果进行对比，以检查和核实第一次调查的质量。

另外，为了提高问卷质量，还需要对资料审核中初步检查合格的问卷做更细致的检验，找出不合格的答案，并做相应的处理。这种校订工作最好能够在调查实施的过程中进行，因为这有利于调查者及时在现场修正问卷。

二、资料的编码

资料校订以后，接下来需要将数据资料转换成可以存储在磁盘或电脑上的数据文件。建立数据文件的第一步就是对资料进行编码。编码的目的是通过给每个问题及答案分配一个数字作为它的代码，从而使得可以利用计算机来进行问卷的统计分析和计量分析。

（一）编码的基本原则

（1）编码最基本的要求是对被调查者每一个回答的选项都辅以相应的编码，除此以外，还需要对问卷编号、访问员编号等相关内容按照统一标准编码，为查找问卷错误提供便利。

（2）对“不知道”“不确定”“其他”等特殊选项，在编码设计时要使用固定的代码，如研究中常使用“99”“999”“98”等来表示，这种编码最好在整个问卷中都完全一致。

（3）对于选项回答本身是一些数字资料的情况，如被调查者的年龄、收入等，尽量保留原来的数字形式，以使资料的使用者更好地理解数据，同时也可以按照自己的研究目的来处理数据。

（二）编制编码手册

问卷调查的样本规模通常都达到成百上千，而每一份调查问卷往往又会包括好几十个甚至上百个问题，编码往往需要多人共同完成。为了减少编码工作中的误差，保证数据的质量，最好的办法就是编码人员都按照规定的流程进行作业。编码手册最直接的作用就是提供一套标准化的编码作业程序。另外，对于进行数据二次分析的研究者，编码手册是其了解数据问卷的指南。

（三）特殊题型的编码

特殊题型主要指的是复选题和排序题，对于这两类题型，被调查者可以选择多个答案或对多个答案进行排序，相应的编码比单选题更为复杂，在统计分析时也需要特别的软件指令。

1. 复选题的编码

复选题的编码需要给每一个答案设计一个编码，将其设定为一个新的二分（0-1）复选变量。如果该答案选项没有被选中，则取值为 0，反之为 1。

一个复选题的例子如下：您借贷的原因？（可选多项）1=购买农资；2=孩子上学；3=盖房；4=婚嫁；5=看病；6=生产投资；7=其他（文字说明）。假设有三个人回答，其编码如表 5-5 所示。

表 5-5 复选题的编码实例

ID	Q1	Q2	Q3	Q4	Q5	Q6	Q7
1	0	1	1	0	1	0	0
2	0	1	0	1	1	0	0
3	1	0	1	0	1	0	0

2. 排序题的编码

一个排序题的例子如下：有下面五项政府的公共投资：1=修建道路；2=修建学校；3=修建灌溉水利；4=修建饮用水设施；5=修建诊所。如果村里现有 5 万元，选出三种你觉得最需要投资的（按从大到小排序）________________

不同于复选题，在排序题的编码中，每个答案选项的取值不再为 0、1 两个，而是 0、1、2、3 四种可能，0 代表该选项没有被选中，1、2、3 分别代表被指定为第一位、第二位、第三位的选项，如表 5-6 所示。

表 5-6 排序题的编码实例

ID	Q1	Q2	Q3	Q4	Q5
1	0	0	1	3	2
2	1	0	2	3	0
3	1	0	3	2	0

三、数据的录入和清理

（一）数据的录入

1. 决定录用的方式和软件

数据录入的方式主要有两种：一种是直接从问卷上将编好码的数据输入计算机；另一种是先将问卷上编好码的数据转录到专门的登录表上，然后再从登录表上将数据输入计算机。由问卷直接输入数据的优点是避免了再次转录中可能出现的差错，节约一定的时间和经费。缺点是录入时要不断地翻动问卷，录入的速度相对要慢。采用登录表的优点是能提高速度，减少复杂问题输入错误的发生率。缺点是增加了一次转录过程，从而增加了出错的可能性。

数据录入除了要决定录入方式之外，还需要决定采用何种软件来输入。目前运用较普遍的统计分析软件主要有 SPSS、SAS、Stata 等，电子表格（Excel）以及专门的录入软件（如 Pcedit）。

2. 数据录入的注意事项

第一，在正式录入之前，必须统一规定需要录入的资料内容和数据录入格式。同时为每一位录入人员规定一个存放数据的文件名，以免发生数据混淆和丢失。

第二，对数据录入人员进行培训。培训的重点在于让录入人员熟悉录入软件的操作方法以及数据录入过程中录入人员对数据自查的方法，特别对录入人员强调数据录入的正确性对整个调查工作的重要意义。

第三，在设定数据录入格式时，要注意数据分析对数据格式的要求，避免数据分析时因格式不妥，发生需要重新录入的现象。

（二）数据的清理

数据录入的过程中，难免会出现一些差错。为了在正式统计运算前再次降低数据中的差错率，提高数据的质量，还要对数据进行清理。清理主要包括以下方面。

1. 有效范围清理

有效范围清理是针对每一个变量，检查它是否超出了合理范围的数值。例如，性别变量，编码中规定男性取值为1，女性取值为2，缺失值取值为9，如果在1、2、9三个取值之外，出现了一个新值，如 5，则可以判断 5 是一个错误的编码值，必须进行检查、核对、纠正。

有效范围清理最有效而又简单的办法就是查看频数表，从频数表中发现超出问卷变量规定取值范围的取值，然后一一比照问卷所记录的相应信息（原始信息）并加以分析、处理。

2. 异常值清理

异常值是指对某个连续变量（continuous variable）而言，极个别样本的取值极大地超过（或低于）总体平均水平，或者在正态分布曲线中极远地偏离中心取值的值。例如，如果调查显示被调查者月收入取值在 10 000 元以下的样本占全部样本的 99.99%，但是有四个样本的取值超过了20 000元，其中还有一个样本的取值为60 000元，这样的样本取值就是极值，需要接受检查。

异常值可以通过对连续变量进行描述性统计，计算变量的均值、标准差、最小值、最大值等，从中发现那些大大偏离平均水平的异常值。

3. 逻辑一致性清理

逻辑一致性清理的基本思路是依据问卷中的问题相互之间所存在的某种关系，来检查前后数据之间的合理性。例如，在针对某品牌牛奶的购买情况时，出现了 3 个从未听说过该种牛奶品牌却经常购买的数值（表 5-7），这就是逻辑不一致的体现。对逻辑一致性进行清理的主要办法就是对两个变量之间进行列联表分析。

表 5-7 某品牌牛奶购买情况的列联表分析

项目	经常购买	有时购买	很少购买	根本不购买
非常熟悉	67	45	18	6
比较熟悉	52	48	31	8

续表

项目	经常购买	有时购买	很少购买	根本不购买
有点熟悉			55	21
听说过但不熟悉				35
从未听说过	3			27

四、数据缺失值的处理

在调查研究中，经常会出现数据缺失的情况。缺失值会造成样本的流失，从而使得研究结论产生偏差。因此如何有效地对缺失值予以补救，成为数据处理中的一个关键问题。缺失值如果是在问卷调查或者数据录入中而产生的，应让调查者及时地补充数据或者重新输入缺失的数据，而对于那些无法从问卷的分析中找到答案，也无法与被调查者取得联系的缺失值，常用以下几种方法进行补救。

（一）平均值估计法

一般是用所有样本在发生缺失的变量上的平均值来代替缺失值。另一种更为精确的方法为分层平均值估计法，即用缺失值的被调查者所属的类别的平均值来做估计值。例如，如果缺失值的被调查者为高收入人群，则可用高收入人群的平均值来代替缺失值。平均值估计法的问题是，估计值可能与被调查者的真实答案有较大的偏差，而且无法对这种偏差做出估计。

（二）回归估计法

一般是将缺失变量设为被预测变量，其他相关变量设为预测变量，进行回归分析。例如，家庭住房投资水平可能与家庭规模和家庭收入有关，因此利用回答了这三个问题的被访者的数据，可能构造出一个回归方程。对于某个没有回答家庭住房投资水平的被访者，只要其家庭规模和家庭收入是已知的，就可以通过这个回归方程计算出其家庭住房投资水平。这种估计方法考虑了其他变项的共变关系，因此其估计精确度得以提高。但回归分析的过程相对比较复杂，如果缺失值较多，对每一个缺失值都代入相关数据进行一次回归分析，整个过程会很烦琐耗时。另外，这种方法在很大程度上还受到变量之间关联程度的限制，变量关联性不强时，估计的效果不好。一般只有在大样本且缺失值不多的情况下才使用这种方法。

（三）删除缺失值

如果缺失值在数据中的比重很小，如在3%~5%，一种处理方法是删除那些有缺失值的被访者。删除有缺失值的样本元素时，要注意两点。一是剩下的元素不能太少，否则就无法满足统计分析对样本量的要求。二是要检验删除后样本的代表性，否则一旦出现样本偏差，会影响对总体的统计推断。特别是在调查中，有缺失值和没有缺失值的被访者之间，很有可能存在一定的系统差异，所以慎用这种方法。

（四）排除缺失值

删除缺失值容易引起样本偏差。在实践中，研究人员经常采用一种变通方法，即将有缺失值的个案保留，仅在相应的分析中做必要的排除。经这种方法处理后的数据，在根据不同的样本量进行统计分析时，有可能产生问题。因此，采用这种方法，最好能满足以下三个条件：较大的样本量、较少的缺失值和变量之间没有高度的相关性。

研究者在选择缺失值估计方法之前，应仔细考察各种方法的适用条件及可能产生的后果。如果对缺失数据进行了处理，应该在调查报告中加以必要的说明。其实，无论是何种缺失值估计方法，都不可能使数据完全恢复，特别是当出现系统性缺失或变量之间存在高度相关时，缺失值处理更是难上加难。因此，缺失值最有效的处理方法，就是尽可能地减少缺失，使数据缺失保持在最低的水平。

参考书目

巴比 E. 2020. 社会研究方法. 13 版. 邱泽奇，译. 北京：清华大学出版社.

风笑天. 2014. 现代社会调查方法. 5 版. 武汉：华中科技大学出版社.

郭强. 2004. 调查实战指南：抽样调查手册. 北京：中国时代经济出版社.

郝大海. 2019. 社会调查研究方法. 4 版. 北京：中国人民大学出版社.

徐云杰. 2011. 社会调查设计与数据分析——从立题到发表. 重庆：重庆大学出版社.

第六章

数据分析方法

将搜集到的资料进行审核、整理与汇总后，还需要系统分析，才能揭示出资料所包含的众多信息，从而得出科学的结论，因而资料的分析是研究中十分重要的环节。依据资料的性质，可以将资料的分析方法划分为定性分析方法和定量分析方法。本章拟对这两种分析方法做详细的介绍。

第一节　定性分析方法

定性分析方法是指不通过数学语言，而单纯地依靠文字语言进行资料分析的方法。定性分析方法主要包括比较分析法、系统分析法、历史分析法、逻辑分析法、扎根理论研究方法等。

一、比较分析法

比较分析法是把两类事物进行对比，从而确定其相同点和不同点的逻辑分析方法。在经济研究中经常采用的方式有以下三种。

第一，横比分析。横比分析就是根据同一标准对同一时间的不同经济现象进行比较的方法；它可以是同类经济现象之间的比较，如发达国家与发展中国家农产品贸易量之间的比较；也可以是不同经济现象之间的比较，如贸易中货物贸易与服务贸易之间的比较。

第二，纵比分析。纵比分析就是对同一经济现象在不同时期的具体特点和运行规律进行比较的方法。它可以是对同一经济现象不同时期之间的比较，如我国改革开放前后的农产品贸易量的比较；也可以是同一经济现象不同发展阶段的比较，如我国农产品贸易量在不同经济发展阶段的比较。

第三，理论与事实比较分析。理论与事实比较分析就是把某种经济管理理论观点与经济事实进行比较，看看它们是否一致，从而达到检验理论和发展理论的目的。这一方面典型的代表就是里昂惕夫把俄林的要素禀赋分工理论与美国进出口商品结构联系起来，进行比较时，发现事实与该理论不一致，从而提出了著名的“里昂惕夫之谜”。

需要注意的是，在运用比较分析法研究经济问题时，必须有统一的、科学的比较标准。没有统一的标准，就不能进行比较；而没有科学的标准，就不能进行正确的比较。例如，部门经济与区域经济、货物贸易与服务贸易不可比较。

经济学中，常应用比较分析法进行经济体制的比较研究，如福利经济学创始人之一庇古对资本主义制度和社会主义制度的比较。20 世纪 40 年代以后，由单纯的经济制度比较研究转变为对不同类型的国家和地区的研究，尤其是对发展中国家经济发展现状和政策的系统研究，如熊彼特的《资本主义、社会主义和民主主义》。

二、系统分析法

系统分析法，就是按照系统理论和方法的基本原则与要求，对调查对象的整体进行分析，找出它的结构和层次，分析其组成要素的作用和功能，研究怎么样使整个系统最优化的分析方法。在分析调研对象时，要把它作为一个从周围环境中划分出来的系统来认识，同时还要把系统内部的各个环节、各个部分看作是相互联系、相互影响、相互制约的。

例如，要分析我国高新技术产品出口情况，可以将出口现状分成出口集中度、出口来源地、出口对象和出口企业性质等方面来加以分析，从而达到认识整个出口结构的目的。

三、历史分析法

历史分析法是通过对研究现象的历史资料进行科学分析，说明它在历史上怎样发生和发展，即分析事物历史和现状的关系的分析方法。历史分析的目的是弄清事物在发生发展过程中的“来龙去脉”，从中发现问题，启发思考，以便能够认识现在和推断未来。李斯特在其代表作《政治经济学的国民体系》中首次使用了历史分析法。

历史分析法要严格按照历史存在进行研究。例如，要用历史的方法研究我国贸易体制改革问题时，就必须按顺序研究 1949 年来我国经济体制发展变化的历史过程，进行回顾和总结，把握贸易体制的变化趋势和本质要求，从而认识改革的必然性和改革的方向。

另外，这种方法要研究一切历史形式，包括研究对象全部丰富的内容、具体和详尽的细节，以及起扰乱作用的偶然现象、偶发事件，甚至历史的短暂倒退。例如，研究中国近代经济发展史时，就必须研究鸦片战争以来中国经济发展的各个方面，包括近代工业、农业、商业、财政、金融等，力求从丰富的史料当中寻求中国近代经济发展的规律。

历史分析法的优点是能够了解历史发展的全面内容，从跟随着事物的现实发展的过程和方方面面去把握事物发展的内在本质和规律。但是历史的发展不是直线的，势必会有很多无关紧要的资料，使研究的进程受到扰乱。

四、逻辑分析法

归纳和演绎法是科学研究中最基本的逻辑分析方法。

归纳法是从具体的、个别的现象中推导出一般性结论的方法。归纳法的基本逻辑是，如果所有（或部分）被研究对象都具有某种特征，那么就可以判断所有的（或部分的）其他对象也具有该特征。

演绎法是从一般的、抽象的原理推出较为具体的更接近经验层次的结论的方法。在定性分析中，采用演绎方法是根据一般理论或定律解释具体的研究结果，或准备检验的操作性假设。理论越成熟，演绎方法就越重要。

有关这两种方法在第二章中有详细的介绍，这里不再赘述。

五、扎根理论研究方法

扎根理论（grounded theory）是一种有效的基于二手资料构建理论模型的质性研究方法。扎根理论是一种做质的研究的方式，其主要宗旨是从经验资料的基础上建立理论。研究者在研究开始之前一般没有理论假设，直接从实际观察入手，从原始资料中归纳出经验概括，然后上升到理论。这是一种从下往上建立实质理论的方法，即在系统收集资料的基础上寻找反映社会现象的核心概念，然后通过这些概念之间的联系建构相关的社会理论。扎根理论一定要有经验证据的支持，但是它的主要特点不在于其经验性，而在于它从经验事实中抽象出了新的概念和思想。

扎根理论的操作程序一般包括：第一，从资料中产生概念，对资料进行逐级登录；第二，不断地对资料和概念进行比较，系统地询问与概念有关的生成性理论问题；第三，发展理论性概念，建立概念和概念之间的联系；第四，理论性抽样，系统地对资料进行编码；第五，建构理论，力求获得理论概念的密度、变异度和高度的整合性。对资料进行逐级编码是扎根理论中最重要的一环，其中包括三个级别的编码。

（一）一级编码（开放式登录）

在一级编码（又称开放式登录）中，要求研究者以一种开放的心态，尽量“悬置”个人的“偏见”和研究界的“定见”，将所有的资料按其本身所呈现的状态进行登录。这是一个将收集的资料打散，赋予概念，然后再以新的方式重新组合起来的操作化过程。登录的目的是从资料中发现概念类属，对类属加以命名，确定类属的属性和维度，然后对研究的现象加以命名及类属化。

在进行开放式登录时，可以考虑以下一些基本的原则：①对资料进行仔细的登录，不要漏掉任何重要的信息；登录越细致越好，直到饱和；如果发现了新的码号，应该在下一轮进一步收集原始资料。②注意寻找当事人使用的词语，特别是那些能够作为码号的原话。③给每一个码号进行初步的命名，命名可以使用当事人的原话，也可以是研究者自己的语言，不要担心这个命名现在是否合适。④在对资料进行逐行分析时，就有关的词语、短语、句子、行动、意义和事件等询问具体的问题，如：这些资料与研究有什么关系？这个事件可以产生什么类属？这些资料具体提供了什么情况？为什么会发生这些事情？⑤迅速地对一些与资料有关的概念的维度进行分析，这些维度应该可以产生进行比较的案例；如果没有产生案例，应该马上寻找。⑥注意列出来的登录范式中的有关条目。

（二）二级编码（关联式登录或轴心登录）

二级编码（又称关联式登录或轴心登录）的主要任务是发现和建立概念类属之间的各种联系，以表现资料中各个部分之间的有机关联。在轴心登录中，研究者每一次只对一个类属进行深度分析，围绕着这一个类属寻找相关关系，因此称之为轴心。每一组概念类属之间的关系建立起来以后，研究者还需要分辨其中什么是主要类属，什么是次要类属。这些不同级别的类属被辨别出来以后，研究者可以通过比较的方法把它们之间的关系连接起来。当所有的主从类属关系都建立起来之后，研究者还可以使用新的方式对原始资料进行重新组合。

（三）三级编码（核心式登录或选择式登录）

三级编码（又称核心式登录或选择式登录）指的是在所有已发现的概念类属中经过系统的分析以后选择一个核心类属，分析不断地集中到那些与核心类属有关的码号上面。核心类属应该具有如下特征：①核心类属必须在所有类属中占据中心位置，比其他所有的类属都更加集中，与最大数量的类属之间存在意义关联，最有实力成为资料的核心。②核心类属必须频繁地出现在资料中，或者说那些表现这个类属的指标必须最大频度地出现在资料中。它应该表现的是一个在资料中反复出现的、比较稳定的现象。③核心类属应该很容易与其他类属发生关联，这些关联不应该是强迫的，应该是很快就可以建立起来的，而且相互之间的关联内容非常丰富。④在实质性理论中一个核心类属很容易发展成为一个更具概括性的理论。在发展成为一个形式理论之前，需要对有关资料进行仔细的审查，在尽可能多的实质理论领域进行检测。⑤随着核心类属被分析出来，理论便自然而然地往前发展。⑥由于不断地对核心类属在维度、属性、条件、后果和策略等角度进行登录，其下属类属可能变得十分丰富和复杂，寻找内部变异是扎根理论的一个特点。

核心式登录的具体步骤如下：①明确资料的故事线；②对主类属、次类属及其属性和维度进行描述；③检验已经建立的初步假设，填充需要补充或发展的概念类属；④挑选出核心概念类属；⑤在核心类属与其他类属之间建立起系统的联系。如果我们在分析伊始找到了一个以上的核心类属，可以通过不断比较的方法，将相关的类属连接起来，剔除关联不够紧密的类属。

第二节 统计分析方法

一、单变量统计分析

（一）单变量描述统计

单变量统计分析可以分为两个大的方面，即描述统计和推论统计。对于抽样调查获取的数据，我们希望利用样本的特征反映总体的体征，但在抽样过程中必然会出现随机误差，样本和总体不可能完全一致。我们需要根据样本情况，通过统计推断，判断总体可能处在哪个区间。

单变量描述统计的主要目的在于用最简单的概括形式反映出大量数据资料所容纳的基本信息。它的基本方法包括频数分布与频率分布、集中趋势分析、离散趋势分析、数据分布形状分析等。

1. 频数分布与频率分布

频数分布是指一组数据中取不同值的样本的次数分布情况，一般以频数分布表的形式表达，其最重要的作用是简化资料，即将调查所得到的一长串原始数据，以一个十分简洁的统计表反映出来。

频率分布是指一组数据中不同取值的频数相对于总数的比率分布情况，这种比率在社会调查中经常以百分比的形式来表达。频率分布反映的是不同类别在总体中的相对数量分布（相对比重），因而可以十分方便地用于不同总体或不同类别之间的比较，所以频率分布表在统计分析中也更为常用。

表 6-1 是一个频数分布和频率分布的实例。从这张表中我们可以得到以下基本信息：从婚姻状况来看，被访者绝大部分样本都是已婚状态，占总样本的 89.64%，处于第二位的是未婚状态，占总样本的 7.84%。

表 6-1 样本婚姻状况

项目	人数/人	比例
未婚	320	7.84%
已婚	3 661	89.64%
离婚	23	0.56%
丧偶	74	1.81%
分居	6	0.15%
合计	4 084	100%

2. 集中趋势分析

集中趋势分析指的是用一个典型值或代表值来反映一组数据的一般水平，或者说反映这组数据向这个典型值集中的情况。

1）集中趋势分析的意义

第一，说明某社会现象在特定条件下其数量的一般水平。例如，用年人均收入来反映经济生活水平，用人均住房面积反映某城市居民的居住水平。

第二，可用于在不同空间发生的同类现象或一定社会现象在不同时间中的变化进行比较。例如，可用国民人均收入比较不同国家的生活水平；同一地区在不同年份的生产总值可以反映出工农等各业生产水平的变化。

第三，可用来估计或预测某一调查总体中更具体单位的数值。例如，用平均每亩产量来估计该地区每块土地的粮食产量。尽管这种估计和预测也未必准确，但比用其他数值进行预测所发生的错误要小很多。

第四，可用于分析某些社会现象之间的依存关系。例如，通过研究分析，发现人均收入的增加部分与人均消费的增加部分并不相等这一规律。

需要特别注意的是，集中趋势只有在具有某一相同特征的总体中才有代表性，调查的对象必须是同质的，否则，利用集中趋势统计值不仅没有意义，甚至会出现错误。

2）常见集中量数

最常见的集中量数有算术平均数（简称平均数，也称为均值）、众数和中位数三种。

第一，算术平均数。它是一种应用最广泛的，最能代表数据集中趋势的集中量数。计算方法为总体各单位数值之和除以总体单位数目所得之商。在统计分析中习惯用$\bar{x}$来表示平均数，其计算公式如下：

$$\bar{x}=\frac{1}{n}\sum x_i \tag{6-1}$$

第二，众数。众数是一组数据中出现次数最多（即频数最高）的那个数值。众数与平均数一样，也可用来概括反映总体的一般水平或典型情况。

第三，中位数。把一组数据按数值的大小顺序排列起来，处于中央位置的那个数值就叫中位数。

3）不同集中量数的比较

平均数是由所有数据计算而得的，代表性强，最能反映调查资料的集中趋势特征。平均数不仅适合代数运算，还有其他重要的性质。一般来讲，平均数较中位数和众数稳定。但平均数易受极端值的影响，如4个人的受教育年限分别是2年、10年、12年、16年，其算术平均值为 10 年，显然不能反映个人受教育年限的实际情况。因此，数据出现极端值时，会削弱平均数的代表性。另外，在定类变量的分析中，平均数也无法进行比较。

中位数的大小取决于数据中的排列位置，因而不易受极端数值的影响。但它只是中央位置上的数值，因而不能全面地反映资料信息，另外，在大量的数据资料中按大小顺序排列本身就不是一件轻易的工作，因此，确定中位数也较为费力。

众数的确定较简便，特别是对定类变量的分析更具优势，也不易受极端值的影响。但是，众数的次数受数据分组（或组距大小）的影响，因此不够稳定。特别是当资料无明显集中趋势时，众数缺乏对总体的代表性。

因此，平均值、中位数和众数相比较，平均值优点最多，中位数、众数次之。一般情况下，运用较多的是平均数，又以算术平均值应用最为广泛。

3. 离散趋势分析

集中趋势表示一组数据的典型情况，但实际上，各个数据之间仍然存在差异，用集中趋势不足以说明和概括这组数据的全貌。这时需要借助离散趋势分析。离散趋势分析指的是用一个特别的数值来反映一组数据相互之间的离散程度。集中趋势的代表性如何，要由离散程度来表明。离散程度越大，集中趋势的代表性越小。

离散量数在经济领域中主要用于评价产品生产的稳定程度和质量的可靠性。在社会调查资料分析中，离散量数的作用在于对集中量数做补充说明，它是评价集中量数代表性的依据。如果离散量数大，则说明数据离散程度大，集中量数的代表性低；反之，离散量数小，集中量数的代表性高。

常见的离散量数统计量有全距、标准差、异众比率和四分位差等。其中标准差、异众比率（variation ratio，VR）、四分位差分别与平均数、众数、中位数相对应，判定和说明平均数、众数、中位数代表性的大小。

1）全距（R）

全距又叫极差，它是一组数据中最大值与最小值之差。计算公式为

$$R = X_{\max} - X_{\min} \tag{6-2}$$

一组数据的全距越大，则说明这组数据的离散程度越大，集中趋势的代表性越低；反之，一组数据的全距越小，则说明这组数据的离散程度越小，集中趋势的代表性越高。但是，全距仅仅依靠两个极端值，因而带有很大的偶然性，它对于大量的处于两个极端值之间的数值分布情况，以及在中心点周围的集中情况，都无法提供任何信息。因此，在实际中常用其他的变量来表示离散趋势。

2）四分位差（Q）

为了避免全距的弱点，可以采用四分位差的方法。四分位差通过舍去一组数据的极端值，采用数据的中央部分求全距的方法来测定离散程度。具体做法是先将一组数据按大小排列成序，然后将其 4 等分，去掉序列中最高的 1/4 和最低的 1/4 后，中间的一半数值之间的全距即四分位差。四分位差越大，中位数代表性越差。

3）标准差（δ）

标准差是一组数据对其平均数的离差平方的算术平均数的平方根。它是用得最多，也是最重要的离散量数统计量。计算公式为

$$\delta = \sqrt{\frac{\sum\left(x_i - \overline{x}\right)^2}{n}} \tag{6-3}$$

标准差是补充说明平均值对某组数据代表性的。如果两组数据的算术平均值大致相同，数据的样本数量也相近时，可用标准差直接比较它们的离散程度。但在实际调查中，资料难以满足这两个条件，因此，需要用离散系数（coefficient of variation，CV）和标准分数（*Z*-score，*Z*）来进行比较，这也是标准差在进行深层比较中的应用。

4）离散系数

前面介绍的全距、方差和标准差都是反映一组数值变异程度的绝对值，其数值的大小，不仅取决于数值的变异程度，还与变量值水平的高低、计量单位的不同有关。所以，不宜直接利用上述变异指标对不同水平、不同计量单位的现象进行比较，应当先做无量纲化处理，即将上述反映数据的绝对差异程度的变异指标转化为反映相对差异程度的指标，然后再进行对比。

离散系数是反映一组数据相对差异程度的指标，是各变异指标与其算术平均数的比值。离散系数是一个无名数，可以用于比较不同数列的变异程度。离散系数的定义如下：标准差与平均数的比值，用百分比表示，计算公式为

$$\mathrm{CV}=\frac{\delta}{\bar{x}}\times 100\% \tag{6-4}$$

离散系数是相对数，不受单位的限制，可比较单位不同的数据。

5）标准分数

标准分数主要用于测定数据在总体分布中的位置，进而比较数据之间的相对位置。标准分数的计算公式为

$$Z=\frac{x-\bar{x}}{\sigma} \tag{6-5}$$

6）异众比率

异众比率指的是一组数据中非众数的次数相对于总体全部单位的比率。计算公式为

$$\mathrm{VR}=\frac{n-f_{\mathrm{mo}}}{n} \tag{6-6}$$

式中，f_{mo}为众数的次数。异众比率越大，众数的代表性越差，用众数预测总体的次数分布情况越不准确；反之，代表性越好，预测越准确。

4. 数据分布形状分析

集中趋势和离散趋势是数据分布的两个重要特征，但要全面了解数据分布的特点，还需要知道数据分布的形状是否对称、偏斜的程度及分布的扁平程度等。偏度和峰度就是对这些分布特征的描述。

偏度是对数据分布的偏移方向和程度所做的进一步描述，可以利用众数、中位数和算术平均数之间的关系判断分布是左偏还是右偏，但要度量分布偏斜的程度，就需要计算偏度系数。偏度系数的计算公式为

$$偏度系数=\frac{n^{1/2}}{(n-1)^{3/2}}\sum\left(\frac{x-\bar{x}^{3}}{\delta}\right) \tag{6-7}$$

偏度系数的结果需要与正态分布相比较，偏度为 0 表示其数据分布形态与正态分布

的偏斜程度相同；偏度大于 0 表示其数据分布形态与正态分布相比为正偏或右偏，即有一条长尾巴拖在右边，数据右端有较多的极端值；偏度小于 0 表示其数据分布形态与正态分布相比为负偏或左偏，即有一条长尾拖在左边，数据左端有较多的极端值。偏度的绝对值数值越大表示其分布形态的偏斜程度越大。

峰度是用来对数据分布的扁平程度所做的描述。峰度系数的计算公式为

$$峰度系数=\frac{n}{(n-1)^2}\sum\left(\frac{x-\overline{x}^4}{\delta}\right) \quad (6\text{-}8)$$

峰度系数的结果同样需要与正态分布相比较，峰度为 3 表示该总体数据分布与正态分布的陡缓程度相同；峰度大于 3 表示该总体数据分布与正态分布相比较为陡峭，为尖顶峰；峰度小于 3 表示该总体数据分布与正态分布相比较为平坦，为平顶峰。峰度的绝对值数值越大表示其分布形态的陡缓程度与正态分布的差异程度越大。

因此，概括而言，当数据服从正态分布时，偏度系数为 0，峰度系数为 3。如果发现当数据特征不服从正态分布时，较好的方法是对数据进行转化使其服从正态分布，如对数据做立方、平方、平方根的倒数、对数转化等。

（二）单变量推论统计

我们知道，从总体中抽取一部分对象进行调查的目的，并不是描述这个样本的情况，而是希望通过样本来了解总体特征和状况。推论统计所要解决的正是这方面的问题。单变量推论统计就是利用样本的统计值对总体的参数值进行估计的方法。推论统计的内容主要包括两个方面，即区间估计和假设检验。

例如，我们从一块种植树苗的田地里随机挑选了 20 棵树苗测量它们的高度，得出平均高度是 2.0 米，我们想推断整块田地所有树苗的平均高度到底是多少，我们有 95%的把握认为总体的平均高度会在多少米到多少米。种植树苗的农民宣称他的树苗平均为 2.2 米，我们能否根据测量出来的 2.0 米否定他的说法？

1. 区间估计

区间估计的实质就是在一定的可信度（置信度）下，用样本统计值的某个范围（置信区间）来估计总体的参数值。区间估计的结果通常可以采取下述方式来表述：“我们有 95%的把握认为，全国农民的平均月收入在 1 000~2 000 元。”

置信区间的大小反映的是这种估计的精确性问题。置信区间的大小取决于估计所要求的置信度的高低。样本大小相同时，如果要求的置信度越高，则置信区间就会越大。另外，置信区间和样本的大小成反比。样本越大，其代表性越大，因此置信区间可以越小。置信度高低反映的则是这种估计的可靠性或把握性问题。

区间估计的一般程序如下。

第一，确定可信度。可根据调查的不同需要，确定不同的可信度。社会调查中常用的可信度为 90%、95%、98%、99%，它们抽样误差范围分别是 ± 1.65SE 、 ± 1.96SE 、 ± 2.33SE、 ± 12.58SE。

第二，根据样本分布特点确定标准误差。

第三，根据样本统计值和标准误差确定估计区间。

2. 假设检验

假设检验，实际上就是先对总体的某一参数做出假设，然后用样本的统计量去进行验证，以决定假设是否为总体所接受。

假设检验的步骤有以下四步。

第一，建立虚无假设和研究假设，通常是将原假设作为虚无假设；

第二，根据需要选择适当的显著性水平（即小概率的大小），通常有 $\alpha = 0.05$ ，$\alpha = 0.01$ 等；

第三，根据样本数据计算出统计值，并根据显著性水平查出对应的临界值；

第四，将临界值与统计值进行比较，以判定是接受虚无假设还是接受研究假设。

二、多变量统计分析

对调查资料分析的目的与社会调查目的是一致的，即探索、揭示社会现象间的相互联系、相互作用和相互制约的关系。上一小节介绍的单变量统计分析只涉及对单一变量的研究，它对我们认识和了解社会现象来说，只能起到某种最基本的描述作用。当我们希望进一步了解社会现象发生和变化的原因、揭示社会现象的发展规律时，就需要进行双变量或多变量分析。

相关关系是指一个变量的值与另一个变量的值有连带性。也就是说，如果一个变量的值发生变化，另一个变量的值也有变化，那么，这两个变量就是相关的。

相关关系分析的主要内容如下：①确定社会上客观事物之间有无相关关系。相关分析的前提是客观事物本身确实存在相关关系，如果不存在这种关系，就谈不上对它的分析。可以使用的分析方法包括交互分析法和卡方检验。②确定相关关系的密切程度。

（一）双变量关系描述

为了得到关于两个变量相互关系的直观描述，我们通常把数据按照某个标志（自变量）进行分组，观察另外一个标志（因变量）的相关变化。

例如，为了描述年龄或幼时习惯与牛奶消费的关系，我们把消费者按照年龄或幼时习惯分组观察不同组人员牛奶消费的差别。如表 6-2 所示，我们可以看出，年龄越大的消费者牛奶消费量越少，幼时有牛奶消费经历的消费者现在每周消费牛奶的数量大于幼时没有相关经历的消费者。

表 6-2 消费者特征与每周牛奶消费量

项目		调查样本数/人	平均每人牛奶消费量/升
年龄分布	20~30 岁	200	1.4
	30~40 岁	200	1.3
	40~50 岁	180	1.0
	50~60 岁	160	0.9

续表

项目		调查样本数/人	平均每人牛奶消费量/升
年龄分布	60 岁以上	150	0.7
合计/平均		890	1.1
10 岁之前是否食用过牛奶	食用过	520	1.5
	没食用过	370	0.5
合计/平均		890	1.1

（二）交互分析法

交互分析法，又称列联表分析法，是指按照两个或两个以上的分组标志（自变量），将资料做行列交叉分类。交互分析的结果通常以交互分类表的形式反映出来。

利用交互分类表可以较为深入地描述样本资料的分布状况和内在结构，如表 6-3 所示。表 6-3 的横向变化反映了保持年龄段不变，随着幼时消费经历变化当前牛奶消费量的变动；纵向变化则反映了保持幼时经历相同，随着年龄变化牛奶消费的变化。在表 6-3 这个例子中，对每个年龄段而言，幼时食用过牛奶的人当前牛奶消费量都大于幼时没有食用过的人，而保持幼时消费习惯不变后，每个年龄段的人都消费了相同数量的牛奶。年龄较小的消费者中幼时食用过牛奶的样本比例较大，因此，在合计部分（即不保持幼时经历不变时），年龄较小的消费者消费了较多的牛奶。

表 6-3　年龄、幼时经历与每周牛奶消费量的交互分析

年龄分布	10 岁前是否食用过牛奶				合计	
	食用过		没食用过			
	样本数/人	平均消费量/升	样本数/人	平均消费量/升	样本数/人	平均消费量/升
20~30 岁	180	1.5	20	0.5	200	1.4
30~40 岁	160	1.5	40	0.5	200	1.3
40~50 岁	90	1.5	90	0.5	180	1.0
50~60 岁	60	1.5	100	0.5	160	0.9
60 岁以上	30	1.5	120	0.5	150	0.7
合计	520	1.5	370	0.5	890	1.1

（三）卡方检验

上述的交互分类表既可以用来对总体的分布情况和内在结构进行描述，又可以用来进行分组比较。但是，交互分类表的结论只是在所调查的样本范围内成立，仅仅是用来说明样本的基本情况，如果要使得从样本中得出的结论具有统计意义，可以通过样本来反映总体的情况，就必须进行卡方检验。

1. 卡方检验的基本步骤

例如，某社会调查得出的消费者的受教育程度和转基因食品的购买意愿交互分类表如表 6-4 所示，我们想知道的问题是消费者的受教育程度和转基因食品的购买意愿是否存在着相关关系。对这个问题的回答可以通过卡方检验来完成。卡方检验的基本步骤如下。

表 6-4　消费者的受教育程度和转基因食品的购买意愿交互分类表

购买意愿	受教育程度				合计
	小学及以下	初中	高中	大学及以上	
购买	30	50	70	80	230
不购买	70	70	50	60	250
合计	100	120	120	140	480

第一，建立两变量间无关系的假设。即假设消费者的受教育程度和转基因食品的购买意愿相互独立，互不相关。

第二，计算 χ^2 值。χ^2 的计算公式为

$$\chi^2 = \sum \frac{(f_0 - f_e)^2}{f_e} \tag{6-9}$$

式中，f_0 为交互分类表中每一格的观察频数；f_e 为交互分类表中 f_0 所对应的期望频数。

期望频数 f_e 的计算方法如下：用每一个 f_0 所在的行总数乘以它所在的列总数，再除以全部样本数。在本例中，通过计算得出 $\chi^2 = 24.73$。

第三，确定自由度和显著性水平。自由度为 $df = (r-1)(c-1)$。r 和 c 分别为交互分类表中的行数和列数，本例的自由度为 $df = (2-1)(5-1) = 4$。显著性水平由研究者自己确定，这里假定为 0.05。由 χ^2 分布表可查得，自由度为 4 的临界值为 9.488。

第四，将计算出的 χ^2 值和查得的临界值进行对比，若 χ^2 值大于或等于临界值，则认为差异显著，拒绝原假设，承认两变量之间存在着相关关系。在本例中，由于 $\chi^2 = 24.73$，显著地高于临界值 9.488，可以有 95%的把握认为消费者的受教育程度和转基因食品的购买意愿之间存在着相关关系。

2. 卡方检验的作用

卡方检验的作用，主要体现在以下两个方面。

第一，对两变量的相关关系进行审查，此时卡方检验又称作独立性检验（即两变量是相互独立，还是彼此相关），如上例中所示。

第二，对较小规模的样本资料进行差异的显著性检验，即核查交互分类表中所出现的分布差异究竟是随机抽样的误差所引起的，还是总体中的分布状况所导致的。如表 6-5 显示的是不同居民对生活水平的满意情况。

表 6-5　不同居民对生活水平的满意情况

满意情况	农村居民	城市居民
满意	78.6%	65.9%
不满意	21.4%	34.1%

如果仅仅从交互分类表中的百分比来看，也许会得到这样的结论：城市居民和农村居民在对生活水平的满意情况方面存在明显差别。农村居民对生活水平的满意比例明显高于城市居民的比例（二者之间的差别达到了13%左右）。但是，如果用这一结果来反映总体的情况，那么就会歪曲现实。实际上，表 6-5 所反映的只是样本的情况，样本结果中所表现出的差异能不能代表总体中的情况，还要经过统计检验来验证。下面我们对上述结果进行卡方检验。通过计算，得出表 6-5 中数据的 χ^2 值为 3.692，小于显著度为 0.05 的临界值 3.841。所以，我们可以得出结论：表 6-5 中所表现出来的城市居民和农村居民在对生活水平的满意情况之间的差异，是抽样的随机误差造成的，它在总体中并不存在，总体中城市居民和农村居民在对生活水平的满意情况方面不存在明显差别。

需要指出的是，卡方检验中的 χ^2 值的大小，不仅与数据的分布有关，还与样本的规模有关。当样本足够大时，一些很小的分布差异也可以通过卡方检验达到显著性水平。因此，当调查样本的规模很大时，确定变量之间存在着“有显著性”的关系并无很大意义，更重要的问题倒是“如果变量之间存在着关系，其强度有多大”，即确定变量之间的关系强度问题。

（四）变量的相关程度

变量相关程度测度的指标依变量的测量层次的不同而有所差别。这里仅仅对关系强度测度的不同指标做简要说明，具体的计算方法，读者可以参见相关统计分析书籍。

如果两个变量都是定类变量，或一个定序一个定类，则可以用 λ 指数来衡量变量间的关系强度；如果两个变量都是定序变量，则可以用 Gamma 指数来衡量。

当两个分析的变量一个为定类（或定序）变量，另一个为定距变量时，用相关比率（correlation ratio）或 eta 系数来测量二者间的相关程度；当两个变量都是定距变量时，可用皮尔逊相关系数（r 系数）来衡量。另外，要将随机样本中有关变量间关系的结果推论到总体，必须对其进行统计检验，不同相关系数的检验方法如表 6-6 所示。

表 6-6　变量之间相关关系测量与检验方法总结表

变量层次	相关系数	取值范围	检验方法
定类-定类；定类-定序	λ 指数	[0，1]	χ^2 检验
定序-定序	Gamma 指数	[-1，1]	Z 检验
定类-定距；定序-定距	eta 系数	[0，1]	F 检验
定距-定距	皮尔逊相关系数	[-1，1]	F 检验（t 检验）

三、方差分析方法

（一）方差分析基本思想

方差分析（analysis of variance，ANOVA）是经济研究中对数据进行统计分析和检验的一种实用、有效的数理统计方法。一个复杂的事物往往受到多种因素的影响。例如，农作物的产量会受到劳动力投入、种子和肥料等生产资料投入、土质、水分等因素的影响。如何通过数据分析出各个因素的影响，从而抓住事物的主要矛盾，这就是方差分析所要解决的主要问题。

方差分析的基本思想如下：将总差异分解，分出组间差异和组内差异，并分别用组间方差、组内方差来表示其差异程度的大小，然后对组间差异和组内差异的大小进行比较。概括而言，方差分析就是采用分组的方法对差异进行分配和比较的方法。需要指出的是，方差分析的结果体现的是整体和部分的关系，是为更准确地寻找因果关系做准备的，而非真正的因果关系分析。

（二）方差分析应用实例

全国百篇优秀博士学位论文之一《中国粮食生产与价格波动研究》一文就是用了方差分析方法对中国粮食产量的波动进行了研究，如表 6-7 所示。

表 6-7　1963~1996 年中国粮食总产量方差在作物品种上的分解

项目	水稻		小麦		玉米		杂粮	
	数值	贡献率	数值	贡献率	数值	贡献率	数值	贡献率
方差	59.121	0.365	32.749	0.202	0.130	0.136	22.159	0.137
协方差	12.492	0.077	20.988	0.130	−6.780	−0.042	−0.782	−0.005

资料来源：蒋乃华. 1998. 中国粮食生产与价格波动研究. 南京农业大学博士学位论文

粮食总产量的方差是各作物、各地区产量方差和协方差的总和。通过总产量方差的分解，我们可以得到每种作物和每个地区对总方差产生的贡献，从而有效地确定波动的来源。

表 6-7 中，各项方差对整个方差所做的贡献用各项方差除以总产量方差所得的百分比得出，这个百分数的大小标志着某地区或某作物分项自身的产量波动对整个波动产生的影响或贡献，而协方差项则表示该项与其他项的相互作用所产生的影响。

上述分解结果显示，在总产量方差的构成上，水稻方差的贡献最大，贡献率为 36.5%，而小麦、玉米和杂粮的贡献率分别为 20.2%、13.6%、13.7%。就协方差项而言，小麦的协方差项对总方差的贡献率高达 13.0%，表明小麦与其他项共振的趋向最为明显，是加大总产波动的一大来源；水稻的协方差项对总方差的贡献率近 8%，与其他项的共振趋向也比较明显；而玉米的协方差项贡献率约为−4.2%，杂粮项的协方差贡献率则达到−0.5%，说明在中国多元的粮食作物生产体系中，玉米和其他的非主导粮食作物不仅大大增加了中国粮食的总供给，而且对减缓粮食总产量的波动起到了积极有效的作用。

四、聚类分析方法

（一）聚类分析基本思想

聚类分析是研究如何将研究对象按照多个方面的特征进行综合分类的一种统计方法。对所研究的对象进行分类，实际上是一切科学研究的基础。在以往的分类中，人们主要靠经验和专业知识做定性分类处理，许多分类往往带有主观性和任意性，不能揭示客观事物内在的本质差别和联系，或者人们只根据事物单方面的特征进行分类，虽然这些分类也很有用，可反映事物某些方面的区别，但往往难以反映各类事物之间的综合差异。聚类分析方法的出现和发展，有效地解决了科学研究中多因素、多指标的分类问题。

聚类分析认为我们所研究的样本或指标（变量）之间存在着不同程度的相似性。于是根据一批样本的多个观测指标，找出一些能够度量样本或指标之间相似程度的统计量，以这些统计量为划分类型的依据，把一些相似程度较大的样本或指标聚为一类，把另外一些彼此之间相似程度较大的样本又聚为另一类，关系密切的聚合到一个小的分类单位，关系疏远的聚合到一个大的分类单位，直到把所有样本（或指标）都聚合完毕，形成一个由小到大的分类系统。最后再把整个分类系统画成一张谱系图，用它把所有样本或指标间的亲疏程度表示出来。

根据分类对象的不同，聚类分析分为变量聚类（R 型）和样本聚类（Q 型）两种。对于一个数据，人们既可以对变量（指标）进行 R 型聚类（相当于对数据中的列分类），也可以对观测值（事件、样品）进行 Q 型聚类（相当于对数据中的行分类）。

（二）聚类分析的方法

聚类分析在发展的过程中，逐渐产生了不同的分类方法，主要有 *K* 均值聚类法（*K*-means cluster procedures）、系统聚类法（hierarchical cluster procedures）及两步聚类法（two step cluster）等。

1. *K* 均值聚类法

K 均值聚类法又称为快速样本聚类法，是非系统聚类中最常用的聚类法。这种方法要求事先知道可以分多少类。首先将 n 个样品随机分成 k 个类（每个类中至少有一个样品），然后按照某种准则选择 k 个凝聚点，并用每个凝聚点代表相应的类。接着将每个样品按距离就近原则，重新分配到与它最近的类中，这样就得到一个初始的分类方案。然后在初始分类方案的基础上按同样的准则重新选择凝聚点，重新分配每个样品……如此循环往复，直至分类比较合理，不再有新的类产生为止。

优点：占内存少、计算量小、处理速度快，特别适合于大样本的聚类分析。

缺点：应用范围有限，要求用户制定分类数目，只能对观测量（样本）聚类，而不能对变量聚类，且所使用的聚类变量必须都是连续性变量。

2. 系统聚类法

系统聚类法的基本思想是首先将 n 个样品看成 n 个类，同时建立类间接近（相似）程度的统计量（如距离、相关系数等），然后按照接近程度的大小，将接近程度最大的两类合并为一个新类，得到 $n-1$ 个类，并计算新类与其他类的接近程度；其次从中找出接近程度最大的两类加以合并变成 $n-2$ 个类，如此重复进行，每次减少一类，直至所有样品归并成一类为止，从而形成一个亲疏关系的谱系图，为实际的分类提供定量的依据。

优点：既可以对观测量（样品）进行聚类也可以对变量进行聚类，既可以是连续变量也可以是分类变量（categorical variable），提供的距离计算方法和结果显示方法也很丰富。

3. 两步聚类法

两步聚类法是一种探索性的聚类方法，是随着人工智能发展起来的智能聚类方法中的一种，用于解决海量数据或具有复杂类别结构的聚类分析问题。两步聚类法特点：具有同时处理离散变量和连续变量的能力；自动选择聚类数；通过预先选取样本中的部分数据构建聚类模型；可以处理超大样本量的数据。基本原理如下。

第一步：预聚类。对记录进行初始的归类，用户自定义最大类别数。通过构建和修改特征树（CT tree）完成。

第二步：正式聚类。对第一步完成的初步聚类进行再聚类并确定最终的聚类方案，系统根据一定的统计标准确定聚类的类别数目以后，可以通过传统的聚类方法进行聚类（SPSS 中采用合并型分层聚类法）。

（三）聚类分析的应用实例

例如，为了将我国的农作物生产区域划分成不同风险的小区域，即对我国农作物生产的区域划分风险等级，从而为识别我国种植业战略性结构调整过程中各地区面临生产风险程度提供客观依据，保证我国粮食生产的稳定性和安全性，学者邢鹂和钟甫宁根据“农业生产风险程度大致类似”和“农作物发展方向基本相同”的原则，选择“粮食单产变异系数”、“各地区农作物成灾概率”、“各地区粮食生产的效率指数”及“各地区粮食的专业化指数”4 个风险区划主导指标，运用聚类分析法对我国粮食产地进行了风险等级划分，见表 6-8。

表 6-8 我国粮食作物风险指标及其分区结果

风险等级	地区	单产变异系数	受灾率大于 30%的概率	专业化指数	效率指数
风险高	全国	0.03	0.64	0.70	1.00
	辽宁	0.14	0.68	1.16	1.05
	吉林	0.14	0.76	1.22	1.17
风险中等	天津	0.09	0.60	0.96	0.92
	河北	0.05	0.55	1.10	0.88
	山西	0.09	0.88	1.14	0.58
	内蒙古	0.11	0.86	1.11	0.65
	黑龙江	0.12	0.75	1.23	0.78
	山东	0.08	0.69	0.96	1.20
	陕西	0.08	0.89	1.19	0.64
	甘肃	0.07	0.63	1.07	0.63
	青海	0.06	0.53	0.85	0.68
	宁夏	0.07	0.55	1.13	0.78

续表

风险等级	地区	单产变异系数	受灾率大于 30%的概率	专业化指数	效率指数
风险低	北京	0.08	0.16	0.95	1.11
	上海	0.06	0.13	0.72	1.54
	江苏	0.05	0.47	0.96	1.38
	浙江	0.04	0.22	0.93	1.22
	安徽	0.08	0.39	0.98	0.99
	福建	0.03	0.19	0.94	1.08
	江西	0.04	0.13	0.85	1.12
	河南	0.06	0.40	0.99	1.07
	湖北	0.04	0.61	0.80	1.22
	湖南	0.04	0.45	0.89	1.26
	广东	0.04	0.20	0.89	1.25
	广西	0.07	0.23	0.84	0.96
	四川	0.04	0.16	1.05	1.09
	贵州	0.06	0.33	0.96	0.83
	云南	0.04	0.21	1.05	0.80
	西藏	0.05	0.37	1.24	1.10
	新疆	0.03	0.08	0.62	1.23

资料来源：邢鹂，钟甫宁. 2006. 粮食生产与风险区划研究. 农业技术经济，（1）：19-23

他们选择层次聚类法（hierarchical cluster）中的组间连接法（between-groups linkage，即依据不同类之间个体的距离的平均值进行类别合并），对参与分区的四个主导指标赋予相等的权重，用标准差标准化方法（z-score）对原始数据做初加工，并计算不同类别间的欧几里得距离（squared Euclidean distance）。将我国 29 个省区市的各种农作物的生产进行风险区划，将风险等级分为 3 类（风险低、中等、高）。

分析结果表明，我国粮食生产的风险区划分具有连片性的特点，如风险较低的地区，主要分布在西南、华东、华中和华南的大部分地区以及西北的新疆，中等风险地区主要位于西北的大部分地区和东北的黑龙江，而风险最高的两个地区是东北的吉林和辽宁。吉林和辽宁粮食播种面积和单产水平都较高，但每年受灾率大于 30%的概率也较高，分别为 76%和 68%，粮食单产波动大，生产不稳定。同为东北三省之一的黑龙江，自然条件与吉林、辽宁相似，粮食生产规模也接近，粮食单产波动也较大。

五、因子分析方法

（一）因子分析基本思想

因子分析方法是 1904 年由心理学家 Chales Spearman 提出的，目的是以最少的信息丢失，将众多原始变量浓缩成少数几个因子变量，来解释众多原始变量的多元统计分析方法。在实际问题的分析过程中，常用因子分析方法去除重叠信息，将原始的众多指标综合成较少的几个因子变量。基本思想是，根据相关性大小对变量分组，使组内变量间高相关、组间变量低相关。

因子分析的一般模型为

$$\begin{cases} X_1 = a_{11}F_1 + a_{12}F_2 + \cdots + a_{1m}F_m + \varepsilon_1 \\ X_2 = a_{21}F_1 + a_{22}F_2 + \cdots + a_{2m}F_m + \varepsilon_2 \\ \quad \vdots \\ X_p = a_{p1}F_1 + a_{p2}F_2 + \cdots + a_{pm}F_m + \varepsilon_p \end{cases} \quad (6\text{-}10)$$

式中，$X_1, X_2, \cdots, X_p$ 为实测变量；$a_{ij}\left(i=1,2,\cdots,p; j=1,2,\cdots,m\right)$ 为因子载荷；$F_i\left(i=1,2,\cdots,m\right)$ 为公共因子；$\varepsilon_i(i=1,2,\cdots,p)$ 为特殊因子。

在各个因子不相关的情况下，因子载荷 a_{ij} 是第 i 个原有变量和第 j 个因子变量的相关系数，即 X_i 在第 j 个公共因子变量上的相对重要性。因此，载荷越大，则说明第 i 个变量与第 j 个因子的关系越密切；载荷越小，则说明第 i 个变量与第 j 个因子的关系越疏远。

公共因子是在各个变量中共同出现的因子，在高维空间中，它们是相互垂直的坐标轴。特殊因子实际上就是实测变量与估计值之间的残差值。如果特殊因子为零，则为主成分分析。

为了使找到的主因子更易于解释，往往需要对因子载荷矩阵进行旋转。进行因子旋转的目的，就是要使因子载荷矩阵中因子载荷的平方值向 0 和 1 两个方向分化，使大的载荷更大，使小的载荷更小。

最后，需要计算因子得分。公共因子能反映原始变量的相关信息，用公共因子代表原始变量时，有时更有利于描述研究对象的特征，因而往往需要反过来将公共因子表示为变量（或样本）的线性组合，即

$$F_j = \beta_{j1}X_1 + \beta_{j2}X_2 + \cdots + \beta_{jp}X_p \left(j=1,2,\cdots,m\right) \quad (6\text{-}11)$$

称式（6-11）为因子得分函数。用它来计算每个样品的公共因子得分。因子得分函数中方程的个数 m 小于变量的个数 p，因此不能精确计算出因子得分，只能对因子得分进行估计，通常的估计方法有加权最小二乘法（weighted least squares，WLS）、回归法等。

（二）因子分析基本步骤

因子分析的基本步骤如下。

第一，建立原始变量间的相关系数矩阵；

第二，求该系数矩阵的特征值、累计贡献率，并确定公共因子个数；

第三，建立因子载荷矩阵；

第四，将因子载荷矩阵实行方差最大正交旋转，使得能对公共因子给出合理的解释；

第五，计算因子得分，根据得分对研究问题做出分析。

六、典型相关分析方法

（一）典型相关分析的基本思想

典型相关分析是研究两组变量之间相关性的一种统计分析方法，也是一种降维技术。例如，有两组变量，自变量为$\left(X_1,X_2,\cdots,X_p\right)$，因变量为$\left(Y_1,Y_2,\cdots,Y_q\right)$，当 $p=q=1$ 时，就是两个变量之间的简单相关分析问题；当 $p>1$、$q=1$ 时，就是一个因变量与多个自变量之间的多元相关分析问题；当p、q均大于1时，就是研究两组多变量之间的相关性，即典型相关分析。

典型相关分析的基本思想如下：仿照主成分分析的思路把多变量与多变量之间的相关化为两个变量之间的相关。首先在每组变量中找出变量的线性组合，使其具有最大相关性，然后再在每组变量中找出第二对线性组合，使其分别与第一对线性组合不相关，而第二对本身具有最大的相关性。如此下去，直到两组变量之间的相关性被提取完毕为止。有了这样线性组合的最大相关，使讨论两组变量之间的相关转化为研究这些线性组合的最大相关，从而减少了研究变量的个数。

（二）典型相关分析的基本过程

假设有两组随机变量$\boldsymbol{X}=\left(\boldsymbol{X}_1,\boldsymbol{X}_2,\cdots,\boldsymbol{X}_p\right),\boldsymbol{Y}=\left(\boldsymbol{Y}_1,\boldsymbol{Y}_2,\cdots,\boldsymbol{Y}_q\right)$，$\boldsymbol{Z}$为$p+q$总体的$n$次中心化观测数据阵：

$$\boldsymbol{Z}=\begin{pmatrix} X_{11}\cdots & X_{1p}Y_{11}\cdots & Y_{1q} \\ X_{21}\cdots & X_{2p}Y_{21}\cdots & Y_{2q} \\ X_{n1}\cdots & X_{np}Y_{n1}\cdots & Y_{nq} \end{pmatrix}'=\left(\underset{n\times p n\times q}{\boldsymbol{X}\,\boldsymbol{Y}}\right)' \tag{6-12}$$

记$p+q=m$，不妨设$q\leqslant p$。

第一步，计算相关系数阵$\boldsymbol{R}$，并将$\boldsymbol{R}$分解为

$$\boldsymbol{R}=\begin{pmatrix} \boldsymbol{R}_{11} & \boldsymbol{R}_{12} \\ \boldsymbol{R}_{21} & \boldsymbol{R}_{22} \end{pmatrix} \tag{6-13}$$

式中，$\boldsymbol{R}_{11}$、$\boldsymbol{R}_{22}$分别为第一组变量和第二组变量的相关系数阵；$\boldsymbol{R}_{12}=\boldsymbol{R}_{21}$为第一组与第二组变量的相关系数阵。

第二步，求典型相关系数及典型变量。首先求$\boldsymbol{A}=\boldsymbol{R}_{11}^{-1}\boldsymbol{R}_{12}\boldsymbol{R}_{22}^{-1}\boldsymbol{R}_{21}$的特征根$\lambda_i^2$，特征向量$\boldsymbol{S}_1\boldsymbol{\alpha}_i$；$\boldsymbol{B}=\boldsymbol{R}_{22}^{-1}\boldsymbol{R}_{21}\boldsymbol{R}_{11}^{-1}\boldsymbol{R}_{12}$的特征根$\lambda_i^2$，特征向量$\boldsymbol{S}_2\boldsymbol{\beta}_i$，则有

$$\boldsymbol{\alpha}_i=\boldsymbol{S}_1^{-1}\left(\boldsymbol{S}_1\boldsymbol{\alpha}_i\right),\quad \boldsymbol{\beta}_i=\boldsymbol{S}_2^{-1}\left(\boldsymbol{S}_2\boldsymbol{\beta}_i\right) \tag{6-14}$$

则随机变量$\boldsymbol{X}$和$\boldsymbol{Y}$的典型相关系数为λ，典型变量为

$$\boldsymbol{U}_1=\alpha_1'\boldsymbol{X},\ \boldsymbol{V}_1=\beta_1'\boldsymbol{Y};\ \boldsymbol{U}_2=\alpha_2'\boldsymbol{X},\ \boldsymbol{V}_2=\beta_2'\boldsymbol{Y};\cdots;\ \boldsymbol{U}_t=\alpha_t'\boldsymbol{X},\ \boldsymbol{V}_t=\beta_t'\boldsymbol{Y}\left(t\leqslant p\right) \tag{6-15}$$

第三步，典型相关系数λ_i的显著性检验。在做两组变量$\boldsymbol{X}$和$\boldsymbol{Y}$的典型相关分析之前，首先应检验两组变量是否相关，如果不相关，即$\operatorname{cov}\left(\boldsymbol{X},\boldsymbol{Y}\right)=0$，则讨论两组变量

的典型相关就毫无意义。

第四步，典型结构与典型冗余分析。

典型结构是指原始变量与典型变量之间的相关系数阵 $\boldsymbol{R}(\boldsymbol{X},\boldsymbol{V})$，据此可以计算任一个典型变量 $\boldsymbol{V}_k$ 或 $\boldsymbol{U}_k$ 解释本组变量 $\boldsymbol{X}$（或 $\boldsymbol{Y}$）总变差的百分比 $R_d(\boldsymbol{X};\ \boldsymbol{V}_k)$ [或 $R_d(\boldsymbol{Y};\ \boldsymbol{U}_k)$]。同时可求得前 $t(t\leqslant q)$ 个典型变量 $\boldsymbol{V}_1,\boldsymbol{V}_2,\cdots,\boldsymbol{V}_t$（或 $\boldsymbol{U}_1,\boldsymbol{U}_2,\cdots,\boldsymbol{U}_t$）解释本组变量 $\boldsymbol{X}$（或 $\boldsymbol{Y}$）总变差的累计百分比 $R_d(\boldsymbol{X};\ \boldsymbol{V}_1,\boldsymbol{V}_2,\cdots,\boldsymbol{V}_t)$ 或 $R_d(\boldsymbol{Y};\ \boldsymbol{U}_1,\boldsymbol{U}_2,\cdots,\boldsymbol{U}_t)$。

典型冗余分析用来研究典型变量解释另一组变量总变差百分比的问题。第二组典型变量 $\boldsymbol{U}_k$ 解释第一组变量 $\boldsymbol{X}$ 总变差的百分比 $R_d(\boldsymbol{X};\ \boldsymbol{U}_k)$（或第一组中典型变量解释的变差被第二组中典型变量重复解释的百分比）简称为第一组典型变量的冗余测度；第一组典型变量 $\boldsymbol{V}_k$ 解释第二组变量 $\boldsymbol{Y}$ 总变差的百分比 $R_d(\boldsymbol{Y};\ \boldsymbol{V}_k)$（或第二组中典型变量解释的变差被第一组中典型变量重复解释的百分比）简称为第二组典型变量的冗余测度。冗余测度的大小表示这对典型变量能够对另一组变差相互解释的程度大小。

第三节 计量模型分析方法

计量模型被广泛用于经济学和其他社会科学分析之中。计量模型的好处在于：一方面，它可以给出两个变量间的数量关系；另一方面，这种关系表示的是保持其他自变量不变时这一自变量变动对因变量的影响。后者可以使我们通过排除其他原因的影响，从而得到两个变量间的因果关系。

一、计量模型分析的基本原理

回归分析是对有相关关系的变量，根据大量资料找出合适的数学表达式来近似地表达变量间的平均变化关系，然后进行推断和预测的方法。数学表达式为回归方程。回归分析中，只涉及两个变量的回归分析方程叫作二元回归，涉及三个及以上变量的称为多元回归。

普通最小二乘法（ordinary least squares，OLS）是估计回归方程的常用方法。下面以两个变量的情形为例，介绍 OLS 估计步骤。

第一步，在两个具有相关关系的变量中确定因变量和自变量。确定的依据是对资料的理论分析。一般用 x 表示自变量，y 表示因变量。

第二步，由资料中两个变量的对应数值，做出散点图，根据图中各点的分布趋势确定两个变量是否相关。如果相关，可假设 $y=a+bx+e$，a、b 是待定的系数，e 被称为随机扰动项，代表影响 y 的其他因素。

第三步，由最小二乘法（也就是选取适当的 a 和 b，使得 $e^2=(y-a-bx)^2$ 值达到最小，此时方程对数据的拟合效果最好）可以计算出 a、b 的值。

$$b=\frac{n\sum xy-\sum x\sum y}{n\sum x^2-\left(\sum x\right)^2} \quad (6\text{-}16)$$

$$a=\overline{y}-b\overline{x} \quad (6\text{-}17)$$

式中，$\overline{y}$ 表示因变量均值；$\overline{x}$ 表示自变量均值。

第四步，将上述计算出来的 a、b 值代入原假设方程，则 $y=a+bx$ 即所求回归方程。

回归系数 b 表示自变量对因变量影响的大小和方向，其主要作用是使我们能够以自变量的变化来预测因变量的变化。当然，要保证这个模型估计的正确性和有效性，需要满足一系列的假定。详细介绍这些假定超出了本书的范围，大家可以参考任何一部介绍计量经济学的书。

当有多个自变量时，称为多元回归模型。这时，每个自变量的系数衡量的是其他自变量保持不变时该自变量变动所产生的偏影响。

二、计量模型的设定与分析

在运用计量经济模型进行研究时，必须记住的是，经济学的相关理论是模型的灵魂和基础，具体的分析方法仅仅是用来建立模型的工具和手段，一切计量模型的设定和运用都要建立在经济学的相关理论之上。

（一）计量模型的设定

1. 模型设定的要求

模型的建立有理论问题，更为重要的是实践问题。一般说来，判别模型优良程度总有一定的标准，可供参考的标准主要有以下几个方面。

（1）模型应当与数据所表现的现实相一致，这是一条建模的基本准则。

（2）模型应当与经济理论相一致，当存在若干相矛盾的理论时，一个模型至少应与一种理论相一致。

（3）模型必须有外生变量构成其回归变量，并且模型中含有明确的因果关系。

（4）模型中的参数应当具有相对稳定性，这是模型能用于预测和政策分析的必备条件，即估计出的模型参数必须可靠，并具有时不变性，即使将来新数据的协方差与原估算时用的样本数据的协方差不同了，参数的估计值也应不受影响。

（5）模型必须具有对数据的代表性和优良的拟合性，即由模型算出的内生变量估计值与实际观测值之差，只是随机误差。随机是指误差值无法由历史数据预测出来，否则就一定存在强于现有模型的设定形式。例如，随机误差出现序列相关，除了采用某些变通的估计方法处理序列相关问题以外，还应把序列相关视为模型设定有误的征兆，通常采用扩充滞后回归变量、重新设定模型的方法来解决。

（6）模型应当具有尽可能大的包容性。当一个模型能够完全解释另一个模型的结论时就称前者包容后者，包容性是衡量模型优劣的一条重要标准。一个成功的模型，应当不仅能反映数据中所含的规律性，还应能解释其他运用同样数据所建立的对立模型的长处与不足。包容性较强的计量经济模型一般能较好地揭示更普遍的经济规律。

（7）模型的简洁性。从实践上考虑，模型越简洁其自由度也就越大；从认识论上考虑，模型越复杂，人们全盘把握它的困难程度就越大，而且，复杂的设计常常能掩盖设计方案中的纰漏。简洁性准则迫使模型设计者采取科学的诚实态度。

能满足上述标准的模型，即可称为与理论和数据保持一致性的模型。总而言之，计量经济模型的设定过程，是一个综合考虑经济理论、样本数据、模型特征、使用要求等因素，依据上述标准进行科学性创作的过程，只有经过反复调整、反复检验才能得到较为理想的模型。

2. 模型变量的选择

设定计量经济模型首先要确定模型中的变量。模型变量的选择，要根据模型的研究目的，以经济理论为指导，因此通常不可能把所有的因素都列入模型，不得不舍弃某些因素，只抓住主要影响因素和主要特征。

模型变量选择的一般原则如下。

首先，需要正确理解和把握所研究的经济现象中暗含的经济学理论和经济行为规律。这是正确选择解释变量的基础。例如，我们研究生产者时，经济学的厂商理论为我们提供的生产函数、要素需求函数、产品供给函数及利润函数，每个函数都对应特定的自变量，并且厂商理论会给出自变量对因变量影响方向的预期。

其次，选择变量要考虑数据的可得性。这就要求对经济统计学有透彻的了解。计量经济学模型是在样本数据即变量的样本观测值的支持下，采用一定的数学方法估计参数，以揭示变量之间的定量关系。所以所选择的变量必须是统计指标体系中存在的、有可靠的数据来源的。如果必须引入个别对被解释变量有重要影响的政策变量、条件变量，则采用虚变量的样本观测值的选取方法。

最后，选择变量时要考虑所有入选变量之间的关系，使得每一个解释变量都是独立的。这是计量经济学模型技术所要求的。当然，在开始时要做到这一点是困难的，如果在所有入选变量中出现相关的变量，可以在建模过程中检验并予以剔除。

3. 函数形式的选择

回归模型的设定除了选择模型中的变量以外，另一重要方面是要使所设定的变量间函数形式能够体现变量间的基本关系，这就需要对模型的函数形式进行设定。模型函数形式的设定，是指根据对变量间相互关系的已有认识，把 Y 的条件期望设定为解释变量 X 的某种函数。总体条件期望函数 $E(Y/X_i)=f(X_i)$，可以设定为各种具体的函数形式。在计量经济学的实践中，通常把总体回归函数的具体函数形式设定为初等函数，应当注意的是，不同函数形式中参数的经济意义有较大差异。常用的函数形式及参数的意义如表 6-9 所示。

表 6-9 常用的函数形式及参数的意义

设定	函数形式	边际效应（$\mathrm{d}Y/\mathrm{d}X$）	弹性系数（$\mathrm{d}Y/Y$）（$\mathrm{d}X/X$）	参数 β_2 的意义
线性函数	$Y=\beta_1+\beta_2X$	β_2	$\beta_2\dfrac{X}{Y}$	$\dfrac{\mathrm{d}Y}{\mathrm{d}X}$

续表

设定	函数形式	边际效应（dY/ dX）	弹性系数（dY/Y）（dX/X）	参数 β_2 的意义
线性对数	$Y=\beta_1+\beta_2\ln X$	$\frac{\beta_2}{X}$	$\frac{\beta_2}{Y}$	$\frac{dY}{dX/X}$
倒数	$Y=\beta+\beta\left(\frac{1}{X}\right)$	$-\frac{\beta_2}{X^2}$	$-\frac{\beta_2}{XY}$	$-X_2\frac{dY}{dX}$
多项式（二次函数）	$Y=\beta_1+\beta_2X+\beta_3X^2$	$\beta_2+2\beta_3X$	$(\beta_2+\beta_3X)\frac{X}{Y}$	$\frac{dY}{dX}-2\beta_3X$
交互作用	$Y=\beta_1+\beta_2X+\beta_3XZ$	$\beta_2+\beta_3Z$	$(\beta_2+\beta_3Z)\frac{X}{Y}$	$\frac{dY}{dX}-\beta_3Z$
对数线性	$\ln Y=\beta_1+\beta_2X$	β_2Y	β_2X	$\frac{dY/Y}{dX}$
对数倒数	$\ln Y=\beta_1+\beta_2\left(\frac{1}{X}\right)$	$-\frac{\beta_2Y}{X^2}$	$-\frac{\beta_2}{X}$	$-X\frac{dY/Y}{dX/X}$
对数多项式（对数二次函数）	$\ln Y=\beta_1+\beta_2X+\beta_3X^2$	$Y(\beta_2+\beta_3X)$	$X(\beta_2+\beta_3X)$	$\frac{dY/Y}{dX}-2\beta_3X$
双对数（对数对数）	$\ln Y=\beta_1+\beta_2\ln X$	$\beta_2\frac{X}{Y}$	β_2	$\frac{dY/Y}{dX/X}$
对数曲线	$\ln\frac{X}{1-Y}=\beta_1+\beta_2X$	$\beta_2Y(1-Y)$	$\beta_2Y(1-Y)$	$\left(\frac{1}{1-Y}\right)\frac{dY/Y}{dX}$

表 6-9 中被解释变量与解释变量的关系许多都是非线性的，其中，有的虽然变量间为非线性的，但对参数而言却是线性的，可直接按对参数为线性的回归模型去估计与检验；有的通过初等函数变换就可得到对参数为线性的回归模型。

第一，双对数模型。如果设定的非线性模型为

$$Y_i=\beta_1X_i^{\beta_2}e^{u_i} \tag{6-18}$$

可通过取自然对数得

$$\ln Y_i=\ln\beta_1+\beta_2\ln X_i+u_i \tag{6-19}$$

变换后的模型被解释变量和解释变量都是对数形式，斜率系数 β_2 衡量的是被解释变量 Y 关于解释变量 X 的弹性，即当 X 每变动 1%时，Y 的均值变动的百分比。

第二，半对数模型。如果设定的非线性模型为

$$\ln Y_i=\alpha_1+\alpha_2X_i+u_i \tag{6-20}$$

或者

$$Y_i=\beta_1+\beta_2\ln X_i+v_i \tag{6-21}$$

式中，斜率系数 α_2 衡量的是当变量 X 的绝对量每发生单位变动时，引起被解释变量 Y 平均值的相对变动比率；斜率系数 β_2 衡量的是当变量 X 变动 1%时，Y 的均值变动的绝对量。

第三，倒数变换模型。如果设定的非线性模型为

$$Y_i=\beta_1+\beta_2(1/X_i)+u_i \tag{6-22}$$

这种模型表示随着 X 的递增 Y 将呈现非线性的递减，但最终以 β_1 为渐近线。

对于上述可变换为对参数线性的非线性模型，都可以方便地用线性回归的方法去估计和检验模型。除此以外，还有一些通过初等函数不能变换为对参数为线性的回归模

型，这类模型参数的估计面临一些更为复杂的问题，需要探索专门的方法。例如，在满足一定的条件下，可借助于泰勒级数展开来近似线性化。

模型函数形式选择的基本要求如下。

首先，选择模型函数形式的主要依据是经济行为理论。在数理经济学中，已经对常用的生产函数、需求函数、消费函数、投资函数等模型的函数形式进行了广泛的研究，可以借鉴这些研究成果。需要指出的是，现代经济学尤其注重实证研究，任何建立在一定经济学理论假设基础上的理论模型，如果不能很好地解释过去，尤其是历史统计数据，那么它是不能为人们所接受的。这就要求理论模型的建立要在参数估计、模型检验的全过程中反复修改，以得到一种既能有较好的经济学解释又能较好地反映历史上已经发生的诸变量之间关系的数学模型，忽视任何一方面都是不对的。

其次，根据变量的样本数据做出解释变量与被解释变量之间关系的散点图，由散点图显示的变量之间的函数关系作为理论模型的数学形式。这也是人们在建模时经常采用的方法。

再次，在某些情况下，如果无法事先确定模型的函数形式，那么就采用各种可能的形式进行试模拟，然后选择模拟结果较好的一种。

最后，线性模型通常是很好的选择，即使模型的形式很复杂，线性模型通常也能得出两个变量间较准确的关系。因为在数学上线性模型可以看作非线性模型的一阶近似。

（二）计量模型的分析

1. 模型的估计

设定的模型确定以后，即可用收集的数据去估计模型中的参数。常用的模型估计方法主要是 OLS。事实上 OLS 不仅简便易用，而且在很多情形下都是既简便又适用的估计方法。模型中参数的估计与对模型的检验通常是个反复的过程，如果模型估计和检验的结果表明模型完全满足古典假定的要求，模型也通过各项检验，则参数的估计值就是计量的结果。如果经检验发现某些古典假定不能满足，则应按相应的方法对模型加以适当调整，或采用其他估计方法，如 WLS、广义差分、工具变量等方法去估计模型中的参数。

2. 模型的检验

计量经济模型的检验主要包括经济意义检验、统计推断检验、计量经济学检验、模型预测检验及模型的诊断性检验等。

（1）经济意义检验。对计量经济模型的检验，首先要检验所估计的模型参数的数值和符号是否符合特定的经济意义。如果所估计的参数与经济理论或实际经验的结论不符合，应当分析模型设定是否有问题，是否违反了基本假定。在确认模型、数据、假定、估计方法均无问题的情况下，应当反思经济理论和经验是否不完备，或许还会发现理论与经验有某些值得创新之处。

（2）统计推断检验。统计检验是利用统计推断原理，对参数估计的可靠程度、观察数据的拟合程度进行检验，主要方法是拟合优度检验、方程的显著性检验（F 检验）和变量的显著性检验（t 检验），通过检验分析模型和各个变量是否显著。若模型或某些变量不显著，则应认真分析其原因，特别是要分析是否违反了某种基本假定条件。估计模型并分析 F 统计量、R^2 等可以捕获对被解释变量中变动百分比的解释信息，t 统计量可以表明所选变量显著性的信息，回归系数的符号可以提供估计值的经济背景合理与否的信息。

概括而言，回归模型假设检验的步骤如下。

第一，查看拟合优度，进行 F 检验。从整体上判断回归方程是否成立，如果 F 检验通不过，无须进行下一步；否则进行下一步。

第二，查看各个变量的 t 值及其相应的概率，进行 t 检验。如果相应 t 值大于给定的显著水平，该自变量的系数显著地不为 0，该自变量对因变量作用显著；否则，系数与 0 无显著差异，该自变量对因变量无显著的作用，应从方程中删去，重新估计方程。但是，一次只能将最不显著（相应概率最大）的删除。每次删除一个，直至全部显著。

（3）计量经济学检验。目的是检验模型的计量经济学性质，即检验模型基本假设的满足程度、各种经济计量假设的合理性，以及检验模型总体结构的预测能力，主要包括对模型的多重共线性、异方差性、自相关及设定误差的检验。在对模型的检验中，除了例行的计量经济学检验外，要特别注意解释变量与随机扰动项相关关系的检验，因为在选定了 OLS 作为估计方法后，解释变量与随机扰动项的相关关系将使参数的 OLS 估计具有不一致性。对解释变量与随机扰动项是否相关的检验，可从模型设定误差检验入手，各种模型设定误差的最终表现，均为随机扰动项与解释变量相关。此外，还可检验解释变量的测量误差和联立方程偏倚是否严重，因为解释变量的测量误差和联立方程偏倚也表现为解释变量与随机扰动项的相关性。若测量误差和联立方程偏倚问题不严重，则表明解释变量与随机扰动项的相关程度较弱，不会导致参数估计量较为严重的不一致性。此外，模型的计量经济学检验中还应考虑对总体回归函数设定的检验，分析设定的条件期望方程的具体函数形式是否恰当，某些变量是否应该表述为对数形式，某些变量是否只取水平值还是需要取其平方值，定性因素的引入方式，虚拟变量的选择是否足够，交互效应的数量分析是否需要，等等。

（4）模型预测检验。预测检验主要检验模型参数估计量的稳定性及相对样本容量变化时的灵敏度，确定所建立的模型是否可以用于样本观测值以外的范围，即模型的超样本特性。具体检验方法如下：第一，利用扩大了的样本重新估计模型参数，将新的估计值与原来的估计值进行比较，并检验二者之间差距的显著性；第二，将所建立的模型用于样本以外某一时期的实际预测，并将该预测值与实际观测值进行比较，并检验二者之间差距的显著性。

（5）模型的诊断性检验。模型的诊断性检验主要包括对变量的检验、残差检验和稳定性检验（稳定性检验包括 Chow、RESET 等检验）。对变量的检验包括参数约束、遗漏变量、包含无关变量的检验。残差检验包括正态性、ARCH、White 等检验。

在模型的计量检验中，对于不同数据类型的模型，通常残差统计检验所关注的重点有所差异。一般说来，对横截面数据应当着重考证异方差性是否存在；对时间序列数据应当特别考证自相关性是否存在。但这并不意味着截面数据不会产生自相关，也不表明时间序列数据不会产生异方差。应当警惕在某些情况下时间序列数据的异方差性，甚至可能比截面数据更为严重。对时间序列数据的进一步应用需要格外小心。例如，关于方程的估计，所采用的样本数据是水平值还是差分值？若为水平值，是否需要时间趋势变量，或者采用数据的差分形式是否更为合适？时间序列数据是否需要考虑季节性因素？从动态角度考虑，在分布滞后模型中滞后期应当如何选择？

显然，在模型检验中不存在什么“通行的模式”，可以在模型检验过程中遵照执行，因为在模型检验的每个阶段都需要进行大量的判断，并且不同的人所使用的检验方法也不尽相同。鉴于此，某些一般性的建议和指导原则，可能对于完成实证分析是很有益的。首先，要避免在没有对模型进行更多分析之前就仓促地给出结论。建议先依据一些经济理论框架，或对一些基本经济行为的理解去分析模型。其次，运用各种方法对所建模型进行一连串的诊断性检验，以确保所得结论对模型设定的改变不是太敏感。例如，检验是否应当在模型中加入省略变量，检验是否非线性，检验是否存在滞后被解释变量，等等。最后，在若干类似的模型中，运用所选择统计量的数值来判断某个模型是否优于其他的模型。

3. 模型的调整

模型的调整，是指对模型检验提出的问题如何予以解决，包括多重共线性、异方差性、自相关性及模型设定误差、测量误差等。例如，若是发现时间序列数据的模型中存在自相关，则或是重新建立模型，或是采用科克伦-奥克特等方法进行校正弥补；若是发现在横截面数据模型中存在异方差性，则可采用 WLS 进行参数估计；若是发现解释变量与随机扰动项之间存在相关性，则应采用工具变量法或二段最小二乘法估计参数，以避免参数估计的不一致性。

值得注意的是，模型的检验与调整并不是截然分离的，这里只是为了论证方便，人为地将其分为了两个阶段去说明。模型的估计、检验和调整通常是一个统一体中的不同侧面，相辅相成，并且模型的估计、检验和调整要进行若干次的重复，即重新估计、重新检验和重新调整，直到模型满意为止。

4. 模型计量结果的分析

经过检验证明所估计的模型符合要求之后，最后应对模型所提供的数量信息做具体的分析。根据建立模型的目的，可能是经济结构分析、经济预测、政策评价，其中经济预测和政策评价都要以所确立的经济结构为基础。经济结构分析主要是指模型中变量间的数量关系，这种数量关系是由所估计的参数体现的，所以应对所估计的参数数值与符号的经济意义做具体研究和评价。对实证分析结果的解释力度做出说明，主要体现在对回归系数的符号、大小及检验结果的解释方式上。除了一般性的解释外，如回归系数的符号、大小和统计显著性等，还可从灵敏度分析、弹性分析等多个角度，对回归系数的经济意义进行说明，也可从不同估计方法差异性比较的角度进行解释。

扩展阅读

现代经济学中数学的作用

钱颖一

从理论研究角度看，借助数学模型至少有三个优势：一是前提假定用数学语言描述得一清二楚。二是逻辑推理严密精确，可以防止漏洞和谬误。三是可以应用已有的数学模型或数学定理推导新的结果，得到仅凭直觉无法或不易得出的结论。运用数学模型讨论经济问题，学术争议便可以建立在这样的基础上：或不同意对方前提假设；或找出对方论证错误；或发现修改原模型假设会得出不同的结论。因此，运用数学模型做经济学的理论研究可以减少无用争论，并且让后人较容易在已有的研究工作上继续开拓，也使得在深层次上发现似乎不相关的结构之间的关联变成可能。

从实证研究角度看，使用数学和统计方法的优势也至少有三个：一是以经济理论的数学模型为基础发展出可用于定性和定量分析的计量经济模型。二是证据的数量化使得实证研究具有一般性和系统性。三是使用精致复杂的统计方法让研究者从已有的数据中最大限度地汲取有用的信息。因此，运用数学和统计方法做经济学的实证研究可以把实证分析建立在理论基础上，并从系统的数据中定量地检验理论假说和估计参数的数值。这就可以减少经验性分析中的表面化和偶然性，可以得出定量性结论，并分别确定它在统计和经济意义下的显著程度。

在肯定数学在经济学中的重要作用的同时，更需要指出：经济学不是数学。这里有两层含义。第一层含义是，在绝大部分论文中，经济想法是最重要的，数学和计量方法只是体现和执行经济想法的工具。经济学的主要领域是靠经济学知识而不是数学取胜，最终是经济学想法决定一篇文章的贡献，而不是数学推导。我们不能将经济学家与数学家混同，就像我们不能把物理学家与数学家混同起来一样。经济学家的工作毕竟不是为了开拓数学理论前沿，那是数学家的事情。因此，我们不能以数学水平的高低来衡量一名经济学家的水平，我们也不能以运用数学的多少和它的难易程度来作为评判经济学论文质量高低的标准。

第二层含义是，经济学是一门以现实中的经济行为和现象为研究对象的社会科学，因此，一方面，所有的经济学理论最终都要接受现实的检验；另一方面，新的理论的创立和旧的理论的发展也要受现实的启发。现代经济学非常重视实证分析。现代经济学的实证分析，或对已有理论的检验，或发现新的、已有理论尚不可解释的经验证据，都是以现代经济学理论为出发点和导向来进行的。这与其他的一些社会科学中的实证分析不尽相同。例如，在社会学中，许多实证分析并没有一致的理论基础，像通过估计变量间的相关系数来了解事实，而现代经济学的实证分析大都是基于经济学理论的。经济学家应用统计回归方法，不仅关心变量的估计值和变量间的相关性，更关心变量间的因果关系、模型假定对预测的影响及计量结果背后的经济含义，这是计量经济学不同于统计学的最重要方面。

因此，在本质上经济学不应同数学相类比。经济学同物理学相类比则更为恰当，因为物理学是研究自然界中的物质世界的自然科学，而经济学研究社会中的经济世界，两者都是科学，其理论都必须经过经验数据的检验，而数学理论是不需要用数据来检验的。当然经济学与物理学很不同的一点是，除极少数的情况外，经济学无法像物理学那样做可控实验。因此，相对于物理学而言，经济学不得不更多地依靠假定和数学推理来推断。这可以解释经济学方法论上的两个特点。其一，经济学对假定的现实性非常关注。弗里德曼著名的“有关假定不重要、只要预测正确”的经济学研究方法论之所以不可取，就在于它没有考虑到经济学研究不同于自然科学研究的基本困难是可控实验的不可行性和用经验数据直接检验结论的有限性。其二，这也说明为什么经济学中超越现实的数学推理有相当大的空间。但是最终而论，由于经济学是社会科学，经济学作为整体必须瞄准事实，与经济现实相关。

以上讲的经济学与数学的关系是一般而论，但是特例总是存在的，两个极端的例子便是两位诺贝尔奖获得者科斯和纳什。在一个极端，科斯定理是一个被称作定理但是并没有数学模型的原理。虽然它没有借助任何数学模型，但是逻辑推理步步严密、丝丝入扣。科斯定理改变了通行的观察问题的视角，建立了分析产权和政府干预的新的参照系。在另一个极端，纳什是一个数学家，“纳什均衡存在性”和“纳什谈判解”都是数学定理。但是它们在经济问题上应用广泛，成为博弈论的基本分析工具。有趣的是，科斯一直在法学院任教，而纳什从未离开过数学系。值得注意的是这是两个极端的特例，不能任意推广，事实上，绝大多数经济学家的情况并非如此。本文所引用的三十几篇参考文献中不少是半个世纪以来现代经济学中的经典论著，我们从中不难发现，第一，除个别外，这些论著都运用数学（或基于运用数学的论文）；第二，除个别外，它们都是论述经济学而非数学问题。

摘选自：《理解现代经济学》，经济社会体制比较，2002 年第 2 期。

三、常用计量模型分析方法

除了使用最小二乘法进行线性回归分析外，我们还经常使用其他一些回归模型，这些模型的因变量具有特殊的形式。估计时采取一种被称为“极大似然估计”的方法，这里不介绍这种估计方法。本小节拟介绍相关模型，主要包括离散被解释变量模型、Tobit 模型、有序因变量模型（ordered regression model）、分位数回归模型等，具体的模型估计原理和计算机软件操作可以参考相关计量经济学书籍。

（一）离散被解释变量模型

当模型的因变量是一个分类变量，如是否购买某种产品，是否采用某种农业技术等 0-1 型变量，而不是一个连续变量时，传统的线性回归方程不再适用（线性回归的因变量的取值范围在正无穷大与负无穷大之间），这时需要采用离散被解释变量模型。

离散被解释变量模型包括 Probit 模型和 Logit 模型，两类模型估计结果相差不大，可任选其中一个进行使用。下面解释 Logit 模型的基本原理。

设事件发生（Y=1）的概率为

$$P_i = \frac{e^{Z_i}}{1+e^{Z_i}} \tag{6-23}$$

则

$$e^{Z_i} = \frac{P_i}{1-P_i} \tag{6-24}$$

式中，P_i 为某事物发生的概率；$1-P_i$ 为某事物没有发生的概率；$\frac{P_i}{1-P_i}$ 为机会概率比，即事件发生的概率和未发生的概率之比；Z_i 为各种解释变量的线性组合，即 $Z_i=\alpha_0+\beta_1X_1+\beta_2X_2+\cdots+\beta_nX_n$，$X_1,X_2,\cdots,X_n$ 为各解释变量。

对 $e^{Z_i}=\frac{P_i}{1-P_i}$ 做 Logit 变换，两边取对数得

$$\ln\frac{P_i}{1-P_i}=\alpha_0+\beta_1X_1+\beta_2X_2+\cdots+\beta_nX_n \quad (6\text{-}25)$$

P_i 是未知数，不能事先观察到，故可以用最大似然估计法估计模型，得出各因素对 $\frac{P_i}{1-P_i}$ 的影响的显著程度，并预测出 P_i 的值。Logit 模型常用于横截面数据的分析中。

（二）Tobit 模型

Tobit 模型是因变量受限制模型的一种，其机理在于当因变量为切割值或片段值时采用。例如，我们观察一个企业或农民的生产投资行为，获取到了投资方面的数据，该数据取值范围是 0 到正无穷。有的企业或农民其实通过出售资产等减少了资本存量，即投资额为负值，但我们没有获取这些数据。

在上面这个例子中，解释变量 X_i 取实际观测值，而被解释变量 Y_i 只能以受限制的方式被观测到：当 $Y_i>0$ 时，“受限”观测值均取实际的观测值；当 $Y_i\leqslant 0$ 时，“受限”观测值均截取为 0。Tobit 模型就是用于该类研究。

Tobit 模型的初始指标函数为

$$Y_i^*=\beta_0+X_i\beta_1+\varepsilon_i \quad (6\text{-}26)$$

式中，i=1,2,…,n。

设这个方程满足通常的计量假定，但 Y_i^* 不可观察，而只能在某个范围内观测，如：

$$Y_i=\begin{cases}Y_i^*, b>Y_i^*>a\\ b, Y_i^*\geqslant b\\ a, Y_i^*\leqslant a\end{cases} \quad (6\text{-}27)$$

这是最基本的 Tobit 模型。

对于 Tobit 模型的回归系数解释不能直接给出，需要经过变化求出：

$$\frac{\partial E\left[y^*|X\right]}{\partial x_j}=\beta_j \quad (6\text{-}28)$$

$$\frac{\partial E\left[y|X\right]}{\partial x_j}=\beta_j\times \text{Prob}\left(a<y_i^*<b\right) \quad (6\text{-}29)$$

式（6-28）和式（6-29）分别给出了潜变量 Y_i^* 和可观测变量 Y_i 的边际效应。

（三）有序因变量模型

有序因变量模型，指的是因变量的类别可以按照高低的顺序排列的模型。社会科学领域中次序倚赖变量的存在非常普遍。例如，McKelvey 和 Zavoina 曾将议员对医疗保险法案的态度分为“反对”、“稍反对”及“强烈”，而 Marcus 和 Greene 在分析影响招募新兵的因素的时候，就将新兵分为“中等技能”、“高等技能”及“高科技人才”三类。这类的例子还有很多。

测量模型中的潜变量 y 是无法直接测量的，就由可观察到的 y^*来表示，y^*和 y 的关系如下：

$$y_i = m \quad \text{if} \quad \delta_{m-1} \leqslant y^* < \delta_m \quad \text{for} \quad m = L \quad \text{to} \quad J \tag{6-30}$$

δ称为临界值（threshold）或分界点（cutpoint）。由于 y^*最上端和最下端两个类别属于开放区间（open-ended interval），其上下分界都是无穷大的，无法计算其平均数及变异数，为方便测量就用 y 来将其分割成若干区间。例如，我们在了解被访者态度的时候，设定的回答 y 有“很满意”、“满意”、“一般”及“不满意”四种，那么 y^*与 y 的关系就是

$$y = \begin{cases} 1 = \text{很满意}, & -\infty \leqslant y^* < \delta_1 \\ 2 = \text{满意}, & \delta_1 \leqslant y^* < \delta_2 \\ 3 = \text{一般}, & \delta_2 \leqslant y^* < \delta_3 \\ 4 = \text{不满意}, & \delta_3 \leqslant y^* < \infty \end{cases} \tag{6-31}$$

在模型的回归上，有

$$y^* = x\beta + \varepsilon \tag{6-32}$$

x_k 在 y 的偏微分为

$$\sigma y^* / \sigma x_k = \beta_k \tag{6-33}$$

因为 x_k 和 y 的关系为线性的，所以 y^* 的偏微分可以解释为在其他变量保持不变的情况下，每增加一单位的 x_k，y 的期望值会改变 β_k 个单位。

同离散被解释变量模型一样，有序因变量模型也包括有序 Probit 模型和有序 Logit 模型。有序 Probit 模型需要对多元正态分布的整体进行评价，所以它的应用受到限制，研究中常用有序 Logit 模型。

（四）分位数回归模型

以前的回归分析中，主要考察解释变量 x 对被解释变量 y 的条件均值 E（$y|x$）的影响，此种方式属于均值回归。均值回归中我们主要关心的是 x 对整个条件分布 $y|x$ 的影响，条件均值 E（$y|x$）只是刻画了条件分布 $y|x$ 的集中趋势的一个指标而已。如果能够估计条件分布的重要条件分位数，如中位数、1/4 分位数、3/4 分位数，则可以对 $y|x$ 得到全面的认识。

分位回归的基本想法是由 Koenker 和 Bassett 引入经济学分析的。与线性回归一样，分位回归关心的也是因变量 y 在给定自变量 x 基础上的条件分布。不同的是，在线

性回归中，我们假定条件分布的一个重要特征——条件分布的均值——是 x 的线性函数，即 OLS 回归试图拟合一个条件期望的线性方程。如果我们考虑的不是 y 的条件均值，而是条件中位数，并且假定 y 的条件中位数是 x 的线性函数，这就是中位数回归，也叫作 50%分位回归。原则上讲，我们可以用任何 y 的条件分布分位数 p 来代替中位数，来构造 p 分位回归。

例如，研究教育的回报率。劳动者的能力、家庭背景或者所处的劳动力市场环境不同，会使得相同的教育得到不同的回报，没有理由相信同样的教育水平能够为不同的人带来相同的回报。分位数回归的目的之一就是把人们的目光从“平均”教育回报率吸引到回报率的“分布”上。如果在分析的过程中我们更加关心的是某一特定群体，如我们想知道的是穷人的教育回报率更高还是富人的教育回报率更高，问题该如何处理呢？

一种想法认为，可以通过将人群分组，对不同分组人群使用多元线性回归估计来达到分位数回归的目的。这种方法至少存在三个问题：第一，直接对样本分组，分组后进入各个分组回归方程中的样本只是样本总量的一部分，当样本量较小时，这种方法会受到很大的限制；第二，由于分组标准是以因变量为基础的，这样分组会导致因变量的分布被截断，从而造成截断样本估计偏误问题；第三，在尚未了解影响机制之前就对样本分组，主观意愿太强烈，因而不科学。

分位数回归方法估计的是距离因变量条件分布的某个分位数最近的一条直线，每个分位数的回归都需要利用所有的样本，从而可避免上述缺陷。同时，分位数回归对异常值和异方差等违背最小二乘法假定的情况具有较强的耐抗性，回归结果的稳健性强于 OLS 回归方法。

由于上面的基本想法，分位回归至少有如下两个优点。首先，通过对不同的分位数进行回归，我们可以对条件分布的不同位置进行分析。例如，给定教育水平（同时控制其他因素），工资的（条件）分布反映了其他没有被观测到的特征。由于这些特征在一定程度上与教育存在互补性（如能力和家庭背景），我们没有足够的理由要求教育回报率在工资条件分布的不同位置是一样的，分位回归正好可以对条件分布的不同位置进行分析。同时，通过分位回归，我们可以考察是否存在异方差——如果条件分布的形状随着解释变量而变化，不同分位点分位回归的系数也将不同。其次，如同中位值对于异常值的敏感程度小于均值一样，分位数对于异常值的敏感程度也远远小于均值。分位回归只受到是否存在异常值的影响，而与其具体位置无关（当然是在给定大于还是小于某个分位数的情况下）。因此，分位回归是稳健性质强于 OLS 的回归技术。

（五）倾向得分匹配方法

倾向得分匹配（propensity score matching，PSM）方法是项目效果评估的一种常用方法。项目效果评估的目的是衡量某一政策实施后是否起到了预期的效果，严格来说，政策的实施效果即项目参与者与其自身的“反事实”（即不参与该项目的假想情形）之间的差值。但是，在实际操作中，无法得知参与者如果不参加该项目会有什么结果，故常常转而比较项目参与者（干预组）与非参与者（比较组）之间的区别，作为对政策效果的估计。这种简单比较的方法可能引起估计偏误，主要有两方面的原因。

其一，干预组与比较组个体的自身特征（如性别、年龄、受教育程度等）可能导致估计偏误或大或小。为了控制这些和项目参与无关的其他特征对评估结果的影响，常常使用回归的方法。

其二，除了已经控制的因素以外，两组成员之间其他不可观测的自身特征依然可能使偏误项不为零，导致对项目效果评估的偏差。为解决这一问题，被理论界公认为最有效的方法是随机分组实验，即事先对干预组和比较组进行随机分组，然后比较二者的差别。

在现实中，由于财力和时间的限制，往往无法对观测对象进行事先随机分组，此时各样本可能根据自己的意愿或特征预先选择是否参与项目，从而导致项目参与的内生性问题。例如，我们走在路上，被塞到手里各种培训广告，要不要念培训班由我们自己决定。显然，预期收益大的人，才更有参加培训的积极性。正是由于上述选择效应的存在，并非随机分组，可以使用倾向得分匹配方法解决这种自我选择产生的内生性问题（endogeneity bias due to self-selection）。

倾向得分匹配方法并不是直接对干预组和比较组进行比较，而是首先用个体的“先天”特征模拟个体对政策参与的选择过程，评价出个体对政策参与的倾向得分。然后，逐一针对干预组中的个体，利用比较组资料构造出与其倾向得分相近的“匹配个体”，此二者即被认为是“先天”特征类似的个体，其唯一差别是有无参与政策。因此，二者之间的表现差值就反映了政策的实施效果。该方法由 Roseenbaum 等首次应用于生物统计领域，20 世纪 90 年代后，该方法开始被应用于卫生经济和其他社会科学领域。

这一方法的主要步骤如下。

步骤一：对所有样本 Logit 回归，模拟项目参与的选择过程。

步骤二：基于 Logit 回归系数，对每一个观测样本计算其倾向得分。

步骤三：对干预组中的每个样本，寻找比较组中的样本对其进行匹配。匹配方法可分为最近邻匹配（k-nearest neighbors matching）、半径匹配（radius matching）、核匹配（kernel matching）、局部线性匹配法（local linear matching method）等方法。

步骤四：计算得出匹配个体之间效果差值的均值，即政策的平均影响。

由于倾向得分匹配方法只需要政策实施后的数据，近年来该方法在政策评估中得到了广泛的应用，但是该方法也有局限性，主要表现为以下几点：第一，倾向得分匹配方法的一个前提假设是个体是否接受政策干预的决策只取决于一些可观察的变量，不可观测因素不影响个体是否接受政策干预的决策。例如，在研究培训对工资的影响时，需要假定不可观测因素（如个人智力水平、能力等）不影响其培训参与决策和工资水平，这无疑和现实不相符合。第二，倾向得分匹配方法的数据量要求极大。由于倾向得分匹配方法往往应用于截面数据，为了保证能找到与实验组个体特征最为接近的控制组，研究者需要收集大量的个体数据，以保证结果的精度。因此，综上所述，倾向得分匹配方法的应用必须满足很强的假设前提，并且要具有相当的数据量。如果研究者认为无法满足该方法的假定前提，手头的数据样本又不够大，就必须选用其他的政策评估方法。

（六）双重差分法

双重差分（difference-in-differences，DID）法：通过计算实验组在政策实施前后某个指标（如收入）的变化量，同时计算控制组在政策实施前后同一指标的变化量，两者变化量的差值即政策对实验组的净影响。如图 6-1 所示，A 为控制组，B 为实验组，在政策实施之前两者的状态分别为 A_1 和 B_1，在政策实施之后两者的状态分别为 A_2 和 B_2，则政策效果为（B_2-B_1）-（A_2-A_1）。

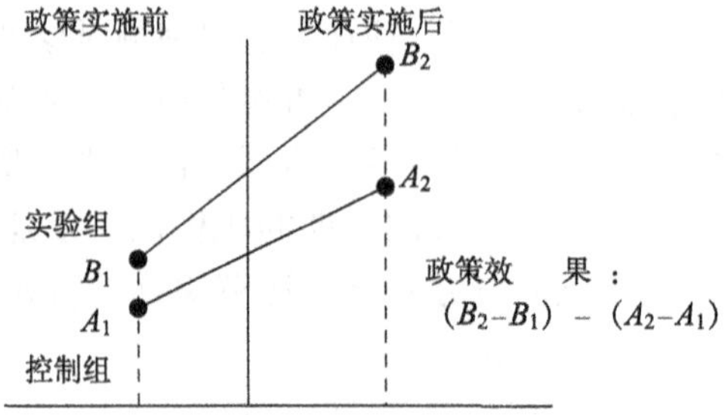

图 6-1 双重差分法示意图

双重差分法简单、易操作且逻辑清晰，其在国内外社会科学研究领域也有着广泛的应用。不过，这种方法估计的一致性依赖于以下假设：A、B 分组是随机的，或者影响分组的不可观测因素与个体发展不相关。即如果没有政策发生，那么 A 组和 B 组的表现差异在政策实施前和政策实施后是一样的。换句话说，如果没有政策发生，A 组和 B 组个体的发展轨迹是平行的。但是，在政策选择试点的时候，由于没有事先进行随机化，往往很难保证试点个体和非试点个体在没有政策干预情况下有平行的发展轨迹。同时，双重差分法对数据的要求也较为苛刻。双重差分法以面板数据模型为基础，不仅需要横截面单位的数据，还需要研究个体的时间序列数据，特别是政策实施前的数据。在现实中，往往无法获得政策实施之前的数据，因而限制了该方法的应用。

参考书目

陈向明. 2000. 质的研究方法与社会科学研究. 北京：教育科学出版社.

陈晓萍，徐淑英，樊景立. 2008. 组织与管理研究的实证方法. 北京：北京大学出版社.

库卡茨 U. 2017. 质性文本分析：方法、实践与软件使用指南. 朱志勇，范晓慧，译. 重庆：重庆大学出版社.

李连江. 2017. 戏说统计：文科生的量化方法. 北京：中国政法大学出版社.

李子奈. 2000. 计量经济学. 北京：高等教育出版社.

邱嘉平. 2020. 因果推断实用计量方法. 上海：上海财经大学出版社.

伍德里奇 J M. 2003. 计量经济学导论：现代观点. 费剑平，林相森，译. 北京：中国人民大学出版社.

第七章

论文写作与发表

在对论文的资料进行定性和定量分析之后，接下来要做的就是按照一定的规范完成论文的写作并准备投稿。论文写作要在较短的篇幅里以连贯的方式给读者提供充足的信息，因此，对很多研究人员来说，论文写作可能是整个研究过程中最困难的一部分。本章拟介绍经济管理论文写作的规范，同时也对论文排版和投稿做简要的说明，希望可以让论文的写作过程变得更愉快一些。

第一节　论文写作规范

本节拟对经济管理论文的写作规范进行简单的介绍。

一、论文写作的要求

作为解释经济原理和管理规律的经济管理论文，其写作的基本要求如下。

（1）科学性。经济管理论文应以正确的世界观和方法论为指导，以科学理论和科研实践为基础，采取严谨的态度去探求未知，得出结论。论文的科学性还体现在以下方面：论文的立论要客观、正确；论据要可靠、充分；论证要符合逻辑，严密、有力；表述要严谨、准确。

（2）首创性。首创性要求文章所揭示的事物现象、属性、特点及事物运动时所遵循的规律，或者这些规律的运用必须是前所未见的、首创的或部分首创的，必须有所发现，有所发明，有所创造，有所前进，而不是对前人工作的复述、模仿或解释。

（3）逻辑性。它要求论文脉络清晰、结构严谨、前提完备、演算正确、符号规范、文字通顺、图表精致、推断合理、前呼后应、自成系统。不论文章所涉及的专题大小如何，都应该有自己的前提或假说、论证素材和推断结论。通过推理、分析提高到学术理论的高度，不应该出现无中生有的结论或一堆无序数据、一串原始现象的自然堆砌。

二、论文的基本结构

同任何一门科学一样，创新是经济管理的生命之源。经济和管理的研究一般都是问题导向的，即一个研究计划一般都始于发现或提出一个问题。一般地，一篇标准的经济管理论文由以下几个部分组成。

（一）论文题目

在一篇论文的写作过程当中，首先要起一个好的题目。什么是好的论文标题？这个好的题目要小，要简洁，而且要突出创新之处。另外，一个题目能否引起别人的阅读兴趣，是很重要的，可以适当地考虑趣味性。

常见的起题目方法如下。

（1）揭示课题的中心内容。这一方法具有高度明确性，便于读者把握论文内容。例如，“中国粮食生产的地区比较优势及其对结构调整政策的含义”。

（2）用提问的方式。用提问句形式，但作者的主张和见解已经隐含在其中。例如，“中国农村劳动力转移的压力究竟有多大？——一个未来城乡人口适当比例的模型及分析框架”。

（3）主副标题的结合。主标题提问题，副标题提方法。例如，“外出务工、社会资本与农户新型合作医疗的参与——基于江苏省的实证分析”“中国国内商品市场趋于分割还是整合——基于相对价格法的分析”。

（二）摘要和关键词

摘要是一篇论文的微型版本，供读者粗略判断其价值，必须简短扼要。一般英文论文的摘要，不超过 200 个词，中文论文不超过 300 个字，而且一般不分段落，一段话即完成摘要。博士学位论文摘要可分段，字数可多些，但 800 个中文字已足够。

摘要主要包括：研究的目的和重要性、研究内容和方法及研究的结论和成果，突出论文的新见解。一个好的摘要要有概括性，要有主题，有创新点，要简要地指出自己的结论和发现。摘要一般是在文章完成后去写。

关键词是能够反映论文主要内容的概念，是搜索论文的主要途径。写关键词的关键之处在于：第一，如果关键词没有全部出现在摘要中，或修改关键词，或修改摘要。第二，如果前一、两个关键词没有出现在论文标题里，则有理由将其删去。第三，不关键的词，如“概述、现状、问题、对策”不能作为关键词。第四，关键词一般为 3~5 个。下面是一个摘要和关键词的典型例子。

转基因食品、消费者购买行为与市场份额

——以城市居民超市食用油消费为例的验证

钟甫宁　陈　希

摘要：本文根据城市居民入户调查数据，研究超市消费者的各类特征对其食用油购买行为的影响，并分析消费者个体购买行为如何加总形成转基因油的市场趋势，验证由超市销售数据得出的结论。研究表明，消费者的购买行为受到购买决策者的特征、风险意识、家庭社会经济因素等影响。此外，转基因油市场份额的改变受到较高收入者的“结构效应”影响，而低收入者的“总量效应”没有发生。一系列因素可能导致对“总量效应”乃至转基因油市场份额的低估。

关键词：转基因食品标签　市场份额　购买行为

（三）引言

引言也叫前言，引言作为学术论文的开场白，其主要目的是告诉读者为什么要研究这个问题。例如，认为现有的理论不能解释某一现象，或者要澄清对某一问题的认识，又或者是质疑现有理论，等等。因此引言部分应以简短的文字介绍写作背景和目的，以及相关领域内前人所做的工作和研究的概况，说明本研究与前人工作的关系，目前研究的热点和存在的问题，以便读者了解该文的概貌，起导读的作用。

引言虽然放在论文的第一部分，但它的写作却往往放在最后。对于作者来说，引言是陈述自己观点的喉舌，而对于读者来说，引言是他们了解一篇论文的窗口。事实上，一篇论文能否发表，在很大程度上取决于引言的质量，审稿人则往往通过引言来了解论文的质量和作者的功底。对于年轻的学者而言，在建立他们的学术声誉之前，尤其应该注意论文引言的写作，否则的话，他们的论文就难见天日。事实上，即使是著名的经济学家和管理学家，也十分注意论文引言的写作，很多著名经济学家和管理学家写论文的引言一般都要花费一个多星期时间仔细推敲。

一般来说，论文的引言应该包括以下几个部分。

（1）问题的提出。作者应该在论文的开头开门见山地用尽可能简洁的语言陈述他所发现或提出的问题，并进一步阐明该问题对于经济管理理论和实际应用的重要性。如果这并不是一个新的问题，那么作者应该进一步阐述他重新提出该问题的原因所在：是前人没有很好地解决，还是作者发现了一种新的思路和解决方法。

（2）参考文献的回顾性评论。任何研究都要建立在前人的基础上，并且遵守学术传统，而不是无本之木。文献评述部分，需要告诉读者关于这个问题前人研究到了何种地步，有什么缺陷，应该在哪些方面进行拓展。当文献评论不是非常长时，可以简单地放在引言部分。如果比较长，可以把最主要的、最经典的、最有意义的放在引言部分，突出研究的重要性和创新，其余放在下一部分文献综述中。

（3）解决问题的基本思路和基本方法。这是一篇论文的核心。经济管理论文非常重视解决问题的基本思路和方法是否具有原创性。在这一部分，作者应当充分而又简明地阐述自己对于解决所提出问题的新的思路或新的方法，以及作者所使用的分析框架或模型。一般地，如果作者所使用的基本框架是该领域的一个新框架，则作者应当阐明使用该框架的理由和它的基本假设。无论是思想上的创新还是方法或模型上的创新，作者都应该恰如其分地表述这种创新对于经济管理理论和应用的意义，以及它的限制性。

（4）论文的结构安排。在引言的最后部分，必须简要地介绍一篇论文的结构安排，包括除引言之外的各章节及其主要内容。这些内容的介绍大多可用一两句话简要概括。

【例 7-1】引言写法

在工业化进程及人们食品消费结构转型的推动下，中国畜禽养殖业快速发展。1978~2013 年，中国肉类总产量从 4 584 万吨增加到 8 535 万吨，奶类产量由 736 万吨增加到 3 649 万吨。畜禽产品产量的快速增长带来了畜禽粪便排放的大幅度增加。20 世纪 80 年代，中国畜禽粪便产生量仅为 6.9 亿吨，到 2011 年已达到 25.45 亿吨（朱建春等，2014）。畜禽粪便排放的大量增加导致了严峻的畜禽养殖污染问题。2010 年，中国畜禽养殖业主要水污染物排放量中化学需氧量（COD）、氨氮（NH3-N）的排放量分别为当年工业源排放量的 3.23 倍、2.3 倍，分别占全国这两种污染物排放总量的 45%、25%（孟祥海等，2014）。畜禽养殖业已成为中国环境污染的重要来源。（研究的背景介绍）

日益恶化的畜禽养殖污染对土壤环境安全、水环境安全、农产品质量安全、粮食安全及人们健康造成了严重影响，是中国实现经济与环境可持续发展面临的严峻挑战（Chadwick et al.，2015）。中国政府充分认识到畜禽养殖污染治理的重要性。2008~2010 年、2013 年的 4 个中央"一号文件"都明确提到了畜禽养殖污染的治理问题，2015 年中央"一号文件"也指出，"要开展畜禽粪便资源化利用，加强农业生态治理"。养殖户是畜禽粪便处理的实施主体和最基本的微观决策单位，采取相应激励政策措施推动养殖户选择环境友好型畜禽粪便处理方式，促进畜禽粪便资源化利用是畜禽养殖污染治理的关键途径。为此，中国政府采取了诸如沼气补贴、有机肥补贴等激励措施来引导养殖户进行畜禽粪便处理。统计数据显示，2001~2010 年，中央政府对农村户用沼气建设补贴金额达到 182.7 亿元，占国家沼气投资总额的 74%。除了中央政府的补贴之外，地方财政也会提供一些配套补贴资金。然而，尽管有如此高额的补贴，养殖户环境友好型畜禽粪便处理率仍然较低。据统计，2010 年，中国养猪户所产生的畜禽粪便用于沼气生产的比例只有 8.6%，还田比例为 49.5%，直接废弃比例高达 25.3%（仇焕广等，2013）。那么，环境友好型畜禽粪便处理方式的高补贴与低采用率共存的原因可能有哪些？哪些因素会影响养殖户选择环境友好型畜禽粪便处理方式？对上述问题的回答将为中国畜禽养殖污染治理相关政策的制定提供经验依据，对推动农业生态文明建设具有重要意义。（问题的提出）

目前，学术界对于养殖户环境友好型畜禽粪便处理行为的问题已经展开了一些研究例如，莫海霞等（2011）认为，养殖户畜禽粪便处理方式的选择与当地环境污染治理政策、养殖户家庭非农收入、养殖户家庭播种面积等因素密切相关，且存在显著的区域差异。仇焕广等（2012）发现，环境污染治理政策、饲养规模、人均播种面积、收入水平等因素影响养殖户畜禽粪便处理方式的选择。相较于引导养殖户减少畜禽粪便污染的改善环境计划，强制性的规章制度对降低畜禽粪便废弃率更有效。虞祎等（2012）基于政府补贴视角的分析认为，排污补贴将会促使养殖户选择更加环保的畜禽粪便处理方式；

养殖规模越大，选择环境友好型畜禽粪便处理方式的概率越高。冯淑怡等（2013）发现，经济因素和政策因素是影响养殖户畜禽粪尿处理方式选择的重要因素，宣传、培训等不具明显行政命令性质和激励效果的手段，对引导养殖户选择环境友好型粪尿处理方式的效果并不显著。何如海等（2013）对安徽省奶牛养殖户清洁处理技术意愿的分析结果表明，受教育程度、家庭收入、产业组织化程度、单位奶牛养殖面积、粪尿综合利用收益及粪尿是否分离处理等因素对养殖户采用清洁处理方式产生正向影响。Zheng 等（2014）的研究发现，政府政策在推动养殖户环境友好行为中具有重要作用，养殖户个体及养殖户个体之间形成的社会网络对环境友好行为的影响并不显著。张郁等（2015）的研究认为，养猪户建立粪污处理设施及粪污资源化利用等环境行为是综合考虑家庭资源禀赋后做出的理性选择，生态补偿政策对养猪户环境行为的选择具有显著的正向影响。（回顾前人的研究）

上述研究成果对本文研究有重要的借鉴和参考价值，但同时也存在一些不足：①从研究方法来看，现有研究主要借助二元 Probit 模型来分析不同因素对某一种畜禽粪便处理方式（如直接还田、出售、废弃、生产沼气）的影响。然而，正如冯淑怡等（2013）研究指出的：养殖户可能会同时选择多种畜禽粪便处理方式，而且这些处理方式的选择之间并不相互排斥。某些不能观测到的因素可能会同时决定养殖户畜禽粪便不同处理方式的选择，从而使用简单的二元 Probit 模型可能会产生估计偏误。②从研究内容来看，目前学者主要分析了人口统计学特征、生产经营特征和政府政策等因素对养殖户环境友好型畜禽粪便处理方式选择行为的影响，较少关注养殖户心理认知因素的影响。行为经济学理论认为，更科学的人类行为研究应该把人类的心理因素加入其中，这样能有效地分析在不确定性条件下人类的判断和决策行为。新制度经济学也主张把意识形态、价值观念等“非正式约束”纳入经济研究，以突破“经济人”假设的局限性。Prokopy 等（2008）和 Baumgart-Getz 等（2012）在回顾了 30 多篇有关农户最佳管理措施（best management practice）采纳行为的文献后发现，心理认知因素是决定农户采纳最佳管理措施的关键因素。鉴于此，本文研究将心理认知因素纳入养殖户环境友好型畜禽粪便处理方式选择行为影响因素的分析框架中，利用多变量 Probit 模型（multivariate probit model）来考察相关因素对养殖户选择 5 种畜禽粪便处理方式（废弃、直接还田、生产沼气、出售、制造有机肥）的影响。（文献的回顾性评论与本文的研究目的）

本文结构安排如下：第一部分是引言；第二部分是理论分析、模型构建及数据描述；第三部分是回归结果；第四部分为结论。（文章的结构安排）

文章选自：潘丹，孔凡斌. 养殖户环境友好型畜禽粪便处理方式选择行为分析——以生猪养殖为例. 中国农村经济，2015，（9）：17-29。

（四）文献综述

接下来是文献综述，如果在引言中没有很好地引述，那么在文献综述中应该做到以下两点：第一，简要回顾相关研究的发展；第二，要对既有文献做适当的“批评”。文献综述部分一方面体现对前人研究的尊重，另一方面也表明文章的价值何在。任何与本文相关的重要成果都应当在综述中得到体现，并且在参考文献中列出。这种评论绝对不是将参考文献简单地罗列，而是一种批判性的回顾。对于作者所提出的问题，前人有没有做过相关的或相近的研究，他们的成果和主要结论是什么，他们的工作存在的局限性，以及相比之下作者所做的创新。综述比较容易看出作者对该领域所下的功夫，因为作者需要广泛阅读，理解不同论文在关键假设和模型上的主要分歧。好的综述本身就是一篇独立的文章。一般认为，学术论文没有综述是不可思议的。应该注意的是，对前人工作的概括不要断章取义，如果有意歪曲别人的意思而突出自己方法的优点就更不可取了。

（五）分析框架

分析框架是经济管理论文的主体部分。可以用两种方式来阐述分析框架。

一种是用图形来表示。优点是可以简明直观地表达对问题成因的认识，比较适合突出和强调主要的影响因素或机制，其缺点是图形高度简化，某些假定与实践存在差距。

另一种方式是用数学模型表示。优点是能够处理多种因素和复杂的因果关系，而且模型的推理和论证过程严谨，但是在建立模型时会有一定的难度。

（六）实证分析

实证分析对于经济管理的重要性不言而喻。任何一种经济管理理论，无论从形而上的价值观判断是多么完美，如果无法在现实应用中找到自身的价值，那么它的生命力就不会持久。在实证分析中，数据的选取和计量模型的选择是两个最重要的方面。对于诸如产业组织理论和规制经济学等微观经济学领域以及管理学研究来说，实证分析往往以案例分析为主，这是因为在微观领域很难获得大样本的数据。然而近年来出现了一种新的实证分析的趋势，即用小样本数据进行计量分析，而关于小样本的统计理论的发展以及企业数据库的逐渐完善使得这种计量分析变得日益可行。

（七）结论

任何一篇完整的论文都必须有一个结论。经济管理论文的结论通常包括以下两个部分。

第一部分，用凝练的语言将论文所得到的基本结论及其意义做一个归纳总结，结果和讨论部分宜开门见山地列举本文的主要创新点，一篇论文有 3~4 个主要创新点就很不错，分量重的创新点一个也就够了。不要把论文作者做的所有工作在这里再逐章罗列一遍。结论中的创新点实际上就是阐明问题部分的假设，只是已经过验证，表述方式不同。结论中的创新点和摘要中的创新点应该一致，但结论部分可将分析结果和重要的输出图表列举出来，论证过程方法上有新意和特点之处也可写出来，内容要比摘要充实。结论应当尽可能简短，以节省篇幅并且避免不必要的重复。

第二部分，对于本论文未能解决的问题及模型和结论的局限性做简短的说明。提出这些开放性的问题有助于后继的研究者进一步深入研究，这是任何一个学科的繁荣所必需的，也许作者本身就是从其他学术论文的开放性问题得到启示的。指出模型和结论的局限性不但是学者的一种科学态度，而且有助于其他的研究者对该模型加以改进，从而获得一种更好的分析工具。

（八）附录

对于较为冗长的定理的证明，一般将其放在附录中。

（九）参考文献

参考文献是作者研究和写作的依据。任何一项研究都是建立在前人贡献的基础上，正确地引述参考文献不仅是为了尊重前人的贡献，同时也是为后来者提供研究的参考，因而参考文献实际上起着一种学术研究的承前启后作用。参考文献的引述必须恰当，既要避免遗漏重要的文献，从而给后人的研究带来不便，又要避免过多罗列并不直接相关的文献。一般地，参考文献中所列的论文或著作应当是作者在论文中提及过的文献。

参考文献的通常写法如下：要注明作者、年份、题目、杂志（或出版社）、期号、页码。参考文献的列法一定要规范，一定要注意参考文献的格式要统一。按照姓名来排序，把姓放在前面；正文里有的文献全要列，正文里没有的文献全都不要列。

扩展阅读

如何撰写论文

邹承鲁

在撰写论文时，必须作为首要考虑的是，要经常为读者着想，首先必须认识到，科研工作者都十分宝贵自己的时间，除极少数和自己工作关系十分密切的论文以外，绝大多数读者都不会阅读全文。正和我们自己一样，无论是从刊物的目录或是从网上，首先看到的是标题，因此首先要选择一个醒目而引人注意的标题。早年经常使用的如“某某问题的研究”一类的标题，现已很少有人使用。更为常见的是用论文中的主要结论作为标题，以期引起读者注意。标题之后其次最重要的是摘要，由于现在网上可以看到不少刊物所刊登论文的摘要，写好论文摘要就更加重要。只有摘要能引起读者兴趣，读者才会去查找全文。某些作者常对论文中图注和表注的重视不够。要牢记，不少读者首先浏览一篇论文的图表以了解这篇论文的主要内容。因此图注和表注要详细到足以说明问题，使读者看了图表及图注和表注就能够了解全文的主要结果，这也是一些国际重要刊物的要求。总之，写论文要首先想到读者，让读者清楚了解论文内容，才是一篇写得好的论文。自己阅读文献时对作者不满意的地方也常常是自己写论文时应该特别注意的地方。

摘选自：《我的科学之路》。

第二节 论文的排版

论文的排版是让许多人头疼的问题，尤其是论文需要多次修改时更加令人头疼。本节将总结一些用 Microsoft Word 进行论文排版的技巧，从而使论文排版更加方便和轻松，以便把更多的精力放在论文的内容上而不是文字的编排上。这些技巧不只在论文写作中可以使用，在写其他文档时也可以使用。

一、论文排版的要求

规范的形式是治学严谨的体现，格式规范也有助于学术交流。中国国家标准 GB 7713—87《科学技术报告、学位论文和学术论文的编写格式》对论文的结构和编排格式有详细规定。

国家标准规定论文的组成部分和排列依次如下：标题；作者署名；目录；摘要；关键词；正文；注释；致谢；参考文献；附录。以上所列的 10 个项目是经济论文的全部构成项目。一篇具体的经济论文，既可能包括所有的项目，也可能不需要完全具备这些项目。通常，在一般的用于学术期刊发表的交流性论文中，标题、作者署名、摘要、关键词、正文、注释、参考文献是必不可少的项目，而毕业论文和学位论文，由于其篇幅较长，除要有一般交流性论文必备的项目之外，还要有目录、附录和内容提要等项目。

论文中题名及层次标题的书写格式要遵照指定的标准。不同的刊物、场合和对象可能要求不同。国际标准 ISO 2145—1978 和中国国家标准规定报告、论文采用六级层次题名，1~4 级采用阿拉伯数字分级编号，各级间数字右下加圆点。如下所示。

第一级	第二级	第三级	第四级	第五级	第六级
1	1.1	1.1.1	1.1.1.1	a）	（1）

国内外对题名的层次体现方式还有字体大小、外文字母大小写、罗马数字、数字结合等。

二、论文排版的技巧

（一）设置纸张和文档网络

写文章前，不要上来就急于动笔，先要找好合适大小的“纸”，这个“纸”就是 Word 中的页面设置。从菜单中选择“文件→页面设置”命令，显示页面设置对话框，选择纸张选项卡。通常纸张大小都用 A4 纸，所以可采用默认设置。有时也会用 B5 纸，只需从“纸张大小”中选择相应类型的纸即可。

另外，为了能使文章内容看起来更清晰，可以在页面设置中调整字与字、行与行之间的间距。这可以通过在“页面设置”对话框中选择“文档网格”选项卡来实现，如图 7-1 所示。

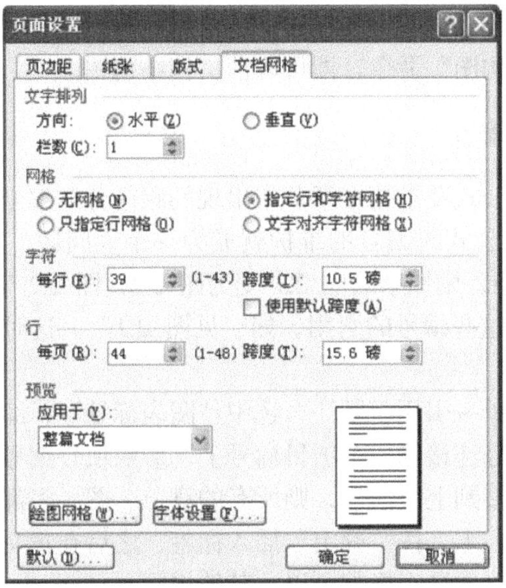

图 7-1 纸张的设置

(二)设置样式

接下来需要做的是指定文字的样式。通常，很多人都是在录入文字后，用“字体”“字号”等命令设置文字的格式，用“两端对齐”“居中”等命令设置段落的对齐，但这样的操作要重复很多次，而且一旦设置得不合理，最后还要一一修改，使用样式就可以省去这样的麻烦。

样式就是格式的集合。通常所说的“格式”往往指单一的格式，如“字体”格式、“字号”格式等。每次设置格式，都需要选择某一种格式。如果文字的格式比较复杂，就需要多次进行不同的格式设置。样式作为格式的集合，它可以包含几乎所有的格式，设置时只需选择一下某个样式，就能把其中包含的各种格式一次性设置到文字和段落上。

从菜单选择“格式→样式和格式”命令，在右侧的任务窗格中即可设置或应用格式或样式。

“正文”样式是文档中的默认样式，新建的文档中的文字通常都采用“正文”样式。很多其他的样式都是在“正文”样式的基础上经过格式改变而设置出来的，因此“正文”样式是 Word 中最基础的样式，不要轻易修改它，一旦它被改变，将会影响所有基于“正文”样式的其他样式的格式。

“标题 1”到“标题 9”为标题样式，它们通常用于各级标题段落，与其他样式最为不同的是标题样式具有级别，分别对应级别 1~9。这样，就能够通过级别得到文档结构图、大纲和目录。对于文章中的每一部分或章节的大标题，采用“标题 1”样式，章节中的小标题，按层次分别采用“标题 2”到“标题 9”等样式。

设置好样式和格式后，当文章比较长，定位会比较麻烦时，利用样式和格式可以很方便地进行层次结构的查看和定位。从菜单选择“视图→文档结构图”命令，可在文档左侧显示文档的层次结构，在其中的标题上单击，即可快速定位到相应位置。再次从菜单选择“视图→文档结构图”命令，即可取消文档结构图。

（三）图表的自动编号

在论文中，图表和公式要求按在章节中出现的顺序分章编号，如图1.6、表4.7等。在插入或删除图、表、公式时编号的维护就成为一个大问题，如在第二章的第一张图（图 2.1）前插入一张图，则原来的图 2.1 变为图 2.2，图 2.2 变为图 2.3……更糟糕的是，文档中还有很多对这些编号的引用，如“见图 2.1”。这时候需要使用图表的自动编号功能。

操作步骤：插入菜单→引用→题注，选中“图表标签”，编号中可以选“包含章节号”，这需要章节的编号连接到一个项目标号上，参照项目编号的设置，重要的是章的编号，其他节的编号连接到上层编号，则所有的章节、图、表都可以实现自动编号。把题注中“不包含标签”勾上，按“确定”插入标签，之后在正文中的标签前键入图就可以了。表只要在标签选择中选表格就可以，其他相同。

一般只需要建立一个标签就可以了，其他地方需要，可以直接复制标签，粘贴到指定位置，然后选中标签、更新域就可以，对于数量很多的标签，则先全部复制好，然后按 Ctrl+A 快捷键全部选中，在有标签域的数字上点右键，选“更新域”就会全部更新，或者在别的地方再插入一次题注就会自动更新。最简单的方法是按 Ctrl+A 全部选中，按 F9 更新域。

图表的应用则需要用到引用的交叉引用功能：插入菜单→引用→交叉引用，引用类型选中“图表的标签”，标注内容选“只有标签和编号”即可插入引用。

另外，在 Word 中如果一页图片太多的话就会跑来跑去找不到位置，可以使用 Word 的组合功能将所有图片组合在一起。第一步，将所有图片按属性→设置图片格式→版式→浮于文字上方步骤操作；第二步，将所有图片选中，右键组合；第三步，将组合后的图片版式设置成嵌入型或其他需要的版式。

（四）目录的制作

目录是用来列出文档中的各级标题及标题在文档中相对应的页码的。首先介绍 Word 的一个概念：大纲级别。Word 使用层次结构来组织文档，大纲级别就是段落所处层次的级别编号，Word 提供 9 级大纲级别，对一般的文档来说足够使用了。Word 的目录提取是基于大纲级别和段落样式的，在 Normal 模板中已经提供了内置的标题样式，命名为“标题 1”“标题 2”……“标题 9”，分别对应大纲级别的 1~9。

目录的制作分三步。

第一，修改标题样式的格式。通常 Word 内置的标题样式不符合论文格式要求，需要手动修改。在菜单栏上点“格式→样式”，列表下拉框中选“所有样式”，点击相应的标题样式，然后点“更改”。可修改的内容包括字体、段落、制表位和编号等，按论文格式的要求分别修改标题 1~3 的格式。

第二，在各个章节的标题段落应用相应的格式。章标题使用“标题 1”样式，节标题使用“标题 2”，第三层次标题使用“标题 3”。使用样式来设置标题的格式还有一个优点，就是更改标题的格式非常方便。假如要把所有一级标题的字号改为小三，只需更改“标题 1”样式的格式设置，然后自动更新，所有章的标题字号都变为小三号，不用手动去一一修改。关于如何应用样式和自动更新样式，请参考 Word 帮助。

第三，提取目录。按论文格式要求，目录放在正文的前面。在正文前插入一新页（在第一章的标题前插入一个分页符），光标移到新页的开始，添加“目录”二字，并设置好格式。新起一个段落，菜单栏选“插入→引用→索引和目录”，点“目录”选项卡，“显示级别”为 3 级，其他不用改，点击“确定”后 Word 就自动生成目录。若有章节标题不在目录中，肯定是没有使用标题样式或使用不当，不是 Word 的目录生成有问题，这时需要去相应章节检查。此后若章节标题改变，或页码发生变化，只需更新目录即可。

目录生成后有时目录文字会有灰色的底纹，这是 Word 的域底纹，打印时是不会打印出来的。在“工具→选项”的“视图”选项卡可以设置域底纹的显示方式。

（五）参考文献的编号和引用

论文写作中参考文献的标注本不麻烦，但是对参考文献编号后，有时需要修改这些编号，就很麻烦，这些问题和图表公式编号的问题一样。手工维护这些编号费力而且容易出错，Word 可以自动维护这些编号，方法跟图表公式的做法相似。

光标放在引用参考文献的地方，在菜单栏上选“插入→脚注和尾注”，弹出的对话框中选择“尾注”，点击“选项”按钮修改编号格式为阿拉伯数字，位置为“文档结尾”，确定后 Word 就在光标的地方插入了参考文献的编号，并自动跳到文档尾部相应编号处，键入参考文献的说明，在这里按参考文献著录表的格式添加相应文献。参考文献标注要求用中括号把编号括起来，让 Word 加中括号的方法，需要手动添加。

文档中需要多次引用同一文献时，在第一次引用此文献时需要制作尾注，再次引用此文献时点“插入→交叉引用”，“引用类型”选“尾注”，引用内容为“尾注编号（带格式）”，然后选择相应的文献，插入即可。

论文格式要求参考文献在正文之后，参考文献后还有发表论文情况说明、附录和致谢，而 Word 的尾注要么在文档的结尾，要么在“节”的结尾，这两种都不符合要求。解决的方法：首先删除尾注文本中所有的编号，然后选中所有尾注文本（参考文献说明文本），点“插入→书签”，命名为“参考文献文本”，添加到书签中。这样就把所有的参考文献文本做成了书签。在正文后新建一页，标题为“参考文献”，并设置好格式。光标移到标题下，选“插入→交叉引用”，“引用类型”为“书签”，点“参考文献文本”后插入，这样就把参考文献文本复制了一份。选中刚刚插入的文本，按格式要求修改字体字号等，并用项目编号进行自动编号。这样输入完整论文，打印文档时，尾注页同样会打印出来，而这几页是我们不需要的。当然，可以通过设置打印页码范围的方法不打印最后几页。这里有另外一种方法，选中所有的尾注文本，点“格式→字体”，改为“隐藏文字”，切换到普通视图，选择“视图→脚注”，此时所有的尾注出现在窗口的下端，在“尾注”下拉列表框中选择“尾注分割符”，将默认的横线删除。

同样的方法删除“尾注延续分割符”和“尾注延续标记”。删除页眉和页脚（包括分隔线），选择“视图→页眉和页脚”，首先删除文字，然后点击页眉页脚工具栏的“页面设置”按钮，在弹出的对话框上点“边框”，在“页面边框”选项卡，边框设置为“无”，应用范围为“本节”；“边框”选项卡的边框设置为“无”，应用范围为“段落”。切换到“页脚”，删除页码。选择“工具→选项”，在“打印”选项卡里确认不打印隐藏文字（Word 默认）。

除此之外，对参考文献的标注最好是使用个人参考文献管理软件，它不仅可以方便自动对参考文献进行编号和更新，而且可以根据不同的要求改变参考文献的样式。关于个人参考文献如何使用，请参见本书第四章。

（六）对文章的不同部分分节

文章的不同部分通常会另起一页开始，很多人习惯用加入多个空行的方法使新的部分另起一页，这是一种错误的做法，会导致修改时的重复排版，降低工作效率。另一种做法是插入分页符分页，如果希望采用不同的页眉和页脚，这种做法就无法实现了。

正确的做法是插入分节符，将不同的部分分成不同的节，这样就能分别针对不同的节进行设置。定位到第二部分的标题文字前，从菜单选择“插入→分隔符”命令，显示“分隔符”对话框，选择“分节符类型”中的“下一页”，并单击“确定”按钮，就会在当前光标位置插入一个不可见的分节符，这个分节符不仅将光标位置后面的内容分为新的一节，还会使该节从新的一页开始，实现既分节又分页的功能。用同样的方法对文章的其他部分分节。

（七）为不同章节加页眉页脚

论文里同一章的页面采用章标题作为页眉，不同章的页面页眉不同，这可以通过每一章作为一个节，每节独立设置页眉页脚的方法来实现（图 7-2）。

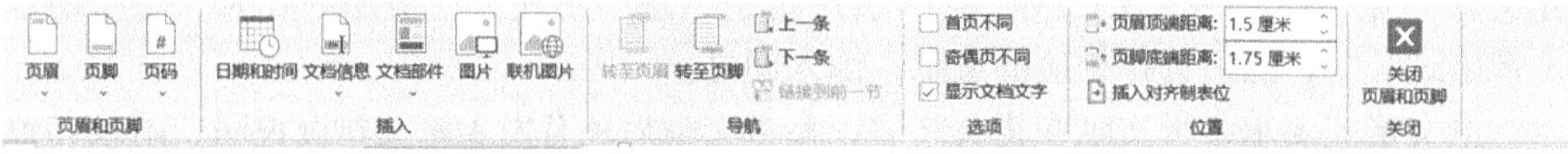

图 7-2　页眉页脚的设置

在各个章节的文字都排好后，设置第一章的页眉（视图菜单→页眉和页脚）。然后跳到第一章的末尾，菜单栏上选“插入→分隔符”，“分节符类型”选“下一页”，不要选“连续”（除非想将第二章的标题放在第一章的文字后面而不是另起一页），若是奇偶页排版，根据情况选“奇数页”或“偶数页”。这样就在光标所在的地方插入了一个分节符，分节符下面的文字属于另外一节。

双击页眉，Word 会弹出页眉页脚工具栏，工具栏上有一个“同前”按钮，这个按钮按下表示本节的页眉与前一节相同，我们需要的是各章的页眉互相独立，因此把这个按钮调整为弹起状态，然后修改页眉为第二章的标题，完成后关闭工具栏。如法炮制制作其余各章的页眉。

页脚的制作方法相对比较简单。论文页面的页脚只有页码，要求从正文开始进行编号，但是，在正文前还有扉页、授权声明、中英文摘要和目录，这些页面是不需要编页码的，页码从正文第一章开始编号。首先，确认正文的第一章和目录不属于同一节。然后，光标移到第一章，点击“视图→页眉和页脚”弹出页眉页脚工具栏，切换到页脚，确保“同前”按钮处于弹起状态，把光标移动到要插入页码的位置，左击“插入”菜单的“页码”，这时弹出的对话框内有“设置”选项，可以设置起始页，这样正文前的页面都没有页码，页码从第一章开始编号。

页眉段落默认使用内置样式“页眉”，页脚使用“页脚”样式，页码使用内置字符样式“页码”。如页眉页脚的字体字号不符合要求，修改这些样式并自动更新即可，不用手动修改各章的页眉页脚。

论文里页眉使用章标题，可以采用章标题做成书签，然后用页眉交叉引用的方法来维持两者的一致。

（八）在指定位置添加页码

通常很多人习惯从菜单选择“插入→页码”命令插入页码，这样得到的页码，将会在封面和目录处都添加页码。现在希望封面和目录没有页码，从目录之后的内容再添加页码，并且页码要从 1 开始编号。这同样要得益于分节的设置。

按 Ctrl+Home 快捷键快速定位到文档开始处，从菜单选择“视图→页眉和页脚”命令，进入“页眉和页脚”编辑状态，在“页眉和页脚”工具栏中单击“在页眉和页脚间切换”按钮，显示页脚区域。

在“页眉和页脚”工具栏中有一个“同前”按钮，默认情况下它处于按下状态，单击此按钮，取消“同前”设置，这时页脚右上角的“与上一节相同”提示消失，表明当前节的页脚与前一节不同。这时再插入页码，就能让页码只出现在当前节及之后的其他节。

从菜单选择“插入页码”命令，显示“页码”对话框，如图 7-3 所示。对齐方式分为右侧、左侧、居中、内侧和外侧，一般情况下选择居中。单击“格式”按钮，显示“页码格式”对话框，默认情况下，“页码编排”设置为“续前节”，表示页码接续前面节的编号。如果采用此设置，则会自动计算第 1 节和第 2 节的页数，然后在当前的第 3 节接续前面的页号，这样本节就不是从第 1 页开始了。因此需要在“页码编排”中设置“起始页码”为“1”，这样就与前面节是否有页码无关了。

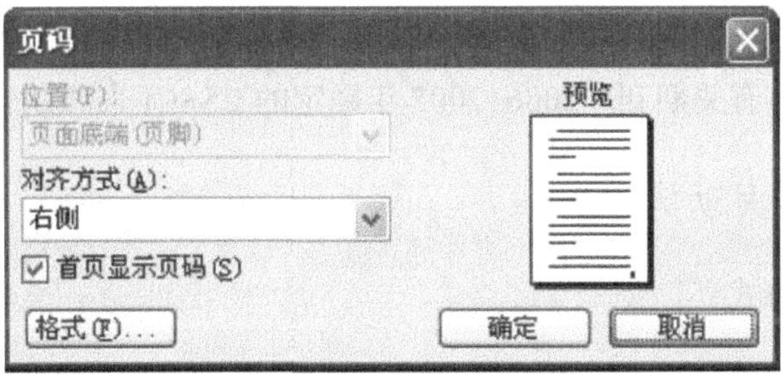

图 7-3　页码的设置

第三节 论文的投稿与发表

一、期刊评价体系简介

对中国出版的期刊中核心期刊的认定，目前国内比较权威的有以下几种版本。

第一种是北京大学图书馆与北京高校图书馆期刊工作研究会联合编辑出版的《中文核心期刊要目总览》（以下简称《要目总览》），《要目总览》收编包括社会科学和自然科学等各种学科类别的中文期刊。《要目总览》不定期出版，已于 1992 年、1996 年、2000 年出版过三版，在社会上引起了较大反响，2004 年、2008 年、2011 年、2014 年、2017 年、2020 年分别出版第四、五、六、七、八、九版。

第二种是中国科技信息研究所每年出一次的《中国科技期刊引证报告》（*Chinese S&T Journal Citation Reports*，CJCR，限理工科期刊，以下简称《引证报告》）。《引证报告》以国内 1 000 多种中、外文科技类期刊作为统计源，该引证报告选择总被引频次、影响因子、即年指标、被引半衰期、论文地区分布、基金论文数作为期刊评价指标，按期刊所属学科、影响因子、总被引频次分别排序，可用于期刊的质量评价。

第三种是中国科学引文索引（China science citation index，CSCI）或者中国科学引文数据库（Chinese Science Citation Database，CSCD），只限于理工科期刊。它是由中国科学院文献情报中心建立的，分为核心库和扩展库。核心库的来源期刊经过严格的评选，是各学科领域中具有权威性和代表性的核心期刊。很多高校和研究院所在科研成果认定中把 CSCD 核心库中的刊物均认定为核心期刊。CSCD 在系统功能建设上不仅与美国 SCI 基本一致，还根据国情设立了一些特有的数据项目，如论文受资助情况、论文发表的时差等。可以说，CSCD 汲取了 SCI 的先进经验，是目前中国自建的功能相对完善、内容比较规范的本土化的引文检索工具。

第四种是《中国人文社会科学核心期刊要览》。“中文社会科学引文索引”（Chinese social sciences citation index，CSSCI）收录期刊是由教育部社会政策法规司、17 所重点高校专家和社科管理专家组成的咨询委员会、全国 1 000 余位学科专家和南京大学中国社会科学评价中心共同评选后确定的。目前许多重点高校已将 CSSCI 的来源期刊作为本校文科教师科研评价的依据，教育部已正式启用 CSSCI 作为重点研究基地评估、申报的依据之一。CSSCI 的来源期刊是根据期刊的影响因子、被引总次数等数量指标与各学科专家意见而确定的。确定之后，还要进行动态管理，即每年根据期刊质量的情况，增删、调整有关期刊。2006~2007 年确定的 CSSCI 来源期刊为 493 种。

二、投稿方式与方法

（一）投稿的方式

投稿主要有三种方式：纸质投稿、E-mail 投稿和网上投稿。纸质投稿一般需要将稿件打印几份，邮寄给期刊编辑部，有的期刊还要求邮寄论文的软盘或光盘；E-mail 投稿就是将论文以附件形式发给编辑；网上投稿就是期刊有网上投稿系统，将论文在网上提交。

一般国内期刊要求纸质投稿的比较多，还有一些国内期刊在纸质投稿后，同时还要将稿件E-mail给编辑，国外期刊也有要求纸质投稿的，但似乎越来越少，毕竟航空信件来往费时费钱，所以逐渐被网上投稿所取代。E-mail 投稿国内国外期刊都有，但考虑到网络安全和技术的发展，E-mail 投稿也会逐渐被网上投稿所取代。网上投稿是国外期刊所采用的主要形式，有直观、迅速和方便的特点，但在网上投稿前需要在网站注册一大堆信息，第一次使用网上投稿会感到麻烦，但可以将第一次注册的信息保存到 Word 文件，方便日后的使用。

（二）如何投稿

投稿主要从四个方面来着想：一是稿件内容和质量；二是找到适合的期刊；三是熟悉投稿要求和流程；四是经验的积累。

作者首先要根据自己的文章进行自我评价，或者请导师或别人评价，也可以将自己的文章和与文章相关的文献进行对比，看自己文章质量怎样，然后再决定适合投哪个期刊。

在正确评价自己的文章后，可以通过到相应的数据库中去查找合适的期刊去投稿。在确定多个适合投稿的同类期刊后，结合自身的实际情况，比较各个期刊的审稿周期、版面费、期刊知名度（影响因子）、出版速度等，最终确定适合自己的期刊。

在最终确定一个投稿的期刊后，要熟悉这个期刊的投稿要求和流程，从而可以少走弯路，尽量避免麻烦。各个期刊的投稿要求不一样，一定要仔细阅读投稿要求，否则稿件很可能不会被受理。如果不熟悉一个期刊的投稿情况，一定想办法了解期刊的投稿须知。每个期刊的投稿要求不尽相同，如投稿内容、页数、字号、字体、行距、标号、公式、图表、参考文献写法等。国外一些期刊有字数或页数的算法，算起来还是比较费时费事。在基本了解投稿要求后，还可以下载几篇这个期刊的文献，看看这些文献的内容和格式。

扩展阅读

提高论文命中率的小诀窍

何 帆

下面是我从做编辑的角度给作者提出的若干建议，这些建议可能显得非常琐碎甚至愚蠢，但是，相信我，它们非常有用。

（1）投稿之前一定要读过所要投稿的杂志。也许大家会觉得很奇怪，但是，确实有很多向我们投稿的作者其实并没有读过我们的杂志，否则我想他们是不会向我们投稿的。有很多稿件根本就不适合在我们杂志上刊登，如有的稿件只是人物传记，还有些是属于其他经济管理分支如会计理论的。也许作者为这篇稿件花了很多工夫，但是他没有花最多1个小时的时间浏览一下我们的杂志，判断这本杂志的主要内容、风格和体例，结果是在30秒的时间内，他的论文就被丢进了废纸篓。

（2）用点心思写内容提要。内容提要就像是论文的简历。如果大家找工作要投寄简历，我可以告诉大家一个30秒法则，如果我们的简历不能够在30秒之内引起雇主的注意，那么我们必定失败。好多作者都不重视论文的内容提要，认为这是画蛇添足。但是，我可以从编辑的角度告诉大家，内容提要非常重要，尤其是在一流的学术期刊那里。例如，《世界经济》每天大约收到10篇稿件，但每期最多能刊登15篇论文，所以我们的录用率在5%以下。尽管我们尽最大的可能不让任何一篇优秀的论文漏网，但是考虑到时间和人力的约束，发生遗漏的可能性是不可避免的。怎样避免这种情况？这在很大程度上取决于论文的题目、内容结构、论文的格式是否规范，还有就是内容提要。内容提要应该用最简练的语言说服编辑和读者阅读我们的论文，清楚地表述我们想要研究的问题，我们的方法，我们的结论，我们在哪些方面做出了创新，等等。

（3）当第一篇论文投稿之后，马上准备下一篇论文。在实行匿名审稿制度之后，论文的发表周期将会随之拉长。实际上，如果大家在国外的杂志上发表论文，一般的发表周期会是2~3年。国内的发表周期要短得多，但是也至少要有半年到1年。因为审稿人提出审稿意见之后，作者还需要修改，像原来那种作者寄来的稿件不经过修改直接刊登的情况越来越少了。研究生的在校时间只有3年，如果二年级时才动手写论文，寄出后用情专一地痴心等待这篇论文发表，万一发表不了，马上就要毕业了，再想另起炉灶就太晚了。

（4）不要在论文中对别人的工作妄加批评。因为我们所批评的那个人很可能就是我们的审稿人。

（5）试图激怒审稿人对大家没有任何好处。当遭到退稿的时候，我们可能会很自然地责怪编辑和审稿人没有理解我们的论文的价值。这是完全可能的，我们并不排除有的审稿人只花15分钟读论文就匆忙做出结论的可能性。但从另一个方面来看，这恰恰对各位的论文提出了更高的要求。如果我们能够使自己的论文表述得更为清楚，问题更有趣、结论更鲜明，能够在15分钟之内给审稿人留下深刻的印象，那么我们成功的可能性就会大大提高。更多的情况是，绝大多数审稿人会认真地花费数个小时甚至数天阅读各位的论文，而且他们都是在这一领域内的一流专家。如果这些专家还是理解不了各位的思想，那么几乎可以肯定的是，各位的论文存在着这样那样的问题。

（6）不妨在一开始向平庸的杂志投稿。什么？你在前面不是劝告我们不要往平庸杂志投稿吗？——别误会，我说的这两点并不矛盾。如果大家只往平庸杂志投稿，会很快消磨掉大家的才华，写得太多，写得太顺手，最后就会沦为只能在平庸杂志上发论文。但是，如果大家一开始就直接向一流杂志投稿，遭到退稿的概率会很大，一次又一次的失败可能会消磨掉大家的锐气。失败并不是成功之母，不断有小的成功才能够激发更大的成功。所以，各位的确需要一点小小的成就感。

（7）千万不要抄袭。在国外读书的时候，每个入学新生都会领到一本写作手册，其中的第一条就是千万不要抄袭。这是学生能够犯下的最严重的罪过，比考试不及格严重多了，如果发现抄袭，马上勒令退学。

（8）千万不要一稿多投。我们有一个黑名单，所有一稿多投的作者将永不录用。其实，如果在一个月之内没有收到我们的通知，就可以视作稿件未被采用，可以另投其他刊物。其他的刊物也都有类似的声明。如果各位连这点耐心也没有，请参照第（3）条。

（9）记住在寄出稿件之前检查公式和图表的错误，改正错别字。

（10）记住写清楚自己的名字、单位和联系方式。

摘自：《如何发表经济学论文》。

三、学术规范和学术道德

学术规范是指学术共同体大致认同、应予遵循的基本学术原则与行为准则。在学术规范的自律与他律机制的引导与保障下，通过有效有序的学术对话、学术积累而达到学术创新。目前几种常见的学术不端行为有以下几种。

（1）抄袭。英文词“plagiarism”来源于拉丁语“plagiarius”，意为“绑匪”。抄袭是一种虚假的作者权，是窃取别人思想成果，并当作自己作品发表的错误行为。抄袭的形式包括：在重复别人的措辞或句子，转述别人论点和思路时，没有适当地指明出处，只在文后参考文献中列出所引成果，但在正文中没有指明；将他人文句进行改写，又得出与他人一样的结论；在自己多部著作中大量引用自己已发表的作品（包括译文），或改换题名，内容不改或基本不改，给人的印象似乎是一部新作品，且不做任何说明的都构成抄袭或自我抄袭。

（2）造假。学术造假是指剽窃、抄袭、占有他人研究成果，或者伪造、修改研究数据等学术腐败行为。学术造假首先是一种违背学术道德和科学精神的表现，是学术领域中学风浮躁和急功近利的产物。2018 年 8 月 10 日，中华人民共和国人力资源和社会保障部就《职称评审管理规定》，在中国政府法制信息网上向社会征求意见。《职称评审管理规定》提出职称评审应以德为先，对学术造假“一票否决”，且纳入信用“黑名单”。2020 年 9 月 16 日，中华人民共和国科学技术部通报九起论文造假等违规案件查处结果。

（3）一稿多投、一稿多发。下列情形都属于一稿多投的行为：第一，同一篇论文将作者的署名顺序变化后，投寄不同的期刊；第二，投到不同期刊的论文，半数以上内容（包括资料或讨论部分）相同；第三，同一篇论文将题名变化后投寄至不同的期刊；第四，同一篇论文已经在某期刊或公开出版的会议论文集上发表后翻译为另一种语言投往其他期刊。但是同一组资料从不同的角度去写作（研究问题）以及同一篇论文在内部资料与一种公开发行的刊物上分别发表，这两种情况不属一稿多投的现象。

（4）其他。包括引用注释不规范、署名不规范等。例如，采用了文献中的观点和内容却不注明来源，模型、图表、数据不注出处。不阅读原著，援引二手资料判断原作者的“错误”。

这些不良的学风直接危害着学术的本质精神和社会声誉，妨碍着学术的创新与发展，影响着学生学术人格的正常形成，直接破坏着社会的公平与正义，如果任其蔓延滋长，不仅将败坏学风，破坏学术道德，而且影响中国学术界的国际形象，最终阻碍创新型国家的建设和哲学社会科学事业的繁荣和发展。因此，希望我们的读者能够洁身自好，树立起良好的学风，要努力做到以真诚的学术研究为荣，以虚假的学术研究为耻；以创造性的研究成果为荣，以投机性的学术垃圾为耻；以探索真正的理论和现实问题为荣，以骗取和浪费学术资源为耻。

参考书目

布朗 L. 2017. 完全写作指南：从提笔就怕到什么都能写. 袁婧，译. 南昌：江西人民出版社.
杜拉宾 K L. 2015. 芝加哥大学论文写作指南. 雷蕾，译. 北京：新华出版社.
李连江. 2016. 不发表就出局. 北京：中国政法大学出版社.
平克 S. 2018. 风格感觉：21 世纪写作指南. 王烁，王佩，译. 北京：机械工业出版社.
席尔瓦 P J. 2015. 文思泉涌：如何克服学术写作拖延症. 上海：上海教育出版社.
张昕竹，陈志俊. 2003. 经济学论文的写作规范. 数量经济技术经济研究，（8）：7-12.

下篇：写作过程

第八章

开题报告

开题报告属于研究计划书的一种。研究计划书是研究设计的书面文本。它的一种计划形式，就是由选题者或者课题负责人把自己认为有研究价值的选题计划，向有关专家、学者、科技人员进行陈述，然后由他们对科研课题进行评议。在本科阶段我们可能接触到的研究计划书包括本科毕业论文的开题报告、大学生科研训练计划（student research training program，SRTP）申请书、其他课题申请书。这些研究计划书的填写要求大同小异，下面以开题报告为例进行介绍。开题报告的实质任务是汇报自己的研究工作准备情况，包括选择什么样的问题进行研究，为什么选择这一问题，文献资料的收集、研读情况，研究的初步思路，以及进行的可行性。

第一节　开题报告的特点与要求

一、开题报告的特点

（一）目的性强

从开题报告的性质上看，开题报告的目的就在于展示选题计划的科学性、创新性及可行性，因此，目的性强是开题报告的第一个特点。

（二）格式规范

开题报告的规范性主要表现在开题报告有固定的写作格式，主要包括课题名称、选题意义、文献综述、研究目标、研究的基本内容、研究方法、技术路线、技术可行性分析、特色或创新之处、研究计划进展等方面内容。该部分写作要求与规范将在下一节详细论述。

（三）简明扼要

开题报告就是向有关专家、学者、科技人员进行陈述，然后由他们对科研课题进行评议，因此开题报告的写作要求之一就是简明扼要，篇幅切莫过大，力求精练，突出重点，以便审核人员能够快速对我们的研究思路及研究框架做出一个判断，因此，简明扼要、力求精练是开题报告的写作特点。

二、开题报告的要求

（一）选题目的与意义要突出

无论是课题申请，还是毕业论文，在开题报告中都要体现出选题价值与意义，即回答选题的现实意义是什么，选题的研究价值在哪些方面以及选题背景等。一般先从现实的实际问题出发，而现实存在的问题不应该加上自己的价值判断，而是由经济管理基本逻辑出发，推论出实际的问题与理论不符，由存在的问题导出研究的意义，要求具体、客观，且具有针对性，注重严谨的资料分析，切忌空洞无物。

（二）研究方案设计要清晰

开题报告中研究方案的设计就在于报告人向有关专家或者审核者展示他如何对问题进行研究，因此，研究方案的设计目的要清晰明确，研究方案应包括如下几个方面。

（1）研究的目标。研究的目标就是体现报告人通过实现怎样的目标计划才能解决要验证的问题，因此，只有目标明确、重点突出，才能保证具体的研究方向，才能排除研究过程中各种因素的干扰，研究目标要求用词要准确、精练、明了。

（2）研究的内容。研究的内容应包括从哪些角度来解决提出的问题，要根据研究目标来确定具体的研究内容，要求全面、翔实、周密，研究内容笼统、模糊，甚至把研究目的、意义当作内容，往往使研究进程陷于被动。

（3）研究的方法。选题确立后，最重要的莫过于方法的正确使用，而研究方法使用切忌生搬硬套，也不强求方法的新颖性，更重要的是能够很好验证自己要解决的问题。

（4）研究的过程。整个研究在时间及顺序上的安排，要分阶段进行，对每一阶段的起止时间、相应的研究内容及成果均要有明确的规定，阶段之间不能间断，以保证研究进程的连续性。

（5）拟解决的关键问题。对可能遇到的最主要的、最根本的关键性困难与问题要有准确、科学的估计和判断，并采取可行的解决方法和措施。

（6）创新点。要突出重点，突出所选课题与同类其他研究的不同之处。

（三）研究的可行性要体现

开题报告体现的研究计划除了创新性、科学性外，另一个重要的特点就是设计的可行性，即该研究计划能够正常进行下去，否则一切的设计创新都是纸上谈兵。

研究可行性主要表现在研究条件及研究方法上。研究条件包括物质条件优势，申请单位或者报告者的资源优势等。研究方法的可行性，就在于方法的适用性，以及数据的可获得性等方面。

第二节 开题报告的结构与写法

开题报告论文的选题计划，有着固定的结构格式，主要包括如下几个方面：课题名称、课题研究的目的与意义、文献综述、课题研究的目标、课题研究的基本内容、课题研究的方法、技术路线、可行性分析及特色或创新之处及研究计划和预期进展等方面的内容。

一、课题名称

题目又称题名或标题。题名是以最恰当、最简明的词语反映论文中最重要的特定内容的逻辑组合。其实无论是对开题报告，还是论文，题目是给出涉及研究范围与水平的第一个重要信息。课题名称在写作过程中应注意如下几点。

（一）名称要准确、规范

准确就是要求课题研究的问题在课题名称中能够体现出来，课题名称能够明确地反映出作者的研究对象。课题的名称应该和研究的内容相一致，起到“点睛”的作用，不可似是而非。

规范是指课题名称的使用要符合规范的科学用语，课题名称一般不能用口语式及结论式的语句。而且对于拥有专业术语的课题名称，专业术语要表述规范，在课题名称中的含义要与课题内容保持一致。

（二）名称要简明扼要

力求题目的字数要少，用词需要精选。至于多少字算是合乎要求，并无统一的“硬性”规定，一般题目不要超出 20 个字，不过，不能一味追求字数少而影响题目对内容的恰当反映，在遇到两者确有矛盾时，宁可多用几个字也要力求表达明确。

若简短题名不足以显示论文内容或不能反映出属于系列研究的性质，则可利用正、副标题的方法解决。

二、课题研究的目的与意义

研究的目的与意义也就是课题的研究价值所在。一般来说，开题报告的研究目的、意义要开门见山地表达出来，以便有关专家能够较明确地知道我们的研究价值。

研究的目的与意义的写作技巧可以从下面几方面着手：首先，要说明问题是如何发现的，即该研究的研究背景是什么，是根据什么、受什么启发而进行这项研究的，一般可以从有关国家政策及国内外关注的问题作为出发点来提出研究问题；其次，要说明该选题在理论上的创新性，主要通过分析国内外研究的现状，来指出自己选题与各个主流观点的研究前提的差异性，从而突出自己选题在理论上的创新性；最后，要说明研究这个问题的现实意义，这需要对所研究问题的实际用处有所了解，从大多数选题来说，选题的一个重要现实意义是给政策制定者提供政策参考。

一般地，选题要具有“创新性”“重要性”“前沿性”“可操作性”，也要兼顾“方法论上的意义”。“创新性”与“重要性”是指研究的问题在理论上具有创新性，对理论发展具有贡献，在实践中具有重要的现实意义；“前沿性”是指能够对某个学科、某个方面的理论和实践产生重大影响的、代表相应发展方向的问题；“可操作性”是指具有实际操作性，预期可以在规定的期限内完成；“方法论上的意义”是指研究这个问题预期会使用到一些新的研究方法，但是新的研究方法只是对我们的研究的补充，重要的是研究的创新性与重要性。

三、文献综述

文献综述是对有关自己研究方面的评论与总结，一般来说，文献综述主要有两个作用：一个是对相关研究进行评述，可以以年份为主线，也可以以问题为主线，对该领域的重要观点进行综述，同时也要指出这些研究的前提假设是什么，忽略了哪些假设，从而为自己提出新的假设服务；另一个作用，就是通过文献为自己的研究理论与方法服务，为自己理论框架的演绎逻辑寻找支撑点。

因此，文献综述的写法也要讲究技巧性，关于文献综述的写作技巧，本书将在第九章讨论。

四、课题研究的目标

课题研究的目标也就是本课题研究的目标定位，即课题最后要解决的问题。从研究目标与研究目的的关系上看，研究目标是比较具体的，是研究目的的细分，实现研究目标是实现目的的必要条件。因此研究目标是研究工作的方向所在，所以不能笼统地讲，必须详细地列出来。只有目标明确而具体，才知道研究的重点是什么，课题研究工作才能顺利进行。

在写研究目标时，容易遇到研究目标不足以体现研究目的，或者个别研究目标不切题的问题。因此，在确定研究目标时，可以从如下的思路出发：先明确研究目的，在确定研究目的的基础上，分析哪些研究目标是实现研究目的的必要条件，然后逐一分析每个研究目标，看是否与研究目的相一致，排除那些与其他研究目标联系密切但与研究目的联系不大的目标，从而确定最后的研究目标。

五、课题研究的基本内容

相对于课题的研究目标来说，研究内容要更加具体与明确，研究内容就是研究目标以问题的形式的表现，包括研究对象、研究问题、研究方法三个方面。要注意的是，对于一篇小的学术论文或者本科毕业论文来说，研究目标可能就只有一个，相应的研究内容可能只包括单一的研究对象、研究问题及研究方法，但是并不是所有的研究目标都只是通过单一方面的研究内容实现，特别是对于一个大课题来说，一个研究目标可能要通过几方面的研究内容来实现，它们不一定是一一对应的关系。

研究内容是根据研究目标来确定的，具体的写作技巧与研究目标的确定相类似，即把每一个研究目标具体细分成各个研究问题，各个研究问题的解决就是研究目标的实现。

六、课题研究的方法

具体的研究方法要根据选题方向及研究内容具体而定，关于研究方法的介绍，已在本书的前面章节详细介绍，本章就不再赘述。但是要注意的是，研究方法是解决研究问题的工具，虽然研究方法创新是文章创新的一个体现，但是在确定研究方法时要叙述清楚“做些什么”和“怎样做”，研究方法要与研究内容相一致，不要一味追求研究方法的创新性而忽略研究内容，否则容易出现研究方法与研究目标不符的问题。

七、技术路线

技术路线一般是指研究的准备—启动—进行—再重复—取得成果的过程，合理的技术路线可保证顺利地实现既定目标。技术路线的合理性并不是指技术路线的复杂性，而且技术路线也不是指毕业论文的写作过程，更不是指答辩的准备和进行过程，是指申请者对要达到研究目标准备采取的包括技术手段、具体步骤及解决关键性问题的方法等在内的研究途径。

八、可行性分析

可行性分析是通过对项目的主要内容和配套条件，从人员条件、物质条件、时间条件等方面进行分析比较，从而提出该课题项目是否进行以及如何进行而设计的咨询意见。

这部分可以从以下三方面考虑：①人员条件，对于个人毕业论文，人员条件应该包括研究兴趣、基础知识、指导教师等，而对于课题申请，主要包括研究团队、研究团队成果等；②物质条件，主要包括研究地点、实验设备、现有资料、经费（交通费用、调研经费、实验经费、资料复印等）等；③时间条件，包括预备研究的时间、撰写开题报告的时间、收集资料的时间、文章或者报告的写作时间、汇报的时间等。

九、特色或创新之处以及研究计划和预期进展

创新部分是课题的亮点，也是课题能否通过审核的关键，因此创新要具体、突出，能够恰当地写出创新的要点，不要太抽象。创新部分的写作，可以从理论上的创新、方法上的创新等角度出发，把自己的思路与现有的研究有什么不同的地方说出来，并简要说明为什么自己的研究更合理、更具有优势。

研究计划即课题是如何开展安排的，主要包括工作的具体进度与安排，如课题任务分配、时间进度安排等。这部分内容可以用图表形式体现。

第三节　开题报告的范文

政府抽检对农产品生产者认证行为的影响

——基于省级面板数据的实证研究（开题报告）

南京农业大学经济管理学院金善宝实验班（经济管理类）学生 金　宇

指导教师 何　军

一、本课题的意义、国内外研究概况、应用前景等

（一）课题意义

民以食为天，食以安为先。食品安全问题向来是关系国计民生的大事，国家的相关部门也一直在加强对食品农产品的监管，抽检监测便是国家控制与纠正食品安全问题的一种有效手段。由于农产品具有信任品的特性，若监测结果中产品不合格情况较严重，不仅是企业会受到相应的惩罚，整个行业都可能受到这种不利结果的影响，消费者会逐渐失去对食品企业的信任，行业内企业间生产合作也会更加小心谨慎。此时，许多努力遵守食品安全规定的企业便会倾向采取产品认证的方式，向消费者以及行业内其他企业发送质量可信的信号。这就表明，不合格产品数的提高很可能会给企业一种正向的产品认证激励，但是目前有关这方面的实证文献还非常少。

在食品生产加工企业的认证中，HACCP（hazard analysis and critical control point，危害分析的临界控制点）体系是一种基于过程的食品质量安全管理技术，可以有效地起到预防控制的效果，在国际上已被广泛地认可与运用。认证 HACCP 体系可以有效地向消费者与其他企业传递产品质量信号，而现有文献对于 HACCP 体系实施影响因素的研究，大多从管理者、员工及消费者三方对它的认识和制度约束等角度进行成本与收益的分析，却少有从政府监测结果、社会舆论等这类外部因素出发进行讨论。政府监管的力度常常被认为是食品安全问题频发的主要原因之一（张一林等，2017），那么官方总体监测结果不合格产品数量的上升，或是相关部门对于食品质量安全监管强度的增加是否

会影响到食品生产企业，激励它们采用更先进的管理控制体系（如 HACCP 体系）以提升产品质量呢？从抽检监测结果情况的角度出发探讨企业认证、实施 HACCP 体系的影响因素，或许可以弥补现有研究的空白。

本研究正是希望通过研究食品农产品检验不合格的数量与 HACCP 体系认证数量的关系，来探究官方抽检不合格产品的曝光是否会对企业的认证行为产生影响，并探究这种影响在不同市场与地区中的表现差异。

（二）国内外研究概况

HACCP 体系理论最早于 20 世纪 60 年代提出，到 20 世纪末期，国内外学者对于其的研究开始呈现出井喷式的增长。HACCP 体系由美国的 Pillsbury 公司、美国航空航天局（National Aeronautics and Space Administration，NASA）与美国陆军 Natick 研究所共同研究提出，最开始主要用于美国航天食品的生产，1971 年 HACCP 体系在美国第一次国家食品保护会议上一经提出，就马上被美国食品药品监督管理局（Food and Drug Administration，FDA）所接受，并在部分食品生产中进行运用。

准确而全面的危害分析是 HACCP 体系有效实施的前提，徐萌（2007）将危害分析分为两个阶段，即危害识别阶段与危害评估阶段。危害识别阶段仅需尽可能全面地列出可能出现的危害，无须考虑危害的潜在严重程度；而在危害评估阶段则需要对各个危害点的严重程度进行充分的评估，并将那些存在严重潜在危害的危害点纳入 HACCP 体系中进行控制。高效且有针对性地实施关键控制点监控与控制是 HACCP 体系发挥作用的关键。王晓红和高齐圣（2007）将数理统计分析融入关键控制点的监控体系中，根据统计结果的反馈信息可以更好地确保生产过程处于稳定状态，通过将数据的定量分析与监控过程结合，推动了 HACCP 体系的发展。刘婕（2014）认为，企业在建立卫生标准操作程序（sanitation standard operation procedures，SSOP）时若照搬国家标准指导文件的要求会导致企业在运用 HACCP 体系时的可操作性变差，企业在运用时应当将通用的卫生标准程序与企业操作的实际情况相结合，形成一套对企业自身针对性较强的卫生指标要求。只有形成这样有针对性、可操作性强的体系，才能真正对关键控制点实行有效的控制，实现可靠性较强的预防管理。相似地，黄丽彬等（2001）也在研究中表明，由于行业差异、产品差异与生产工艺差异的存在，同一步骤中的危害控制点也存在差异，所以在确定关键控制点时应该因地制宜，结合实际情况而不是直接照搬。值得注意的是，独立实施 HACCP 体系是不能确保食品质量安全的，需要同时结合其他完善的管理体系进行协同管理，这样的体系一般有 GMP（good manufacturing practices，生产质量管理规范）、SOP（standard operation procedure，标准作业程序）、SSOP 等（Sperber et al.，1998）。罗爱军和成黎（2011）也认为单独的 HACCP 体系无法有效地实现对食品质量安全的控制，需要结合其他有效的控制措施，如 HACCP 体系在实施中可以通过与 ISO 9001 体系中 PDCA（plan，do，check，action，计划、执行、检查、行动）循环的思想结合，以此提高对食品生产的控制管理水平。Amoa-Awua 等（2007）通过对传统玉米加工行业的研究得出，企业需要将HACCP体系与GMP标准相结合才能更好地保证玉米在加工过程中的质量安全。

影响 HACCP 体系实施的因素有很多，国外许多学者从成本与收益、企业职工的认识、行业差异等角度对该问题进行了讨论。成本与收益是企业考虑是否实施 HACCP 体系的一个至关重要的因素，Khatri 和 Collins（2007）通过对澳大利亚 41 个肉制品加工企业进行分析后指出了制约与激励企业采用 HACCP 体系的主要因素，制约企业采用该体系的原因主要是实施成本、发展成本、员工培训成本、企业职工缺乏认识及实施获得的收益不够明显；而政府规定、客户要求及企业管理者的认识则是激励企业实施 HACCP 体系的主要因素。另外，通过进一步研究发现，相对于设施完善的大型企业，小型企业会更加关注实施成本这一因素。对于实施成本这一影响因素，Henson 等（1999）则有不一样的看法，他们在对英国乳制品加工行业进行成本收益分析之后发现，资本投资与外部技术专业知识成本在企业考虑是否采用 HACCP 体系时并没有那么重要，在乳制品加工企业中，实施 HACCP 体系后所需面临的投入更多人工成本进行系统记录才是影响这些企业实施该体系的重要因素。虽然 HACCP 体系的应用领域很广，但不论工作类别与行业部门如何，企业职工对于该体系风险管理实践都抱有积极的态度（Hielm et al.，2006）。

相比于发达国家，发展中国家采纳 HACCP 体系的影响因素则存在许多符合自身国情特色的情况，主要体现在企业管理者对 HACCP 体系的认识、制度约束及消费者态度等方面。以我国为例，王志刚和周永刚（2014）利用我国食品企业的大样本数据，使用要素分析与聚类分析的方法建立了各要素之间的联系后得出，制度规制、企业创新、内部效率与外贸压力、第三方认证及企业家精神是食品企业采纳 HACCP 体系所考虑的重要激励因素。尤其是企业家精神这一点，是国内学者在该领域研究中所涉及较少的，这是由于我国的食品企业，特别是在私营企业与三资企业中，企业家的头脑与判断在企业决策中起着决定性作用。Jin 等（2008）基于对浙江省 117 家食品企业的调查发现，管理者教育水平相对较低，对 HACCP 体系的认识有限是制约其在我国使用的重要原因。该研究还指出，没有实施 HACCP 体系的食品企业对外部激励更加敏感，如消费者对于该体系的认识水平及政府对该体系的推广与支持。在发展中国家，消费者对于 HACCP 体系的认识与态度差别较大，所以一个地区内消费者对于 HACCP 体系的接受程度同样也是影响企业实施该体系的重要因素。王志刚和毛燕娜（2006）对北京市消费者的支付意愿进行调查后发现，消费者愿意为有 HACCP 认证的产品支付高于正常价格 0.13 元的费用，且消费者对于 HACCP 认证的了解越多，就越倾向购买有该认证的商品。显然，更高的消费者接受程度所带来的更高的需求以及支付意愿，会在一定程度上影响企业的决策。

（三）应用前景

随着对 HACCP 体系研究的深入，学者们对该体系的理论基础、影响实施的因素、实施所遇到的障碍等逐渐达成了共识，该体系在发达国家与发展中国家的运用中存在的区别也随之显现。不过，随着 HACCP 体系理论的发展与运用的深入，加之食品安全问题有着动态性、复杂性等特点，HACCP 体系的理论与技术领域依然有许多问题值得深入探讨。

现有文献对于 HACCP 体系实施影响因素的研究，大多从管理者、员工及消费者三方对它的认识和制度约束等角度进行成本与收益的分析，而从政府监管强度出发探究其对 HACCP 体系实施的影响的研究还很少见，因此研究政府抽检对农产品生产者 HACCP 体系认证行为的影响，可以弥补现有研究的不足，对国家相关部门通过加强监管以保障食品农产品质量安全的决策提供实证支撑与科学的指导。

二、研究的目标、内容和拟解决的关键问题

（一）研究目标

本研究的目标是通过分析食品农产品的抽检不合格情况与农产品生产者 HACCP 体系认证决策行为之间的关系，得出政府抽检对农产品生产者认证行为的具体影响及影响的内在逻辑。在此基础上进一步控制地区变量、时间变量与产品类别变量，探究这种影响在不同地区与市场以及不同种类的农产品生产者中的一致性与差异性。

（二）研究内容

基于本研究的目标，本课题的研究内容主要包括以下几个方面。

内容一：探究产品抽检不合格数量与 HACCP 体系认证数量的总体关系。

根据已有的面板数据，探究 HACCP 体系认证数量与抽检不合格食品农产品数量在时间上的变化趋势，得出两者相关性关系的初步结论。农产品生产企业对不合格产品数量上升的情况存在反应和决策的时间，所以其认证行为对于抽检结果有一定的时滞，即上一期的抽检结果会对下一期的企业认证行为产生影响。又因为 HACCP 体系的认证周期一般为 3 个月，所以本研究拟将季度作为基本时间周期单位，探究抽检不合格的食品农产品数量与滞后 0~4 期的 HACCP 体系认证数量之间的基本相关性关系。

内容二：探究政府抽检影响农产品生产者认证行为在不同地区上的具体表现。

根据已得出的产品抽检不合格数量与 HACCP 体系认证数量的总体关系结论，进一步以省份区分不同地区的市场，建立面板模型，控制地区间产业发展现状、经济发展现状等变量，探究该影响在不同地区市场中的具体表现，并解释其作用机理。

内容三：探究政府抽检对不同种类农产品生产者认证行为产生影响的具体表现。

由于不同种类农产品生产加工的复杂性、质量安全控制难度与实施 HACCP 体系成本等特性存在区别，政府抽检对于不同种类的农产品生产加工企业进行 HACCP 体系认证行为的影响也存在差异，本研究拟通过控制被抽检出不合格的农产品的种类与农产品生产企业生产加工农产品的类别，研究政府抽检情况对不同种类农产品生产加工企业进行 HACCP 认证行为的具体影响，并解释这种差异存在的内在逻辑。

（三）拟解决的关键问题

问题一：原始数据的获取。

本研究拟使用国家食品药品监督管理总局（China Food and Drug Administration，CFDA）的抽检结果公开数据库与中国国家认证认可监督管理委员会（Certification and Accreditation Administration of the People's Republic of China，CNCA）的企业 HACCP 体系认证信息公开数据库。数据量较为庞大且都分布在网页上，需要研究者采用网络爬虫技术获取所需研究数据。

问题二：原始数据的清洗与处理。

从 CNCA 公开数据库获得的 HACCP 体系认证数据中缺乏企业生产加工的食品农产品种类相关信息，在使用前需要经过处理与分类后方可进行分析。另外，对所有原始数据中的缺失值、无效样本与重复样本也需要进行清洗与处理。

问题三：选择合适的面板模型进行分析。

本研究拟先使用 OLS 回归，然后根据研究的经济学意义与稳健性检验结果，选取合适的面板模型对个体的不可观测因素进行控制，以期得出更加准确的估计结果、增加估计结果的稳健性。

三、研究方法、技术路线、实验方案及可行性分析

（一）研究方法

1. 验证抽检不合格数与 HACCP 认证数关系的皮尔逊相关性检验

本研究采用皮尔逊相关性检验验证政府抽检不合格食品农产品数量与农产品生产者 HACCP 体系认证数量之间的关系，以季度为基本周期，检验抽检不合格产品数量与滞后 0~4 期的 HACCP 体系认证数量的相关性关系，初步探究两者间的数量关系。

2. 使用 OLS 回归模型估计抽检不合格数对 HACCP 认证的影响

本研究使用 OLS 回归模型估计政府抽检不合格食品农产品数量对农产品生产者进行 HACCP 体系认证数量的影响结果，得到初步的回归结果。

3. Hausman 检验与面板数据模型

本研究使用 Hausman 检验判断使用固定效应模型还是随机效应模型对样本进行估计，根据 Hausman 检验的结果在一致性与有效性之间进行权衡，若结果中 P 值较小则拒绝原假设，使用固定效应模型；若 P 值较大不能拒绝原假设，则使用随机效应模型对个体的不可观测因素进行控制。

（二）技术路线

技术路线图如图 1 所示。

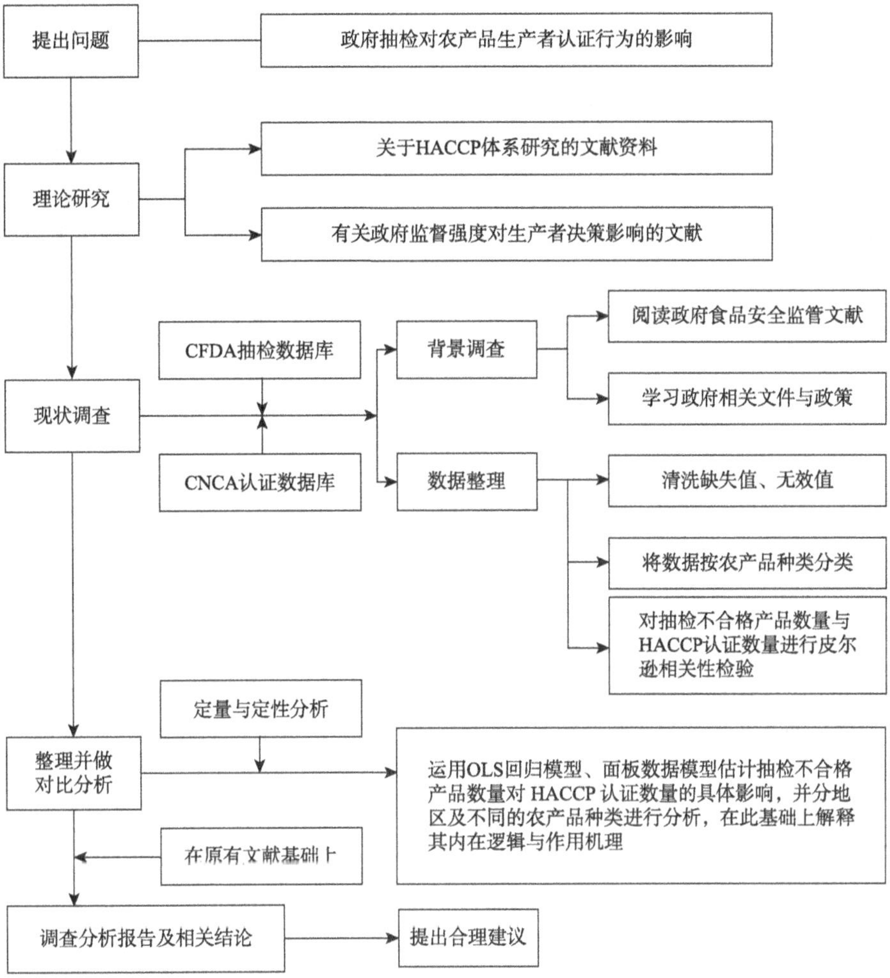

图 1　技术路线图

（三）实验方案

1. 文献综述

在探究政府抽检不合格食品农产品数量与农产品生产者进行 HACCP 体系认证数量之间的关系时，首先要对已有研究文献进行系统的梳理与学习。通过使用南京农业大学图书馆资源，从中国知网及 Web of Science（科学数据库平台）等资源网站寻找 80 篇以上有关 HACCP 体系在农产品质量安全领域运用的文献，进行仔细阅读，并对文献内容进行梳理。最终选取其中最有代表性的数十篇文献进行重点学习与梳理，撰写 HACCP 体系研究综述，内容包括：HACCP 体系的基础理论及其发展；HACCP 体系的实施意义及影响其实施因素的研究；HACCP 体系实施障碍及措施的研究。在此基础上，对现有的文献进行评述，指出以往研究存在的缺陷，并对 HACCP 体系未来研究的开展进行展望，以期为本研究探索政府抽检不合格食品农产品数量和农产品生产者进行 HACCP 体系认证数量之间的关系提供理论准备。

2. 获取数据

通过学习 Python 的基础知识与该语言在网页爬虫领域运用的专项知识，经过分析 CFDA 官网的公开抽检数据库，以及 CNCA 在中国食品农产品认证信息系统中所发布的 HACCP 体系认证信息数据库的网页架构，编写获取网页数据的爬虫代码，获得所需的原始数据。获得原始数据后，将其转化为标准的数据库格式以便后续整理与分析使用。

3. 整理数据

由于 CNCA 公开数据库获得的 HACCP 体系认证数据中缺乏企业生产加工的食品农产品种类相关信息，在使用前需要以 CFDA 对抽检食品农产品的划分为依据，对获得 HACCP 认证的企业按其生产的农产品种类进行分类，以便本文的后续分析。另外，对所有原始数据中的缺失值、无效样本与重复样本进行清洗与处理。

4. 结果分析

首先对政府抽检不合格食品农产品数量与农产品生产者 HACCP 体系认证数量进行相关性检验，得到初步的相关性结果；根据相关性检验结果，使用 OLS 回归模型估计政府抽检不合格食品农产品数量对农产品生产者 HACCP 体系认证数量的影响结果；再使用 Hausman 检验判断使用固定效应模型还是随机效应模型对样本进行估计；根据 Hausman 检验结果，使用面板数据模型对个体的不可观测因素进行控制并进一步分析。

5. 总结撰文

根据数据信息、与导师探讨交流后列出的问题及原因分析、建议对策，撰写调查报告和论文。

（四）可行性分析

1. 研究课题成果的可实现性

研究国内因食品安全事件带来政府规制严格后是否对 HACCP 这类推荐性标准认证有影响较有新意，研究内容针对性强、具体性强，研究计划翔实，前期准备工作充分，且在初步进行政府抽检不合格食品农产品数量与农产品生产者 HACCP 体系认证数量相关性检验后，发现检验结果较为理想，有进一步进行课题的基础，因而此课题成果可实现程度大，具体检验分析结果如下。

本文使用网页爬虫技术获取了 CFDA 和各省食品药品监督局的公开抽检数据，以及 CNCA 的 HACCP 体系认证信息数据。抽检不合格信息包括抽检产品、抽检时间、生产企业、不合格项、发布单位等内容，HACCP 体系认证信息包括认证企业、认证时间、证书覆盖范围、注册地区等内容。表 1 和表 2 分别是抽检不合格产品及 HACCP 体系认证样本的描述性统计分析。

表 1 抽检不合格产品曝光情况

时间/年	不合格产品曝光数/批次	百分比
2012	4 066	5.9%
2013	5 706	8.3%
2014	6 039	8.8%
2015	16 410	24.0%
2016	14 749	21.6%
2017	10 430	15.3%
2018	10 972	16.0%
总计	68 372	100.0%

表 2 HACCP 体系认证情况

时间/年	认证企业数/个	百分比
1997	1	0.0%
2000	12	0.0%
2001	22	0.1%
2002	79	0.3%
2003	246	1.0%
2004	601	2.5%
2005	1 174	4.9%
2006	1 348	5.6%
2007	1 597	6.6%
2008	1 564	6.5%
2009	1 395	5.8%
2010	1 428	5.9%
2011	1 456	6.1%
2012	884	3.7%
2013	700	2.9%
2014	723	3.0%
2015	1 160	4.8%
2016	2 695	11.2%
2017	3 564	14.8%
2018	3 398	14.1%
总计	24 047	100.0%

由表 1 可知，国家及各省食品药品监督管理局抽检曝光的不合格产品数量在 2015 年时有一个跃升，这可能是由于 CFDA 于 2015 年发布了《关于做好食品安全抽检及信息发布工作的意见》，意见要求加大抽检的频次，同时各级食品药品监管部门应在抽检结果出来的第一时间向社会公布。公布的信息要包括合格产品信息和不合格产品信息，以及对不合格产品采取的处理措施，并对风险进行解读和提示，而过去主要公布的信息仅为不合格产品信息。该意见出台之后，2015~2018 年的抽检不合格食品农产品曝光数量均在 10 000 批次以上，远高于 2012~2014 年的曝光数量。从表 2 可以看出，我国企业 HACCP 体系的认证数量总体呈现出上升的趋势，尤其在 2005 年以后出现了较快的增长，并在 2016 年之后再一次提高了增速。可见随着时间的推移，HACCP 体系在我国食品农产品生产加工过程中的作用得到了更广泛的认可。

根据本文的假设，企业实施 HACCP 认证行为与食品农产品抽检不合格曝光数量上升的发生存在一定的时滞，即上一期曝光的抽检不合格产品数量上升会对下一期 HACCP 认证数量产生影响，且 HACCP 认证的周期一般为 3 个月，所以本文采用季度为时间周期，对食品农产品抽检不合格曝光数量与 HACCP 认证数量初步进行了相关性分析（图 2~图 6）。

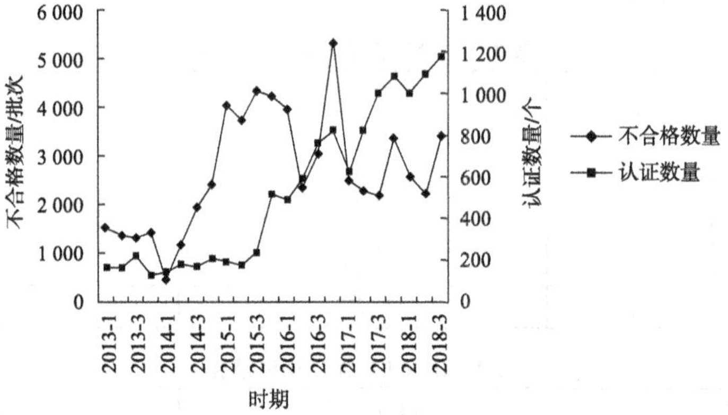

图 2　不合格产品曝光数与认证数量季度变化曲线

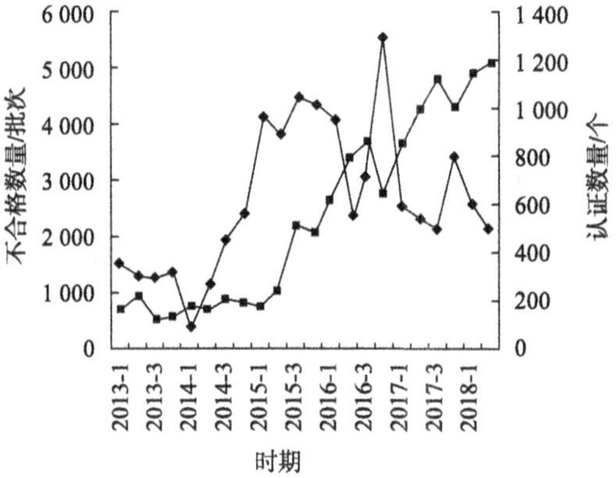

图 3　滞后 1 期

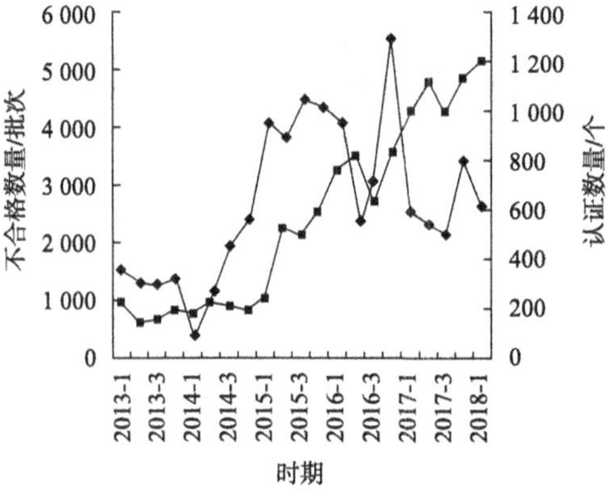

图 4　滞后 2 期

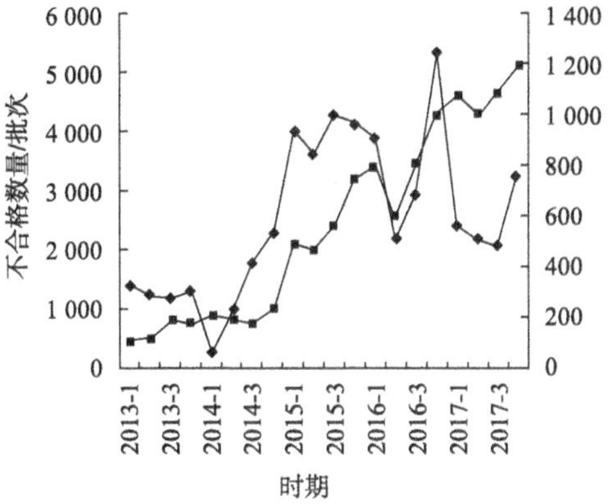

图 5　滞后 3 期

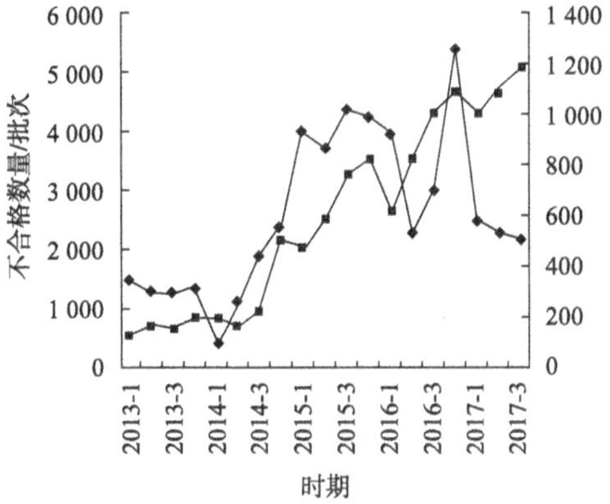

图 6　滞后 4 期

对比图 2~图 6 可以清晰地看出，从 2013 年第一季度到 2018 年第三季度，抽检不合格产品的曝光数量以及企业 HACCP 体系的认证数量都有着较大的波动，且总体都呈现出上升的趋势。对比两者季度变化的趋势可以发现，图 3 和图 4 中两者的变化趋势存在一定的差异，甚至在一些季度表现出了截然相反的变化。当我们把 HACCP 体系认证的时滞延长到 3 期（图 5）和 4 期（图 6）时可以发现，两者表现出了相近的变化趋势，尤其在图 5 中，抽检不合格产品的曝光数量与 HACCP 体系认证数量在季度变化上呈现出了较大的相似性。据此，本文进一步对这两个变量进行了相关性检验，检验结果如表 3 所示，其中“q_unqualification”代表抽检不合格产品的曝光数量，从 au_lag0 到 au_lag4 分别代表 HACCP 体系滞后 0~4 期的认证数量。

表 3　相关性检验结果

	检验结果	au_lag0	au_lag1	au_lag2	au_lag3	au_lag4
q_unqualification	皮尔逊相关性显著性（双尾）	0.321	0.255	0.414	0.590**	0.595**
		0.136	0.252	0.062	0.006	0.007
	样本量	23	22	21	20	19

**表示在 0.01 显著性水平（双尾）上显著

相关性检验结果表明，时滞为 3 期与 4 期的 HACCP 体系认证数量与抽检不合格产品的曝光数量之间在 0.01 的显著性水平上存在正相关性，系数分别为 0.590 与 0.595，而根据分析结果，时滞为 0 期、1 期与 2 期的 HACCP 体系认证数量与抽检不合格产品的曝光数量的相关性均不显著，即这三组变量之间不存在显著的相关性。

2. 研究对象的可行性

近几年食品质量安全问题在我国越来越被大众所重视，且该问题向来是关乎国计民生的大事，国家有关部门对于食品农产品的抽检监管力度也是逐年加强。另外，HACCP 体系在其他国家与我国的实践经验表明，其对于食品质量安全有着显著的预防效果。因而在此大环境下的研究具有时效性和可行性，并且国家对于食品农产品的抽检数据以及 HACCP 的认证信息都在相关部门的官网上有着规范的公示，研究对象的信息具有可获得性。

3. 数据来源的可靠性

本文所采用的数据分别来自 CFDA 官网的公开抽检数据，以及 CNCA 在中国食品农产品认证信息系统中所发布的 HACCP 体系认证信息数据。数据来源渠道均为官方公示结果，具有极高的可靠性。

四、特色或创新之处

现有文献对于 HACCP 体系实施影响因素的研究，大多从管理者、员工及消费者三方对其的认识和制度约束等角度进行成本与收益的分析，却少有从政府监测这类外部因素出发进行讨论。因而本文通过建立面板模型，首次实证研究了政府抽检食品农产品对于农产品生产者认证行为的影响，具有较强的创新意义与研究意义。

五、研究计划及预期进展

（一）研究计划

（1）文献查找：认真阅读相关文献资料，认真学习 HACCP 体系相关知识以及政府对于食品农产品抽检的政策法规，为本研究的推进提供坚实的理论基础。

（2）爬虫代码编写：根据研究目标和研究内容，编写从所需数据库获取数据的爬虫代码。

（3）获取数据：使用编写好的代码从网站上获取数据，并在此过程中不断完善代码使其更加稳定。

（4）清理数据：根据原始数据，将 HACCP 体系认证企业按其生产的农产品种类进行分类，以便本文的后续分析。另外，对所有原始数据中的缺失值、无效样本与重复样本也进行清洗与处理。

（5）分析数据：在数据清理完成后，对数据内容进行深入研究，并按研究内容分类讨论，以揭示所需解决的问题。

（6）提出建议：对数据进行分析之后在老师的指导下，结合相关文献，探索缓解我国农产品质量安全问题的政策优化建议。

（二）预期进展

项目研究计划预期进展见表 4。

表 4　项目研究计划预期进展

时间	2018 年			2019 年					
	10	11	12	1	2	3	4	5	6
1	■	■							
2		■	■	■					
3				■	■				
4					■				
5					■	■			
6						■	■		
7						■	■	■	
8								■	■

（1）完成开题报告
（2）充实理论知识，撰写文献综述，学习 Python 爬虫代码
（3）使用网页爬虫，获得所需数据
（4）处理所获数据，得出初步结论
（5）讨论所得的数据结果，查缺补漏
（6）通过对数据的整理分析，完成初步研究
（7）汇总研究成果，撰写毕业论文
（8）对研究项目进行完善，完成研究报告

六、已具备的条件、尚缺少的条件和拟解决的途径（包括利用教学实验中心、科研实验室、实习基地、校外其他企事业单位等条件的计划与落实情况）

（一）已具备的条件

（1）文献图书资料：学校图书馆和期刊网为资料的搜集提供方便。

（2）数据来源：已找到的数据库为 CFDA 与 CNCA 的官网，是可靠的来源渠道，且数据库切实可用。

（3）学院资源：本项目依托南京农业大学经济管理学院。南京农业大学图书馆是农业农村部文献查新单位，可以为课题研究查阅资料和数据提供便利条件。经济管理学院有国家级重点学科——农业经济管理，学科具有严谨的科研作风、雄厚的科研实力和良好的科研基础。学院资料室拥有专业藏书 6 万余册，期刊杂志 100 多种，学院电脑房配有近百台高性能的计算机。此外，学院与国内外高校和农业经济研究单位有着广泛而密切的往来和合作，课题重要参加人有在国外学习、进修的经历，与国外研究机构和相关领域专家学者建有良好的学术合作关系，可以广泛交流和及时借鉴系统科学的研究

方法和工具、前沿的研究理念和相关信息，进一步丰富和加强了本课题的研究条件。

（二）尚缺少的条件

（1）笔者的理论知识及计量功底有限，需要更多地阅读文献以及自学计量经济学。
（2）笔者的研究经验不是特别充足，在深入研究中可能会碰到意想不到的问题。
（3）本学期依然有很多专业课，研究时间可能难以协调。

（三）拟解决的途径

（1）笔者需要通过自学和老师的指导充实自己的理论知识与计量功底。
（2）笔者需要充分学习爬虫语言相关知识，以免操作中遇到问题。
（3）充分统筹安排好自己的时间，力求提高研究效率。

参考文献

黄丽彬，李柏林，齐凤兰，等. 2001. 食品工业中 HACCP 应用现状和未来发展. 食品科技，（2）：4-8.

刘婕. 2014. 我国食品行业应用 HACCP 体系管理的现状和对策. 中国食品添加剂，（8）：146-149.

罗爱军，成黎. 2011. 解读 HACCP 体系在我国食品行业的应用. 食品安全导刊，（9）：18-22.

王晓红，高齐圣. 2007. 基于 HACCP 的食品安全管理体系中的统计过程控制研究. 食品科技，32（11）：1-5.

王志刚，毛燕娜. 2006. 城市消费者对 HACCP 认证的认知程度、接受程度、支付意愿及其影响因素分析——以北京市海淀区超市购物的消费者为研究对象. 中国农村观察，（5）：2-12.

王志刚，周永刚. 2014. 食品加工企业采纳 HACCP 的激励因素探索. 食品科学技术学报，32（3）：77-82.

徐萌. 2007. 江苏省猪肉行业企业实施 HACCP 体系的意愿研究. 南京农业大学硕士学位论文.

张一林，雷丽衡，龚强. 2017. 信任危机、监管负荷与食品安全. 世界经济文汇，（6）：56-71.

Amoa-Awua. W K，Ngunjiri P，Anlobe J，et al. 2007. The effect of applying GMP and HACCP to traditional food processing at a semi-commercial kenkey production plant in Ghana. Food Control，18（11）：1449-1457.

Henson S，Holt G，Northen J. 1999. Costs and benefits of implementing HACCP in the UK dairy processing sector. Food Control，10（2）：99-106.

Hielm S，Tuominen P，Aarnisalo K，et al. 2006. Attitudes towards own-checking and HACCP plans among Finnish food industry employees. Food Control，17（5）：402-407.

Jin S S，Zhou J H，Ye J T. 2008. Adoption of HACCP system in the Chinese food industry：a comparative analysis. Food Control，19（8）：823-828.

Khatri Y，Collins R. 2007. Impact and status of HACCP in the Australian meat industry. British Food Journal，109（5）：343-354.

Sperber W H，Stevenson K E，Bernard D T，et al. 1998. The role of prerequisite programs in managing a

HACCP system. Dairy Food and Environmental Sanitation，18：418-423.

参考书目

霍唤民. 2002. 经济论文写作. 北京：首都经济贸易大学出版社.
克拉斯沃尔 D，史密斯 N. 2015. 怎样做开题报告——给教育、社会与行为科学专业学生的建议. 上海：上海教育出版社.
薛荣久. 2007. 经贸研究与论文写作. 北京：对外经济贸易大学出版社.

第九章

文献综述

文献综述，顾名思义，就是在对已有文献进行收集、整理、分析与研究的基础上撰写出来的文献报告。因为文献综述可以分为不同的类型，不同类型综述的意义不一样，但从整体上来说，文献综述既可以反映当前某一领域、学科的最新进展动态，又可以为文章的分析框架寻找理论支撑点，还能反映出有关问题的新视角、新趋势和新技术等。

一般来说，文献综述专题性强，具有一定的深度和时间性，具有较高的情报学价值。

第一节　文献综述的分类与文献资料的收集

一、文献综述的分类

文献综述的类型主要分为两类：大综述与小综述。大综述，一般可以独立为一篇文章，这类综述面对的对象主要是整个领域，内容一般要涉及该领域的发展变迁过程、该领域的最新研究进展以及该领域的以后研究方向推测等。这类综述主要是为读者介绍某一领域的研究进展，为读者开拓思路服务。小综述一般为文章的一部分，涉及的内容往往比较微观具体，一般是为文章问题的提出及分析框架提供理论支撑，即目的在于说明研究价值所在。从二者之间的区别上看，大综述研究的范围比较广，涉及的内容比较多，更多起到介绍知识的作用，主要为读者提供参考价值，而小综述一般是对前人研究进行总结，重点在于评述这些文献忽略的问题，从而引出自己文章的研究意义与研究方法。

文献综述在大综述与小综述类型中起着不同的作用，二者之间的侧重点也有所区别。大综述主要是对某一领域的研究进展进行系统而规范的概括与评述，一般来说，要注意该领域理论的系统性与完善性，该综述侧重点主要是给读者介绍该领域的相关知识与研究特点；小综述的侧重点在于为文章的研究框架服务，主要是通过综述来指出现有理论研究存在的问题或者忽略的假定，而这些存在的问题与忽略的假定正是自己文章将要研究的价值所在。

另外，对于学生来说，写文献综述对于学生提高写作水平、动手分析问题能力的锻炼也有重要的指导意义：首先，通过搜集文献资料，可以扩大学生的知识面；其次，文献综述的写作，有利于学生研究方法的积累，促进学生动手分析解决问题能力的提高；最后，撰写文献综述是科学研究基础的第一步，因此文献综述的写作有利于学生研究活动基础的进一步稳固。

二、文献资料的收集

文献综述是对已有资料进行处理分析，因此资料的收集对于文献综述的写作至关重要。其实，不但是对于文献综述，对于其他形式的论文写作，资料收集也是至关重要的一个环节。一般来说，资料的收集工作，主要通过两个途径：一方面，靠自己学习过程中的不断积累；另一方面，通过专门的检索文献方法，有针对性地收集相关资料。因此，要写好文献综述，首先要掌握资料收集的步骤与方法。

（一）资料来源

要掌握资料收集的步骤与方法，首先要了解文献资料的来源与分类。其实，关于文献资料的分类，可以有不同的划分标准，而本书主要讲文献检索中的文献划分方法，即根据文献性质、加工情况把资料划分为零次文献、一次文献、二次文献及三次文献。

1. 零次文献

零次文献是相对于一次文献来说的，是指未经正式发表或者未形成正规载体的一种文献形式，主要包括书信、笔记、会议记录及工作手稿等。这种文献主要特点就是分散性及不成熟性，但是这类文献具有一定的灵活性以及对研究的启发性，因此，内容也具有一定的价值性。

需要注意的是，如果引用该部分文献，也必须在文章中标注清楚，这也是对这类文献作者的一种尊敬以及学术的规范性。

2. 一次文献

一次文献，又叫作原始文献，是指作者根据本人工作经验、观察、实际研究而创作的具有一定独创性与价值性的文献，如期刊论文、研究报告、专利说明书、会议论文、学位论文、技术标准等。

一次文献具有一定的新颖性与创造性，而且一次文献在整个文献中是数量最大、种类最多的，因此，一次文献往往是使用最广、影响最大的文献，一般将此类文献分为报刊、图书、政府出版物和档案资料四类。一般来说，一次文献相对于其他类型文献而言具有以下特点。

（1）内容的独创性。相对于二次文献或者三次文献而言，一次文献是作者根据本人的经验与观察而创作的原创性文献，这种文献具有新颖性与先进性，也反映了最新的研究成果。

（2）详细性与借鉴性。因为是原创性文献，所以内容就会详尽具体，可供学习者学习、借鉴和使用。

（3）内容的丰富性与寻找困难性。一次文献数量庞大，内容丰富多样，分散在各种期刊、图书、政府出版物、特种文献之中，所以寻找起来相对比较困难。

3. 二次文献

二次文献是对一次文献的加工处理，其重要形式是文摘报刊，如目录、文摘杂志（包括简介式检索刊物）等。一般来说，二次文献的主要作用在于通过一定的方法对一类文献进行归结与排列，有利于研究者尽快地获取相关信息，从而节省时间。相对于一次文献来说，二次文献具有如下特点。

（1）浓缩性。即对原始文献的概括与浓缩，便于信息的排列与整理。

（2）汇集性与系统性。即将对原始文献进行加工与处理的内容汇集在一起，能够较系统全面地反映该领域的研究内容与成果。

4. 三次文献

三次文献是在一、二次文献基础上，进一步加工与处理而形成的文献，这类文献与二类文献最大的区别在于，三次文献是对一、二次文献的深加工，具有综合性、评价性与概括性的特点。从这个意义上讲，文献综述属于三次文献。这类文献主要包括综述、专题述评、学科年度总结、进展报告、数据手册、进展性出版物及文献指南等。

（二）文献资料的选取

要写好文献综述，首要是会正确地选取文献资料。文献资料的选择，无论是对于大综述的资料选取，还是对于课题研究小综述的资料选取，都具有相同点。本书主要从课题研究的角度出发，讲述如何对文献资料进行选取，当然，此方法也适合大综述资料的选取。一般来说，资料选取主要考虑两个方面的内容：考虑资料需求的数量和掌握资料选取的标准。

1. 考虑资料需求的数量

对于资料选取的数量来说，并不是越多越好。一般来说，选取资料越多，概括得越全面，越有利于对所选领域进行整体评述，但是并不是所有相关的研究都要一一列举出来，其实这样往往容易忽略主干与中心。对于相同或者类似的研究，并不是要全部列出，只要挑重点概括一下即可，其他的研究只要列出研究者姓名，并在引用参考文献中标出即可。当然，若文献资料太少，说明基础比较薄弱，不能够概括所要研究的问题与领域，因此也不利于引出科学的结论。

那么怎样才能够选择合适的资料数量呢？其实资料选择的数量多少，更重要的是与要关注或者研究的领域有关。从实际的研究上看，任何经济理论都有一个中心思路，然后其他研究都是根据这个中心思路不断扩充与完善的，因此，数量的多少要根据研究领域的中心以及扩展的领域而定。首先要找到研究的中心领域，一般来说，研究的中心领域的文献资料并不是太多，而且一般来说都是引用次数比较高的文献，因此要找到这些文献并不太难。而且在找到中心思路文献后，可以根据中心思路选择其他扩展的文献。

当然，从研究领域的中心思路出发的另一个好处还在于可以最快抓住这个领域的主要研究特点，从而在选择文献时可以进行对比，也可以在阅读扩展文献时能够抓住此类文献的创新之处，从而在写评述时，也会形成一个统一中心点，以及形成系统性。

那么怎么才能找到一个领域的中心思路呢？主要可以从下面两个方面出发。

首先，从研究领域的关键概念出发。我们在为写一个研究领域或问题的文献综述寻找资料时，可以先从研究领域的关键概念最早是由谁提出的出发。从通常情况来看，最早提出者往往是这个领域的开创者，他的文章中心往往也是这个领域的中心思路，因此，通过关键概念选取中心思路文章，往往并不困难。当然，一个领域被开创，通常是由很多学者进行补充完善的，而发展比较成熟的理论往往会扩展很多，但是一般来说，一篇文献在对关键概念描述时，往往也会涉及这些比较主流的扩展内容，因此，也可以根据这些描述找到相应的文献。

其次，从经典文献及核心期刊出发。在每门学科中总有一些经典文献，这些文献往往也是各个领域的研究中心，而且这些文献也是经济理论学者应该掌握和知道的，因此，从经典文献出发，从经典文献的中心思路出发再找其他文献也是一个比较好的资料选择方法。另外，在资料选取过程中，应该特别留意那些核心期刊，因为一方面，这类期刊论文质量比较高，另一方面，这些核心期刊文章往往也是引用次数比较高的文章，通过选择这些期刊也可以使得文献综述质量比较高，而且可以节省选择时间，降低工作量。

扩展阅读

中文核心期刊——经济类

F综合性经济科学	1. 经济研究 2. 管理世界 3. 经济学 4. 南开经济研究 5. 经济学家 6. 经济科学 7. 经济评论 8. 经济学动态 9. 当代财经 10. 财经科学 11. 经济管理 12. 中南财经政法大学学报 13. 当代经济科学 14. 贵州财经大学学报 15. 经济经纬 16. 经济纵横 17. 上海财经大学学报（哲学社会科学版）18. 广东财经大学学报 19. 现代财经 20. 江西财经大学学报 21. 经济问题 22. 云南财经大学学报 23. 当代经济研究 24. 河北经贸大学学报 25. 山西财经大学学报 26. 首都经济贸易大学学报
F1（除F12）世界经济	1. 世界经济 2. 经济社会体制比较 3. 外国经济与管理 4. 世界经济研究 5. 国际经济评论 6. 世界经济文汇 7. 现代日本经济 8. 亚太经济 9. 世界经济与政治论坛
F0，F12，F2（除F23，F27）中国经济，经济管理除会计，企业经济	1. 数量经济技术经济研究 2. 地域研究与开发 3. 改革 4. 经济理论与经济管理 5. 上海经济研究 6. 宏观经济研究 7. 生产力研究 8. 城市问题 9. 城市发展研究 10. 中国经济史研究 11. 西部论坛（重庆）12. 经济体制改革 13. 经济问题探索 14. 运筹与管理 15. 中国经济问题 16. 南方经济 17. 消费经济 18. 生态经济 19. 中国流通经济 20. 现代经济探讨 21. 宏观经济管理 22. 运筹与管理 23. 技术经济 24. 当代经济管理 25. 区域经济评论 26. 产经评论 27. 华东经济管理 28. 科技管理研究 29. 科学管理研究

续表

F23（除 F239）会计除审计	1. 会计研究 2. 会计与经济研究 3. 会计之友 4. 中国注册会计师 5. 财会通讯 6. 财会月刊 7. 财务与会计
F239 审计类	1. 审计研究 2. 审计与经济研究 3. 南京审计学院学报（改名为南京审计大学学报）
F3 农业经济	1. 中国农村经济 2. 农业经济问题 3. 中国农村观察 4. 中国土地科学 5. 农业现代化研究 6. 农业技术经济 7. 南京农业大学学报（社会科学版） 8. 中国农业资源与区划 9. 农村经济 10. 农业经济 11. 林业经济问题 12. 农林经济管理学报 13. 西北农林科技大学学报（社会科学版）14. 林业经济 15. 中国农业大学学报（社会科学版）16. 华中农业大学学报（社会科学版）17. 华南农业大学学报（社会科学版）
F4/6工业经济（含F27，除 F59）工业经济/邮电通信经济（含企业经济，除旅游经济）	1. 中国工业经济 2. 南开管理评论 3. 产业经济研究 4. 管理科学 5. 工业工程与管理 6. 管理评论 7. 企业经济 8. 预测 9. 软科学 10. 工业工程 11. 管理现代化 12. 经济与管理研究 13. 建筑经济 14. 中国人力资源开发 15. 技术经济与管理研究 16. 工业技术经济
F59 旅游经济	1. 旅游学刊 2. 旅游科学
F7 贸易经济	1. 国际贸易问题 2. 国际经贸探索 3. 财贸经济 4. 商业经济与管理 5. 国际商务 6. 北京工商大学学报（社会科学版）7. 国际贸易 8. 国际商务研究 9. 财贸研究 10. 上海对外经贸大学学报 11. 商业研究 12. 国际经济合作 13. 价格理论与实践 14. 商业经济研究 15. 对外经贸实务 16. 价格月刊
F81 财政	1. 税务研究 2. 财政研究 3. 地方财政研究 4. 国际税收 5. 税务与经济 6. 税收经济研究 7. 中央财经大学学报 8. 财经研究 9. 财经问题研究 10. 财经论丛
F82/84 货币/金融、银行/保险	1. 金融研究 2. 国际金融研究 3. 金融经济学研究 4. 证券市场导报 5. 金融论坛 6. 上海金融 7. 中国金融 8. 投资研究 9. 财经理论与实践 10. 保险研究 11. 新金融 12. 金融理论与实践 13. 金融评论 14. 金融监管研究 15. 南方金融 16. 金融与经济 17. 金融发展研究 18. 武汉金融 19. 西南金融 20. 征信

注：《中文核心期刊要目总览》是由北京大学图书馆及北京十几所高校图书馆众多期刊工作者及相关单位专家参加的研究项目，项目研究成果以印刷型图书形式出版，此前已由北京大学出版社出了六版：第一版（1992年）、第二版（1996年）、第三版（2000年）、第四版（2004年）、第五版（2008年）、第六版（2011年）和第七版（2014年）。本版本为第八版（2017年），于2018年12月由北京大学出版社出版。本表选自第二编经济

2. 掌握资料选取的标准

在选取文献时，除了要考虑选取的数量外，另一个要仔细考虑的是资料选取的标准。资料选取的标准一般主要考虑如下几个方面。

1）必要性

必要性是指文献选取过程中，要选择那些必要性的材料。从研究的实际情况上看，必要性的文献主要包括那些对自己研究领域起着引领或者突破性进展作用的资料，而且要包括那些基础性的研究资料，以及具有开创性与对这个领域进行拓展并且与自己研究密切相关的文献。

另外，资料的选取也并不是前人的研究越流行越好。虽然引用主流的观点可以增加文献资料的价值性，但是如果流行观点与自己的研究不符，那么这部分文献也不是自己文献综述的必要材料。而且，主流观点往往是关注比较多、研究比较细的领域，因此，在这个领域发现、寻找问题往往也有一定的困难性。因此，特别是对于小综述来说，选择文献要根据自己的研究内容，选择与自己研究密切相关、能够引领自己研究的那些必要文献。

2）真实性

真实性不仅是资料选取的一个主要标准，也是自己的研究是否能够得到认可的重要

参考。只有真实可靠的资料，才是写作的前提，而且正确引用别人的观点，才能够正确得出自己要论证的问题与结论。

因此，在资料选取过程中，应该尽量选择最真实最可靠的原始资料，如果选取引用他人的资料，一定要小心，注意观点的可靠性。因此，选取引用他人的资料时，可以选那些重要的期刊的资料，因为相对而言，这些资料的可靠性更高一些。而且在选取引用他人资料的过程中，还可以对同一领域的研究，选择不同作者的资料，这样可以相互对比，从而确定资料的真实性与可靠性。

3）新颖性

新颖性是指选择资料时，应该选择那些观点比较新、新开创的研究领域资料。这是因为新观点往往是对以前研究的发展与补充，选择新观点可以显示出该研究领域的最新发展动态。而且，之所以要关注新观点，也是对自己的研究负责，看是否与前人冲突，这也是一个需要考虑的方面。

第二节 文献综述的写作

一、文献综述的写作手法

第一种是大综述写法，即就某个领域的文献做出的全面总结，属于真正意义上的“三次文献”。它的写作规范相对灵活，作者可以按照自己认为合理的一条主线将该领域的研究成果串联在一起，这条主线可以是一个简化的分析框架或模型，也可以是一个理论发展或分化的线索。

文献综述的第二种写法是小综述，其典型代表就是毕业论文和科研开题论文第一部分“前言”部分的综述。一般来说，这类文献综述的目的主要是为自己论文的理论研究服务，主要通过“述”相关的研究来指出前人研究与自己研究的差异性，说明自己研究的贡献在哪里，因此，这类综述应该侧重介绍与自己研究相关方面的文献，而不是面面俱全。

【例 9-1】小文献综述写作举例

对我国当前土地产权制度不利于投资的批评集中在以下三方面：第一，频繁的土地调整造成土地使用权不稳定，使得农民不愿意进行更多的农业生产投资（叶剑平等，2006）；第二，地权不稳定降低了土地流转需求，从而阻碍了土地流转市场的发育并阻碍了农户生产经营规模的扩大（钱忠好，2002；田传浩等，2004）；第三，地权不稳定和抵押制度不完善阻碍了土地成为抵押品的可能性（刘红梅等，2000；叶剑平等，2006）。因此批评者主张土地使用权物权化甚至私有化以促进农户农业生产投资和规模经营，主张进行土地产权制度和抵押制度改革以使农业用地可以作为贷款抵押物。

针对上述批评，本文将全面考察土地产权制度与农户投资的关系，具体回答以下几个问题：土地调整造成的地权不稳定是否对农户投资产生了显著的负面影响？地权不稳定是否阻碍土地租赁，阻碍农户扩大土地经营规模，进而对农户投资产生负面影响？如果稳定农地产权、建立农地抵押制度，农业用地能否被实际接受为贷款抵押物，从而增加农民获得信贷的能力？

资料选自：钟甫宁，纪月清. 土地产权、非农就业机会与农户农业生产投资. 经济研究，2009，44（12）：43-51。

二、文献综述的写作过程

写文献综述一般经过以下三个阶段：选题、搜集阅读文献资料和正文写作三个部分。

（一）选题

文献综述的选题一般是明确的，这是由于撰写文献综述是基于某种需要，如为某学术会议写专题、从事某项科研、为某方面积累文献资料等。而且，文献综述选题范围广，题目可大可小，大到一个领域、一个学科，小到可以只涉及一个方法、一个理论，可根据自己的需要而定。

对于初学者来说，文献综述的选题应该小一些，这是因为小题目文献综述对资料的收集要求较低，而且观点集中，有利于文献资料汇总与整理。题目较大，不但加大了工作量，而且对于知识水平要求较高，又由于涉及的资料太多，容易把握不住重心与主流观点，最后写出的综述往往大题小做或是文不对题。

（二）搜集阅读文献资料

文献综述是对资料的整理与汇总，并根据原有资料发表作者的分析与意见。因此，资料收集与整理对于文献综述的写作至关重要。由于本书在第四章已详细介绍了资料收集方法，这里不再赘述。

（三）正文写作

文献综述的写作与一般研究性论文的写法既有相同点，也有不同点。这是因为研究性的论文是提出研究假说，然后通过方法来验证研究假说，而文献综述要求向读者介绍与主题有关的详细资料、动态、进展、展望以及对以上方面的评述，因此文献综述的格式相对多样。但是二者在本质上有着共同点，即无论是研究性论文，还是文献综述，出发点都是对经济理论的发展与深化，研究性论文是通过验证假说的形式来发展理论，而文献综述，特别是那些小综述或者课题申请的综述，其目的也是通过对前人研究的总结来寻找问题，从而对经济理论进一步深化，所以从本质上来说，二者都是要对经济理论发展深化，因此都需要提出自己的观点与理论深化。

总的来说，文献综述的内容一般都包含以下四部分：前言、主体、总结和参考文献。

前言，主要是有关概念、定义及综述范围界定，主要介绍理论的起源、发展和分类，是为了让读者对要论述的研究领域有个初步的概括。

主体的写法多样，没有固定的格式。常用的手法有年代顺序综述、问题导向综述，还有对观点学派分类进行综述的。总而言之，主体部分的写作手法可以按照个人写作习惯而异，但是综述的内容要尽量涉及不同的观点，以及不同观点之间研究背景的差别，同时主体部分应特别注意对代表性强、具有科学性和创造性的文献的引用和评述。

总结，将全文主题进行扼要总结，重点是提出综述作者的见解，应当着重指出该理论本身的适用范围及不足之处，包括基本假设、分析框架及应用前景等方面值得进一步深入研究的问题。

参考文献，虽然放在文末，但却是文献综述的重要组成部分。因为参考文献一方面表示对被引用文献作者的尊重及引用文献的依据，另一个方面为读者深入探讨有关问题提供了文献查找线索。因此，参考文献的编排应条目清楚，查找方便，内容准确无误。

（四）注意事项

1. 资料的全面性

资料的全面性是写好综述的前提，因为只有掌握了全面的资料，才能对这一领域的研究有着全面的了解，才能合理地对各种观点进行对比分析，如果忽略了某些重要的理论而谈综述，是片面的，甚至写出的文章根本不能称为综述。

资料全面性一方面要求在搜集资料时要注意搜索技巧，另一个方面要求平时的积累。因此，在平常学习过程中可以随时整理，如对文献进行分类，记录文献信息。对于特别重要的文献，不妨做一个读书笔记，摘录其中的重要观点和论述，这样既有利于自己的学习，同时在需要使用时也能更快更好地找到自己所要的资料。

2. 文献的选择性

写文献综述要求资料的全面性，但是并不是说所有的文章都要读，所有的文献都要引用，而是文献要有选择性。文献的选择性要求对于类似观点的文献，只要引用开创性的、能够概况相似研究的作者的文献即可，其他作者的观点可以只提及作者名字即可。另外，文献的选择性还要求首先选择质量高、影响因子大的文献，否则影响综述的质量及观点可靠性。

因此，在对资料整理时可以把重心瞄准主流观点。那么，怎样才能更好地抓住研究观点的主流呢？这就需要充分利用身边的学习资源，也需要在学习中不断积累。建议从以下几条途径入手：一是在发现一两篇“经典”的文章时，可以根据它们的参考文献找到相关文章，因为质量较高的学术文章，通常是不会忽略该领域的主流、经典文献的；二是利用学校图书馆的电子期刊资源，在检索窗口设置选择标准，从而选择那些影响因子大、发表论文质量高的杂志文章，来作为文献综述选择文章的标准；三是以问题为导向，即根据自己要研究的问题来选择文献，目的性强，也较容易找到该领域主流观点的文章。

3. 文献的真实性

文献的真实性，要求引用文献时要忠于原作者的原意，不要扭曲或者歪解作者的观点，虽然文献综述有作者自己的评论分析，但是自己的评论分析不要掩盖原文的原意与真实性。

第三节 文献综述范文

贸易开放对中国收入差距影响研究综述

张心怡 纪月清

摘要：根据斯托尔帕-萨缪尔森定理，对外开放会缩小发展中国家的收入差距，然而许多发展中国家的经验却并非如此。本文主要对中国的经验研究进行了梳理，综述贸易开放对中国整体收入差距及不同技能劳动收入差距影响的经验研究结果。在此基础上指出现有研究的不足，并提出未来可能的研究方向。

关键词：贸易开放 收入差距 不同技能劳动力 中国经验

一、引言

改革开放以来，中国对外开放水平不断提高，参与全球生产分工的深度和广度不断提升。根据斯托尔帕-萨缪尔森定理，对外开放会缩小发展中国家的收入差距（Stolper and Samuelson，1941），然而，许多发展中国家（特别是拉丁美洲国家）的经验却十分让人失望（Hanson and Harrison，1999）。中国的实践经验更是与之相反。2001 年中国加入世界贸易组织（World Trade Organization，WTO）后，进出口总额占国内生产总值（GDP）比重大幅提升，与此同时，中国官方公布的基尼系数却由 2004 年的 0.473，上升到 2008 年的 0.491。2008 年的国际金融危机重创了全球贸易和中国出口贸易，中国基尼系数逐渐下降到2010年的0.481，2014年之后更是下降到 0.470 以下。

引起收入差距变化的因素有很多，上面关于中国对外开放发展和基尼系数变化在时间上的相关分析，未必反映了两者的因果关系。对外开放如何影响中国的收入差距？关于这一问题现有研究告诉了我们什么？我们还应该知道些什么？本文拟对现有研究成果进行梳理和评论。本文的结构安排如下：第二部分综述贸易开放影响收入差距的理论机制和国际经验，重点对斯托尔帕-萨缪尔森定理的理论基础及其批评进行简短回顾；第三部分综述贸易开放与收入差距的中国经验；第四部分对现有研究进行评述并指出进一步的研究方向。

二、贸易开放如何影响收入差距：理论机制与国际经验

（一）斯托尔帕-萨缪尔森定理的理论基础

斯托尔帕-萨缪尔森定理（以下简称 SS 定理）是 1941 年美国经济学家 Stolper 和

Samuelson 在赫克歇尔–俄林理论模型的框架内衍生出来的。该定理证明，贸易开放会使一国出口行业的产品价格上升，它所密集使用的生产要素的报酬相对提高，不密集使用的生产要素的报酬相对降低。基本模型如下。

假设两个经济系统分别只生产小麦和布料，且两种产品只使用劳动力和土地这两种生产要素，小麦是土地密集型产品，布料是劳动密集型产品，同时假设每种产品的价格等于其边际成本。

布料的价格是

$$P(C) = ar + bw \tag{1}$$

其中，$P(C)$代表布料的价格；r 代表向土地所有者支付的租金；w 代表工资水平；a 和 b 分别代表土地和劳动力的使用量。

同样，小麦价格是

$$P(W) = cr + dw \tag{2}$$

其中，$P(W)$代表小麦价格；r和w含义同上；c和d代表相应的土地和劳动力的使用量。

对于一个劳动力丰富而土地相对稀缺的国家，国际贸易将带来布料出口和布料价格上升。如果布料的价格上涨，且式（1）成立，那么 r 和 w 的其中一个因素必然会上涨（a 和 b 不受布料价格变化的影响）。因为在布料生产中劳动力被密集使用，可以假设价格上涨的要素将是劳动力。为了使式（2）成立，当劳动力工资上涨时，租金则必须下降。但租金的下降也会影响式（1），工资进一步上涨。最终，产品价格的上涨将提高其最密集使用因素的回报率，并且降低不那么频繁使用的因素的回报率。

对广大发展中国家而言，非熟练劳动力是其丰裕的要素，劳动力密集型产业是其比较优势所在。SS 定理预测，贸易开放将主要促进这些产品的出口和价格上涨，使低技能劳动力工资上涨，从而缩小一国的工资差距和总体收入差距。相反，在发达国家，低技能劳动力相对于资本更稀缺，主要出口资本密集型产品而进口劳动密集型产品。这种贸易结构导致其对国内劳动密集型产品的需求下降以及产品价格降低，因此生产该部分产品的非熟练劳动力收入减少，从而扩大了不同技能劳动者的工资差距和整个国家的收入差距。

（二）对斯托尔帕–萨缪尔森定理的检验及批评

很多研究对 SS 定理进行了检验。对总体收入差距而言，众多实证经验得出相反的结果：发达国家的收入不平等情况在贸易开放中得到改善，而发展中国家的收入分配不平等程度随着贸易开放而恶化；在撒哈拉以南的众多非洲国家，贸易开放并未能消减贫困（Lindert and Williamson，2001）。

对不同技能劳动力的工资差距而言，在发达国家，除了少量研究发现无影响外（Krugman，2000），绝大部分研究发现贸易开放正如 SS 定理预测的那样使低技能劳动力的工资相对下降，实际工资也徘徊不前甚至下降（Manasse and Turrini，2001；Neary，2002；Acemoglu et al.，2002；McLaren and Hakobyan，2016）。但与此同时，在众多的发展中国家（特别是拉丁美洲国家），大部分经验研究表明，贸易自由化进程并没有使不同技能劳动力的工资差距缩小，反而使他们的工资差距持续扩大（Green et al.，2001；Bourguignon and Morrisson，2002；Attanasio et al.，2004）。

由于在众多发展中国家的实践表现与理论预期相悖，SS 定理及其背后的赫克歇尔-俄林理论模型遭到了众多质疑。Feenstra（2004）称赫克歇尔-俄林模型在解释历史和现代贸易模式上无可救药地不充分。Feenstra 和 Hanson（1999）观察到现代贸易中普遍存在中间产品贸易，并从全球价值链分工的角度解释贸易开放如何扩大发展中国家收入差距：发展中国家承接发达国家生产环节的技术往往高于本国的技术水平，从而增加了对高技能劳动力的相对需求。Davis 和 Mishra（2006）也表示 SS 定理“已死”。绝大部分研究从偏向型技术进步角度解释了为什么贸易开放使发展中国家高技能与低技能劳动力的收入差距拉大（Green et al.，2001；Acemoglu，2003；Burstein and Vogel，2013），也有部分学者认为，发展中国家的劳动力市场缺乏弹性且流动成本较高是导致高技能和低技能劳动力收入差距扩大的原因（Hanson and Harrison，1999）。综上所述，在大部分发展中国家，贸易开放并没有如同 SS 定理预测的那样缩小一国的收入差距以及不同技能劳动力的工资差距。那么，中国的经验如何呢？下面将就此问题展开综述。

三、贸易开放与收入差距：中国的经验证据

（一）贸易开放与中国总体收入差距

一些学者研究了贸易开放对中国收入差距的影响。多数结果显示，贸易开放会扩大中国收入差距。这些研究主要在使用数据、贸易开放衡量指标、收入差距衡量指标和实证结果 4 个方面有所不同，如表 1 所示。

表 1 中国学者对贸易开放和收入差距的研究

作者（年份）	使用数据	贸易开放衡量指标	收入差距衡量指标	实证结果
戴枫（2005）	1980~2003 年面板数据	进出口总额/GDP	全国居民收入基尼系数	Granger 因果关系检验结果显示：对外贸易与收入不平等之间存在长期稳定的关系，贸易自由化扩大了收入差距
王少瑾（2007）	1991~2004 年各省区市的面板数据	进出口总额 / GDP，外商直接投资 / GDP	城乡居民收入的比值（以农村居民人均纯收入为 1）	进出口总额占 GDP 比值和外商直接投资占 GDP 比值的提高均会扩大收入差距。进一步来说，进口额比值的增加会稳健且显著地扩大收入差距，出口额比值的增加会缩小收入差距，但这种关系并不稳健
胡文骏（2017）	1985~2005 年的时间序列数据	中国每年进出口总额/GDP	全国城市居民可支配年收入与农村居民年人均纯收入的比值	中国对外开放与收入不平等之间呈倒 U 形关系。对外贸易在 1985~2004 年加剧了中国的收入不平等，之后又缩小了收入差距
胡超（2008）	1998~2009 年 27 个省区市的面板数据	进出口总额/GDP	27 个省级单位的居民收入基尼系数	贸易开放会恶化国内的收入分配状况，扩大收入差距
张懿（2017）	1988~2014 年中国 29 个省区市的面板数据	进出口总额/GDP，外商直接投资额/GDP	各省区市城镇居民家庭人均可支配收入的不平等程度（用第二泰尔指数衡量）	对全国来说，外贸依存度和外资依存度等是造成收入差距扩大的主要原因；分地区来说，对外贸易使得东、中、西部各地区间收入差距扩大

续表

作者（年份）	使用数据	贸易开放衡量指标	收入差距衡量指标	实证结果
李杰和杜晓（2018）	1998~2013 年中国 30 个省区市的面板数据	外贸依存度，地区的进口总额/GDP	30 个省区市城镇居民数量与农村居民数量的比值	贸易自由化的发展扩大了中国收入差距，且东部地区比中西部地区受影响程度更深

可以看到，学者们在数据选取和收入差距的衡量上存在许多不同。戴枫（2005）采用 1980~2003 年的相关数据，通过构建理论模型研究中国贸易开放与收入不平等之间的关系，用基尼系数来衡量中国的收入差距，用外贸依存度来衡量贸易程度。Granger 因果关系检验结果显示：对外贸易与收入不平等之间存在长期稳定的关系，贸易自由化扩大了收入差距。王少瑾（2007）利用 1991~2004 年各省区市的数据研究了对外开放与收入分配的关系，研究发现各省区市进出口总额占 GDP 比值和外商直接投资占 GDP 比值的提高均会扩大各省区市的收入差距，进一步来说，进口额比值的增加会稳健且显著地扩大收入差距，出口额比值的增加会缩小收入差距，但这种关系并不稳健。胡文骏（2017）采用中国 1985~2005 年的数据研究中国对外开放与收入不平等的关系。研究发现，二者之间呈倒 U 形关系，对外贸易在 1985~2004 年加剧了中国的收入不平等，之后又缩小了收入差距。胡超（2008）采用 1998~2009 年 27 个省区市的面板数据，通过构建方程组来研究贸易开放、财政支出与收入分配的关系。结果表明，贸易开放会恶化国内的收入分配状况，扩大收入差距。张懿（2017）基于 1988~2014 年 29 个省区市的面板数据，对中国对外贸易与地区间收入差距之间的关系进行了研究。结果显示，对全国来说，外贸依存度和外资依存度等是造成收入差距扩大的主要原因；分地区来说，对外贸易使得东、中、西部各地区间收入差距扩大。李杰和杜晓（2018）基于 30 个省区市 1998~2013 年的面板数据，构建贸易开放和收入差距指标进行实证研究。结果显示，贸易自由化程度越高，中国收入差距越大。进一步分析表明，这种影响还存在地区差异，相对于中西部地区，东部地区受影响程度更深。

（二）贸易开放与中国不同技能劳动力的收入差距

如前所述，研究高技能（或称熟练）和低技能（或称非熟练）劳动力的相对工资差距也是检验 SS 定理的一个重要方向。很多经验研究对中国劳动力市场进行了考察。各项研究使用数据、贸易开放衡量指标以及高、低技能劳动力的划分等均有所不同，表 2 和表 3 列举了部分文献的划分方法及研究结论。

表 2 贸易开放对中国不同技能劳动力收入差距的影响

作者（年份）	使用数据	贸易开放衡量指标	不同技能划分的衡量指标	实证结果
Han 等（2012）	使用 1988~2008 年中国城镇住户调查数据	以南方谈话和加入 WTO 为虚拟变量；兼用年平均关税率指标	用第 90 百分位、第 50 百分位与第 10 百分位的分位工资差距来衡量高、中、低技能收入差距	加入 WTO 使得较高分位的工资增长更快。具体来说，加入 WTO 以及削减关税对大学生的工资提升影响更大

续表

作者（年份）	使用数据	贸易开放衡量指标	不同技能划分的衡量指标	实证结果
韩军等（2015）	农村数据来自中国家庭健康与营养调查，城市数据来自中国城镇住户调查	以南方谈话和加入 WTO 为时间虚拟变量	用第 90 百分位、第 50 百分位与第 10 百分位的分位工资差距来衡量高、中、低技能收入差距	南方谈话使城市的中低端收入者受益最多，农村的高端收入者受益最多；加入 WTO 使城市的高端劳动力的收入提升最快，农村的中端劳动力的收入提升较多
曾国彪和姜凌（2014）	2005~2006 年中国综合社会调查数据库	1992~2005 年各细分行业简单平均关税年均下降水平	无技术职称的工人划分为非技术劳动力，有技术职称的工人划分为技术劳动力	从整体来说，关税下降可以提高劳动者收入，但与此同时也使得高技能劳动者和低技能劳动者之间的收入差距扩大
李宏兵和蔡宏波（2013）	2002 年和 2007 年中国城镇住户调查数据	出口开放度，即城市出口额与该城市 GDP 的比值	将大专以及接受过大学教育的劳动力视为高技能劳动力，将高中及以下的劳动力视为低技能劳动力	贸易开放从整体来说可以提高劳动者收入，但与此同时也使得高技能和低技能劳动者之间的收入差距扩大
黄灿和闫云凤（2016）	2013 年中国家庭住户收入调查数据	城市进出口贸易额占城市 GDP 比重的对数	将大专及以上的视为高技能劳动力，高中及以下则视为低技能劳动力	贸易开放更加显著地影响高技能劳动力的收入水平，导致收入差距扩大
杜威剑和李梦洁（2017）	中国 2000~2007 年工业企业数据	按企业是否为新进入出口市场划分为处理组和对照组	高中及以上学历工人为熟练劳动力，其他则为非熟练劳动力	短期内出口对工资差距未有显著影响，长期来看则会扩大熟练劳动力与非熟练劳动力的工资差距，且中低技术行业的企业受到的影响更大
尹正和倪志伟（2018）	中国制造行业 2006~2016 年的面板数据	行业出口总额的对数	高中以上学历（不含高中）的工人为技能劳动力，其他为非技能劳动力	出口贸易使得不同技能劳动力工资差距缩小

表 3　贸易开放方式、贸易开放行业对中国不同技能劳动力收入差距的影响

作者	使用数据	贸易开放衡量指标	不同技能划分的衡量指标	实证结果
滕瑜和朱晶（2011）	1995~2007 年中国工业部门 31 个细分行业的面板数据	中间品贸易变量用各行业中间品出口值占产出值比重表示，最终品贸易变量用各行业出口值占工业增加值比重表示	将从事科技活动人员定义为熟练劳动力，从事非科技活动人员定义为非熟练劳动力	中间产品贸易有利于提高工业部门熟练劳动力的相对收入，而最终产品贸易则会降低熟练劳动力的相对收入
王怀民等（2014）	29 个工业行业数据	加工贸易出口数据来自中国海关，以美元计价的出口额按当年平均汇率折算成以人民币计价的出口额	各行业科技活动人员为高技能劳动力，其他为低技能劳动力	随着中国加工贸易出口的扩张，高技术劳动力的相对工资提升，从而加大了同低技术劳动者之间的工资差距
单希彦（2018）	2001~2016 年中国制造业 28 个细分行业的数据	中间产品的进口贸易额与出口贸易额的对数	分行业大中型工业企业科技人员劳务费代表熟练劳动力工资	中间品进口贸易和出口贸易的增长都会扩大熟练劳动力与非熟练劳动力的工资差距，并且这种影响在技术密集型行业更大
滕瑜和迟睿（2016）	世界投入产出数据库和《中国统计年鉴》中国服务业的 11 个细分行业	服务贸易进出口额与产业增加值的比值	大专及以上学历为高技能劳动力，高中及职中为中等技能劳动力，初中及以下为低技能劳动力	服务贸易进口可以提升高技能劳动者的收入，导致高技能和中低技能劳动力的收入差距扩大，服务贸易出口则结果相反

一些研究考察了贸易开放的过程（如加入 WTO）或这一过程中关税减消对不同技能劳动力工资收入的影响。Han 等（2012）使用 1988~2008 年中国城镇住户调查数据，考察了南方谈话和加入 WTO 对城镇居民工资差距的影响。研究发现，加入 WTO 使得较高分位的工资增长更快。具体来说，加入 WTO 和削减关税对大学生的工资提升影响更大。韩军等（2015）对城乡劳动力工资数据进行研究发现，南方谈话使城市的中低端收入者受益最多，农村的高端收入者受益最多；加入 WTO 使城市的高端劳动力的收入提升最快，农村的中端劳动力的收入提升较多。曾国彪和姜凌（2014）的研究发现，从整体来说，关税下降可以提高劳动者收入，但与此同时也使得高技能劳动者和低技能劳动者之间的收入差距扩大。

另一些研究分析了贸易开放的结果，如进出口和贸易依存度增加对不同技能劳动力的收入差距的影响。李宏兵和蔡宏波（2013）对出口开放度（出口额占 GDP 比重）进行了考察，黄灿和闫云凤（2016）把进出口当作整体进行考察，两者均发现贸易开放更加显著地影响高技能劳动力的收入水平，导致收入差距扩大。有研究得出类似的结果，其从技术进步角度解释对外贸易为何扩大收入差距，认为技术进步并不是中性的，贸易开放后技术进步更加偏向于高技能工人，从而会增加高技能工人的收入水平。杜威剑和李梦洁（2017）利用中国 2000~2007 年工业企业数据从市场进入的角度考察了出口对企业内部熟练劳动力与非熟练劳动力工资差距的影响。结果显示，短期内出口对工资差距未有显著影响，长期来看则会扩大熟练劳动力与非熟练劳动力的工资差距，且中低技术行业的企业受到的影响更大。尹正和倪志伟（2018）基于中国制造行业 2006~2016 年的面板数据，用出口总额衡量贸易开放程度，得出相反的结论：出口贸易使得不同技能劳动力工资差距缩小。

还有一些研究进一步区分了不同贸易方式的影响。按照 Hanson 和 Harrison（1999）的理论，中间品贸易的盛行是不同技能劳动力工资差距扩大的原因。中国的经验证据也倾向支持这一理论。滕瑜和朱晶（2011）采用中国工业部门 31 个细分行业的面板数据分析了中国工业部门熟练劳动力和非熟练劳动力的收入差距。结果显示，最终产品贸易虽会降低熟练劳动力和非熟练劳动力的相对收入差距，但中间产品贸易会提高两者的收入差距，并且中间品贸易产生的作用大于最终品，总体来说，对外贸易扩大了收入差距。王怀民等（2014）专门考察了加工贸易的作用（加工贸易是中间品贸易的主要形式），通过构建动态面板数据模型，发现随着中国加工贸易出口的扩张，高技术劳动力的相对工资提升，从而扩大了同低技术劳动者之间的工资差距。单希彦（2018）进一步区分了中间品的出口和进口，采用 2001~2016 年中国制造业 28 个细分行业的数据进行分析，发现不管是中间品进口贸易还是出口贸易的增长都会扩大熟练劳动力与非熟练劳动力的工资差距，并且这种影响在技术密集型行业更大。滕瑜和迟睿（2016）则专门考察了服务业贸易开放的影响，将中国服务业划分为 11 个行业，运用一阶差分 GMM（Gaussian mixture model，高斯混合模型）估计动态面板模型。研究结果表明，服务贸易进口可以提升高技能劳动者的收入，导致高技能劳动力和中低技能劳动力的收入差距扩大，服务贸易出口则结果相反。

前述学者在研究不同技能劳动力收入差距时主要考察了就业者的收入，还有部分学者研究了不同技能劳动力的就业数量或就业概率。Xu 和 Li（2008）通过企业层面的数据分析了贸易及技术进步对熟练工人、非熟练工人需求的影响。结果显示，总体来说，出口扩张会增加对熟练工人的需求。他们还发现，平均而言，内资公司的技术水平进步是技能中性的，而多数外资公司的技术水平进步是技能偏向的，这能够部分解释对熟练工人的需求上升。张川川（2015）利用人口普查数据的研究表明，出口不仅增加了制造业就业人数，还间接促进了服务业的就业人数；出口的就业效应在不同劳动力之间也存在差异，总体来说，一个地区的出口对这个地区低教育程度人口和农村人口的就业概率影响更大。

四、结论和评述

为分析国际贸易对收入差距的影响，国内外学者进行了大量理论探索和实证检验。本文在简介理论机制的基础上重点对实证检验结果进行综述。结果发现，大多数发展中国家的实践与 SS 定理预测相悖，收入差距往往在贸易开放过程中恶化。原因可能是，贸易开放带来的技术进步和与中间品贸易有关的生产环节转移均更有利于高技能的劳动力和资源禀赋更多的家庭。

本文将综述重点放在中国的开放经验上。结果发现，除了个别文献外，大量文献表明中国的贸易开放带来了不同地区、城乡及整个国家收入差距的扩大，也带来了不同技能劳动力间工资收入差距的扩大。中国的中间品贸易高度发达，这种贸易方式被证实具有扩大收入差距的作用。

在研究贸易开放对不同技能劳动力的收入差距的影响时，主流经济学界往往以全职劳动力的工资收入为考察对象。这在分析发达国家或城镇地区时问题不大，但却不适合用于分析存在大量富余劳动力或非全职劳动力的国家和地区。在广大发展中国家，大量低端劳动力滞留家庭经营的农业或家务活动，没有充足的全职就业机会，每年劳动闲置或低效工作时间很长。这些低端富余劳动力的存在，使对外开放、劳动密集型产品出口和劳动需求增长往往只带来全职就业数量的增长而非低端劳动力工资水平的提高。因此，只考察低技能和高技能全职劳动力工资差异无法反映劳动时间延长或由低生产率农业工作转向高生产率非农工作带来的收入增长和收入差距缩小。另外，将一个国家分为不同地区考察时，某些地区（或行业）出口和劳动力需求的增加会引发其他地区（或行业）劳动力的涌入，从而抑制该地区工资上涨并波及其他地区工资上涨。因此，无法单纯从劳动工资有效观察劳动力需求变化，还需要观察就业量的变化。然而，关于贸易开放与不同技能劳动力就业的文献数量非常少，特别是缺乏从劳动力跨区流动视角的分析。这应成为未来这一领域的研究方向。

参考文献

戴枫. 2005. 贸易自由化与收入不平等——基于中国的经验研究. 世界经济研究，31（10）：39-46.

杜威剑，李梦洁. 2017. 出口会扩大企业内工资差距吗——基于市场进入视角的微观解释. 财贸研究，28（2）：39-46.

韩军，刘润娟，张俊森. 2015. 对外开放对中国收入分配的影响——“南方谈话”和“入世”后效果的实证检验. 中国社会科学，（2）：24-40.

胡超. 2008. 对外贸易与收入不平等——基于我国的经验研究. 国际贸易问题，（3）：22-27.
胡文骏. 2017. 财政支出、贸易开放与收入分配. 财贸经济，38（12）：35-50.
黄灿，闫云凤. 2016. 我国贸易开放与收入差距——基于中国家庭住户收入调查数据的经验分析. 经济问题，（11）：84-88.
李宏兵，蔡宏波. 2013. 出口开放扩大了技能工资差异吗？——中国城镇住户调查数据的再检验. 经济管理，35（11）：13-23.
李杰，杜晓. 2018. 贸易自由化对我国收入分配差距的影响. 时代金融，（18）：17-18，28.
单希彦. 2018. 中间产品贸易与行业内工资不平等——基于我国制造业的实证. 统计与决策，34（6）：119-122.
滕瑜，迟睿. 2016. 服务贸易对我国异质劳动力收入差距的影响——基于服务行业面板数据的实证分析. 经济问题探索，（2）：153-158.
滕瑜，朱晶. 2011. 中间产品贸易对我国熟练和非熟练劳动力收入分配的影响——基于工业部门 31 个细分行业的实证分析. 国际贸易问题，（5）：3-13.
王怀民，焦军普，李凯杰. 2014. 加工贸易、资本密集度与工薪差距——基于中国加工贸易活动的研究. 世界经济研究，（3）：40-46，88.
王少瑾. 2007. 对外开放与我国的收入不平等——基于面板数据的实证研究. 世界经济研究，（4）：16-20，9，87.
尹正，倪志伟. 2018. 出口贸易、技术进步与工资差距. 工业技术经济，37（4）：85-91.
曾国彪，姜凌. 2014. 贸易开放、技能溢价与工资差距——基于 CGSS 数据的经验研究. 世界经济文汇，（6）：1-16.
张川川. 2015. 出口对就业、工资和收入不平等的影响——基于微观数据的证据. 经济学（季刊），14（4）：1611-1630.
张懿. 2017. 中国对外开放与区域收入差距——基于省际面板数据的实证研究. 技术经济与管理研究，（7）：123-128.
赵莹. 2003. 中国的对外开放和收入差距. 世界经济文汇，（4）：55-70.
Acemoglu D. 2003. Patterns of skill premia. The Review of Economic Studies，70（2）：199-230.
Acemoglu D，Johnson S，Robinson J A. 2002. Reversal of fortune：geography and institutions in the making of the modern world income distribution. The Quarterly Journal of Economics，117（4）：1231-1294.
Attanasio O，Goldberg P K，Pavcnik N. 2004. Trade reforms and wage inequality in Colombia. Journal of Development Economics，74（2）：331-366.
Bourguignon F，Morrisson C. 2002. Inequality among world citizens：1820—1992. The American Economic Review，92（4）：727-744.
Burstein A，Vogel J. 2013. International trade，technology，and the skill premium. American Economic Journal：Macroeconomics，5（2）：32-71.
Davis D R，Mishra P. 2006. Stolper-Samuelson is dead：and other crimes of both theory and data. Globalization and Poverty：NBER Conference Report，Chicago，Illinois：University of Chicago Press：87-107.

Feenstra R C. 2004. Advanced International Trade：Theory and Evidence. Princeton：Princeton University Press.

Feenstra R C，Hanson G H. 1999. Productivity measurement and the impact of trade and technology on wages：estimates for the U. S.，1972—1990. Quarterly Journal of Economics，114：907-940.

Green F，Dickerson A，Arbache J S. 2001. A picture of wage inequality and the allocation of labor though a period of trade liberation：the case of Brazil. World Development，29（11）：1923-1939.

Han J，Liu R，Zhang J. 2012. Globalization and wage inequality：evidence from urban China. Journal of International Economics，87（2）：288-297.

Hanson G H，Harrison A E. 1999. Trade liberalization and wage inequality in Mexico. Industrial and Labor Relations Review，52（2）：271-288.

Krugman P R. 2000. Technology，trade and factor prices. Journal of International Economics，50（1）：51-71.

Lindert P H，Williamson J G. 2001. Does globalization make the world more unequal?. NBER Working Paper 8228.

Manasse P，Turrini A. 2001. Trade，wages，and 'superstars'. Journal of International Economics，54（1）：97-117.

McLaren J，Hakobyan S. 2016. Looking for local labor market effects of NAFTA. Social Science Electronic Publishing，98（4）：728-741.

Neary J P. 2002. Foreign competition and wage inequality. Review of International Economics，10（4）：680-693.

Perry G，Olarreage M. 2006. Trade liberation，inequality and poverty reduction in Latin America. San Petersburg，（3）：7-21.

Stolper W F，Samuelson P A. 1941. The review of economic studies. Oxford Journals，9（1）：58-73.

Xu B，Li W. 2008. Trade，technology，and China's rising skill demand. Economics of Transition，16（1）：59-84.

文章选自：张心怡，纪月清. 贸易开放对中国收入差距影响研究综述. 世界农业，2019，（4）：25-31。

参考书目

芬克 A. 2018. 如何做好文献综述. 3 版. 齐心，译. 重庆：重庆大学出版社.

马奇 L，麦克伊沃 B. 2020. 怎样做文献综述——六步走向成功. 2 版. 高惠蓉，译. 上海：上海教育出版社.

桑德斯 M，刘易斯 P，桑希尔 A. 2004. 研究方法教程. 3 版. 杨晓燕，主译. 北京：中国商务出版社.

张黎. 2008. 怎样写好文献综述——案例及评述. 北京：科学出版社.

第十章

论文形式

第一节　论文写作的基本要求和流程

一、论文写作的基本要求

（一）坚持理论联系实际的原则

撰写学位论文必须坚持理论联系实际的原则。理论联系实际，要求论文的观点虽然是理论研究，但是最终要服务于现实生活，为人们的实践活动服务。而且，无论对于学位论文来说，还是对于其他学术论文来说，所有的观点与理论都来源于实际，都是通过对现实社会的描述分析，提出观点，然后进行论证分析，假说的成立与否最终还是通过实践来检验，实践是检验一切真理的唯一标准。

（二）科学性

经济管理是一门科学，虽然经济管理研究的是以人为基础的科学，但是经济管理研究遵循科学研究所具备的基本条件。经济管理研究的主要任务就在于通过对现实中人的行为的描述与分析，运用科学方法进行分析与总结，从而解释共有的规律性，并用这种规律性的认识指导人们的实践，推动经济社会的发展与进步。学位论文要符合科学性原则，要以科学的思路、严谨的态度发现问题，要运用科学的方法处理分析问题，从而揭示事物的客观规律，服务于人们的实践。判断一篇论文的价值意义大小，首先应该从文章的科学性如何进行判断。

（三）创新性

创新性是学位论文的基本要求。学位论文的作用体现就是创新性，即要求不能重复前人的观点，必须对理论发展有所贡献，如果没有创新性，就不能称之为学术论文，甚至就不能成为科学研究。学位论文虽然是对学生基本科研能力的锻炼与考查，但是创新性是学位论文的价值所在。

当然，要正确理解学位论文创新性。学位论文的创新，甚至科学研究的创新并不是要求重新创建一个研究领域，当然新建一个研究领域难能可贵，也不是要求从理论框架到研究方法都要全面创新，但是一般来说，观点的创新更多是在前人研究基础上进行发展和深入，观点的创新主要是对前人研究的理论前提进行重新设定，然后根据现实条件把前人研究忽略的假定重新考虑到模型中，从而在此基础上进一步研究，得出自己的研究结论。

（四）严密性

严密性要求学位论文论证要严谨、富有逻辑性。论文的严密性，一方面要求作者提出问题、分析问题和解决问题的方法要符合科学的研究方法，符合人们对客观事物认识的程序，使人们的逻辑程序和认识程序统一起来，全篇形成一个统一的逻辑整体；另一方面，对于某一问题的分析、某一现象的解释，要体现出较为完整的概念、判断、推理的过程。

此外，撰写学位论文还应注意文体式样的明确性、规范性。学术论文、调查报告、科普读物、可行性报告、宣传提纲等都各有自己的特点，在写作方法上不能互相混同。

二、论文写作的常见流程

（一）确立选题

正确而又合适的选题，对撰写学术论文具有重要意义。选题，顾名思义，就是选择学术论文的论题，即在写论文前，选择、确定所要研究论证的问题。

在论述选题问题时，我们首先应当把课题、论题、题目三个概念搞清楚。这三者同属于某一学科中的学术问题，但又有所区别。首先，论题不同于课题。课题通常是指某一学科重大的科研项目，它的研究范围比论题大得多。其次，论题又不同于题目。题目是指论文的标题，它的研究范围一般比论题要小。正确而又合适的选题，对撰写毕业论文具有重要意义。通过选题，可以大体看出作者的研究方向和学术水平。一般来说，学术论文的题目应该在撰写开题报告时就已确定，因此，学位论文的题目应与开题报告题目相一致。

1. 可供选择的题目方向

一般来说，选题要符合两方面的要求：在学术上有科学价值；在实施上有可行性。客观上，有科学价值的选题，我们可以从下述这些方面考虑。

1）亟待解决的问题

在经济管理的各个领域，总有一些亟待解决的问题。经济管理科学研究应该首先注重这些亟待解决的问题。但是应该注意的是，在经济管理学科中一些亟待解决的问题，往往是一些比较困难、需要新突破的问题，如果我们的研究能够在理论上有重大突破，那么我们的论文就有非常卓越的贡献，否则的话，应该不要轻易选择这类研究作为学术论文。

2）借鉴经济科学上的新发现、新创造

在经济科学研究中，新的发现、新的创造是有科学价值的，每一项新的发现和创造，都将使经济的发展向前推进一步，这是因为新的发现可以在理论假定上从崭新的视角分析问题，对其他理论的发展具有很高的借鉴价值。可以通过引用新发现、新创造的观点重新分析问题，可能也会有进一步的突破。但是，应该指出的是，借鉴新发现、新创造时，不应该完全照搬，而应该结合问题具体的研究背景与研究假设重新讨论分析，而且新发现、新创造的观点并不是适应所有领域，要有鉴别地运用与发展。

3）空白的填补

任何的学科发展都有一定的领域与侧重点，而且在不同时期学科的侧重点也会有所不同。因此，某些学科发展过程中就会出现一定的空白，所以对于学科的全面发展来说，就需要进行填补，而且这些填补与发展也是研究重点，也适合作为选题对象。但是也要注意，任何学科都有一定的适应范围，如果超出该学科本身的研究范围进行研究，往往是不具有价值的，反而浪费精力与时间。

4）通说的纠正

通说是通行的看法，这是已有的研究成果，也包括现在提出来的一般的流行观点。通说往往具有一定的时限性，特别是当新的观点发展时，通说所假定的研究假定已进行深入与扩展，往往具有研究的片面性，故通过纠正通说中不正确的观点，使人们得到正确的认识，这自然是有科学价值的。

5）前说的补充

其实现在学术论文大部分研究是对前说的补充或者完善，而且，很多新理论被创造出来时，往往需要经过不断的验证、补充与完善，才能成为完整的理论观点。因此，补充前说也是非常具有科学价值的，而且对于初写学位论文的学生来说，对前说进行补充与完善，往往较容易入手，也有利于节省时间与精力。

2. 论文题目的特点

（1）直接。论文的题目，要求直接提示论点或课题，使读者一看就能了解论文论述的内容。拟定论文的标题也要求独创，不落窠臼，给人们以新鲜感，能吸引读者，可使用艺术加工的手法，如用象征、比喻等方法曲折地表达。

（2）具体。论文的标题，要求写得具体，能使读者准确地把握论文的基本论点或论题。有的学者提出：理想的论文标题，必须正确地提示内容，而且能够表示出作者的独特观点，体现它的深度与广度。这个观点十分正确。这涉及标题的专指性问题。一篇文章的标题是该篇文章的标识，它必须体现出专指性，也就是必须准确地表示出该篇文章具体的独特点，这在当前文献量激增的情况下是应该特别重视的。

（3）醒目。醒目，即鲜明，能一目了然引起读者的注目。这样，标题就不能写得过长。过长的标题可以用副标题来加以调整。

（二）拟定提纲

在完成论文的选题后，接下来的工作应该是对资料的搜集和对文献的整理。由于本书在第四章已介绍过如何进行论文资料搜集与文献整理，本节就忽略关于该方面的详细讨论。但是应该指出，在写学位论文时，这一过程必不可少。在完成论文搜集工作后，接下来的工作并不是直接动手写论文，而是要拟定提纲。提纲，顾名思义，是指论文的总体构思。编写提纲，就是从整体着眼，先对观点和材料进行编排，使之成为次序清楚、思路清晰、足以说明某一问题的论文轮廓。然后以文字的形式，依照顺序记录下来，这就形成了提纲。

1. 提纲的作用

1）有利于论文整体谋划与进程

提纲的一个重要作用就在于它是从论文整体的角度进行概括与规划，这样有利于更好地掌握论文的整体性进程。实际上，论文整体思路的提出，最初可能仅是零星的想法，或者仅有模糊、粗糙的轮廓，若是此时直接起草，一气呵成，往往有可能因整体的结构问题而造成返工，而一个构思全面、布局合理的提纲，无疑是论文写作“施工”中的蓝图，便于自行检查是否围绕论点选择材料，结构是否完整，层次是否清楚。这样写作起来，胸有成竹，思路畅通，得心应手。而且在写作过程中，如果觉得有不妥之处，可以修改提纲。

2）有利于论文写作安排

在有了论文的写作提纲后，可以根据论文提纲灵活安排写作顺序与写作时间。既可以一步步写，也可以挑简单的写，然后再补充完善其他内容，还可以先写后面的理论框架、研究框架，最后再写导言，总而言之，可以根据内容，以及每个人的写作习惯而安排写作顺序与写作时间。

3）有利于基本框架的形成

一般来说，在写作论文之前，很多观点及心中的想法往往带有一定的模糊性，而通过拟写作提纲就可以把研究问题的思路清晰化，论文的基本框架更明确、更清晰，也可以使论文整体逻辑思路更合理，可以排除那些看似相关其实与论文写作主题不符的想法，从而使论文结构更严谨。而且，提纲完成后，与老师和其他人交流的时候更方便，也可以更好地指出问题所在，进一步完善论文的基本框架。

2. 编写写作提纲

写作提纲主要是作者思路的体现，具体的写法可以因人而异，但是一个行之有效的方法就是按照论文的研究思路把研究目标细化成研究提纲，然后把研究提纲完善起来。具体的写法可以按照如下几个方面进行。

（1）先拟标题。题目可以在第一时间反映出作者的研究目标与内容，而且不同类型的学术论文题目都有一定的规范性，因此，题目的拟定要醒目、明确、规范、概括性强。

（2）研究目标的确定。研究目标能够体现论文整体的研究方向与创新程度，因此，在写作提纲中，研究目标要清晰与明确。

（3）研究问题的确定。研究问题与研究目标之间的关系应该是总分的关系，即为了实现研究目标应该解决哪些问题，研究问题是研究目标的必要条件。

（4）研究内容的设定。研究内容主要是指研究目标的进一步细化，即如何解决研究问题，包括如何在理论上进行模型推导，选择什么样的经济方法对研究假说进行检验，得出什么结论即可解决该研究问题等方面的内容。

（5）结构安排的确定。结构安排是指按照什么样的顺序进行验证假说，实现研究目标，这是论文全篇逻辑构成的构架。

（6）全面检查写作提纲。做必要的增、删、调整。

3. 提纲的基本要求

一般说来，所拟定的大纲，应符合以下几个要求。

（1）完整性。一篇完整的论文大纲，应该有完整的体系，主要包括研究目标、研究问题、研究内容等几部分内容，而研究内容又可以分为研究假说、理论框架、研究方法、结论等部分。虽然论文大纲可以用要点概括各方面的内容，甚至可以用关键词语来表达，但是大纲要保持一个完整纲要体系，即能够完整体现发现问题、分析问题和解决问题的逻辑过程。

（2）鲜明性。主题的鲜明性是指大纲按照论文主题进行分析，分析框架应该紧紧围绕研究目标，而且在大纲中，要能够鲜明地突出主题，这样在撰写初稿参照提纲的时候，就可以很清晰地看到研究目标，使整个初稿内容围绕着主题展开。

（3）严谨性。虽然大纲是整篇论文的纲要，但是提纲的框架内容要严谨，要求论文大纲的论证要点合理而且充分，研究目标能够充分表现在研究问题上，研究问题的解决即研究目标的实现，研究问题解决是研究目标实现的充要条件。

（三）撰写初稿

在完成了提纲的拟定后，接下来的工作就是论文的写作，更确切地说应该是撰写初稿。

1. 撰写初稿的基本要求

在拟定好论文提纲后，就要把论文提纲填充起来，从而完成初稿。那么怎样写好初稿呢？除继续体现完整、鲜明、严谨等要求外，还要做到以下几点。

第一，概念的一致性。在经济管理研究中，往往对同一概念有着不同的解释，而且往往解释之间存在着一定的差异性。概念的一致性，要求概念在论文中自始至终应该保持同一种解释，不应该模棱两可，含糊不清。如果是基本的经济管理概念，可以直接借用，但是对于那些存在争议的概念，应该有判断地使用，并要说明自己使用的标准。

第二，理论框架、逻辑思路要严密，验证的假说要清晰明确。对于经济论文的写作，特别是对于学位论文的写作，要注意理论框架和逻辑思路的严密性，因为理论框架严密与否，一方面体现了作者写作功底的高低，另一方面也能体现出作者在学术上的研究是否严谨。

第三，文字表达要简洁有力。虽然初稿是对纲要的补充完善，但是并不是内容越多越好，而且学术论文并不是文学创作，相反，应该尽量使用简洁有力的语句表达主要观点，方法应用也要清晰明确。特别要注意的是，学术论文所使用的方法并不是越复杂越好，一般来说，如果能用简单的方法验证主要观点，应该选择简单的方法，因为论文的重心在于对假说的验证，不在于方法的复杂与否，而且方法过于复杂也往往会造成额外的工作负担。

第四，引文的应用要慎重对待。在论文中如果引用其他人的学术观点，不能任意篡改或断章取义，同时要注明出处。

2. 撰写初稿的过程

1）引言

引言对于论文的开头，起到纲领与介绍作用，主要包括问题提出、研究背景、文献评述、研究思路介绍等部分。问题提出，主要说明研究什么样的问题；研究背景主要是介绍该问题是如何而来的，该问题的解决在实践中起到什么作用，在理论上有何价值，等等；文献评述是对已有的研究进行回顾与评述，重点在于前人研究忽略的前提假设是造成本文研究问题的根本，从而引出自己的研究框架和思路；研究思路介绍就是概括介绍自己主要从哪些角度分析处理问题。

引言应该言简意赅，而且要重点突出研究的问题以及解决问题的思路，不应过多叙述同行熟知的及教科书中的常识性内容，确有必要提及他人的研究成果和基本原理时，以参考引文的形式标出即可。

2）主体部分

论文主体部分就是作者验证研究假说的过程，内容主要包括理论框架、研究方法、处理结果等方面。

理论框架，即将作者研究问题的逻辑思路用规范语言表达的过程。在理论框架中，应该明确说明使用的经济理论是什么，然后通过经济管理的理论模型分析自己要研究问题产生的原因，从而推导出哪些因素是影响研究问题的关键变量，提出研究假说。需要注意的是，在需要用理论知识进行推导时，要做到概念准确，说明所使用的研究假定前提是什么，说明使用该理论的前提与自己要研究的内容相一致。

研究方法就是验证研究假说所使用的工具方法，如计量方法等。对于研究方法的使用，应写明所用的分析方法或计量方法的具体内容、变量与研究目标的关系，并阐述其合理性。另外，需要用到调查方法的，应该说明所使用的调查方法，并对调查对象及调查方式进行说明，对调查内容与要研究的问题的直接联系加以阐述。

处理结果是通过研究方法对研究假说的验证。一般来说，结果应该与研究假说相一致，否则该论文就不能成立，因此，在该部分写作中，应该使用规范的表述方法，清晰明确，便于评阅者评定结果。

3）结论

论文的结论部分应反映得到的学术见解。结论应是该论文的最终的、总体的结论，而不是某一局部问题或某一分支问题的结论，也不是正文中各段的小结的简单重复。对于学术性论文，结论应包括如下几个方面：本研究的理论创新，即对前人有关理论做了哪些发展，以及自己理论创新的使用范围；本研究的实践意义，即该问题的解决有何现实指导意义；本研究尚未解决的问题及今后研究方向的设想或建议。

结论写作要求如下。

（1）概括准确，措辞严谨。把论文中创新的内容准确、完整地概括出来，专业表述要规范，实事求是，不要夸大事实。

（2）明确具体，简短精炼。结论应明确，且只能做一种解释，不能模棱两可、含糊其词。

（3）不做自我评价，论文的水平应让读者去评价。

4）摘要

摘要应是文章的主要内容、观点、精华、结论。一般来说，因为摘要是文章整体的缩版，是从文章中摘录出来的，所以摘要要放在最后再写。

在摘要写作过程中，首先要注意写作语言，即要精简凝练、直截了当、直接陈述、不带自评；其次就是摘要是从文章中摘录出来的，一般可以直接从文章挑选出来，连接一下即可，但是要注意逻辑思路的条理性以及语句的连贯性，做到有头有尾。

3. 撰写初稿的注意事项

如何按照写作提纲起笔写论文，有不同的技巧与方法，一般来说，最常见的方法有两种，即一气呵成和分部写作。

一气呵成，这是指按照事先拟好的写作提纲，无论从绪论写起，还是从本论入手，一路写下去，不使思路中断，直到初稿完成后，回过头来再仔细推敲加工、修改定稿的方法。

较长的论文可以用分成部分的方法来写。这种写法是按照论文的写作提纲，一个部分一个部分地来写。这样，每写一个部分前，集中思考这个部分的内容安排，然后动笔。这一部分的初稿写完便停下笔来从头修改。经过修改初步定稿，抄写清楚。这样一个部分一个部分地把全篇论文写完后再合起来通读，稍加润饰一下就可以最后定稿。

但是无论采用上述哪种方法撰写初稿，都要注意下述问题。

随时修改、调整写作提纲。因为进入写作过程，对原有的思考往往会进一步深化，甚至会产生新的观点，这就要把它充实进来，注意随时修改、调整原有的写作提纲。

注释要随手加上，而且要按著录要求写全。这是不可省的，免得日后抄写稿子时，再去查找、核对资料的出处。注释随手加上可以减少许多麻烦。

使用过的资料，要标上记号，免得重复使用或者遗漏。这种记号一般用红蓝笔标在卡片左上角或右上角醒目的位置上。

起草时要考虑各个部分的分量，做到长短适宜，轻重得当，通体均衡，使写出的论文成为一个完美的逻辑构成。

（四）修改定稿

在写完初稿后，接下来的工作就是修改定稿。一般来说，写一篇论文，从确定课题到研究，再到执笔写出初稿，是一个相当长的过程，而且写作时间比较长，虽然在整体思路上有提纲的引领一般不会出现大问题，但是细节方面往往容易出现一些差错，因此需要反复地推敲、加工修改及再加工，需要认真对待每一个细节。

首先，应该把论文有关的资料重新阅读一遍。这是一次再思考过程，也是对文章理解深化的过程。在阅读这些资料时，应对比思考自己文章的思路在哪里，理论出发点在哪边，同时自己研究的假设与这些资料有哪些不同。这种对比的阅读，一方面有利于整理自己的文章思路，另一方面也会加深对自己论文的思考，甚至可以发现自己逻辑上的问题，从而为进一步完善自己的论文提供前提准备。

其次，要通读全文，考虑论文的整体构架。虽然在提纲中已经列出了论文的整体框架，但是在实际写作中，内容比较多，也会出现一些差错，甚至在写作过程中，有时有了更好的思路也会对框架进行调整，因此，有必要再一次考虑论文的整体框架。在考虑整体框架时，应该要做到以论文中心主旨为出发点，也就是要看论文的各个部分逻辑关系上是否一致，有没有需要前后调整的，有没有需要合并或分开的，有没有显得多余可以省掉的，有没有缺漏需要增补的。这些都是关系论文整体构架的大问题，要先思考清楚，调整修改好。

再次，在完善好基本构架后，就要分步考虑修改内容。在修改过程中，主要考虑的是理论框架的前提假设是否表达清晰，概念介绍是否存在着模糊性与不清晰性，是否遗漏其他变量，变量的作用表述上是否不清晰、不全面，另外，有数据处理的，还要考虑数据运用的问题，是否存在运算差错等。

最后，还要注意论文形式方面的修改，包括部分与部分、段与段之间的衔接问题，句子是否表达清楚，是否存在着语病，表和图的位置是否合适，是否遗漏编号，等等。

总体来说，论文修改就是从形式与内容两方面进行全面检查与修改，在形式上主要检查是否存在错误与不规范性，在内容上检查是否存在着前后联系不一致，或者论证思路是否严谨的问题。另外，有条件的，还可以请导师或其他人过目，这会提高论文的质量，也可参加讨论会，听取来自各方面的意见，以便更好地修改。

第二节 调查报告

一、调查报告的类型

调查报告是反映社会调查成果的一种书面报告，是调查主体在对特定对象进行深入考察了解的基础上，经过准确的归纳整理，科学的分析研究，进而揭示事物的本质，得出符合实际的结论，由此形成的汇报性应用文书。

因此，调查报告与社会调查密切相关。一般来说，社会调查主要包括两个方面——

调查与研究。调查是研究的前提，调查报告是社会调查工作的成果显示，调查报告撰写得好坏直接影响着社会调查工作的作用体现，我们要重视社会调查报告的写作。

根据调查研究报告的形式、性质、内容、用途、读者对象等方面的不同，可将调查报告分为各种不同类型。

（一）普通社会调查报告与学术性调查报告

普通社会调查报告的对象是政府政策决策者、各类实际工作部门人员及其他普通读者，报告内容与这些对象密切相关，主要了解和描述社会现实，解释社会实际问题。这类报告的主要作用是给各级政府决策部门及实际工作部门提供政策建议，对社会群众有着引导的作用。

学术性调查报告的对象为专业的研究人员，报告作用主要是以实际问题为出发点提出理论假说，通过对实际问题的调查与分析来验证和发展理论。

除了在研究对象、研究内容上有所不同外，普通社会调查报告与学术性调查报告在写作形式上也有所不同。普通社会调查报告主要是对实际问题的解决，因此更强调对调查结果的描述与说明，更注重研究对策的写作，而且面对的对象是政策决策人及普通大众，因此语言更加书面化，描述内容更加大众化，研究报告更多以直观形式进行说明；学术性调查报告更注重的是对经济理论的深化，因此，相对而言，有着相对规范的格式，即包括问题提出、理论框架、研究方法、研究结果和结论等几部分内容。本书将在后文详细介绍该种报告的写作手法。

（二）描述性调查报告与解释性调查报告

从功能上来划分，调查报告还可以划分为描述性调查报告与解释性调查报告。

描述性调查报告，顾名思义，这类报告偏向于对调查现象的描述，一般要与调查方法相结合，要求把社会现状的基本情况、基本特点在调查报告中能够详尽而且规范地反映出来。

解释性调查报告的目标主要是解释某些现象的前因后果，该类报告一般注重事物间的逻辑关系，通过调查来揭示事物之间的各种关系，一般可以结合数学上的方法来验证和得出某些结论。

一般来说，描述性调查报告主要用来弄清某些事物的基本特点，对研究对象的描述要面面俱到，写作手法上要求全面性与条理性；解释性调查报告虽然也要应用一些描述，但是描述只是其中的一部分，只是作为分析事物间关系的基础，该报告更重要的是揭示事物之间的因果关系，因此，在写作上更偏重事物间逻辑关系的分析。

（三）综合性调查报告与专题性调查报告

从调查报告的范围上看，可以把调查报告分为综合性调查报告与专题性调查报告。

综合性调查报告主要用于反映整体各方面的情况，内容要求涉及事物的各个方面，要求对现象的描述分析要全面、具有概括性。一般来说，大的课题报告就是一个综合性调查报告。

专题性调查报告相对于综合性调查报告来说，一般只关注某一个问题或某一具体现象，甚至还可以是某一个现象的某一方面，内容要求更具体、更深入。

从写作要求上看，二者写法有一定的差异性。综合性调查报告要求概括全面，涉及内容较多，篇幅较大；而专题性调查报告往往更具有针对性，篇幅可能较小，但是分析更具有深入性。

二、调查报告的撰写步骤

虽然调查报告类型可以多种多样，写法偏重有所不同，但是从总体上看，调查报告的撰写也有一定规范性，也有相对固定的步骤。

（一）确立主题

调查报告的主题就是调查报告研究的重点，主题的清晰与明确是调查顺利进行的前提与基础。

一般来说，调查报告的主题应该事先确定下来，然后再根据主题开展调查工作，但是在实际情况下，主题与调查内容也有不一致的情况。例如，综合性调查涉及的内容比较多，涉及的范围比较广，一份报告难以总结所有的调查内容时，就应该选择部分内容作为调查报告，主题也就应该相应地调整与更改。另外，由于实际调查的影响，调查内容可能与主题不一致，在这种情况下，也应该根据调查来确定合理与合适的报告主题。

（二）拟定提纲

在主题确定之后，下一个重要的步骤就是撰写写作提纲。提纲的作用就在于把将要开展的工作具体步骤化，将研究主题转换成将要展开的写作框架，为实际写作做准备。撰写提纲的好处就在于可以把研究主题与研究内容连贯起来，防止偏题与前后联系不紧密等错误的发生。

关于提纲的写作，可以从问题角度出发，把调查的问题细分成各个部分，然后再确定每一个部分的内容，从而形成一个完整的框架内容。

（三）整理材料

一般来说，调查的资料与研究主题都是相关的，但是并不是所有的调查材料都要成为报告写作内容的一部分，在报告写作之前，应该对调查材料进行整理与分类。

当然，材料的整理与处理，并不是简单地归类与去除，而是要根据研究主题，根据写作提纲，把写作提纲各个部分需要的材料进行归并与分类，这样就能保证所选择的资料与调查报告内容密切相关，同时也可以排除那些无关紧要的资料，为调查报告的撰写节省时间。

（四）撰写调查报告

可以看出，前三步的工作在于形成调查报告的框架雏形，而剩下的工作就是把调查报告的框架雏形完善起来，形成一篇完整的调查报告。

在撰写调查报告时，可以选择不同的方法，既可以一气呵成，也可以根据框架分部分完善。但是无论用何种方法撰写，都要统一主题，而且在完成报告初稿时，还要不断修改与完善，认真修改好每一个细节，从而形成调查报告的最终稿。

三、学术性调查报告的结构与写作

相对于其他研究报告而言，学术性调查报告的对象是专业的研究人员，因此，学术性调查报告有着自己固定的格式。一般来说，学术性调查报告在结构上通常包括导言、理论基础、方法说明、数据处理与分析、结论、参考文献、附录几部分。下面，我们按照上述的内容和顺序，逐一详细介绍具体的写作要求和方法。

（一）导言

导言为研究性报告的第一部分，是研究报告的窗口，也是整篇文章的浓缩。一般来说，导言虽然放在第一部分，但是导言具有总领性及高度概括性，所以导言往往可以放在最后写作。导言主要分为四部分：问题的提出、文献评述、解决问题的基本思路和报告的结构安排。

1. 问题的提出

问题的提出，包括研究背景与所要解决的问题。研究背景，主要是指问题的由来。一般来说，问题来源于实际问题，甚至可能来源于经济理论与现象之间的矛盾。

对于学术性研究报告，作者应该用规范而且简练的语言提出自己的问题，做到开门见山。这是因为对于读者来说，首先关注的是这篇报告所要研究和解决的问题，语言越精炼，越有利于读者抓住问题的中心，也能够引起读者尽快了解报告的思路并进行深入思考。

2. 文献评述

有关文献的评述，与写“小综述”类似，即当陈述了所研究的问题及背景后，应对这一问题领域中已有的研究及其结果进行综述和评论。关于文献综述的写作，本书在前面章节也已论述，这里就不再详细介绍。但是应该注意的是，学术性报告的文献评述，重点应该在“评”上，而非“述”上，而且“评”的原则也并非对整个研究大方向的评述，而应该是对与自己研究问题密切相关的研究领域进行评述，而且应该指出这些研究的研究背景是什么，这些研究是否在某些条件假定上忽略了某些事实，而这些忽略的事实正是本报告将要考虑与解决问题的关键。

因此，文献评述并不是可有可无，也不是一个补充字数、提高理论价值含量的工具，而恰恰相反，文献评述是调查报告必不可少的一部分，是研究思路展开的切入点，也是理论创新的支撑。

3. 解决问题的基本思路

可以说，这一部分是解决问题的核心与关键点。研究者通过对实际的观察，提出了自己的研究问题，通过对现有文献的评述得出了自己的理论支撑点，那么问题能否顺利解决以及理论创新是否能够实现就在于解决问题的基本思路的展现。

当然，由于是在导言部分，解决问题的基本思路需要用凝练的语言表达出来，一般来说，只要能够说明分析问题的逻辑思路就可以，具体内容可以在后面的理论基础上进行详细的讨论分析。

4. 报告的结构安排

该部分的主要作用是介绍一下报告其他章节的主要内容，便于读者快速把握各章节的内容。一般来说，每个章节只需要一两句精炼的话概括即行。

（二）理论基础

理论基础是指作者所使用的基本框架或者基本模型，用来论证作者所提出的解决问题的基本思路和方法。在学术性调查报告中，理论基础是一个十分重要的部分，这也是学术性调查报告区别于普通调查报告的一个突出标志。在普通调查报告中，读者往往只关心调查研究的结果，而不会对调查研究的理论基础感兴趣，也不会关注研究者是如何运用经济模型推导出要验证的假说的。但是在学术性调查报告中，读者关心的不光是研究结果，同时也关心研究框架，即关心结果是如何演绎得到的，研究理论基础是什么。因为，只有知道了研究原理，才能评价研究者论证这一问题的可信度，以及所得到的基本结论的普遍性，同时模型的应用对于读者来说，也具有重要借鉴意义。

另外，需要知道的是，研究报告的理论基础或者所使用的模型并不是凭空产生的，而是来源于基本的经济模型，是对传统经济模型的前提假定进行重新设定，是对传统经济模型的发展与深化。因此，在调查报告中，应用到的变量并不是通过选择是否有结果的判定标准来决定的，而是由理论框架决定的，即研究者的理论框架模型需要哪些关键变量来支持假说，这些变量在理论模型中起到什么作用，哪些控制变量对结果有影响，哪些变量可以忽略不计，哪些变量需要进行替代等，都应该在理论框架中对这些变量进行介绍与说明。

（三）方法说明

在学术性调查报告中，方法是非常重要的组成部分，因为方法是验证理论假说的工具，方法运用得恰当与否直接决定论文理论是否具有说服力。一般来说，学术性调查报告的方法部分应包括调查方式、调查对象等方面内容的说明。

调查方式，是指向读者介绍调查如何组织与进行的，除了介绍调查的准备工作外，还有调查员的培训、调查的工具准备等，还应说明调查所使用的方法以及选择这种方法的原因，具体的社会调查方法由于在前面章节已详细介绍，这里就不再赘述。

调查对象，是指接受调查的社会现象的总体。在调查报告中，应该说明选择调查的主体的情况，即说明调查所希望了解的、所希望描述的是由哪些人所构成的总体。

另外，还要对调查的样本及抽样方法、抽样程序进行说明。

（四）数据处理与分析

在调查得到数据后，要用一些数据处理方法对数据进行处理与分析，使数据处理结果能够清晰明确地检验调查报告的研究假说。数据处理结果的好坏直接关系到研究报告的价值是否能够得到认可与体现。因此，调查报告对数据处理方法要求较高，而且要求处理结果要规范地表达，便于读者读懂研究者的处理结果是否可信。

而且应该注意的是，不同的调查采取的调查方法不一致，得到的数据类型及样本的规模也不同，所以数据处理所使用的方法也就具有差异性，包括定量分析、定性分析，描述分析、相关分析、因果分析等，但是无论采取哪种处理方法或者哪几种方法的结合，都应对报告所采用的方法进行简要说明。

（五）结论

调查报告的结论部分，应是该报告总体的最终的结论，而且对于学术性调查报告来说，结论应该是总认识、总观念的体现，应该是报告研究者更深层的认识。关于结论部分，报告本身内容不同，所以结论写法存在着一定的差异性，但是一般来说，结论应该包括研究结论与政策建议两部分。

研究结论，是指该报告对研究假说是否得到验证的总结，包括通过验证研究假说得到了哪些新的结果与预测等，还应包括对传统理论的发展以及从该报告得到的新研究视角等方面的内容，以便于读者思考和进行下一步研究。

政策建议，也是调查报告必不可少的一部分，因此研究报告的作用为对问题调查与深入分析，最终找到解决问题的方法，给相关部门提供相应的政策建议。在写政策建议时，不应该泛泛而谈，而是应该结合调查报告得出的结果，结合适合实际问题的关键点，提出能够从根本上解决实际问题的措施建议，为相关工作者及政府部门制定政策提供参考。

（六）参考文献

在学术性调查报告中，必须要带有参考文献，一方面是出于对文献作者的尊敬，另一方面是告诉读者调查报告中所使用的资料与理论来源，方便读者查找。

（七）附录

附录是将一些可以帮助读者更好地了解研究细节的资料编排在一起，作为正文的补充。这些资料主要包括：收集数据资料所使用的调查表、问卷；计算某些指标或数据的数学公式介绍；某些统计和测量指标的计算方法介绍；某些数据分析的其他结果；等等。

四、学术性调查报告范文

生鲜食品消费行为模式
——超市与农贸市场的比较

摘要：随着人们生活水平的不断提高，超市日益成为人们购买生鲜食品的重要场所。同时，这也引起了人们关于“农转超”的争论，然而超市到底能不能取代农贸市场最终取决于消费者。本研究利用统计方法，分析了南京消费者在超市和农贸市场购买生鲜食品的态度和行为。为超市的生鲜食品管理提供建议。

关键词：生鲜食品　超市　农贸市场

引　言

在经济迅速发展和人们对生活质量提出更高要求的今天，农贸市场的弊端逐渐暴露出来：农贸市场缺乏完善的管理机制，进入市场的生鲜食品的质量没有保证，消费者的权益得不到保障，同时农贸市场的经营条件、卫生条件差，难以使消费者达到满意的程度。具有强大竞争力的超市弥补了农贸市场的缺点，也引进了生鲜食品的经营。在这种条件下，消费者有了更多的消费选择空间，在超市购买生鲜食品的人群比例也在逐年上升。一时间，全国掀起了“农改超”的热潮。中国在这方面还处于探索阶段，而且超市的生鲜食品价格要高于农贸市场的价格，虽然中国居民的收入每年都在增长，但是并不意味着每个人都有到超市购买生鲜食品的消费能力。

国内对于生鲜食品零售业的研究较多：大多数的研究从供给方的角度，比较农贸市场与超市的优势和劣势；也有少量研究从消费者的角度，研究消费者在某一市场形态中的购买行为。周应恒等（2003）对南京市200名居民进行了问卷调查，利用描述统计方法分析了南京消费者在超市购买生鲜食品的态度和行为。胡定寰等（2003）对超市和农贸市场进行了比较研究，利用Logit模型（二值选择模型：超市购买赋值为1，农贸市场购买赋值为0）分析了影响生鲜购买者地点选择的因素。本研究意图从消费者角度出发，分析两个不同地点的消费者的态度和行为，对影响消费者选择不同地点购买生鲜食品的因素进行分析。

本研究中的生鲜食品是指未经深加工的初级农产品，除了包括蔬果、肉类、水产品三类（方昕，2001）外，还加入了冷冻食品，并把蔬果分成蔬菜和水果两类。根据调查，本次研究中的超市生鲜食品购买地点是指超市生鲜食品经营区。农贸市场既包括集中管理的农贸市场的摊位，也包括现在街头流动的商贩摊位，同时也包括现在普遍存在的水果专卖摊位。

一、调查方案

（一）问卷设计

调查问卷的内容分为两部分：第一部分为消费者在超市和农贸市场购买生鲜食品的

态度和行为，包括消费者购买蔬菜、水果、肉类生鲜品、水产品、冷冻食品的主要地点；消费者对生鲜食品价格、新鲜程度、食品安全、品种、信誉、包装、购物环境的关心程度以及对超市和农贸市场的满意程度；以所使用的交通工具、所需时间计量消费者购买生鲜食品的附加成本；以购买频率、每次购买金额计量购买者的预算约束。第二部分为受访人员基本资料（即人口统计学因素）：以性别、年龄、婚姻状况、受教育程度、职业计量影响消费偏好的因素；以家庭月收入、家庭平均每月购买支出计量家庭预算约束。

（二）总体及样本的选取

本次调查研究的总体是南京长江以南地区的生鲜食品家庭主要购买者。样本的选取方法是主观抽样方法，在南京市选择四个地区进行调查，分别是瑞金路、龙江小区、迈高桥、南湖区。这四个地区的选择依据是各地区的生活人群从收入的角度能够代表社会各阶层，同时这四个地区的地理位置基本涵盖南京长江以南地区，包括城市中心地区和城市边缘地区，能够代表整个南京市消费者的消费状况和消费心理。

组织调查人员在各个调查地点采取“偶遇法”进行访问，每个地区发放问卷 120 份，共 480 份问卷，剔除填写不规范等无效问卷，剩余问卷 325 份。调查时间为 2004 年 11 月 20 日到 12 月 5 日。

二、调查结果的描述统计

（一）消费者购买生鲜食品的地点

从表 1 可以看出，在被访的 325 位消费者中，有 10 位只在超市购买生鲜食品，占总人数的 3.1%；有 26 位只在农贸市场购买生鲜食品，占总数的 8.0%；88.9%的消费者既在农贸市场又在超市购买生鲜食品。

表 1 消费者购买生鲜食品地点的选择

项目	只在超市	只在农贸	两者兼有	合计
人数/人	10	26	289	325
占比	3.1%	8.0%	88.9%	100%

表 2 数据显示，超市在冷冻食品方面最具优势，在水果方面具有劣势：70.9%的消费者主要在超市购买冷冻食品；只有 8.3%的消费者主要在超市购买水果。关于水产品、蔬菜和肉类生鲜品方面，超市吸引了一部分消费者，但大部分消费者主要在农贸市场购买这些生鲜品。在调查中我们了解到许多消费者购买冷冻食品量很少。表 2 最后一行回答人数较少是因为有少部分消费者并不购买冷冻食品。

表2 消费者购买各类生鲜食品的地点

食品种类	总人数/人	主要在农贸市场的人数/人	主要在超市的人数/人	两者并重的人数/人	主要在农贸市场的人占比	主要在超市的人占比	两者并重的人占比
水产品	325	194	72	59	59.7%	22.2%	18.2%
水果	325	269	27	29	82.8%	8.3%	8.9%
蔬菜	324	146	103	75	45.1%	31.8%	23.1%
肉类生鲜品	324	156	127	41	48.1%	39.2%	12.7%
冷冻食品	306	53	217	36	17.3%	70.9%	11.8%

对156位主要在农贸市场购买肉类生鲜品的调查结果（表3）显示，36.5%的消费者主要在商贩摊位购买生鲜肉，42.9%的消费者主要在品牌专柜购买，20.5%的消费者既在摊位又在品牌专柜购买生鲜食品。这表明现在与超市竞争肉类购买者的主要是品牌专柜而不是传统的商贩。

表3 肉类生鲜品农贸市场购买者的购买选择

项目	主要在商贩摊位	主要在品牌专柜	两者并重	合计
人数/人	57	67	32	156
占比	36.5%	42.9%	20.5%	100%

关于农贸市场肉类品牌专柜设立后，消费者到农贸市场购买肉类频率的变化的问题，325位消费者中有289位回答了这一问题（表4），31.5%的消费者购买频率增加，56.4%的消费者没有改变，12.1%的消费者减少了去农贸市场的次数。

表4 肉类品牌专柜设立后，消费者到农贸市场购买肉类频率的变化

项目	增加	没改变	减少	合计
人数/人	91	163	35	289
占比	31.5%	56.4%	12.1%	100%

（二）消费者的购买特点

表5数据显示，81.6%的消费者每周到超市购买生鲜食品的次数少于4次；41.7%的消费者每周到超市的购买次数为1次；39.9%的消费者到超市购买的次数为2~3次。每周到农贸市场的次数在4次以上（含）的人数有189人，占总数的59.1%。关于每次购买生鲜食品花费方面，表6数据显示，消费者到超市购买生鲜食品，以每次花费40元以上（含）的人居多，为115位，占总数的38.2%。在农贸市场方面，以每次花费10~20元的人数为最多，有163人，占总数的52.2%。消费者到超市购买生鲜食品有次数少、每次花费金额大的特点；而去农贸市场购买的特点则是次数多、金额小。

表 5 每周购买生鲜食品的次数

购买次数	超市		农贸市场	
	人数/人	占比	人数/人	占比
1/次	134	41.7%	49	15.3%
2~3/次	128	39.9%	82	25.6%
≥4/次	59	18.4%	189	59.1%
合计	321	100%	320	100%

表 6 每次购买生鲜食品花费

消费金额	超市		农贸市场	
	人数/人	占比	人数/人	占比
<10 元	17	5.6%	35	11.2%
10~20 元	60	19.9%	163	52.2%
20~40 元	109	36.2%	87	27.9%
≥40 元	115	38.2%	27	8.7%
合计	301	100%	312	100%

（三）消费者对生鲜食品的态度

表 7 数据显示，消费者对有关生鲜食品的各种要素的人均关心度从高到低依次是新鲜程度、食品安全、信誉、购物环境、价格、品种、包装。消费者最关心的新鲜程度，人均关心度为 4.62，介于比较关心和非常关心之间；最不关心的是包装。

表 7 消费者对生鲜食品特征的关心程度

关注要素	毫不关心的人占比	不太关心的人占比	一般关心的人占比	比较关心的人占比	十分关心的人占比	人均关心度
价格	1.2%	12.0%	24.9%	34.2%	27.7%	3.75
新鲜程度	0%	0.6%	5.5%	25.5%	68.3%	4.62
食品安全	0.3%	2.8%	8.6%	27.8%	60.5%	4.45
品种	1.6%	8.5%	36.9%	35.6%	17.4%	3.59
信誉	0.6%	4.7%	17.7%	36.0%	41.0%	4.12
包装	6.2%	25.0%	32.4%	25.3%	11.1%	3.10
购物环境	1.5%	6.2%	25.0%	44.1%	23.1%	3.81

关心程度按毫不关心、不太关心、一般关心、比较关心、十分关心依次赋值为 1、2、3、4、5，进行简单算术平均，得出人均关心度。

表 8 是按人均关心度从高到低排列的各要素的人均满意度。数据显示，超市最令消费者满意的是购物环境，人均满意度为 4.05，属比较满意；令消费者最不满意的是新鲜程度，人均满意度为 3.31。农贸市场最让消费者满意的是新鲜程度，人均满意度为 3.61，介于一般与比较满意之间。就超市和农贸市场的比较而言，超市的短处在于新鲜程度和价格，但价格劣势并不明显，在 0.1 的显著性水平下，消费者对超市价格的满意程度并不显著低于对农贸市场价格的满意程度。超市长处在于食品安全、信誉、品种、包装和购物环境。

表 8 对超市和农贸市场生鲜食品的人均满意度

关注要素	人均关心度	超市人均满意度	农贸市场人均满意度	超市与农贸市场人均满意度之差	T值	Sig.（2-tailed）
新鲜程度	4.62	3.31	3.61	−0.30	−4.118	0.000
食品安全	4.45	3.79	3.00	0.79	14.081	0.000
信誉	4.12	3.90	2.84	1.06	19.821	0.000
购物环境	3.81	4.05	2.57	1.48	24.085	0.000
价格	3.75	3.35	3.41	−0.06	−0.882	0.378
品种	3.59	3.54	3.42	0.12	1.923	0.055
包装	3.10	3.88	2.61	1.27	22.069	0.000

满意程度按不满意、不太满意、一般满意、比较满意、非常满意依次赋值为 1、2、3、4、5，进行简单算术平均，得出人均满意度。

最后，有 208 位消费者对超市生鲜食品的经营提出了自己的看法：40.4%的消费者认为超市首先要做的是提高生鲜食品的新鲜程度；24%的消费者抱怨价格偏高；13%的消费者要求增加品种。消费者其他零星的建议还有进一步提高食品安全性、增加收银台、改善环境等。

三、消费者行为相关因素分析

本研究把生鲜食品分为五类：水产品、水果、蔬菜、肉类生鲜品和冷冻食品。某一消费者购买其中一类生鲜食品时，如果主要在农贸市场购买，则赋值为 0；两者并重赋值为 1；主要在超市购买赋值为 2。把五类生鲜食品所得赋值相加，就可得到 0~10 共 11 个数值。0 表示消费者主要在农贸市场购买五类生鲜食品，10 表示消费者主要在超市购买五类生鲜食品。本研究的被解释变量为这 11 个数值，代表了消费者去超市购买生鲜食品的深度和广度，代表消费者“去超市购买程度”。

从 325 份问卷中剔除有空格的问卷后，共得到 268 份问卷应用于模型分析。消费者到超市购买程度的分布情况如图 1 所示。

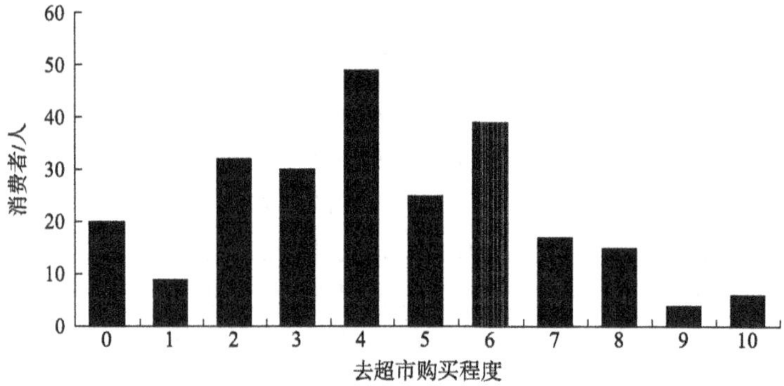

图 1 消费者到超市购买程度的分布情况

模型选择：本研究运用多元线性回归模型对调查资料进行定量分析。多元线性模型为

$$y=\alpha+\beta\times \text{edu}+\delta\times \text{age}+\cdots+u$$

变量设定：被解释变量为“消费者到超市的购买程度”，解释变量有消费者的年龄、受教育程度、家庭月收入、与农贸市场或超市的距离、食品安全认知状况以及消费者对价格、新鲜程度、食品安全和信誉的关心程度等。部分变量（定序）分布情况如表 9 所示。

表 9 部分变量分布情况

统计特征及分类指标		人数/人	比例
消费者的年龄	≤19 岁	4	1.5%
	20~29 岁	50	18.7%
	30~39 岁	68	25.4%
	40~49 岁	58	21.6%
	50~59 岁	50	18.7%
	≥60 岁	38	14.2%
受教育程度	小学以下	18	6.7%
	初中	60	22.4%
	高中	94	35.1%
	大专	51	19.0%
	本科及以上	45	16.8%
家庭月收入	≤600 元	7	2.6%
	601~1 800 元	81	30.2%
	1 801~3 000 元	100	37.3%
	3 001~5 000 元	58	21.6%
	≥5 000 元	22	8.2%
超市能否取代农贸市场（信心指数）	绝对不会	45	16.8%
	不太可能	112	41.8%
	有可能	91	34.0%
	肯定会	20	7.5%

估计结果及其讨论如下。

表 10 第二栏数据是将所有解释变量都放进模型之后估算出来的结果。解释变量“与超市的距离”的系数的符号与预期相反，但该解释变量的影响并不显著；其他各解释变量系数的符号与预期的相同。

表 10 线性模型回归结果

解释变量	模型系数
Constant	1.383 (1.154)
消费者的年龄	−0.259** (−2.446)
受教育程度	0.360*** (2.673)
家庭月收入	0.246 (1.496)
价格关心程度	−0.400*** (−2.843)
食品安全关心程度	0.305* (0.519)
对超市的信心指数	0.615*** (3.554)
与超市的距离	0.096 (0.985)
与农贸市场的距离	0.389*** (3.447)
F	9.930***
R^2	0.235
调整的 R^2	0.211

*表示通过显著性水平为 10%的检验；**表示通过显著性水平为 5%的检验；***表示通过显著性水平为 1%的检验
注：括号内为 T 检验值

（1）从表 10 我们看出，消费者的年龄与消费者“去超市购买程度”负相关。也就是说，在现在的南京市，年龄越大的人越喜欢去农贸市场购买生鲜食品。可能是因为他们的生活习惯使他们觉得农贸市场是购买生鲜食品的合适地点。

（2）消费者的受教育程度与“去超市购买程度”正相关。消费者所希望的生活环境受其接受的教育程度的影响特别大，消费者的受教育程度越高，越要求生活在卫生条件好、文化氛围浓的社区，因此受教育程度的回归系数为正且较大。

（3）家庭月收入系数的 T 检验之所以不显著，可能的原因是存在多重共线性。进行相关分析发现，在 1%的显著性水平下，消费者家庭月收入与受教育程度显著相关。

（4）价格关心程度对“去超市购买程度”的影响为负。即对价格越关心的消费者越倾向到农贸市场购买更多数量和种类的生鲜食品。由此看来，价格仍然是制约超市发展的一大因素。食品安全关心程度对“去超市购买程度”的影响为正。即对食品安全越关心的消费者越倾向到超市购买更多数量和种类的生鲜食品。

（5）消费者对超市的信心指数对“去超市购买程度”的影响为正。

（6）与农贸市场的距离对“去超市购买程度”影响为正（也可以说成，对“去农贸市场购买的程度”影响为负）；与超市的距离对“去超市购买程度”影响不显著。这表明消费者到超市购买生鲜食品受距离的影响不大，而到农贸市场购买生鲜食品受距离的影响较大。原因可能是消费者到超市不只是购买生鲜食品，还购买日常用品。这就减少了为购买生鲜食品而在路途中花费的时间和精力。

四、结论

通过调查资料的分析，本研究主要得出如下结论。

第一，只在超市或只在农贸市场购买生鲜食品的消费者的比例大约为 11.1%，大部分的消费者既在超市又在农贸市场购买生鲜食品。超市在冷冻食品方面最具优势，在水果方面具有劣势；关于水产品、蔬菜和肉类生鲜品方面，超市吸引了一部分消费者，但大部分消费者主要在农贸市场购买这些生鲜品。

第二，消费者到超市购买生鲜食品的特点是次数少、金额大，到农贸市场购买的特点是少量多次。

第三，在消费者的眼中，超市的短处在于新鲜程度和价格，长处在于食品安全、购物环境、信誉、品种和包装。消费者购买蔬菜、水果主要关注的是新鲜程度，所以在农贸市场购买蔬菜和水果的消费者比较多，而消费者购买肉类产品主要关注的是食品安全，所以大部分的消费者在超市和农贸市场的肉类品牌专柜购买这类食品。

第四，消费者的年龄和价格关心程度对消费者到超市购买生鲜食品的影响为负，消费者的受教育程度和与农贸市场的距离对到超市购买生鲜食品的影响为正。

参考文献

方昕. 2001. 生鲜供应链现状与发展方向分析. 商业经理人，（10）：36-40.

胡定寰，俞海峰，Reardon T. 2003. 中国超市生鲜农副产品经营与消费者购买行为. 中国农村经济，（8）：12-17.

周应恒，卢凌霄，耿献辉. 2003. 生鲜食品购买渠道的变迁及其发展趋势——南京市消费者为什么选择超市的调查分析. 中国流通经济，（4）：13-16.

报告摘自：何军，纪月清，吴豪杰. 生鲜食品消费行为模式——超市与农贸市场的比较. 中国农业大学学报（社会科学版），2005，（3）：65-69.

第三节 定量分析论文

目前定量分析研究方法已成为经济研究的最重要的组成部分，原因在于定量分析方法在本质上符合科学的研究方法——证伪的方法，而且实证研究能够很好地把理论与实际联系起来。因此，本节将对定量分析论文的构成要素、基本步骤等提出建议，包括对有关选题、文献综述与评价、数据搜集、论文写作以及一些具体的计量经济建模分析技术等方面的内容展开讨论。

一、定量分析论文的基本步骤

（一）定量分析论文的选题

选题在学术论文中具有头等重要的意义，对于计量论文也是如此。而且，计量论文要求用计量的方法来验证所提出的研究假说，要对所分析的经济问题得出数量上的结论，需要事先对所研究的目标和内在的经济联系有相当的认识，也就是说，要有一定的理论准备和调查研究。因此，计量论文选题还要考虑计量方法的适用性及数据的可获性等方面。

对于学术论文来说，所选的研究方向都是关于经济理论验证方面的研究，而计量论文尤为如此。那么计量论文在选题时，不应该单单考虑方法的可行性，还要考虑理论上的创新性。要写好一篇好的计量论文，不仅仅要求有着严谨的理论框架，还要有着恰当的方法，有可获的数据进行分析和论证，因此，定量论文在选题时，可以参考下面的方法和技巧。

1. 定量研究选题的方法

1）从实际中出发

任何经济问题都来自实际，而且从实际出发也是发现问题的关键。这是因为，任何经济理论都是对现实的概括与归纳，在概括与归纳的过程中，往往忽略一些前提假设，对实际现象进行抽象与简化，便于归纳与概括。然而现实实际往往会发生各种变化，可能以前经济理论忽略的某些前提假定已发生了改变，而且这些改变往往对实际现象产生重要的影响。因此，从实际出发，不仅能够更加了解实际情况，还可以发现现有研究的一些不足之处，找到一个新的研究视角，从而发现新的研究问题。

但是应该注意的是，在选题时，并不是问题越新越好，这是由于：一方面，新问题并不代表新的研究问题产生；另一方面，新问题很可能是新发生的特例，往往在获得数据方面存在着一定的困难性。

2）从积累中出发

在平日的学习过程中，我们往往会接触到各个方面的知识，而且会积累相应的知识。因此，在选题时，从自己的积累中出发，选择一个合适的问题，往往也容易起到事半功倍的作用。这是因为：一方面，从自己积累的知识出发寻找问题，可以对这方面知识比较了解，在甄别资料与获得数据方面更得心应手；另一方面，因为对这个领域有所积累，就容易发现问题，就容易发现一些忽略的前提条件的重要影响，从而发现研究问题，确定研究题目。

另外，计量论文的选题还可以从自己的兴趣出发，也可以从一些社会领域广泛关注的问题出发，但是无论用何种方法选题，都应该对要选择的问题有所了解，也要能够清晰地表达出自己要研究的问题，从而才能确定下一步研究工作。

2. 选题的注意事项

虽然选择题目的方法多种多样，而且没有固定的公式与方法，但是在选题时也要注意如下事项。

1）选题的意义性

选题的意义性包括两个方面：一个是理论上的意义；另一个是现实意义，或者说实践的指导意义。选题理论上的意义，是选题的根本。学术研究要求，对现有的理论进行发展完善，如果选题没有理论意义，只是对前人的研究进行模仿与套用，那么这个选题就失去了研究价值，也就不是学术研究。因此，选题首先要注意选题是否具有理论意义。

选题的另一个重要的考虑方面就是现实意义，即对实际有何指导作用。一般来说，社会研究最终目的就是为人类行为服务，为实践服务。因此，计量论文的选题要对现实问题的解决有所帮助，要具有一定的指导意义。

2）选题范围的明确性

选题范围的明确性是指，选择题目要有明确的范围，如宏观经济领域还是微观经济领域，研究主题是消费者还是生产者，等等，这些都应该在选题中确定，而且这也是进行建模和确定收集数据范围的前提。

3）数据的可获性

数据的可获性，对于计量论文的选题也尤为重要。方法再新颖，理论框架再完美，如果没有数据支撑，那么这个选题就没有意义，只能是纸上谈兵。

因此，计量论文在选题时，要考虑选题的意义性，同时也要考虑数据的可获性。能够兼顾理论与现实的意义性，能够获得相应数据进行证明的选题，才是合理的选题。

（二）文献资料的利用、综述与评价

相关文献的回顾性综述是计量论文不可缺少的组成部分。文献综述在计量论文中的作用，跟文献综述在其他学术论文中的作用都是一样的，主要体现在两个方面：一是对前人的研究进行归纳与总结，重点在于提出前人研究中存在的问题，主要是通过分析前人研究中忽略了哪些前提假定，而这些前提假定对于某些问题的解决具有重要的理论意义，从而引出自己的研究中心；二是为自己的理论研究寻找理论支撑点，即论文作者将要研究的问题所使用的理论基础是什么，这些都应该在文献综述中体现出来。

至于文献综述的写法，由于本书有专门一章介绍文献综述的写作方法，这里将不再赘述。

（三）理论框架与模型设定

计量论文的第二部分（如果把文献综述作为第一部分背景与前提中的一部分）一般是阐述论文所使用的基本框架或基本模型。基本框架或基本模型是用来论证作者所提出的解决问题的基本逻辑思路的，因而模型的选择和分析的技巧直接决定了作者对于这一问题的论证的可信性，以及所得到的基本结论的普遍性。

在写计量论文时容易存在一个很大的误区，即很多人认为理论框架可有可无，往往在写完问题的提出后，就直接过渡到数据处理与分析中，把全部精力都投入计量结果的好坏与显著性上。然而在实证研究中，理论框架这一部分往往是研究工作和论文写作的

关键，同时也直接显示了作者的经济管理研究功底。一个好的理论框架不仅可以使作者清晰而透彻地阐明和论证自己的基本观点，并得到非常优美的结论，而且它本身也往往会成为一个广为借鉴的分析工具。

而且在确定了合适的基本模型后，应当对基本模型进行必要的描述，对它的基本假设进行必要的交代，这个描述也就是我们分析问题的逻辑思路，也就是我们的理论框架。如果为了解释的需要不得不施加限制性的假设，则必须交代施加该假设的理由（合理性）、它对模型应用的限制性以及对结论的影响。

那么怎样确定合适的模型呢？首先应该是基本功的训练与掌握。一般地，在主流经济管理的任何一个领域都有一些较为成熟的、被普遍接受的模型，掌握这些模型的基本方法就是基本功的训练，这也是任何一个学者做研究工作的首要前提，因为它是学者解决问题的工具。另外，选择适合自己的模型也需要作者平日知识的积累，以及对新方法的关注与学习，只有这样才能选择适合自己的模型。

总而言之，计量经济模型的设定过程，是一个综合考虑经济理论、样本数据、模型特征、使用要求等因素，依据上述标准进行科学性创作的过程。

（四）定量分析数据的收集与处理

数据是计量论文的根本，也是与其他类型论文区别的一个重要标志。这是因为没有数据，我们就无法对我们要研究的问题进行“量”的验证。因此，数据的可获性及数据整合的合理性是实证研究的前提。

1. 数据类型

经济数据可以根据不同的标准进行不同的划分。例如，从数据的性质上看，可以把数据分为定量数据与定性数据；从数据的时间与空间特点上看，可以把数据分为截面数据、时间序列数据、混合截面数据及面板数据。一般来说，所要使用的数据类型与我们要研究的内容密切相关，而且各种数据也有各种数据的优缺点。当我们要对经济个体进行描述分析时，一般会用截面数据，但是这类数据要求同一时间其他变量没有变化或者变化不大；我们要对经济现象的发展变化进行分析时，要用时间序列数据，这类数据容易遇到序列相关问题；而混合截面数据具有截面数据和时间序列数据的特征；面板数据由截面数据集中每个数据的一个时间序列组成，这类数据使用时要注意样本的代表性与变化性。

2. 数据预处理

在实际使用数据进行计量分析之前，往往需要对数据做预处理，这包括对数据的描述性统计分析、不同来源的数据的整合等方面。

描述性统计主要分为图解、基本统计量和若干相关性的分析。对数据进行描述性统计分析，可以很好地发现数据的变化趋势，并给读者新的价值信息。但是应该指出的是，在一篇学术论文中，是否要加上数据的统计分析结果，主要是看数据的描述分析结果能否给读者提供新的有价值的信息，以及在计量结果中是否有特殊作用，否则，数据的描述性分析有的时候不需要在学术论文中体现出来，可以放在论文的附录部分。

图解分析是指利用数据的观测值绘制图形，从而从图中得到一些有价值的信息。应当指出的是，图解分析虽然直观，但也可能会产生误导，原因在于图解分析只是建立在样本数据的基础上，图中的形状并不能保证两个变量之间依存关系的真实性，而变量之间是否存在着因果依存关系，主要是由经济基本原理或者常识决定的。

数据的基本统计量包括最小值、最大值、均值、标准差、峰度、偏态、变异系数、相关系数等。这些统计量在给读者带来数据整体信息时，还会起着不同的特殊作用。

在有的情况下，得到的数据往往不是整体的，或者数据来源不同，这就需要利用特殊的方法对数据进行整合与处理。在对数据进行处理时，要考虑数据之间的一致性及整合的合理性，并且在整合中不要对数据的处理结果产生影响，否则这部分数据就失去了真实性价值。

（五）定量经济分析

1. 变量的选择

计量模型中变量的选择的问题，就是关于“理论与数据孰先孰后”的问题，而在通常情况下，理论应优先于数据，因为计量方法只是用来证明我们要验证的假说，而显著性问题只是说明这个变量在统计上是否有显著意义，并不能说明事物之间的相互联系，而说明事物之间的因果联系，验证假说的内在联系，是由我们的理论框架或者已经被承认的公开的事实决定的。因此，一个变量是否选择，不是由分析结果的显著性决定的，而是要从我们要研究的理论框架出发，看这个变量是否与我们要验证的假说的内在逻辑相一致。从这个角度讲，这就是为什么对于计量类的学术论文，理论框架的完善与否，能够反映出作者写作功底的高低与分析问题的角度是否科学性与合理性的原因。

2. 模型的估计与检验

设定的模型确定以后，就可以用收集的数据去估计模型中的参数。在一般情况下，用得最普遍的就是 OLS。如果模型估计和检验的结果表明模型完全满足我们的理论框架的要求，而且也通过了各项检验，则参数的估计值就是计量的结果。

对计量经济模型的检验，主要包括统计上的检验与理论上的检验。统计上的检验就是分析各个变量是否显著。若模型或某些变量不显著，则应认真分析其原因，特别是要分析基本假定条件与模型设定是否存在着不一致性。如果认为存在这种可能，这就需要对模型进行适当调整，如根据假定添加对结果有影响的其他变量，或者采用其他估计方法，如 WLS、广义差分、工具变量等方法去估计模型中的参数。但是需要指出的是，就算是这个变量在经过调整后仍不显著，就算是非验证的关键变量，也不可删除；如果这个变量是要验证的重要变量，估计的不显著就说明我们要验证的假说不成立，也就否定了这篇文章的主旨。

另外，要检验所估计的模型参数的数值和符号是否符合特定的经济意义。经济意义主要是指参数的影响是否与理论假设相一致，如果所估计的参数与经济理论或实际经验的结论不符合，考虑是否在模型设定中存在着问题，是否缺少变量，是否模型设定与基本假定设定不一致。在充分考虑这些情况后，如果参数估计结果仍不一致，就要重新思考我们要研究的问题，是否有着不同的见解，这就可能产生创新之处。

此外，计量模型的检验中还应考虑对总体回归函数设定的检验，分析设定的条件期望方程的具体函数形式是否恰当，某些变量是否应该表述为对数形式，某些变量是否只取水平值还是需要取其平方值，定性因素的引入方式，虚拟变量的选择是否足够，交互效应的数量分析是否需要，等等。

（六）结论

结论主要是对实证项目研究的结论和观点等进行总结，或者根据计量分析结果提出政策建议。另外，在结论部分应当包含本项研究的局限性和进一步应当做的工作。对研究的局限性还应提出相应的建议和打算。

二、定量分析论文范文

养殖户环境友好型畜禽粪便处理方式选择行为分析
——以生猪养殖为例

摘要：本文基于5省754户生猪养殖户的调查数据，利用多变量Probit模型分析了养殖户环境友好型畜禽粪便处理方式选择行为的影响因素。研究结果表明：养殖户对不同畜禽粪便处理方式的选择行为之间相互依赖，有较强的替代关系和互补关系；个人特征、家庭特征、养殖特征和心理认知是影响养殖户选择环境友好型畜禽粪便处理方式的重要因素，而畜禽养殖环境保护政策认知、政府补贴和技术培训对养殖户选择环境友好型畜禽粪便处理方式的影响不显著。

关键词：环境友好型行为　多变量Probit模型　畜禽粪便

一、引言

在工业化进程以及人们食品消费结构转型的推动下，中国畜禽养殖业快速发展。1978~2013年，中国肉类总产量从4 584万吨增加到8 535万吨，奶类产量由736万吨增加到3 649万吨。畜禽产品产量的快速增长带来了畜禽粪便排放的大幅度增加。20世纪80年代，中国畜禽粪便产生量仅为6.9亿吨，到2011年已达到25.45亿吨（朱建春等，2014）。畜禽粪便排放的大量增加导致了严峻的畜禽养殖污染问题。2010年，中国畜禽养殖业主要水污染物排放量中化学需氧量（chemical oxygen demand，COD）、氨氮（NH_3-N）的排放量分别为当年工业源排放量的3.23倍、2.3倍，分别占全国这两种污染物排放总量的45%、25%（孟祥海等，2014）。畜禽养殖业已成为中国环境污染的重要来源。

日益恶化的畜禽养殖污染对土壤环境安全、水环境安全、农产品质量安全、粮食安全及人们的健康造成了严重影响，是中国实现经济与环境可持续发展面临的严峻挑战

（Chadwick et al.，2015）。中国政府充分认识到畜禽养殖污染治理的重要性。2008~2010 年、2013 年的 4 个中央“一号文件”都明确提到了畜禽养殖污染的治理问题，2015 年中央“一号文件”也指出，要开展畜禽粪便资源化利用，加强农业生态治理。养殖户是畜禽粪便处理的实施主体和最基本的微观决策单位，采取相应激励政策措施推动养殖户选择环境友好型畜禽粪便处理方式，促进畜禽粪便资源化利用是畜禽养殖污染治理的关键途径。为此，中国政府采取了诸如沼气补贴、有机肥补贴等激励措施来引导养殖户进行畜禽粪便处理。统计数据显示，2001~2010 年，中央政府对农村户用沼气建设补贴金额达到 182.7 亿元，占国家沼气投资总额的 74%。除了中央政府的补贴之外，地方财政也会提供一些配套补贴资金。然而，尽管有如此高额的补贴，养殖户环境友好型畜禽粪便处理率仍然较低。据统计，2010 年，中国养猪户所产生的畜禽粪便用于沼气生产的比例只有 8.6%，还田比例为 49.5%，直接废弃比例高达 25.3%（仇焕广等，2013）。那么，环境友好型畜禽粪便处理方式的高补贴与低采用率共存的原因可能有哪些？哪些因素会影响养殖户选择环境友好型畜禽粪便处理方式？对上述问题的回答将为中国畜禽养殖污染治理相关政策的制定提供经验依据，对推动农业生态文明建设具有重要意义。

目前，学术界对于养殖户环境友好型畜禽粪便处理行为的问题已经展开了一些研究。例如，莫海霞等（2011）认为，养殖户畜禽粪便处理方式的选择与当地环境污染治理政策、养殖户家庭非农收入、养殖户家庭播种面积等因素密切相关，且存在显著的区域差异。仇焕广等（2012）发现，环境污染治理政策、饲养规模、人均播种面积、收入水平等因素影响养殖户畜禽粪便处理方式的选择。相较于引导养殖户减少畜禽粪便污染的改善环境计划，强制性的规章制度对降低畜禽粪便废弃率更有效。虞祎等（2012）基于政府补贴视角的分析认为，排污补贴将会促使养殖户选择更加环保的畜禽粪污处理方式；养殖规模越大，选择环境友好型畜禽粪便处理方式的概率越高。冯淑怡等（2013）发现，经济因素和政策因素是影响养殖户畜禽粪尿处理方式选择的重要因素，宣传、培训等不具明显行政命令性质和激励效果的手段，对引导养殖户选择环境友好型畜禽粪尿处理方式的效果并不显著。何如海等（2013）对安徽省奶牛养殖户清洁处理技术意愿的分析结果表明，受教育程度、家庭收入、产业组织化程度、单位奶牛养殖面积、粪尿综合利用收益及粪尿是否分离处理等因素对养殖户采用清洁处理方式产生正向影响。Zheng 等（2014）的研究发现，政府政策在推动养殖户环境友好行为中具有重要作用，养殖户个体及养殖户个体之间形成的社会网络对环境友好行为的影响并不显著。张郁等（2015）的研究认为，养猪户建立粪污处理设施及粪污资源化利用等环境行为是综合考虑家庭资源禀赋后做出的理性选择，生态补偿政策对养猪户环境行为的选择具有显著的正向影响。

上述研究成果对本文研究有重要的借鉴和参考价值，但同时也存在一些不足：①从研究方法来看，现有研究主要借助二元Probit模型来分析不同因素对某一种畜禽粪便处理方式（如直接还田、出售、废弃、生产沼气）的影响。然而，正如冯淑怡等（2013）研究指出的：养殖户可能会同时选择多种畜禽粪便处理方式，而且这些处理方式的选择之间并不相互排斥。某些不能观测到的因素可能会同时决定养殖户畜禽粪便不同处理方式的选择，使用简单的二元Probit模型可能会产生估计偏误。②从研究内容来看，目前学者主要分析了人口统计学特征、生产经营特征和政府政策等因素对养殖户环境友好型畜禽粪便处理方式选择行为的影响，较少关注养殖户心理认知因素的影响。行为经济学理论认为，更科学的人类行为研究应该把人类的心理因素加入其中，这样能有效地分析在不确定性条件下人类的判断和决策行为。新制度经济学也主张把意识形态、价值观念等“非正式约束”纳入经济研究，以突破“经济人”假设的局限性。Prokopy等（2008）和Baumgart-Getz等（2012）在回顾了30多篇有关农户最佳管理措施（best management practice）采纳行为的文献后发现，心理认知因素是决定农户采纳最佳管理措施的关键因素。鉴于此，本文研究将心理认知因素纳入养殖户环境友好型畜禽粪便处理方式选择行为影响因素的分析框架中，利用多变量Probit模型（multivariate probit model）来考察相关因素对养殖户选择5种畜禽粪便处理方式（废弃、直接还田、生产沼气、出售、制造有机肥）的影响。

本文结构安排如下：第一部分是引言；第二部分是理论分析、模型构建及数据描述；第三部分是模型估计与结果分析；第四部分为结论。

二、理论分析、模型构建及数据描述

（一）理论分析

目前畜禽粪便处理方式主要有五种：废弃、直接还田、生产沼气、出售和制造有机肥。从对环境的影响来看，生产沼气、出售和制造有机肥处理方式将畜禽粪便资源化利用，对环境影响较小，是环境友好型畜禽粪便处理方式；直接还田处理方式也是畜禽粪便资源化利用的一种方式，但该项处理方式需要考虑到土壤的养分需求，同时粪便中含有大量的病原微生物和寄生虫卵，会使环境中病原种类增多、菌量增大，该种处理方式对环境影响较大；废弃处理方式，是将畜禽粪便作为污染物处理，对环境影响最大。养殖户畜禽粪便处理方式的选择行为是综合考虑技术可得性、技术成本与收益、技术可操作性及相关政策要求等因素，而做出的符合其利益最大化的决策行为。废弃处理方式几乎不需要投资成本，同时技术操作也较为简单，但养殖户可能会面临政府的环境罚款；直接还田处理方式操作也较为简单，但需要配套相应的土地。生产沼气和制造有机肥处理方式需要的初始投资较大，同时技术操作也较为复杂，但这两种处理方式可以获得政府补贴和政策支持。出售粪肥不需要投资成本，同时通过出售粪肥，养殖户也能获得经济利益。但是，养殖户选择该项处理方式将面临粪肥交易市场不完善、粪肥价格较低以及粪肥交易运输成本高等问题。养殖户会在权衡各因素后，选择最佳的畜禽粪便处理方式组合方案。

基于农户行为理论、行为经济学理论及国内外相关研究成果，将影响养殖户畜禽粪便处理方式选择行为的因素归纳为养殖者个人特征变量、家庭特征变量、养殖特征变量、心理认知特征变量和政策变量五大类。

（1）养殖者个人特征变量：①年龄。养殖者年龄越大，接受新技术和新思想的意愿和能力越低，越愿意按照传统的农业生产习惯，将畜禽粪便直接还田或者废弃。②受教育水平。教育可以增加农户个人采用环境友好型农业技术的可能性（Burton，

2014）。受教育水平越高，养殖户接受新技术和新知识的速度越快，对采用环境友好型农业技术的益处判断越清楚，越有利于环境友好型畜禽粪便处理方式的选择。③是否为村干部。村干部拥有比较广泛的人际交往网络，能够接触到更多的畜禽粪便处理技术知识和信息，其选择环境友好型畜禽粪便处理方式的可能性更高。④养殖年限。养殖年限越长的养殖户，受制于传统的思维习惯，越倾向认为畜禽粪便直接还田做农家肥是合理的污染处理方式，选择环境友好型畜禽粪便处理方式的可能性就越低。

（2）家庭特征变量：①人均耕地面积。随着人均播种面积的增大，耕地所需要的畜禽粪便有机肥增多，其直接还田和用作有机肥处理的比例相应上升，而废弃、生产沼气及出售的比例下降。②非农劳动力比例。家庭非农劳动力比例越高，非农劳动时间越多，从事农业劳动的时间相对越少，选择废弃、出售方式处理畜禽粪便的概率越大。③家庭总收入。养殖户在进行畜禽粪便处理决策时会受到家庭收入的约束。一般而言，随着家庭收入的增加，养殖户具有更多的资本进行畜禽粪便无害化处理，选择生产沼气、制造有机肥等投资较大的环境友好型畜禽粪便处理方式的可能性更高。

（3）养殖特征变量：①养殖规模。随着饲养规模的扩大，畜禽粪便对环境破坏形成"规模效应"，越容易得到政府和周围农户的关注，直接排放的社会成本较高。为了规避政府部门对于畜禽养殖污染的处罚，选择环境友好型畜禽粪便处理方式的可能性更高。②养猪收入比例。养猪收入占家庭收入比例越高，说明生猪养殖处于家庭生产结构中的地位越高。从长远利益考虑，养殖户会更加重视生猪生产过程的科学性，选择环境友好型畜禽粪便处理方式的可能性更高。③产业组织情况。养殖户加入了产业组织能够及时获得产业组织的技术指导；同时，养殖户通过与产业组织签订销售合同，产业组织在产品质量安全的驱使下会对养殖户进行养殖污染的测度和规范，监督其污染处理行为的实施。因此，加入产业组织能够提高养殖户选择环境友好型畜禽粪便处理方式的概率（闵继胜和周力，2014）。

（4）心理认知特征变量：①风险偏好程度。生产沼气和制造有机肥等环境友好型畜禽粪便处理需要的前期投资较多，选择该类处理方式所带来的风险较大，因而，风险偏好程度更高的养殖户选择沼气、有机肥处理等投资较大的环境友好型畜禽粪便处理方式的可能性更高。②环境影响认知。根据计划行为理论，养殖户对畜禽粪便环境影响认知程度越高，选择环境友好型畜禽粪便处理方式的可能性越大。③人体健康影响认知。与环境影响认知变量类似，人体健康影响认知程度越高，选择环境友好型畜禽粪便处理方式的可能性越大。④畜禽养殖环境保护政策认知。养殖户对畜禽养殖环境保护政策的认知程度越高，选择环境友好型畜禽粪便处理方式的可能性越大。⑤粪便无害化处理意愿。计划行为理论认为，个人的行为受其意愿决定。养殖户畜禽粪便无害化处理意愿越高，越倾向选择环境友好型畜禽粪便处理方式。

（5）政策变量：①政府补贴。畜禽粪便环境友好型处理需要额外的投入，具有环境公共物品的性质，政府补贴可以降低环境友好型处理成本，从而提高环境友好型畜禽粪便处理方式的选择概率。目前中国政府对畜禽粪便处理补贴的主要形式为沼气补贴和有机肥补贴，因此，政府补贴可以提高养殖户选择生产沼气、制造有机肥等环境友好型畜禽粪便处理方式的概率。②技术培训。技术培训为养殖户学习新知识提供了机会，有助于他们了解环境友好型畜禽粪便处理的必要性和重要性，因此，技术培训可以提高养殖户环境友好型畜禽粪便处理方式的选择概率。

（二）模型构建

通常来说，可以采用其他类似研究的做法（冯淑怡等，2013；仇焕广等，2012），分别利用5个简单的二元Probit模型来研究相关因素对养殖户选择5种畜禽粪便处理方式（废弃、直接还田、生产沼气、出售、制造有机肥）的影响。相应的Probit模型如下：

$$\Pr\left(Y_j = 1 \middle| X\right) = \boldsymbol{\Phi}\left(\beta' X\right) \tag{1}$$

其中，$Y_j\ (j = 1,2,3,4,5)$取值为 1 或 0，代表选择或不选择某种畜禽粪便处理方式；X为相应的解释变量。

然而，正如上文理论分析部分所述，养殖户会同时选择多种畜禽粪便处理方式，而且这些处理方式的选择之间并不相互排斥。因此，某些不能观测到的因素可能会同时决定养殖户不同的畜禽粪便处理方式的选择，上述简单二元 Probit 模型的误差项之间相关。例如，研究中不能观测到养殖户的能力，但如果能力较强的养殖户倾向选择出售或者生产沼气方式处理畜禽粪便，则会导致“出售”行为的二元 Probit 模型误差项可能与“生产沼气”行为的二元 Probit 模型误差项之间相关。如果不考虑到这种内生性问题，而利用多个简单的二元 Probit 模型来研究养殖户畜禽粪便处理方式选择行为的影响因素，则估计结果可能会产生偏误。据此，本文研究采用多变量 Probit 模型来分析养殖户选择不同畜禽粪便处理方式的影响因素，该模型允许不同方程的误差项之间存在相关（Greene，2008）。

多变量 Probit 模型包括多个二元被解释变量，模型具体形式如下：

$$Y_j^* = \beta_j X + \mu_j \tag{2}$$

$$Y_j = \begin{cases} 1, & \text{如果} Y_j^* > 0 \\ 0, & \text{其他} \end{cases} \tag{3}$$

其中，$j = 1,2,3,4,5$，为废弃、直接还田、生产沼气、出售、制造有机肥 5 种畜禽粪便处理方式；Y_j^*为无法观测到的潜在变量；Y_j为最终结果变量，若$Y_j^* > 0$，则$Y_j = 1$，则养殖户选择相应的畜禽粪便处理方式；X为影响养殖户选择畜禽粪便处理方式的各因素；β_j为相应的估计系数。μ_j为随机扰动项，遵循均值为 0，方差为Ψ的多元正态分布，即$\mathrm{MVN}(0,\Psi)$。协方差矩阵$\boldsymbol{\Phi}$如下：

$$\boldsymbol{\Phi} = \begin{bmatrix} 1 & \rho_{12} & \rho_{13} & \rho_{14} & \rho_{15} \\ \rho_{12} & 1 & \rho_{23} & \rho_{24} & \rho_{25} \\ \rho_{13} & \rho_{23} & 1 & \rho_{34} & \rho_{35} \\ \rho_{14} & \rho_{24} & \rho_{34} & 1 & \rho_{45} \\ \rho_{15} & \rho_{25} & \rho_{35} & \rho_{45} & 1 \end{bmatrix} \tag{4}$$

其中，非对角线上的元素为5种畜禽粪便处理方式的5个方程［$Y_j^*\left(j = 1,2,3,4,5\right)$］的随机扰动项间无法观测的联系。非对角线上元素的非零值表明各潜变量随机扰动项之间存在关联，应该采用多变量 Probit 模型进行估计。若非对角线上的元素值显著大于 0，则说明养殖户选择不同畜禽粪便处理方式之间呈现互补效应；若非对角线上的元素值显著小于 0，则说明养殖户选择不同畜禽粪便处理方式之间呈现替代效应。

（三）数据来源及变量的描述性统计

本文研究数据来自山东、江苏、福建、江西和四川 5 省的实地调查。之所以选择这 5 个省份作为调查地区，是因为这 5 个省份分布在中国的东部、中部和西部地区，经济发展水平差异显著，具有阶梯性特征，而且生猪养殖业都较为发达，利用这些地区的数据进行实证分析，所得出的研究结论具有一定的普遍性。调查采用多阶段等距抽样的方法进行：第一阶段，在每个省份按照农村居民人均纯收入水平等距抽取 3 个县；第二阶段，在每个县随机选取 3 个村；第三阶段，按照随机等距抽样原则，在每个村随机抽取 15~20 户生猪养殖户进行调查。为减少调查者与养殖户语言不同的影响或者理解上的偏差，提高问卷的真实性和有效性，课题组在当地科研院所招募农林经济管理专业的大学生进行问卷调查。调查形式为一对一直接访谈，并由调查员负责问卷的填写和录入。本次调查共完成生猪养殖户问卷 800 份，获得有效问卷 754 份，问卷有效率达 94%。

调查问卷的主要内容包括：①生猪养殖者个人及家庭基本情况，如养殖者年龄、养殖者受教育水平、养殖者风险态度、家庭人口数量、家庭非农就业人口等；②生猪养殖情况，如养殖收入、养殖数量、养殖投资、饲养管理、生猪销售方式等；③畜禽粪便处理方式情况，包括养殖户畜禽粪便不同处理方式的选择情况，不同畜禽粪便处理方式的投入产出情况；④政府政策情况，包括沼气补贴、有机肥补贴、标准化养殖补贴等情况；⑤养殖户认知情况，包括养殖户认为生猪养殖对周边水体的影响、对人体健康的影响及对畜禽健康的影响，养殖户对畜禽养殖环境保护政策的了解程度。

图 1 显示了养殖户畜禽粪便处理方式的选择情况。数据表明：样本生猪养殖户都选择了各种方式处理畜禽粪便，包括废弃、直接还田、生产沼气、出售和制造有机肥等，其中，有 61.5%的养殖户同时选择了两种或两种以上的组合方式来处理畜禽粪便。具体而言，直接还田是目前畜禽粪便处理的主要方式，选择该方式的养殖户比例达到 63.56%。随着国家沼气工程的推进，养殖户也将畜禽粪便用于生产沼气，选择该方式的养殖户比例为 28.96%。废弃也是目前畜禽粪便处理的主要方式之一，选择该方式的养殖户比例为 18.87%。选择出售和制造有机肥进行畜禽粪便处理的养殖户比例分别为 13.85%和 10.56%。

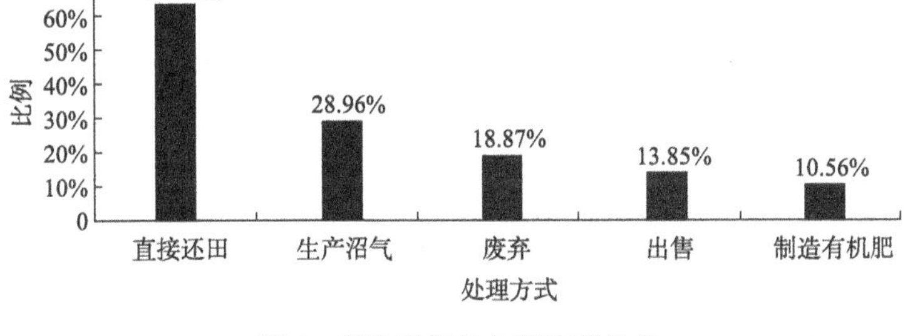

图 1 畜禽粪便的主要处理方式

变量的描述性统计及预期影响方向如表 1 所示。

表 1　变量的描述性统计及预期影响方向

变量	变量定义	均值	标准差	预期影响				
				废弃	直接还田	生产沼气	出售	制造有机肥
因变量								
废弃	随意丢弃=1；其他=0	0.188 7	0.213 2					
直接还田	直接还田=1；其他=0	0.635 6	0.308 7					
生产沼气	生产沼气=1；其他=0	0.289 6	0.223 6					
出售	出售=1；其他=0	0.138 5	0.165 3					
制造有机肥	制造有机肥=1；其他=0	0.105 6	0.187 6					
自变量								
养殖者个人特征变量								
年龄	实际周岁	46.24	10.33	+	+	−	?	−
受教育水平	年	8.67	2.48	−	−	+	+	+
是否为村干部	是=1；否=0	0.10	0.42	−	−	+	+	+
养殖年限	年	8.93	1.28	+	+	−	?	−
家庭特征变量								
人均耕地面积	亩/人	1.40	7.10	−	+	−	−	+
非农劳动力比例	非农劳动力占家庭总劳动力的比例	0.50	0.26	+	−	−	+	−
家庭总收入	家庭年收入/万元	8.76	0.92	?	−	+	?	+
养殖特征变量								
养殖规模	头	218.30	1 117.21	−	−	+	+	+
养猪收入比例	养猪收入占家庭总收入的比例	0.57	0.40	−	−	+	+	+
产业组织情况	参加合作社或者签订销售合同=1；市场交易=0	0.12	0.16	−	−	+	+	+
心理认知特征变量								
风险偏好程度	风险偏好=1；风险中立=2；风险规避=3	2.16	0.67	+	+	−	?	−
环境影响认知	没有影响=1；影响很轻=2；一般=3；影响较大=4	2.01	1.10	−	−	+	?	+
人体健康影响认知	没有影响=1；影响很轻=2；一般=3；影响较大=4	1.58	0.87	−	−	+	?	+
畜禽养殖环境保护政策认知	完全不懂=1；基本不懂=2；有一些了解=3；很了解=4	2.37	0.79	−	−	+	?	+
粪便无害化处理意愿	愿意=1；不愿意=0	0.81	0.39	−	−	+	?	+
政策变量								
政府补贴	补贴金额的对数，原值单位：元	6.12	2.22	−	−	+	?	+
技术培训	参加=1；没有参加=0	0.13	0.24	−	−	+	?	+

注：风险偏好程度通过问卷调查法直接获得。被调查养殖户回答以下问题：“有两个经营项目：第一个项目可稳赚 2 000 元钱，第二个项目有一半可能赚 3 000 元、一半可能损失 1 000 元，您会选择哪个项目？A.选第一个；B.选第二个；C.两个差不多”。如果被调查养殖户选择 A 选项，则认为该养殖户为风险规避型；如果被调查养殖户选择 B 选项，则认为该养殖户为风险偏好型；如果被调查养殖户选择 C 选项，则认为该养殖户为风险中立型。近年来，有学者采用行为经济学实验方法来测度风险偏好，如黄季焜等（2008）、米建伟等（2012）。本文的研究重点并不在于风险偏好分析，故采用较为简单的问卷调查法测度风险偏好，这也是现有文献的普遍做法

1 亩≈666.67 平方米

三、模型估计与结果分析

运用Stata 13.0统计软件对养殖户畜禽粪便处理方式选择行为进行多变量Probit回归模型估计，回归方程的协方差矩阵见表2。

表2 多变量Probit回归方程的协方差矩阵

	废弃	直接还田	生产沼气	出售	制造有机肥
废弃	—	—	—	—	—
直接还田	0.316*** (0.101)	—	—	—	—
生产沼气	−0.198** (0.093)	−0.417*** (0.125)	—	—	—
出售	−0.204 (0.132)	−0.176 (0.114)	−0.153** (0.072)	—	—
制造有机肥	−0.154 (0.144)	−0.454*** (0.138)	−0.376** (0.154)	0.216 (0.187)	—
χ^2	92.38				
显著性水平	0.000				
似然比检验	$\rho_{21}=\rho_{31}=\rho_{41}=\rho_{51}=\rho_{32}=\rho_{42}=\rho_{52}=\rho_{43}=\rho_{53}=\rho_{54}=0$				

*、**、***分别表示在10%、5%和1%的水平下通过显著性检验

注：括号中的数字为标准误差

表2数据显示，模型卡方值等于92.38，且通过1%的显著性水平检验，表明各方程随机扰动项之间存在相关性，养殖户选择不同的畜禽粪便处理方式是相互影响的，使用多变量Probit回归模型是合适的。在协方差矩阵中，有6个协方差通过显著性检验，这意味着，养殖户选择一种畜禽粪便处理方式受到是否选择其他畜禽粪便处理方式的影响。具体而言，养殖户选择废弃处理方式与选择生产沼气处理方式之间存在替代效应，与选择直接还田处理方式之间存在互补效应；养殖户选择直接还田处理方式与选择生产沼气处理方式、制造有机肥处理方式之间存在替代效应；养殖户选择生产沼气处理方式与选择出售处理方式、制造有机肥处理方式之间存在替代效应。

养殖户畜禽粪便处理方式选择行为的多变量 Probit 模型回归结果见表 3。总体上看，多变量Probit模型的拟合程度较好，且本文研究所关心的影响因素基本都通过了显著性检验，各变量的系数符号与预期影响方向基本一致。

表3 养殖户畜禽粪便处理方式选择行为的多变量Probit模型回归结果

自变量	因变量				
	废弃	直接还田	生产沼气	出售	制造有机肥
养殖者个人特征变量					
年龄	0.026** (0.011)	0.018** (0.008)	−0.008 (0.006)	−0.013 (0.008)	−0.008 (0.009)
受教育水平	−0.032*** (0.012)	−0.026** (0.013)	0.025** (0.012)	0.016** (0.008)	0.021 (0.126)
是否为村干部	−0.116 (0.132)	−0.101 (0.126)	0.145** (0.071)	0.157** (0.068)	−0.212 (0.354)
养殖年限	0.008 (0.023)	0.013 (0.012)	−0.015 (0.012)	0.022 (0.027)	−0.009 (0.014)

续表

自变量	因变量				
	废弃	直接还田	生产沼气	出售	制造有机肥
家庭特征变量					
人均耕地面积	-0.013** (0.007)	0.021** (0.009)	-0.001 (0.033)	-0.023*** (0.009)	0.016** (0.007)
非农劳动力比例	0.039** (0.013)	-0.042** (0.019)	0.051 (0.039)	0.028** (0.014)	-0.057** (0.022)
家庭总收入	0.000 (0.000)	-0.003** (0.001)	0.000 (0.000)	-0.001 (0.001)	0.000 (0.000)
养殖特征变量					
养殖规模	-0.002* (0.001)	-0.003** (0.001)	0.004*** (0.001)	0.003*** (0.001)	0.003*** (0.001)
养猪收入比例	0.028 (0.020)	0.032** (0.013)	-0.039** (0.018)	0.072 (0.099)	-0.014 (0.013)
产业组织情况	-0.153** (0.071)	-0.191*** (0.072)	0.033 (0.619)	0.075** (0.036)	0.065 (0.075)
心理认知特征变量					
风险偏好程度（参照组：风险规避）					
风险偏好	-0.279 (0.232)	-0.116 (0.169)	0.089*** (0.029)	0.044 (0.213)	0.066*** (0.023)
风险中立	-0.271 (0.185)	-0.053 (0.122)	-0.072 (0.138)	-0.270 (0.178)	0.131 (0.153)
环境影响认知（参照组：对环境没有影响）					
对环境影响很轻	0.261 (0.180)	-0.301 (0.186)	0.253 (0.196)	-0.207 (0.187)	0.036 (0.158)
对环境影响一般	-0.351 (0.291)	-0.299* (0.166)	0.787*** (0.179)	0.215 (0.247)	0.213 (0.239)
对环境影响较大	-0.060* (0.031)	-0.570*** (0.173)	1.321*** (0.178)	-0.356 (0.271)	0.196 (0.246)
人体健康影响认知（参照组：对人体健康没有影响）					
对人体健康影响很轻	0.174 (0.155)	0.010 (0.134)	0.021 (0.147)	-0.587 (0.427)	-0.055 (0.168)
对人体健康影响一般	-0.143 (0.232)	0.173 (0.196)	0.214* (0.126)	-0.174 (0.251)	-0.539 (0.308)
对人体健康影响较大	-0.180* (0.096)	-0.298*** (0.110)	0.118** (0.057)	0.154 (0.136)	0.852 (0.590)
环境保护政策认知（参照组：对环境保护政策完全不懂）					
环境保护政策基本不懂	-0.395* (0.201)	-0.037 (0.178)	0.039 (0.209)	0.635 (0.411)	0.495 (0.394)
环境保护政策有一些了解	-0.406* (0.208)	-0.439** (0.179)	0.294 (0.208)	0.426 (0.307)	0.544 (0.370)
环境保护政策很了解	-1.155* (0.600)	-0.643** (0.307)	0.359 (0.324)	-0.238 (0.651)	0.328 (0.579)
粪便无害化处理意愿	-0.353*** (0.114)	-0.612*** (0.225)	0.521** (0.237)	0.287*** (0.097)	0.148** (0.063)
政策变量					
政府补贴	-0.042 (0.121)	-0.037 (0.053)	0.024 (0.054)	-0.066 (0.112)	0.077 (0.132)
技术培训	-0.154** (0.065)	-0.087 (0.104)	0.032 (0.052)	0.128 (0.140)	0.212 (0.247)
常数项	-5.136*** (1.532)	3.321*** (0.972)	0.867** (0.414)	-2.166 (1.542)	0.946 (0.631)

续表

自变量	因变量				
	废弃	直接还田	生产沼气	出售	制造有机肥
对数似然值	-612.74				
Wald χ^2（95）	301.56				
显著性水平	0.000				

*、**、***分别表示在10%、5%和1%的水平下通过显著性检验；所有结果均为稳健回归结果，即利用Stata 13.0中的mvprobit命令进行多变量Probit模型估计时，在该命令后加入robust选项可得到稳健性回归结果

注：括号中的数字为标准误

模型估计结果显示如下。

（1）养殖者个人特征变量的影响：①年龄对养殖户选择废弃方式和直接还田方式处理畜禽粪便产生正向影响，与预期相符。这表明，年龄较大的养殖者选择环境友好型畜禽粪便处理方式的概率较低。废弃方式和直接还田方式的互补性导致选择废弃方式的养殖者同时选择直接还田方式的可能性也较高。年龄对养殖户选择生产沼气、出售和制造有机肥等环境友好型方式来处理畜禽粪便的影响不显著，这可能与环境友好型畜禽粪便处理方式复杂且年龄较大的养殖者对这类处理方式不了解有关。②受教育水平对养殖户选择直接还田方式和废弃方式处理畜禽粪便有负向影响，对养殖户选择生产沼气方式和出售方式处理畜禽粪便有正向影响，与预期相符。这表明，教育对环境友好型农业技术的采用具有重要促进作用。然而，受教育水平对养殖户选择制造有机肥方式处理畜禽粪便的影响不显著，与预期不符。可能的原因是，生产沼气处理方式和制造有机肥处理方式呈现出替代关系，养殖户通过选择生产沼气方式能够进行畜禽养殖处理，从而替代了制造有机肥处理方式的选择。③是村干部的养殖者对其选择出售方式和生产沼气方式处理畜禽粪便有显著的正向影响，与预期相符。村干部一般具有比普通养殖户较多的信息获取能力和较高的技术接受能力，其选择环境友好型畜禽粪便处理方式的可能性更高。同时，本文研究的调查数据也显示，村干部在获取沼气补贴等政府补贴上具有优势，这可能也是这一类型的养殖户较多选择沼气方式的主要原因之一。④养殖年限都没有通过显著性检验，这可能与调查数据有关。本文研究中大部分养殖者的养殖年限为 8 年左右，养殖年限的变动较小（即标准差较小），导致该变量的作用不显著。

（2）家庭特征变量的影响：①人均耕地面积对养殖户选择直接还田方式和制造有机肥方式处理畜禽粪便有正向影响，对养殖户选择废弃方式和出售方式处理畜禽粪便有负向影响，与预期相符。养殖户是否选择直接还田方式和制造有机肥方式处理畜禽粪便在很大程度上取决于养殖户所拥有的土地是否能对畜禽粪便进行消纳，人均耕地面积越大的养殖户越倾向将畜禽粪便直接还田或制造有机肥。然而，人均耕地面积对养殖户选择生产沼气方式处理畜禽粪便的影响不显著。可能的原因是，由于生产沼气方式和制造有机肥方式之间的替代关系，养殖户选择制造有机肥处理方式替代了生产沼气处理方式。②非农劳动力比例对养殖户选择废弃方式和出售方式处理畜禽粪便有正向影响，对养殖户选择直接还田方式和制造有机肥方式处理畜禽粪便有负向影响，与预期相符。这表明，非农劳动力比例越高的家庭，选择直接还田和制造有机肥这两种劳动力密集型畜

禽粪便处理方式的概率越低。这和Kassie等（2013）的研究结论相似。他们研究发现，直接还田是一种劳动力密集型的畜禽粪便处理方式，家庭非农劳动力比例越高，选择直接还田方式处理畜禽粪便的概率就越低。③家庭总收入对养殖户选择直接还田方式处理畜禽粪便有负向影响，但对养殖户选择生产沼气、制造有机肥等投资较大的环境友好型畜禽粪便处理方式的影响不显著，与预期不符。这表明，资金的约束并不是制约养殖户选择环境友好型畜禽粪便处理方式的主要原因。即使养殖户有足够的经济能力用于畜禽粪便环境友好型处理，仍会综合考虑环境友好型处理的成本收益、目前可用的技术及政府政策等因素，而做出利益最大化的决策行为。

（3）养殖特征变量的影响：①养殖规模对养殖户选择生产沼气、出售和制造有机肥方式处理畜禽粪便有正向影响，对养殖户选择废弃方式和直接还田方式处理畜禽粪便有负向影响，与预期相符。这与虞祎等（2012）的研究结论相类似。可能的原因如下：一方面，养殖规模越大，进行畜禽粪便环境友好型处理的规模经济效益越大；另一方面，养殖规模越大，受到政府环境规制的力度越高，必须进行畜禽粪便环境友好型处理。目前，养殖规模较大的养殖户是中国政府环保规制的首要关注对象，中小规模养殖户受到的环保规制相对较少。例如，《畜禽养殖业污染物排放标准》（2003年1月）和《畜禽规模养殖污染防治条例》（2013 年 11 月）的规制对象均为集约化畜禽养殖场。②养猪收入比例对养殖户选择直接还田方式处理畜禽粪便有正向影响，对养殖户选择生产沼气方式处理畜禽粪便有负向影响，与预期不符。可能的原因是，养猪收入比例较高的家庭，从事农业的劳动力人数较多，从而选择直接还田这种劳动力密集型畜禽粪便处理方式的概率较高。本文的调查数据显示，养猪收入比例和家庭农业劳动力人数两者的相关系数达到了 0.73，这印证了上述判断。③参加产业组织对养殖户选择直接还田方式和废弃方式处理畜禽粪便有负向影响，对养殖户选择出售方式处理畜禽粪便有正向影响，与预期相符。产业组织与养殖户签订生产（销售）合同，养殖户能够获得产业组织提供的技术服务；同时，产业组织为保证产品质量，也会监督养殖户的生产行为。因此，加入产业组织能够降低养殖户畜禽粪便对环境的污染。然而，参加产业组织对养殖户选择生产沼气和制造有机肥方式处理畜禽粪便的影响不显著，与预期不符。可能的原因是，受制于资金、信息、人才等多方面因素，产业组织对于生产沼气和制造有机肥这类新发展的、需要提供详细技术指导的、具有显著正外部性的环境友好型处理方式，推广的动力较小，这类环境友好型处理方式的推广仍然需要借助于政府的公益性农业技术推广体系来实现。

（4）心理认知特征变量的影响：①与风险规避型养殖户相比较而言，风险偏好型养殖户选择生产沼气、制造有机肥等投资和风险较大的畜禽粪便处理方式的概率较高，与预期相符。这表明，风险偏好程度越高，选择环境友好型畜禽粪便处理方式的可能性就越高，而对于风险中立型养殖户，他们的畜禽粪便处理方式选择行为与风险规避型养殖户并没有显著的区别。②与环境影响认知和人体健康影响认知较低的养殖户相比较而言，环境影响认知和人体健康影响认知一般和较高的养殖户选择废弃方式和直接还田方式处理畜禽粪便的概率较低，选择生产沼气方式处理畜禽粪便的概率较高，与预期相符。这表明，畜禽养殖污染危害认知是养殖户选择环境友好型畜禽粪便处理方式的重要影响因素，这和 Obubuafo 等（2007）的研究结论类似。③与畜禽养殖环境保护政策认知较低的养殖户相比较而言，畜禽养殖环境保护政策认知较高的养殖户选择废弃方式和直接还田方式处理畜禽粪便的概率较低。这表明，养殖户畜禽养殖环境保护政策认知程度的提高能够降低畜禽粪便对环境的污染。然而，畜禽养殖环境保护政策认知较高的养殖户，其生产沼气、制造有机肥等环境友好型畜禽粪便处理方式的选择概率与畜禽养殖环境保护政策认知较低的养殖户并无显著差异，与预期不符。可能的原因是，目前中国养殖户对畜禽养殖环境保护政策的认知程度较低（本文研究数据显示，大部分养殖户对畜禽养殖环境保护政策基本不懂），导致该变量对养殖户环境友好型畜禽粪便处理方式选择的影响不显著。④粪便无害化处理意愿对养殖户选择生产沼气、出售、制造有机肥方式处理畜禽粪便有正向影响，对养殖户选择废弃方式和直接还田方式处理畜禽粪便有负向影响，与预期相符。这表明，养殖户的畜禽粪便无害化处理意愿是直接影响其畜禽粪便无害化处理行为的重要因素，增强养殖户的污染处理意愿可以提高其环境友好型畜禽粪便处理方式的选择概率。

（5）政策变量的影响：①政府补贴在 5 个模型中均不显著，与预期不符。这可能与补贴政策的激励力度和结构不合理有关。目前中国对畜禽粪便处理的补贴政策主要是沼气池建设补贴政策和有机肥补贴政策。对于沼气池建设补贴政策，根据周力和郑旭媛（2012）的研究，养殖户对沼气建设的支付意愿与现有补贴下的实际支出水平有一定差距，沼气池建设补贴政策存在着结构不合理和补贴力度较低的问题。蔡亚庆等（2012）的研究结果也发现，沼气相关补贴政策并没有促进养殖户沼气池使用效率的提高。对于有机肥补贴政策，目前有机肥补贴金额较低（金额在 180~450 元/吨），且需要经过复杂的申请程序，对养殖户选择有机肥方式处理畜禽粪便的激励力度较弱。②技术培训对养殖户选择废弃方式处理畜禽粪便有负向影响。这说明，参加过技术培训的养殖户，其将畜禽粪便废弃的可能性较低。然而，技术培训对养殖户选择生产沼气方式和制造有机肥方式处理畜禽粪便虽然有正向影响，但不显著，与预期不符。可能的原因在于目前的技术培训多集中在养殖的基本技术层面，对生产沼气处理方式和制造有机肥处理方式的培训较少，导致技术培训对养殖户选择生产沼气方式和制造有机肥方式处理畜禽粪便的影响不显著。

四、结论

基于农户行为理论和行为经济学理论，本文研究以山东、江苏、福建、江西、四川 5 省 754 户生猪养殖户的调查数据为基础，应用多变量 Probit 模型验证养殖者个人特征变量、家庭特征变量、养殖特征变量、心理认知特征变量和政策变量对养殖户环境友好型畜禽粪便处理方式选择行为的影响，分析结果如下。

第一，养殖户不同畜禽粪便处理方式选择行为之间相互依赖，有较强的替代关系和互补关系。具体而言，养殖户选择废弃处理方式与选择生产沼气处理方式之间存在替代效应，与选择直接还田处理方式之间存在互补效应；养殖户选择直接还田处理方式与选择生产沼气处理方式、制造有机肥处理方式之间存在替代效应；养殖户选择生产沼气处理方式与选择出售处理方式、制造有机肥处理方式之间存在替代效应。

第二，个人特征、家庭特征、养殖特征和心理认知特征是影响养殖户选择环境友好型畜禽粪便处理方式的重要因素，畜禽养殖环境保护政策认知、政府补贴和技术培训对养殖户选择环境友好型畜禽粪便处理方式的影响不显著。具体而言，年龄较小和受教育水平较高的养殖者以及是村干部的养殖者选择环境友好型畜禽粪便处理方式的概率更高。人均耕地面积较大和非农劳动力比例较低的养殖户选择直接还田和制造有机肥畜禽粪便处理方式的概率较高；养殖规模越大，选择环境友好型畜禽粪便处理方式的可能性越高；加入产业组织有助于养殖户减少畜禽粪便的废弃和直接还田概率。风险偏好型养殖户选择生产沼气、制造有机肥等投资较大、风险较大的畜禽粪便处理方式的概率更高。养殖户环境影响认知、人体健康影响认知及粪便无害化处理意愿对养殖户环境友好型畜禽粪便处理方式的选择有正向影响；畜禽养殖环境保护政策认知、政府补贴和技术培训对养殖户环境友好型畜禽粪便处理方式选择的影响不显著。

环境友好型畜禽粪便处理一方面是防控畜禽养殖污染的有效途径；另一方面又实现了畜禽污染物的资源化利用，促进农民增收和环境保护。治理畜禽养殖污染的关键是增强养殖户参与行为，激励养殖户选择环境友好型畜禽粪便处理方式。结合本文的分析结果，政府的职责在于通过各种切实有效的方法提高养殖户对畜禽养殖污染的认知，使他们充分认识到畜禽粪便资源化利用在经济、环境上的重要作用；同时，也需要完善现有的畜禽养殖污染治理政策。研究结果表明，现行的畜禽污染治理补贴政策的激励力度和结构不合理，从而导致政府政策对养殖户畜禽污染处理行为的影响不显著。因此，制定畜禽养殖污染治理政策时，必须考虑到政策对养殖户的激励力度和养殖户的需求偏好，以使政策的作用更为直接有效。

参考文献

蔡亚庆，仇焕广，王金霞，等. 2012. 我国农村户用沼气使用效率及其影响因素研究——基于全国五省调研的实证分析. 中国软科学，（8）：58-64.

冯淑怡，罗小娟，张丽军，等. 2013. 养殖企业畜禽粪尿处理方式选择、影响因素与适用政策工具分析——以太湖流域上游为例. 华中农业大学学报（社会科学版），（1）：12-18.

何如海，江激宇，张士云，等. 2013. 规模化养殖下的污染清洁处理技术采纳意愿研究——基于安徽省3市奶牛养殖场的调研数据. 南京农业大学学报（社会科学版），13（3）：47-53.

黄季焜，齐亮，陈瑞剑. 2008. 技术信息知识、风险偏好与农民施用农药. 管理世界，（5）：71-76.

孟祥海，张俊飚，李鹏，等. 2014. 畜牧业环境污染形势与环境治理政策综述. 生态与农村环境学报，30（1）：1-8.

米建伟，黄季焜，陈瑞剑，等. 2012. 风险规避与中国棉农的农药施用行为. 中国农村经济，（7）：60-71，83.

闵继胜，周力. 2014. 组织化降低了规模养殖户的碳排放了吗——来自江苏三市229个规模养猪户的证据. 农业经济问题，35（9）：35-42，110.

莫海霞，仇焕广，王金霞，等. 2011. 我国畜禽排泄物处理方式及其影响因素. 农业环境与发展，28（6）：59-64.

仇焕广，井月，廖绍攀，等. 2013. 我国畜禽污染现状与治理政策的有效性分析. 中国环境科学，

33（12）：2268-2273.
仇焕广，莫海霞，白军飞，等. 2012. 中国农村畜禽粪便处理方式及其影响因素——基于五省调查数据的实证分析. 中国农村经济，（3）：78-87.
虞祎，张晖，胡浩. 2012. 排污补贴视角下的养殖户环保投资影响因素研究——基于沪、苏、浙生猪养殖户的调查分析. 中国人口·资源与环境，22（2）：159-163.
张郁，齐振宏，孟祥海，等. 2015. 生态补偿政策情境下家庭资源禀赋对养猪户环境行为影响——基于湖北省248个专业养殖户（场）的调查研究. 农业经济问题，36（6）：82-91，112.
周力，郑旭媛. 2012. 基于低碳要素支付意愿视角的绿色补贴政策效果评价——以生猪养殖业为例. 南京农业大学学报（社会科学版），12（4）：85-91.
朱建春，张增强，樊志民，等. 2014. 中国畜禽粪便的能源潜力与氮磷耕地负荷及总量控制. 农业环境科学学报，33（3）：435-445.
Baumgart-Getz A，Prokopy L S，Floress K. 2012. Why farmers adopt best management practice in the United States：a meta-analysis of the adoption literature. Journal of Environmental Management，96（1）：17-25.
Burton R J F. 2014. The influence of farmer demographic characteristics on environmental behaviour：a review. Journal of Environmental Management，135（3）：19-26.
Chadwick D，Wei J，Tong Y A，et al. 2015. Improving manure nutrient management towards sustainable agricultural intensification in China. Agriculture，Ecosystems & Environment，209（11）：34-36.
Greene W H. 2008. Econometric Analysis. Philadelphia：Granite Hill Publishers.
Kassie M，Jaleta M，Shiferaw B，et al. 2013. Adoption of interrelated sustainable agricultural practices in smallholder systems：evidence from rural Tanzania. Technological Forecasting and Social Change，80（3）：525-540.
Obubuafo J，Gillespie J M，Paudel K P，et al. 2007. Awareness of and application to the environmental quality incentives program by cow-calf producers. Journal of Agricultural and Applied Economics，40（1）：357-368.
Prokopy L S，Floress K，Klotthor-Weinkauf D，et al. 2008. Determinants of agricultural best management practice adoption：evidence from the literature. Journal of Soil and Water Conservation，63（5）：300-311.
Zheng C H，Bluemling B，Liu Y，et al. 2014. Managing manure from China's pigs and poultry：the influence of ecological rationality. Ambio，43（5）：661-672.

文章选自：潘丹，孔凡斌. 养殖户环境友好型畜禽粪便处理方式选择行为分析——以生猪养殖为例. 中国农村经济，2015，（9）：17-29。

第四节 案例研究论文

案例研究论文是学术论文的重要组成部分，该种类型论文与其研究方法密切相关，因此，本小节结合案例研究方法系统介绍该种类型论文的写作方法与注意事项。

一、案例研究的方法和分类

（一）案例研究的方法

案例研究方法是一种通过访谈、观察等方法收集数据，并运用相关技术对一个事件或者一定数量的案例进行深层次的剖析与探讨从而得出带有普遍性结论的研究方法。案例研究的数据来源主要有历史数据及档案材料，还包括访谈记录等。另外，有的学者，如应国瑞把案例研究方法定义为对当代某一处于现实环境中的现象进行考察的经验性的研究方法。

案例研究方法跟其他研究方法一样，都能对新的理论进行验证，以及对原有的理论进行检验、发展和修改。按照证伪主义原理，只要按照规范的案例研究方法进行分析研究，现实案例所揭示的现象或者事实与现有理论不符，那么就可以推翻该理论。

相对于其他方法来说，案例研究方法通过对现实实际现象进行分析，可以更好地揭示现实事件发生的因果关系。因为案例研究方法所使用的案例来自实际现象，而该方法要求对能够形成案例的事件有着规范的描述、解释及具备完整性，因此对于那些经济理论的解释与验证，案例研究方法可以通过对实际事实分析来验证经济理论背后所蕴含的经济逻辑关系。另外，案例研究还是找到现存问题解决方法的一个重要途径。

因此，案例研究方法与其他研究方法一样，都可以对经济理论进行检验、解释与发展，只是案例研究方法是以案例事件的形式进行考察及检验的研究方法。

但是，应该指出的是，案例研究方法也具有一定的局限性。这主要跟该方法本身特点有关，案例研究通过对现实事件进行分析来验证假说，而事件本身具有一定特殊性及不确定性，从而使得案例研究论证在一定程度上具有一定的不可控制性。而且案例研究方法很难进行归纳，也没有标准化的数据分析方法，研究过程中容易受到研究者主观因素限制。

因此，在使用案例研究方法时，应注意这些问题，在掌握尽量多的分析材料基础上，选择具有代表性的案例，并避免案例简化或者扩大情景问题，从而合理正确地运用案例分析方法来论证假说。

（二）案例研究分类

案例研究论文按其研究的目的性、作用性可以有不同的分类。

按研究的目的，可以把案例研究论文分为描述性案例研究、解释性案例研究、评价性案例研究及探索性案例研究四个方面。描述性案例研究对事件以描述为主，案例研究的内容主要包括分析事件的各个特征等方面；解释性案例研究主要侧重解释事件的前因后果，重点分析提供事件的因果关系；评价性案例研究主要侧重案例的作用与价值，提供该事件的观点与意见；探索性案例研究主要是运用新视角重新解释与分析该案例，从而来检验相关的理论创新。

按案例使用的数量，可以把案例研究论文分为单案例研究与多案例研究。单案例研究，顾名思义，在案例研究中只使用一个案例。多案例研究，指的是在案例研究中采用多个案例的研究方法。另外，多案例研究可以按不同的分析方法划分为两类：一种是案例独立分析，即把每一个案例看成独立的整体进行全面系统的分析；另一种是案例归纳分析，即对所有的案例特征中的相似性进行统一的抽象和归纳，进一步得出相应的统一结论与论断。

另外，按是否带有研究者的价值判断，可以把案例研究分为实证性案例研究与规范性案例研究两类。

二、案例研究论文写作步骤

（一）基础理论建立

案例研究论文与其他学术论文一样，要有理论支撑，要有理论出发点。学术论文基本形式都是从现有的经济理论出发，通过对研究条件设定的改变来提出研究假说，并采用相应的研究方法进行检验与验证，从而得出结论，解决实际问题。案例研究论文是通过案例研究方法来验证所提出的理论假说，并由此来解决实际问题。

因此，在案例研究论文中，基础理论为案例研究提供了分析框架。如何选择合适的基础理论主要来源于问题背后的逻辑思路，主要包括自己要解决的问题背后的经济框架是什么，产生该问题的逻辑思路是什么，该问题的前提假设是否与传统理论假定相一致等方面的内容。在分析出上述关系后，也就确定了相应的理论基础。

（二）案例选择

在确定了理论基础后，案例研究论文的重心就是对于案例的选取。案例选择的标准主要包括两个方面：一个是自己要研究的问题需要什么类型的案例材料；另一个就是所使用的案例是否能够解释并检验相应的研究假说。一般来说，单个个案通常只能说明某一方面的问题，用来检验并验证研究假说往往缺乏有效性，而多案例研究不同案例既有一定相似性，又有差异性，故多案例研究配合使用使得论证更加全面、更加有说服力，能提高案例研究的有效性。

一般来说，案例研究中每一个案例都是一个事件，但是并不是所有的事件都可以成为案例，案例选择具有一定的标准，即选择的案例要具有典型性、完整性。典型性，要求案例选择时，案例本身要有代表性，能够很好地反映某一情况及某一群体，该案例对类似事件要有借鉴意义和价值。完整性，要求选择的案例要具有完整性，即事例的描述要具体、明确、真实，在对案例描述时要有案例事件相关的背景及事件发生的原因，事例的描述要能反映出事件发生的前因后果。

（三）案例写作

在确定了案例之后，就是案例的写作过程。案例写作的过程可以分为以下几个方面：第一，就是确定案例的研究背景与条件；第二，理清案例发生的思路过程；第三，详细描述案例的经过；第四，对案例顺序进行剪裁与修改；第五，对案例事件进行一定的分析，提出自己的见解与思考。

另外，案例分析也遵循一定的原则，主要包括以下几条。

（1）资料的丰富性。一般来说，案例研究前提是要掌握丰富的资料，因为不同资料可能对研究的理论与假说有不同解释，只有掌握了丰富的资料，才有对不同资料进行对比分析的基础，选择合适的案例分析，才能够更好地检验假说。

（2）分析的完善性。在对案例材料进行分析时，不要只基于理论假说的解释，认为理论假说能够解释就说明了问题，同时也要拟定不同的理论解释。如果还存在其他的解释，要对照它们之间理论解释的不同性，以及分析为什么存着不同解释，分析不同解释之间理论假设有哪些差异性，从而不断修正相应的理论框架，进一步完善自己的理论框架，并使自己的案例分析更具有充分性。同时，对于不能说明的解释也应指出，以便利于读者思考或者为读者进一步分析提供相应思路。

（3）意义的凸显性。在对案例进行分析时，还要明确为什么选择此案例分析，同时也要把该案例具有的代表意义等方面完善地表现出来，从而体现前面章节说明的案例的典型性。

（四）结论总结

在选择好了案例材料，并进行了相应的分析后，最后一步就是结论总结。结论总结主要包括两个方面内容：一个方面是对案例的总结，如果多案例研究，就包括每个案例小结，以及对不同案例对照的总结；另一个方面是整篇文章的结论，包括案例研究方法论证的假说，以及通过案例研究得到的新的观点、解决问题的新思路等方面的内容。另外，一篇好的学术论文，应该提出该文章进一步研究的思路展望，如果有论证不充分的地方，也应在文章中提出，以便读者思考及进一步进行研究。因此，对案例研究论文来说，这部分内容也应加在最后的结论总结中。

三、案例研究论文范文

中国农业经营方式演变的社区逻辑

——基于山西省汾阳市两个农村社区的案例分析

摘要：现有的经济学文献主要从农户个体层次的理性选择视角来解释中国农业经营方式的演变，忽视了农村社区因素在其中的作用。为此，本文基于新制度经济学的制度变迁理论，引入社区因素，构建了农业经营方式演变的社区分析框架，从农村社区的要素禀赋及其结构变化、农村社区文化、市场化程度、具有企业家精神的村庄能人、农村社区内的权力结构和社区成员的关系强度五个维度阐释农业经营方式在社区外部因素冲击下演变的内在原因和逻辑；并进一步以山西省汾阳市两个农村社区为案例，应用上述框架分析其农业经营方式演变的过程。研究发现，同一宏观制度背景下农业经营方式演变的多样性是由社区因素引起的，没有具有普遍性的最优模式。目前的农业经营方式创新应结合农村社区的客观条件，注重农村社区内部信任机制等方面的文化建设以及村庄能人的培育，以推动传统农业向现代农业转型。

关键词： 农业经营方式 制度变迁 农村社区

一、引言

随着工业化、城市化进程的加快，中国农业在整体上正在经历着从传统农业向现代农业的转型过程。这一转型，在宏观层次上，表现为农业结构的调整；在微观层次上，表现为与农业结构调整相联系的农业经营方式的演变。在非农就业人口大规模增加、人口自然增长减缓和农业生产结构转型三大历史性变迁交汇之际，缺乏有利于扩大规模经营的农业经营方式的制度创新，成为中国农业发展的瓶颈性约束（黄宗智和彭玉生，2007）。党的十八届三中全会强调，发展多种形式规模经营，扶持发展新型农业经营主体，构建集约化、专业化、组织化、社会化相结合的新型农业经营体系，是新形势下我国农业发展的迫切要求。

学术界对中国农业经营方式的未来发展和演变进行了多方面的探讨。黄宗智和彭玉生（2007）认为，中国未来农业经营方式的出路应以市场化兼种植-养殖的小规模家庭农场为主，并迈向绿色农业。何秀荣（2009）认为，促进农地经营权向种田大户集中、建立农民专业合作组织的现行政策只具有局部性和短期性作用，不具有摆脱小规模经营的缺陷和建立起现代农业的总体性和长期性作用，而以企业为母体的租赁式公司农场和以农地股份制为基础的公司农场将成为中国未来农业经营微观组织的重要形态。其他学者基于各地的实践，具体探讨了诸如专业大户（纪永茂和陈永贵，2007）、农业社会化服务体系（罗必良和李玉勤，2014）、农业合作经济组织（黄祖辉，2008；Drivas and Giannakas，2010；潘劲，2011）、农业产业化龙头企业（苑鹏，2013；Key，2013）等农业经营方式的多样化形态。

分析农业经营方式演变，必须研究其形成的内在动因。现有经济理论主要从微观视角——农户的选择来解释。例如，Williamson（1991）以合作社为例，运用交易成本理论探讨了农业规模经营产生与演变的理论原因。他认为，组织是市场价格机制的替代物，经济个体是选择市场交易方式还是选择在组织内交易最终取决于两种方式下交易成本的比较，农户由分散经营转变为合作经营的目的是节约交易成本并获得规模经济。楼栋和孔祥智（2013）进一步通过比较农户所面临的分工收益与劳动交易费用的大小解释了中国当前多种农业经营方式共存的原因。但是，微观视角的解释并不能回答“为什么同一制度背景下农村社区间农业经营方式发展各异”等问题。社区作为连接宏观环境与微观个体的中介，是影响农业经营方式演变的重要因素。虽然现有研究也考虑了社区因素的重要性，但大都把它作为实证研究中的哑变量来处理，或是在个案研究中作为某种具体经营方式的社会情境予以简单描述（张社梅等，2014），很少有研究考察农村社区是如何作用于农业经营方式演变的。如果不能系统地考虑农业经营方式演变中的社区因素，那么，农业经营方式演变的本质原因将难以得到深入探知。

从新制度经济学的视角来看，农业经营方式演变的过程可以理解为农业经营制度变迁的过程。因此，本文基于道格拉斯·C. 诺斯的制度变迁理论，构建农业经营方式演变的社区分析框架，并通过对山西省汾阳市两个相邻农村社区的典型案例分析，探索农业经营方式演变与农村社区相关因素变化的关系，以期从社区层次为农业经营方式的理论研究和实证分析提供一个新视角，为新型农业经营体系的积极构建提供实践启示。

二、分析框架

以道格拉斯·C. 诺斯为代表人物的新制度经济学从“经济人”和交易费用为正的假定出发，对制度的形成与变迁作了深刻解释（North，1990；Wallis，2011）。该理论认为，制度变迁一般是对构成制度框架的正式规则、非正式规则和实施机制三方面的组合所做的边际调整，其诱致因素在于社会经济主体期望获取最大的潜在利润（North，1990；韦森，2009）。在已有的制度安排结构中无法获得这种潜在利润，就需要进行制度的再安排。只有当通过制度创新可能获取的潜在利润大于为获取这种利润而支付的成本时，制度变迁才有可能发生（North，1990；卢现祥和朱巧玲，2012）。其中，由要素价格比率、信息成本、技术变化等引起的相对价格变化，以及由观念、宗教和意识形态变化引起的主体偏好变化，是制度变迁的来源（North，1990；Wallis，2011）。制度的报酬递增以及由交易成本所决定的不完全市场是形塑制度变迁路径的两种力量，也是解释制度异质性的重要因素（North，1990；韦森，2009）。同时，具有主观能动性的“初级行动团体”和“次级行动团体”与既有制度连续的交互作用是推动制度变迁的关键。前者首先识别制度创新的潜在利润并推动制度变迁，提出相关方案；后者往往是一些相关利益团体或政府，其基于自身效用目标与前者共同作用于制度变迁（卢现祥和朱巧玲，2012）。

制度变迁理论为本文构建分析框架来理解农村社区农业经营方式演变提供了理论基础。农业经营方式可以解释为在外部因素冲击下农村社区内部各因素相互作用形成的经营制度，是农业经营主体在既有制度环境下根据自身的资源禀赋及其产权结构，决定农业生产中要素投入、组织生产及实现其生产目的的形式。对于特定的农业经营主体，假定每个时点上的要素禀赋及其结构是给定的；随时间变化，不同时期的要素禀赋及其结构又是可变化的。如此一来，每个时点上的要素禀赋就是该农业经营主体在特定时点上的总预算，而要素禀赋结构决定要素的相对价格。外部因素（如工业化、城镇化、市场发展、政策激励、技术进步）的变化会首先冲击社区的要素禀赋结构，进而引起要素相对价格变化，这将使社区内农业经营主体发现在现有农业经营方式下不能获得的潜在利润。于是，各农业经营主体会对各要素（可观察的）相对价格比率的变化直接做出反应，通过成本-收益估计将资源用于新的获利机会。在这个过程中，具有企业家精神的村庄能人扮演着重要角色，他们基于在知识、经验、技能和胆识方面的优势来探寻获取潜在利润的机会。同时，作为“初级行动团体”的农业经营主体与作为“次级行动团体”的其他利益团体之间的互动，以及农村社区的文化、习俗、社区意识等长期形成的路径依赖也会影响农业经营方式的演变。以上体现了农村社区农业经营方式演变的逻辑过程。

具体来看，在社区维度，以下因素将对农业经营方式演变产生影响。

（1）农村社区的要素禀赋及其结构变化。首先，农村社区的自然禀赋，如地形地貌特征、气候条件、经济区位，是基础性制约因素。其次，在中国从传统农业向现代农业转型时期，诸如工业化、城镇化及社区外部技术供给的变化等，使土地与劳动力、土地与资本、劳动力与资本的相对稀缺程度发生了变化，进而使各要素的相对价格比率有了变化。尤其是农村社区人口结构和就业结构变化，中青年农业劳动力大量向城市转移，劳动力相对土地、资本的价格上升，导致农户对中间投入品以及中间生产环节社会化服务的需求增加，这将促进农户与社会化服务组织之间的社会分工，提高农业经营主体的预期收益，诱致规模经济（包括服务规模化和生产规模化两类）机会的出现。从农村社区整体来看，农业劳动力流动方面的社区间差异一方面体现在外出务工人员的数量上，另一方面体现在流动方式（“离土不离乡”还是“离土又离乡”）上，这些差异进而会导致规模经济实现方式的不同。最后，市场规模的变化会导致不同农产品相对价格的变化，而对某种农产品的政策补贴也会影响农产品的相对价格及种植结构，两者均会改变农业经营主体对农业生产组织方式的偏好。

（2）农村社区文化。农村社区文化包括耕作习俗、农地依赖感、社区认同等，这些因素使农业经营方式表现出路径依赖性。当前中国并没有完成“农民的终结”，在转型期间，农业不仅仅是一种生产方式，同时也是一种生活方式。传统的耕作习俗及对土地的情感，会影响农户对要素的配置，即使在存在规模经济的情况下，部分农户（尤其是一些社区的中老年人）也会选择保持原有经营方式或对原有经营方式进行局部调整（罗必良，2014）。

（3）市场化程度。现代农业的基本特征是生产的市场导向。在转型时期，伴随着由工业化、城市化带来的对农产品需求的明显上升，一方面，在产品市场上会带来农业生产实现规模经济的机会；另一方面，在要素市场上，要素与农产品相对价格的变化会促进农业生产的专业化分工，引致各种社会化服务组织的产生。现实中，由于不同农村社区所面临的外部市场以及专业化分工程度存在差异，社区内部农业经营方式选择也有所差异。

（4）具有企业家精神的村庄能人。人力资源是农村社区内最重要的生产要素，具有企业家精神的村庄能人往往是率先识别要素与农产品相对价格变化和发现潜在利润的经济主体，即制度变迁的“初级行动团体”。要素与农产品相对价格的变化会使他们发现在现有制度安排下不能获得的潜在利润。为获得这一利润，他们会根据所在社区的资源禀赋和社区结构特征推动农业经营方式的调整。

（5）农村社区内的权力结构和社区成员的关系强度。在农村社区内部，作为“初级行动团体”的村庄能人要把潜在利润转化为现实利润，还必须有“次级行动团体”的协助。作为农村社区内“次级行动团体”的构成之一，村干部掌握着社区内的行政资源。当前，创新农业经营方式往往被当作考核村干部政绩的指标。因此，在农业经营方式演变中，这两个行动团体在理论上能实现“激励相容”。

“次级行动团体”还包括一般农户。农业经营方式的任何调整必然涉及作为土地资源占有者、所有者和受益者的农户的利益。农户、村庄能人、村干部能否在农业经营方式调整中达成共识，取决于所在社区的声誉机制和信任机制（洪名勇和龚丽娟，2015）。因此，当社区内部农户之间具有较高关系强度和较好信任机制时，农业经营方式调整中的交易费用会有所降低。

总之，上述五方面因素是影响农业经营方式演变的社区层面的因素，可以称为农业经营方式演变的社会学意义上的“模式变项”。这五方面因素在不同农村社区的作用力大小及作用方向的差异，会引起农村社区之间农业经营方式演变的差异。

三、案例选取与基本情况说明

上述五方面因素所构成的“模式变项”在理论层面解释了当前中国农村社区农业经营方式演变的逻辑。为了检验该框架对现实世界的解释力，需要选取原来农业经营方式大致相同但目前农业经营方式不同的农村社区为案例，分析在面临相同的外部因素冲击时，它们的农业经营方式如何因为社区因素的差异而有了不同的演变路径。

本文选取山西省汾阳市 YC 乡 JT 村和 XC 村作为案例村庄。这两个村均位于汾阳市和孝义市两个城区之间，由于孝义市煤炭资源更丰富，经济发达，两村所在地区在经济上更多受孝义市的辐射。在地理位置上，JT 村更靠近孝义市，到孝义市行政区域边界的距离仅约 1 千米；XC 村距孝义市行政区域边界约 10 千米。人多地少是两个村共同面临的问题，XC 村人均耕地面积 1.8 亩（1 亩≈666.67 平方米）左右，JT 村人均耕地面积相对更大，约为 3 亩。XC 村是一个以郭姓居民为主的村庄，2015 年有 380 户，1 103 人，共有耕地 2 030 亩，企业用地 200 亩。JT 村在 1980 年由西 JT 和东 JT 两村合并而成，多姓村民聚居，田、李、任、张是村里的大姓，2015 年有 410 户，1 500 人，共有耕地 4 551 亩，企业用地 1 000 多亩。

这两个农村社区的农业经营方式演变过程在中国中部地区具有典型性和代表性。在 2007 年之前，两个村的农业经营方式均以传统小规模经营为主，农户分散种植玉米、小麦（部分种植蔬菜）。两村经济社会发展水平相当，同属 YC 乡，在政策、经济和技术方面受到的外部影响相同。因此，这两个农村社区具有类似自然实验样本的性质。

在制度环境（家庭承包经营制和鼓励规模经营的政策激励）和人多地少的现实状况相同的情况下，这两个农村社区在 2007 年后，却走出了不同的农业经营发展道路，演变成如今农业经营方式相异的状况：XC 村按照村民“自愿入股、自由退出”的原则，以土地承包权“一亩一股”的方式，成立了土地股份合作社（工商注册为“XC 土地股份合作公司”），主要种植高粱、玉米等大田作物，并发展起能覆盖 2 市 1 县 6 乡 20 个村的 XF 农机专业合作社；而 JT 村依托邻近的孝义市农贸批发市场，形成了农机专业大户与社会化服务下的小规模农户共存的农业经营方式，主要种植嫩玉米和蔬菜。

四、农村社区农业经营方式演变的案例分析

这一部分将基于第二部分提出的分析框架，结合上述案例，分析两个农村社区农业经营方式演变的过程与路径，并展示其背后的逻辑。

（一）外部因素的冲击：潜在利润的产生

如前所述，在给定的时点上农村社区的要素禀赋及其结构是既定的，进而生产要素

与农产品的相对价格是不变的，社区处于制度均衡状态，而外部的冲击会导致要素和农产品相对价格变化。因此，探讨农村社区农业经营方式的演变，必须从农村社区受到的外部因素的冲击入手。

（1）工业化、城镇化的影响。快速推进的工业化和城镇化进程带来的最直接影响是务农机会成本提高，农村社区的就业结构因此发生了改变。在 2008 年以前，受当地煤炭产业发展的影响，XC 村较多村民以“跑运输”为主。留在村里从事农业生产的劳动力大多为老人和妇女，农业收益较低，村里耕地逐渐出现了撂荒。2008 年，该村约有 60%的土地被撂荒，人均纯收入仅 4 650 元，处于所在地区的中下水平。由于邻近孝义市煤炭加工产业的集中区，JT 村利用其区位优势在 2007 年之前就兴办了不少村办企业（后来均承包给个人），主要是焦化厂、洗煤厂、炼铁厂、砖厂。这些工厂除了每年交付村里每亩 600 元的土地租金外，还吸纳了该村大批劳动力。与 XC 村不同，JT 村 2007 年前后外出务工人数仅 20 人左右，大部分农户在本村亦工亦农。但是，随着山西煤炭行业对小产能企业的整改，上述企业在 2010 年大多被关停，多数村民到附近的孝义市务工。

（2）政策的激励。国家出台的农业“四项补贴”除农机具购置补贴从 2008 年开始落实外，其他三项补贴均于 2007 年得到了落实。随着《中华人民共和国农民专业合作社法》的施行，各地政府纷纷推出了鼓励合作社发展的补贴政策。同时，山西省推行“一村一品”活动，鼓励各村根据各自优势发展特色农业（YC 乡主要实施“玉米丰产项目”），汾阳市政府还额外出资奖励连片种植 100 亩以上的农业经营主体，该市符合要求的农业经营组织均可享受。从政策激励效果来看，相关补贴直接提高了规模经营的预期收益，农业经营组织化程度提高降低了农业经营主体在经营过程中政策环境的不确定性。

（3）市场需求的冲击。对于 XC 村和 JT 村而言，所受到的市场需求的冲击主要体现为饲料耗粮、工业用粮的需求增加及周边城镇居民对蔬菜和嫩玉米的消费增长。具体来看，汾阳市素有“中国酒都”的美誉，是汾酒的产地，而高粱是酿制汾酒的重要原料之一，这对高粱规模化种植提出了要求。同时，受乙醇燃料技术及周边村庄畜牧业发展的影响，周边市场对玉米的需求量也不断增加。

这两个农村社区所经受的上述三个方面的冲击改变了农产品和生产要素的相对价格，导致潜在利润产生。

（二）农村社区各因素的交织作用

（1）要素禀赋及其结构变化：农业经营方式演变的内在动力。如前所述，快速的工业化和城镇化进程使务农机会成本增加，两个村村民的非农就业比例上升，但两个村在劳动力流动方式上具有较大的差别。XC 村不但人地关系紧张，且除了有一家由个人承包的砖厂外，村民在当地实现非农就业的机会少，该村青壮年劳动力大都外出务工，主要在孝义市、介休市的煤厂“跑运输”，每月纯收入为四五千元，还有一部分去往广东、北京、江苏等地务工。与 XC 村村民大规模的“离土又离乡”的流动方式不同，JT 村劳动力的流动方式主要为“离土不离乡”，因为该村的焦化厂、洗煤厂、炼铁厂和砖厂吸收了村里大部分劳动力，使其实现了非农就业，他们在当地亦工亦农，2007 年人均纯收入已达七八千元，远高于这一时期的 XC 村。

非农就业的增加使农业劳动力与土地和农机的相对价格发生了变化，这种变化促使农村有关经济主体开展土地规模经营或以农机替代劳动，以实现农业生产的潜在利润。由于劳动力流动方式不同，特别是农忙时节 XC 村农业劳动力的稀缺程度远远高于 JT 村，“离土又离乡”这种流动方式下农村劳动力务农的机会成本更高，这就诱使 XC 村通过土地流转发展合作经营取代传统的家庭经营以获取潜在利润。JT 村村民大都在本地务工，虽然能兼顾做部分农活，但是，务农机会成本的增加也使 JT 村村民更愿意在农忙季节通过社会化服务来完成耕作、播种或收割。

（2）市场化程度的提高：农业经营方式演变的催化剂。现代农业的一个重要特征是生产的市场导向。在历史上，XC 村和 JT 村农户种植的高粱一般销往当地的汾酒厂。随着市场对汾酒需求的增加，汾酒厂对优质高粱的规模化、标准化生产提出了要求，对农户所散种的高粱产品的需求逐渐下降。XC 村在 G 书记的带动下，借助汾酒厂需要在周边村庄建设高粱生产基地的契机，动员该村农户将自家承包地入股，成立了土地股份合作社，按照汾酒厂的要求进行高粱的标准化生产，顺应其统一管理、统一播种、统一收割的要求。

外部市场的冲击对 JT 村农业经营方式的影响路径有所不同。JT 村由于社会动员能力较弱，没能抓住汾酒厂建设高粱生产基地项目所带来的机遇。不过，由于距离孝义市很近，JT 村多数农户都有种植蔬菜销往孝义市农贸批发市场的传统，农民具有较强的市场意识。2008 年以后，城镇居民对果蔬、嫩玉米等农产品的需求增加，这类农产品的价格较高，尤其是嫩玉米，价格高于普通玉米 2~3 倍，JT 村部分农户开始通过转入亲友邻里的土地扩大嫩玉米的种植规模。同时，非农就业工资水平的上升使该村村民务农的机会成本不断提高，玉米种植中出现了劳动力短缺情况，这产生了对农机替代农业劳动力的需求，诱使了该村农机大户的出现。

（3）农村社区文化：路径依赖的影响。对于农民而言，农业生产具有生产和生活休闲双重属性，尤其对于中部地区的中老年农民而言，他们对农地具有天然的感情，并且把农地视为最后的生存保障。农民的“惜地”心理会对农地流转的发生及流转对象的选择产生影响，它与社区的认同机制共同影响社区农业经营方式的演变路径。

具体而言，XC 村是山西省历史文化名村，是唐朝名将汾阳王郭子仪后代的聚居地，郭姓是该村第一大姓。村民因村庄历史文化的传承有着较强的自豪感和村庄认同感，能积极参加村庄公共事务，易于形成集体谈判机制。村民的这种认同感对于该村土地股份合作社的成立具有积极作用。JT 村则是多姓氏村民聚居的村庄，相比于 XC 村，村民缺乏对村庄的集体认同，土地流转比例也低，即使流转，也主要发生在亲友之间。由于该村距孝义市区很近，JT 村村民历史上就有到该市的集市出售农副产品、做小买卖的经商传统，本村的企业关停后，大部分劳动力倾向在附近的孝义市寻找非农就业机会，亦工亦农，兼业从事农业生产和农产品销售，农业的家庭经营特色得到了传承。

（4）能人效应、权力结构和关系嵌入。村庄能人往往是制度变迁中的“初级行动团体”。在 XC 村农业经营方式演变过程中，作为“初级行动团体”成员的村庄能人的作用表现在：其一，村庄能人是潜在利润的识别者以及转变农业经营方式的发动者和倡导者。在当地政府推行“一村一品”运动之前，汾酒厂对标准化种植高粱的需求一直存在。当 XC 村 G 书记了解到国家在土地流转、发展合作社和扩大农业生产规模方面的支持政策后，结合本村劳动力大量外流与耕地出现抛荒的现实情况，以及多次外出考察观摩各地农业发展的经验，他有了在本村集中土地进行规模化、标准化高粱种植，为汾酒厂提供原料的想法。随后G书记多次召开村民大会，村民认识到了成立土地股份合作社对增加收入和村庄发展的重要性。在实现本村土地集中之后，他又组织成立了农机合作社，为本村及周边村庄提供农机服务。其二，村庄能人是农业经营组织的管理者及社会关系的联络者。土地股份合作社成立初期，G 书记较高的社会声誉是多数农户愿意参加土地股份合作社的重要原因之一。在合作社的具体运营过程中，G 书记制定了《汾阳市 XC 土地股份合作公司章程》，使土地股份合作社有了行事依据。其三，村庄能人是农业经营组织获得相关政策支持和社会资源的争取者。

G 书记借助个人的人力资源（主要体现为经营头脑、创新能力等）和社会资源（与汾酒厂以及当地政府部门有良好的社会关系），不仅为 XC 村抓住了汾酒厂筹建高粱生产基地的契机，而且借助土地股份合作社的平台，为 XC 村与其他涉农企业开展合作提供了可能。

在 XC 村农业经营方式演变的过程中，G 书记具有双重身份，既是村庄能人又是村干部。身份的合二为一使他在推动该村成立土地股份合作社的过程中既充当了“初级行动团体”成员的角色，又和其他村干部一起充当了“次级行动团体”的角色，村庄经济利益方面的诉求与上级政府的政绩考核在对象上具有一致性，实现了激励相容。

作为“次级行动团体”构成部分的普通农户，他们对“初级行动团体”的信任制约着合约的缔结与履行。在村庄熟人社会中，生意不仅仅是生意，还融入了情义与责任。同姓之间的家族血缘亲情，降低了制度变迁的交易成本。同时，凭借长期积累的个人声誉和威望，G 书记赢得了村民的信任，使两个行动团体能保持一种联系紧密的嵌入关系。

与 XC 村相反，JT 村走的是一条对原有农业经营方式进行局部调整的道路。2012 年，JT 村在外做生意的村民 L 赚钱后回村创办了蔬菜合作社，并于 2013 年参加了村委会主任竞选（由于选票在不同姓氏村民之间分散，他最终没能当选）。与 XC 村的村庄能人一样，L 也是合作社的发起者和倡导者，并期望借助合作社争取到政策扶持或资金支持。不过，在实际运行中，JT 村村民对该蔬菜合作社的参与程度并不高。原因如下：第一，L 仅仅是经济上的村庄能人，其能人效应远没有 XC 村的 G 书记强；L 成立蔬菜合作社的目的之一是拉拢该村其他农户以赢得村委会主任的竞选，这与作为“次级行动团体”成员的时任村委会成员的利益相悖，并没有得到后者的积极支持和配合。第二，该合作社的果蔬品种和销售形式与大多数分散农户没有区分度。该村大多数农户在当地亦工亦农，能兼顾蔬菜种植，离市场较近的便利性在一定程度上使合作社在集中销售方面的作用得不到发挥。虽然也得到了政府补贴，但该蔬菜合作社仅存在了一年半就解散了，JT 村最终没有形成像 XC 村那样的农业合作经营方式。但和最初相比，其农业经营方式也有了一些局部调整。正如前文所述，非农就业工资水平的上升和农业劳动力的短缺，诱使该村部分农户从一般农户中分化出来成为农机专业大户，为其他小规模农户提供农机服务，因而，JT 村呈现农机专业大户与社会化服务下的小规模农户共存的态势。

五、结论与启示

本文基于道格拉斯·C. 诺斯的制度变迁理论，从社区层次对农业经营方式的演变逻辑进行了分析，并通过对山西省汾阳市两个相邻农村社区的典型案例比较，回答了“为什么同一制度背景下农村社区间农业经营方式发展各异”的问题。研究表明，某一农村社区农业经营方式的演变是社区内部各因素在外部因素的冲击下相互作用的结果。具体而言，工业化、城镇化进程的加快使农村社区生产要素禀赋结构发生变化，诱致形成了传统小规模经营方式下无法获得的潜在利润；外部经济发展与相关政策激励引起的农村社区各生产要素与农产品相对价格的变化，是农业经营方式演变的内在动力；农村社区文化作为农业经营方式演变中的路径依赖性因素，削弱了农村社区受外部因素冲击的程度，是农业经营方式演变的主观约束；作为“初级行动团体”成员的村庄能人与作为“次级行动团体”成员的上级政府部门、村委会成员和村庄广大农户，通过缔结契约、建立新型农业经营组织，带动了农村社区农业经营方式的演变。

上述结论对当前构建新型农业经营方式有如下三点启示：一是要尊重各地农业经营方式的多样性。不同农业经营方式各有其存在的条件，没有一个普遍的最佳模式。政府应重视农村社区自身的发展规律，不应以“一刀切”的补贴或奖励政策用行政力量主推某种农业经营方式，以免造成资源配置扭曲。二是要重视农村社区文化建设。信任是开展农业生产合作与分工的重要前提，较高的社区认同感和信任度有利于降低农业经营方式演变过程中的交易成本，约束机会主义行为的出现，降低农业经营组织运行中的监督成本。三是要注重发现和培养富有企业家精神的村庄能人。富有企业家精神的村庄能人是社区资源优化重组的关键，他们为农村经济发展提供了强大的智力支持和经济能量。因此，应营造有利于村庄能人成长与发展的环境。

参考文献

何秀荣. 2009. 公司农场：中国农业微观组织的未来选择？. 中国农村经济，（11）：4-16.

洪名勇，龚丽娟. 2015. 农地流转口头契约自我履约机制的实证研究. 农业经济问题，36（8）：13-20，110.

黄宗智，彭玉生. 2007. 三大历史性变迁的交汇与中国小规模农业的前景. 中国社会科学，（4）：74-88，205-206.

黄祖辉. 2008. 中国农民合作组织发展的若干理论与实践问题. 中国农村经济，（11）：4-7，26.

纪永茂，陈永贵. 2007. 专业大户应该成为建设现代农业的主力军. 中国农村经济，（1）：73-77.

楼栋，孔祥智. 2013. 新型农业经营主体的多维发展形式和现实观照. 改革，（2）：65-77.

卢现祥，朱巧玲. 2012. 新制度经济学. 2 版. 北京：北京大学出版社.

罗必良. 2014. 中国农业经营制度——理论框架、变迁逻辑及案例解读. 北京：中国农业出版社.
罗必良，李玉勤. 2014. 农业经营制度：制度底线、性质辨识与创新空间——基于“农村家庭经营制度研讨会”的思考. 农业经济问题，35（1）：8-18.
诺斯 D C. 2008. 理解经济变迁过程. 钟正生，邢华译. 北京：中国人民大学出版社.
帕森斯 T. 1988. 现代社会的结构与过程. 梁向阳译. 北京：光明日报出版社.
潘劲. 2011. 中国农民专业合作社：数据背后的解读. 中国农村观察，（6）：2-11，94.
韦森. 2009. 再评诺斯的制度变迁理论. 经济学（季刊），8（2）：743-768.
苑鹏. 2013. “公司+合作社+农户”下的四种农业产业化经营模式探析——从农户福利改善的视角. 中国农村经济，（4）：71-78.
张社梅，陈文宽，邓玉林. 2014. 土地流转背景下构建新型农业生产经营体系的调查研究. 经济纵横，（2）：43-48.
Drivas K，Giannakas K. 2010. The effect of cooperatives on quality enhancing innovation. Journal of Agricultural Economics，61（2）：295-317.
Key N. 2013. Production contracts and farm business growth and survival. Journal of Agricultural & Applied Economics，45（2）：277-293.
North D C. 1990. Institutions，Institutional Change and Economic Performance. New York：Cambridge University Press.
Wallis J J. 2011. Institutions，organizations，impersonality，and interests：the dynamics of institutions. Journal of Economic Behavior & Organization，79（1/2）：48-64.
Williamson O E. 1991. Comparative economic organization：the analysis of discrete structural alternatives. Administrative Science Quarterly，36（2）：269-296.

文章选自：何军，王恺，陈文婷. 中国农业经营方式演变的社区逻辑——基于山西省汾阳市两个农村社区的案例分析. 中国农村观察，2017，（2）：107-116。

第五节 学位论文

学位论文是指为了获得所修学位，按要求被授予学位的人所撰写的论文。根据《中华人民共和国学位条例》的规定，学位论文分为学士论文、硕士论文、博士论文三种。学位论文是学术论文的一种形式，同样需要遵循本章第一节论文写作的基本要求和流程。本节系统介绍学位论文的基本要求、写作结构与学位论文答辩注意事项。

一、学位论文的基本要求

学位论文是学位授予单位向学生授予学位的主要依据，论文答辩即对学位论文进行综合性考评。在对学位论文的考评和答辩过程中，答辩委员会将力求全面和深入地审查学位申请人的学术基础和在论文涉及的具体专题研究方面的创新能力。因此，对学位论文的要求反映了两个方面。

第一，学生通过论文显示出自己是否比较全面和系统地掌握本学科（社会学）在理论和方法等方面的基础知识，是否熟悉本学科主要前沿领域的研究状况，对论文相应专题的基础经典文献与最新文献是否具有系统、全面的了解并具有自己的独到见解，从而在这一专题上是否能够提出自己的具有创新性的命题，并能否在论文的整体论证当中充分显示出自己已经具有综合性分析、推论和全面把握、运用学术文献的能力。以上这些方面的知识与能力，是得到这个学科相关学位的基础条件。

第二，在论文研究的具体专题方面要有一定程度的创新，这种学术创新应当对这个学科在一个具体研究领域的发展和学术积累做出自己的贡献。要提出新概念、新命题、新思路，这可以比喻为在学术大厦上垒上一块结结实实的砖，美国的优秀博士学位论文中有相当一部分在修订补充后正式出版。德国的博士学位论文要在正式出版后，大学才正式授予学位。国外有一定比例的学者，其学术生涯中最具创造力的代表作，是在其博士学位论文基础上完成的研究成果或学术专著。

以上两项中如只具备第一项，只能表现出学生具有一定的专业学术基础，并不能表现出学生的实际创新性研究能力；如只具备第二项，仅能算是一篇优秀研究论文，但不一定可以作为学位论文，因为反映不出作者对学科的总体与全局的把握，只能承认作者在某一个专题领域有深入和独到的研究。

二、学位论文的写作结构

题目：应简洁、明确、有概括性，字数不宜超过 20 个字（不同院校可能要求不同）。

摘要：要有高度的概括力，语言精练、明确，中文摘要 100~200 字（不同院校可能要求不同）。

关键词：从论文标题或正文中挑选 3~5 个（不同院校可能要求不同）最能表达主要内容的词作为关键词。

目录：写出目录，标明页码。

学位论文正文：包括前言（引言）、本论、结论三个部分。前言（引言）是论文的开头部分，主要说明论文写作的目的、现实意义、对所研究问题的认识，并提出论文的中心论点等。前言（引言）要写得简明扼要，篇幅不要太长。本论是学位论文的主体，包括研究内容与方法、实验材料、实验结果与分析（讨论）等。在本论部分要运用各方面的研究方法和实验结果，分析问题，论证观点，尽量反映出自己的科研能力和学术水平。结论是学位论文的收尾部分，是围绕本论所做的结束语。基本的要点就是总结全文，加深题意。

谢词：简述自己通过做学位论文获得的体会，并应对指导教师和协助完成论文的有关人员表示谢意。

参考文献：在学位论文末尾要列出在论文中参考过的专著、论文及其他资料，所列参考文献应按文中参考或引证的先后顺序排列。

注释：在论文写作过程中，有些问题需要在正文之外加以阐述和说明。

附录：对于一些不宜放在正文中，但有参考价值的内容，可编入附录中。

另外，学位论文不是一篇一两千字的感想性短文，而是一篇结构严谨、篇幅较长的学术论文，为保证其结构合理、逻辑清晰，论文一般需要使用标题来标识，这就是文内标题。目前，我国社会科学论文文内标题层次序号大多通行汉字阿拉伯数字混用，为一、（一）、1、（1）、①，统称为五级标题，当然，文内标题也可不用序号。汉字阿拉伯数字混用标题层次形式如图 10-1 所示。

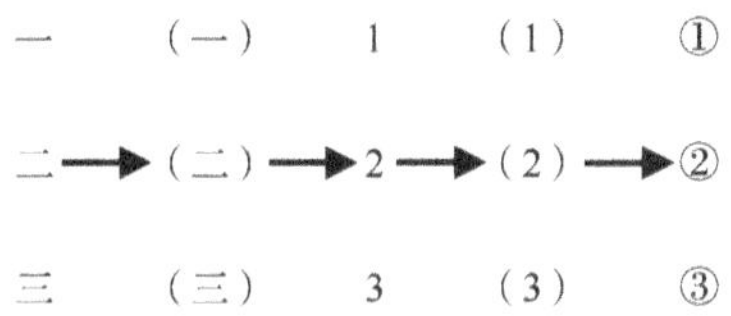

图 10-1　汉字阿拉伯数字混用标题层次形式

使用标题序号时应注意以下方面。

第一，如果结构较为复杂，五级标题都要使用，那么要按照一级到五级的顺序，不可先用三级再用二级。否则被视为标题使用不规范。

第二，五级标题中，其中一级、三级、四级是基本标题，在一篇论文中，假如结构不是太复杂，二级和五级可以不使用，只用基本标题。

第三，汉字序号后面一般用顿号，如“一、”阿拉伯数字后面一般用下脚点如“1.”，带括号的不用加符号，序号与正文之间一般空半格为宜。

三、学位论文的答辩

学位论文完成后要进行答辩，以检查学生是否达到毕业的基本要求和目的，衡量学位论文的质量高低。学生口述总结学位论文的主要工作和研究成果并对答辩委员会成员所提问题做出回答。答辩是对学生的专业素质和工作能力、口头表达能力及应变能力进行的考核；是对学生知识的理解程度做出判断；对该课题的发展前景和学生的努力方向进行最后一次的直面教育。

（一）学位论文答辩程序

1. 自我介绍

自我介绍作为答辩的开场白，包括姓名、学号、专业。要举止大方、态度从容、面带微笑，礼貌得体地介绍自己，争取给答辩小组一个良好的印象。好的开端就意味着成功了一半。

2. 答辩人自述

收到成效的自我介绍只是这场答辩的开始，接下来的自述才进入正轨。

自述的主要内容归纳如下：①论文标题。向答辩小组报告论文的题目，标志着答辩的正式开始。②简要介绍课题背景、选择此课题的原因及课题现阶段的发展情况。③详细描述有关课题的具体内容，其中包括答辩人所持的观点看法、研究过程、实验数据、结果。④重点讲述答辩人在此课题中的研究模块、承担的具体工作、解决方案、研究结果。⑤侧重创新的部分。这部分要作为重中之重，这是答辩教师比较感兴趣的地方。⑥结论、价值和展望。对研究结果进行分析，得出结论；新成果的理论价值、实用价值和经济价值；展望本课题的发展前景。⑦自我评价。答辩人对自己的研究工作进行评价，要求客观、实事求是、态度谦虚。经过毕业设计与论文的撰写，专业水平上有哪些提高、取得了哪些进步，研究的局限性、不足之处、心得体会。

3. 提问与答辩

答辩教师的提问安排在答辩人自述之后，是答辩中相对灵活的环节，有问有答，是一个相互交流的过程。一般为 3 个问题，采用由浅入深的顺序提问，采取答辩人当场作答的方式。

仔细聆听答辩教师的问题，然后经过缜密的思考，组织好语言。回答问题时要求条理清晰、符合逻辑、完整全面、重点突出。如果没有听清楚问题，请答辩教师再重复一遍，态度诚恳，有礼貌。

当有问题确实不会回答时，也不要着急，可以请答辩教师给予提示。答辩教师会对答辩人改变提问策略，采用启发式、引导式的问题，降低问题难度。

出现可能有争议的观点，答辩人可以与答辩教师展开讨论，但要特别注意礼貌。答辩本身是非常严肃的事情，切不可与答辩教师争吵，辩论应以文明的方式进行。

4. 总结

上述程序一一完毕，代表答辩也即将结束。答辩人最后纵观答辩全过程，做总结陈述，包括两方面的总结：毕业设计和论文写作的体会；参加答辩的收获。答辩教师也会对答辩人的表现做出点评：成绩、不足、建议。

5. 致谢

感谢在毕业设计论文方面给予帮助的人并且要礼貌地感谢答辩教师。

（二）学位论文答辩准备

1. 进一步完善论文的格式

关于论文格式，很多人会有一种“无关紧要”的认识。其实，在答辩过程中，论文同样也在面临“答辩”。论文的格式相当于论文的精神面貌，格式不符合学术规范，会给答辩老师一种“不专业、态度不认真”的印象。因此，在提交论文前，一定要对照学校关于格式的要求，从封面到最后的致谢，一页一页地进行格式校对。这个工作比较烦琐，但绝对会给论文增加“颜值”。

论文格式（也包含部分内容问题）容易出现问题的地方包括：封面个人信息填写不

全；封面论文题目与正文论文题目不一致；目录各级标题与正文论文各级标题不一致；目录显示的页码与正文页码不一致；中文摘要不符合摘要书写规范；论文英文题目及摘要翻译不到位及存在书写规范错误；论文里面没有注释；注释及参考文献书写格式不规范。

2. 做好心理准备

1）明确答辩的目的和意义

（1）鉴别学位论文的真伪。答辩是学生毕业前的最后一次考核，其首要目的是要考查学生学位论文的真伪性。

（2）评价学位论文的质量。在辨别论文真伪的基础上，进一步考查学生研究课题的深度与广度，评价论文的优劣程度。毕业答辩有一套完整、公正、客观的评分标准，包括对基本理论、基本技能、专业知识的综合运用；创造性的研究方法和研究成果；学术水平和实际意义；表达分析的条理性和准确性；学位论文中存在的不足与问题；工作能力和态度、工作量等，是否达到基本要求，有无突出表现。答辩小组成员将根据学生的具体情况评分。

（3）考查学生的临场发挥能力、语言表达能力、思维活跃能力。学生自述与回答问题时，应该沉着镇静、口齿清楚、论述充分有力、思维清晰、符合逻辑。对答辩教师的提问，仔细倾听、抓住中心、快速思考、正确作答。

2）了解答辩的有关规定和要求

毕业论文答辩，是取得学位的一项重要工作。院（系）毕业设计领导机构成立答辩委员会，答辩委员会在举行答辩前将学生论文分发到答辩委员会成员手中，每位答辩教师应认真负责地对待每篇论文，仔细阅读，准备提问的问题。

3. 做好物质准备

1）论文底稿、参考资料、答辩提纲

答辩不同于一般的口试，准备工作必须是全方位的。进入答辩会场要携带论文底稿、答辩提纲和参考资料，这三种资料的准备工作尤为重要。论文底稿要保留，答辩之前要熟读其内容。无论是答辩中的自我陈述，还是答辩教师的提问都是以论文内容作为依据，论文中的重点内容必须牢记。

收集与论文相关的参考资料，分类整理，做好索引以便查找。参考资料尽量齐全，仔细阅读并学习研究，开拓视野，储备丰富的知识。

答辩提纲作为答辩中必不可少的物质资料，直接影响答辩的质量。答辩提纲的撰写有其特殊的要求、要领。它是论文底稿和参考资料的融合与提炼。从表面看，一份提纲的篇幅相对于论文来讲，是相当少的，但它的内容和信息量是论文与参考资料的总和。

2）辅助准备

在 15 分钟的自我陈述过程中，单用“说”这种枯燥的方式，不容易达到好的效果。在答辩过程中应注意吸引答辩教师的注意力，充分调动答辩小组的积极性，使用生动活泼的语言可以收到好的成效；视觉图像往往让人有更加深刻的认知，如果利用视觉来传达学位论文的内容，再配以语言解释，这二者的巧妙结合将使答辩变得有声有色。因此可以选择图、表、照片、幻灯、投影等作为辅助答辩的物质材料。

4. 撰写答辩提纲

撰写答辩提纲有助于理清答辩的思路，帮助学生组织语言，按照正确的顺序将学位论文的背景、目的、研究方法、结果等一一阐述。

答辩提纲主要应该有以下四方面内容：所研究课题的背景和研究该课题的主要意义；研究此课题的关键是什么；独立解决问题的创新方法；研究依据和研究结果。应注意以下几点。

（1）熟读自己撰写的论文，从中提取主要内容，列出自己对这一问题的基本观点、看法、提供的主要论据、结论、理论价值和实际应用的意义。这些是单从论文本身出发，整理此篇论文所涉及的核心内容。这些内容是答辩提纲的重要组成部分。

（2）了解所研究问题的背景，该问题的发展现状，研究该问题的原因是什么，充分掌握一个课题的背景、现状和由来，有助于在答辩中回答老师的提问。

（3）收集与选题有关的诸多方面的材料，掌握有关的知识，这项工作是对选题的延伸，学生不仅要熟知题目的研究情况，还要扩大范围，延展到相关领域。

5. 答辩提纲的试讲

答辩提纲撰写完成之后，经过反复阅读、修改并最终定稿。试讲由此开始，试讲的时间长度应与实际答辩的自述时间长度相同，应以各学校的规定为准，一般为 20 分钟。

试讲分为两个阶段。第一阶段，由自己独立完成，即讲给自己听。大概掌握发言时间的长短，对答辩提纲不尽如人意的地方再次进行修改、补充、删减，这一过程的记忆工作量很大。提纲不是全部内容，只是属于提示性的文字，主要体现彼此之间的层次与逻辑关系，由此联想到全部内容。试讲的过程应尽量脱稿演讲，对有些记忆起来确实有困难的内容可适当看稿。第二阶段，多人模拟答辩会场的形式，这一阶段与正式答辩的程序和内容完全相同，应当作一场正式考试。

6. 提前准备有可能提问的问题

论文答辩的目的是，检查学生对所写论文题目的掌握程度和理解程度。参加论文答辩的老师一般会提出几个问题，但全部是论文所涉及的学术范围之内的问题，一般不会出现离题的情况。

答辩老师提问的重点放在论文的核心部分，通常会让答辩人对关键问题做详细、展开性论述，深入阐明。可能提问的问题集中在以下三个方面：①检验真伪题，即围绕毕业论文的真实性拟题提问。②探测水平题，从探测学生水平高低、基础知识是否扎实，以及掌握知识的广度深度等方面来提问的题目，主要是论文中涉及的基本概念、基本理论及运用的基本原理等方面的问题。③弥补不足题，这是指围绕毕业论文中存在的薄弱环节，如对论文中论述不清楚、不详细、不周全、不确切及相互矛盾之处拟题提问，请作者在答辩中补充阐述或提出解释。

具体而言，答辩常见的老师提问类型包括：①对选题意义提问；②对重要观点及概念提问；③对论文新意提问；④对论文细节提问；⑤对论文数据来源提问；⑥对论文薄弱环节提问；⑦对建议可行性提问；⑧对自己所做工作的提问；⑨对超出论文范围的提问；⑩对格式是否规范化的提问。

7. 答辩陈述和 PPT 制作

制作答辩PPT的要求：①封面。简洁美观，写上论文名称、姓名、学号、指导老师等。②内容。避免大段文字，每部分列出核心观念即可。③图表。可适当在PPT中穿插一些辅助论证的图表，不仅能吸引老师的注意，还能形象地传达答辩者的观点。④配色。力求简洁大方，字体颜色要和背景形成鲜明对比，避免过于花哨繁复。

陈述一定要简明扼要，层次清晰。可按照“自我介绍—论文题目—选题缘由—研究背景—研究内容—成文结构—不足—致谢”几个环节进行自我陈述。同时也需要控制时间。论文答辩会上一般都有时间限制，学生在答辩前应对答辩内容有时间上的估计。在正式答辩前一定要多计时演练几遍，在答辩过程中也可以灵活地减少或增加内容。

8. 答辩时的应对原则

（1）语速适中。在答辩时，同学们的说话速度往往越来越快，以致答辩委员会听不清楚，影响了答辩成绩。答辩学生一定要注意在答辩过程中的语流速度，要有急有缓，有轻有重。

（2）目光移动。答辩时应注意自己的目光，时常地瞟向答辩委员会成员及会场上的同学们。这是大家用目光与听众进行心灵的接触，使听众对大家的论题产生兴趣的一种手段。

（3）体态辅助。手势语言的恰当运用会显得自信、有力、不容辩驳。相反，如果某人在答辩过程中始终如一地直挺挺地站着，或者始终如一地低头俯视，即使他的论文结构再合理，主题再新颖，结论再正确，答辩效果也会大受影响。

（4）时间控制。对时间的控制要有力度，到该截止的时间立即结束，这样，显得有准备，对内容的掌握和控制也轻车熟路，容易给答辩委员会成员一个良好的印象。当然在答辩过程中灵活地减少或增加内容也是对时间控制的一种表现，应该重视。

（5）不可强辩。有时老师对答辩人所做的回答不太满意，还会进一步提出问题，以求了解论文作者是否切实搞清和掌握了这个问题。遇到这种情况，答辩人如果有把握讲清，就可以申明理由进行答辩；如果不太有把握，可以审慎地试着回答，能回答多少就回答多少，即使讲得不很确切也不要紧，只要是同问题有所关联，老师会引导和启发大家切入正题；如果确是自己没有搞清的问题，就应该实事求是地讲明自己对这个问题还没有搞清楚，表示今后一定认真研究这个问题，切不可强词夺理，进行狡辩。

（6）回答问题简明扼要。在弄清了主答辩老师所提问题的确切含义后，要在较短的时间内做出反应，要充满自信地以流畅的语言和肯定的语气把自己的想法讲述出来，不要犹犹豫豫。回答问题，一要抓住要害，简明扼要，不要东拉西扯，使人听后不得要领；二要力求客观、全面、辩证，留有余地，切忌把话说“死”；三要条分缕析，层次分明。此外，还要注意吐词清晰，声音适中，等等。

四、学位论文范文

质量信息公示、信号传递与农产品认证行为研究
——基于 HACCP 认证数据的比较分析

南京农业大学经济管理学院金善宝实验班（经济管理类）学生 金　宇
指导教师 何　军

摘要：在信息不对称严重的食品农产品市场中，政府对相关产品的质量安全信息公示是公众获取食品安全信息的重要渠道，也是食品农产品生产者采取认证传递质量信号与进行安全生产的主要外部压力。本文利用 2015~2018 年各季度政府抽检公示不合格食品农产品批次数和新增 HACCP 体系认证数据，探究政府质量信息公示对农产品生产者认证决策的影响。研究发现政府质量信息公示对农产品生产者的认证行为有显著的激励作用。区分地区比较后发现，这一影响在东部与中部较为明显而在西部与东北则不显著。引入“异地监管”因素，区分农产品生产地与公示地的异同后，发现“异地公示”对于生产者认证的激励效果更为显著。

关键词：政府监管　信息公示　信息传递　农产品认证　异地监管

Quality Information Publicity，Signal Transmission and Agricultural Product Certification Behavior
——Comparative Analysis Based on HACCP Certification Data

College of Economics and Management，Nanjing Agricultural University　Jin Yu
Tutor　He Jun

Abstract：There is a serious information asymmetry in the agricultural product market. The government's publicity and safety information disclosure of related products is an important channel for the public to obtain food safety information，and it is also the main external pressure for the safe production and agricultural producers' certification behavior. The paper used the number of unqualified agricultural products sampled by the government and new number of HACCP certifications in each quarter in 2015-2018，to discuss the impact of government quality information publicity on agricultural product producer certification decisions. The paper found that government quality information publicity has a significant incentive effect on the certification behavior of agricultural producers. After comparing the regions，the paper found that this effect was more pronounced in the east and the middle and not in the west and northeast. Considered the "off-site supervision" factor，distinguishing the similarities and differences between the agricultural production sites and the public places, found that the "off-site publicity" incentive effect on producer certification behavior is more significant.

Keywords: government regulation; information publicity; information transfer; agricultural product certification; off-site supervision

一、引言

民以食为天，食以安为先。食品安全问题向来是关系国计民生的大事，但由于问题食品的危害具有长期性、复杂性与滞后性，同时食品农产品市场有较明显的"柠檬市场"的特征（鹿永华等，2010），消费者往往难以有效地识别食品的安全性，甚至在食用之后也无法了解食品的质量情况。因此，构建有效的食品安全信息获取渠道，从而解决或缓解食品农产品市场的信息不对称问题就显得非常重要（周德翼和杨海娟，2002）。

目前公众获取食品农产品安全信息的渠道主要来自两个方面：一是生产者通过认证、品牌效应等方式主动向消费者发送的质量信息；二是经由政府相关部门、媒体等第三方渠道向公众传递的安全质量信息。这两方面信息之间可能存在替代或互补的关系，具体表现为哪一种关系取决于政府或媒体传递质量信息的结果。当政府公示结果显示农产品的整体质量较好时，公示信息就可以在一定程度上替代认证传递的质量信息，向消费者传递农产品质量较好的信号，而当政府公示的质量结果不容乐观时，便需要生产者进行认证传递质量信息，从而对政府的公示信息进行补充，使消费者可以将食品农产品的优质生产者与劣质生产者区分开来，此时两种信息之间存在互补关系。目前已经有不少文献对食品企业自身如何有效向公众传递质量信息进行了讨论，而在通过第三方渠道获取食品安全信息方面，由于食品安全信息具有公共物品属性，不少学者都强调了政府发布食品安全信息的重要性，认为政府应该承担起完善监管体系与及时传递食品安全信息的责任。同时还有研究表明，由于政府部门发布信息的权威性，相比起其他信息获取渠道，公众更愿意相信政府发布的农产品质量安全信息（冯忠泽和李庆江，2008），这也使政府在对食品农产品进行监管后向公众公示传递食品安全信息显得尤为重要。

不仅是消费者会关注政府相关部门在监管后发布的食品安全信息，政府对产品监管后发布的监管结果信息对相关的食品农产品生产者有更为直接的影响。已有研究表明，政府监管对食品企业的自律生产（曹裕等，2017）以及自觉履行社会责任（王琦，2019）有着重要的作用，政府加强对企业生产劣质食品的信息揭示虽然会提高单个企业的成本，但可以提高整个行业的可信度，并促使整个食品行业向更安全生产转型（龚强等，2013）。抽检作为一种有效的质量监测手段，是我国食品药品监督管理局和市场监督管理局等部门在监管食品农产品质量时所主要采用的一种手段。当抽检结果不容乐观时，不仅是被抽检生产者会受到相应的惩罚，在曝光的"传染效应"下，整个相关的食品行业可能都会受到这种不利食品安全信息的影响。食品质量结果也会激励食品农产品生产者，使其努力遵守食品生产安全规范并采取认证的手段来向外界传递其质量信号，将自己与其他低质量产品生产企业区分开来，而目前尚有较少的文献关注政府监管后食品安全信息曝光的正向效应，讨论其对于食品农产品生产者认证决策影响的实证研究还很少见。

HACCP是“hazard analysis critical control point”的英文缩写，即危害分析和关键控制点。在食品生产加工企业的认证中，HACCP体系是一种基于过程的食品质量安全管理技术，可以起到预防控制的效果，在国际上已被广泛地认可与运用。现有文献对于HACCP 体系实施影响因素的研究，大多从管理者、员工及消费者三方对该体系认识和制度约束等角度进行成本与收益的分析，却少有研究从政府监测结果等外部因素出发进行讨论。因此，从抽检公示结果情况的角度出发探讨企业认证、实施 HACCP 的影响因素，有一定的理论与现实意义。本文正是基于地区的比较分析，采用省级食品药品监督管理局与市场监督管理局对食品农产品的抽检数据，实证研究政府监管食品安全信息的公示是否影响了农产品生产者的HACCP认证决策。由于各类农产品间特性差异较大无法一概而论，本文选取了认证HACCP最为频繁且较有认证意义的肉类产品为研究对象，尝试性评估政府监管结果对于生产者认证决策的影响。

与已有研究相比，本文的主要贡献在于：①本文收集了 2015~2018 年各季度的政府抽检不合格食品农产品批次数和新增 HACCP 体系认证季度数据，建立面板模型，首次分析了政府监管信息公示对我国农产品生产者认证决策的影响。②本文将全国分为了四个地区，比较了不同地区间政府监管信息公示对农产品生产者认证决策的差异化影响。③在此基础上，根据产品的产地与食品安全信息的公示地，进一步将政府对食品农产品信息的公示划分为本地公示与异地公示，探究“异地监督”对生产者认证行为的差异化影响。

二、文献综述与理论分析

（一）HACCP 认证影响因素研究

影响 HACCP 体系实施的因素有很多，国外许多学者从成本与收益、企业职工的认识、行业差异等角度对该问题进行了讨论。成本与收益是企业考虑是否实施 HACCP 体系的一个至关重要的因素。Khatri 和 Collins（2007）通过对澳大利亚 41 个肉制品加工企业进行分析后指出了制约与激励企业采用 HACCP 体系的主要因素，制约企业采用该体系的原因主要是实施成本、发展成本、员工培训成本、企业职工缺乏认识及实施获得的收益不够明显，而政府规定、客户要求及企业管理者的认识则是激励企业实施该体系的主要因素。另外，该研究通过进一步研究发现，相对于设施完善的大型企业，小型企业会更加关注实施成本这一因素。对于实施成本的这一影响因素，Henson 等（1999）则有不一样的看法，他们在对英国乳制品加工行业进行成本收益分析之后发现，资本投资与外部技术专业知识成本在企业考虑是否采用 HACCP 体系时并没有那么重要，在乳制品加工企业中，实施 HACCP 体系后所需面临的投入更多人工成本进行系统记录才是影响这些企业实施该体系的重要因素。虽然 HACCP 体系的应用领域很广，但不论工作类别与行业部门如何，企业职工对于该体系风险管理实践都抱有积极的态度（Hielm et al.，2006）。

相比于发达国家，发展中国家采纳 HACCP 体系的影响因素则存在许多符合自身国情的特色，主要体现在企业管理者对 HACCP 体系的认识、制度约束及消费者态度等方面。以我国为例，王志刚和周永刚（2014）利用我国食品企业的大样本数据，使用要素分析与聚类分析的方法建立了各要素之间的联系后得出，制度规制、企业创新、内部效率与外贸压力、第三方认证及企业家精神是食品企业采纳 HACCP 体系所考虑的重要激励因素，尤其是企业家精神这一点，是国外学者在该领域研究中所涉及较少的，这是由于我国的食品企业，特别是私营企业与三资企业中，企业家的头脑与判断在企业决策中起着决定性作用。Jin 等（2008）基于对浙江省 117 家食品企业的调查发现，管理者教育水平相对较低，对 HACCP 体系的认识有限是制约该体系在我国使用的重要原因。该研究还指出，没有实施 HACCP 体系的食品企业对外部激励更加敏感，如消费者对于该体系的认识水平以及政府对该体系的推广与支持。在发展中国家中，消费者对于HACCP体系的认识与态度差别较大，所以一个地区内消费者对于HACCP体系的接受程度同样也是影响企业实施该体系的重要因素。王志刚和毛燕娜（2006）对北京市消费者的支付意愿进行调查后发现，消费者愿意为有 HACCP 认证的产品支付高于正常价格 0.13 元的费用，且消费者对于 HACCP 认证的了解越多，就越倾向购买有该认证的商品。显然，更高的消费者接受程度所带来的更高的需求以及支付意愿，会在一定程度上影响企业的决策。

（二）HACCP 实施障碍研究

HACCP 体系在实施中依然存在非常多的障碍，从其理论体系的本质来看，HACCP 体系是一个发挥指导性意义的体系，这就意味着它在许多方面，尤其是在实际操作层面是存在一定的缺失的。Panisello 和 Quantick（2001）指出，HACCP 体系成功实施存在四项基础：①承诺；②教育和培训；③可用资源；④外部压力。该研究还指出，HACCP 体系能否成功实施，在很大程度上取决于上述四项基础分级与组织的程度，然而这些基础要求却并不包含在 HACCP 理论的七个原理中。这种理论缺失的存在就可能使实施者对体系的理解有一定的偏差，从而产生技术障碍。Panisello 和 Quantick（2001）研究发现，食品企业不采用、不维护 HACCP 体系并不能完全归结于企业不愿意，只有这些可能对 HACCP 体系的理解产生负面影响的技术障碍能够解决，HACCP 体系的原则才能够得到有效的实施与维护。Vela 和 Fernández（2003）调查了马德里某区域的食品企业后发现，对 HACCP 体系的理解不足会导致不恰当的危害分析，从而使体系实施的效果大打折扣。Murat 等（2007）通过调查土耳其的食品加工企业后发现，63.5%的企业管理人员并不知道 HACCP 体系是什么，23.5%的人表示 HACCP 体系过于复杂，研究显示缺乏前提方案、缺乏 HACCP 体系知识、缺乏时间、缺乏员工流动、缺乏员工激励、术语复杂和缺乏人员培训是实施 HACCP 体系过程中最常见的障碍，而管理者缺乏 HACCP 体系和其他食品安全计划的知识被认为是最主要的障碍。相似地，Ehiri 等（1995）在探讨了可能阻碍 HACCP 体系普及与实施的因素后认为，作为

HACCP 体系实施的直接负责人，经营者和管理者对于 HACCP 体系理解有限会直接影响到体系的实施，所以他们认为，对管理者进行培训是成功实施 HACCP 体系的必要前提。除此之外，企业的规模与类型也是制约 HACCP 体系实施的一个重要因素。大型企业拥有更多的资源与技术，但小型企业却没有充足的资金与技术支持，在确保其食品安全上确实存在落后，这也是 Cyprus 地区食品企业 HACCP 体系实施率仅有 17%的主要原因（Violaris et al.，2008）。Mortlock 等（1999）研究显示，肉制品、渔产品加工这类加工工艺较复杂的行业，其 HACCP 体系的实施难度要远大于食品罐头加工这类仅有少数几个关键控制点的行业，如何将 HACCP 体系灵活运用到各个企业类型中，也是该体系在实施过程中的一个重要障碍。

我国在实施与普及 HACCP 体系的过程中也遇到了许多的障碍，总体来看，与该体系在国际上实施所遇到的问题相类似，但依然存在许多具有我国特色的困难，许多学者也对此进行了深入的探讨。总结来看，主要有以下几点：①各类食品安全管理体系在规定上存在矛盾，尤其是在 GB/T22000—2006 出台之后，企业实施 HACCP 原理时遇到各类标准不兼容的问题愈发明显（罗爱军和成黎，2011；刘先德等，2007）；②我国公众对 HACCP 体系的认知度不足，我国引入 HACCP 体系与发达国家相比来说较晚，虽然该体系在食品生产加工企业已得到了广泛的认可与普及，但社会公众对其的了解却远远不够（刘婕，2014）；③HACCP 体系的建立流于形式，在实践生产中操作性不强、管理手段不科学，没有真正发挥出该体系预防与控制的作用（李洪芳，2018；马颖等，2014）；④我国食品生产加工企业数量庞大，地方政府的监督、检查任务繁重，导致 HACCP 在实施过程中没有受到很好的监督，使得许多企业虽然有 HACCP 的认证却并没有有效地实施该技术（元延芳等，2017）；⑤企业管理者对食品质量安全、HACCP 体系的重视不足。我国大部分食品生产加工企业为中小企业，管理者很少有接受过系统的培训，不能很好地认识到 HACCP 体系对于企业长远发展的重要性，且往往对于危害的判断倾向乐观化，缺乏运用系统科学的知识预防危害的意识（徐宇丽等，2014；张菊梅等，2004）。

在解决 HACCP 体系实施障碍这一问题上，Ropkins 和 Beck（2000）认为，对食品企业采取强制性的控制措施是不可取的，应当把重心放在对消费者的教育上，以便消费者可以理性地选择购买食品的类型以及它们所采用的生产加工程序，从而实现对生产者的激励。Orriss 和 Whitehead（2000）则认为，政府需要充分发挥其作用，制定完善的控制食品质量安全所需的标准、法律法规及计划，同时企业有责任建立包括 HACCP 在内的质量保证体系，从而使其产品符合政府制定的标准与法规。李晓瑜（2003）认为，为了使企业能有效实施 HACCP 体系，政府应强制性要求食品企业配置符合国家相关食品卫生法规的基础卫生设施，包括地基、工作台表面及员工个人卫生设施等。

（三）政府信息公示对认证影响的理论分析

生产者是否采用某一产品认证取决于成本与收益的权衡（Segerson，1999）。已有研究表明，企业的认证决策受到内部驱动与外部驱动两方面因素的影响，外部环境因素主要有当地的经济发展水平、市场激励、消费者对食品安全的重视程度和政府的监管规制等（刘彬等，2012；周洁红等，2015；冯忠泽和李庆江，2008），而内部对决策的影响主要来自企业规模、生产者受教育程度、管理者与员工对认证的认知、企业创新能力、实施与培训成本等（Violaris et al.，2008；Khatri and Collins，2007；陈雨生等，2009；Vela and Fernández，2003；王志刚和周永刚，2014；Ehiri et al.，1995；Henson et al.，1999）。同时，不同生产行业与产品特征的不同也是影响生产者是否采取认证的重要因素，如肉制品与水产品等这类加工工艺较复杂的行业，其 HACCP 体系的实施难度会远大于食品罐头加工这种仅有少数几个关键控制点的行业（Mortlock et al.，1999）。因此，生产者的认证决策受到多方因素的综合影响，是外部环境激励、企业可用资源及行业特征的函数。

政府质量信息公示结果的变化会改变食品农产品生产者进行认证与安全生产的成本收益平衡。生产者进行认证的外部激励主要来源于消费者与监管部门两个部分，消费者对于质量信息的敏感性和对于认证信息的重视程度，决定了生产者采取认证行为后可以获得的收益大小，当消费者对于食品质量安全问题的敏感度提高时，就会对生产者提供的质量安全信息有更高的需求，对于认证农产品的支付意愿也会相应提高（王志刚和毛燕娜，2006）；当监管者发现食品农产品行业内部分或整体的质量安全情况有所下降时，通常会加强对相关行业的监管强度，并且在“传染效应”下，其发布的抽检结果信息会对整个行业的可信任度产生影响，使生产者加强对安全生产的重视，采取 HACCP 体系等更先进的生产管理体系以应对监管部门的检查，减少被检测出产品质量不符合规范而造成的外部成本。同时，选择农产品认证的生产者可以有效地将自己区别于产品质量较差的生产者，通过认证传递质量信息进行自我证明。因此，政府监管部门对于食品农产品质量安全信息的公示，会通过直接影响生产者的方式以及传递给消费者后间接影响生产者的方式，对生产者认证的成本收益平衡产生影响。具体的信息传递关系图如图 1 所示。

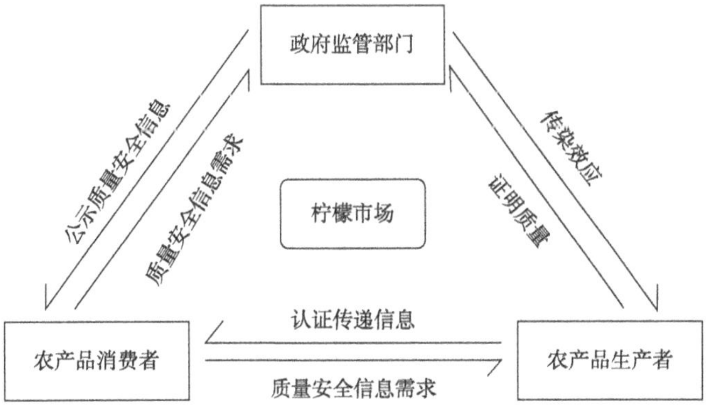

图 1　信息传递关系图

据此，本文提出了第一个假说。

假说 1：政府食品农产品的质量安全信息公示结果会对生产者的认证行为产生影

响，公示抽检结果不合格产品数增加会对生产者的认证行为有正向激励。

由于我国幅员辽阔，不同地区的区域性特征差异明显，相应的农产品生产者对于政府监管安全信息公示的反应也存在一定的异质性。已有研究发现，当地公众对于认证的认知程度及当地政府对于认证的态度等外部激励因素，对于没有参与认证 HACCP 生产者的决策选择影响更为明显，会显著影响其认证决策（Jin et al.，2008）。同时，地区农产品的生产现状、宏观经济发展状况及地区公众受教育状况等因素都会影响到区域内的整体认证水平（张彩萍等，2014；刘彬等，2012）。在那些有着更高的市场化程度、经济发展水平及受教育水平等特点的地区，农产品的生产者与消费者对于不安全食品质量信息与农产品认证情况的敏感程度也会更高，因此这些地区中政府农产品质量信息公示可能对于农产品生产者认证决策影响的效果会更加明显，有必要区分地区进行比较分析。由此，本文提出第二个假说。

假说 2：不同地区政府食品农产品质量安全信息公示对生产者认证行为的影响存在显著的差异。

由于我国地域辽阔，农产品的生产与销售往往存在地域分离的情况。生产者出于品牌影响力与市场拓展等考虑，为了企业的生存与在更大的市场站稳脚跟，对于政府监管抽检本地公示与异地公示的敏感程度可能存在差异。同时，消费地的消费者和政府对于监管的介入意愿会更加强烈，这也可能会使异地公示与异地监管的效果更明显（苏成雪，2005）。所以在“异地监督”的情况下，政府农产品质量安全信息公示对于生产者认证行为的影响可能会存在一定的差异。因此本文提出第三个假说。

假说 3：质量安全信息的“异地公示”对农产品生产者的认证行为有更显著的激励效果。

三、模型构建

（一）模型设定

本文将政府对食品农产品的抽检作为外生变量引入模型，探究其对农产品生产者认证决策的影响。由于生产者的认证决策还受到外部环境及内部因素等的影响，模型主要选择以下三个方面的控制变量：①地区农产品生产现状。地区农产品生产规模、农产品价格水平与农产品生产的发展状况是影响农产品生产者认证的主要外部驱动因素之一，因此参考张彩萍等（2014），将各省农产品生产价格指数、地区第一产业产值占地区生产总值的比例引入模型。②地区宏观发展情况。地区经济发展水平情况和农业占整体产业的比重也会影响到生产者的认证行为，借鉴刘彬等（2012）的研究经验，控制地区 GDP、人均 GDP 及第一产业增加值。③地区公众认知因素。地区政府在农产品安全生产上的重视程度以及对环境保护的意识会对生产者产生一定的引导，影响生产者的认证积极性；另外，生产者的受教育程度与消费者的受教育程度分别是影响其认证行为的重要内驱因素与外驱因素。因此，将高中及以上学历人口比例作为认知程度的控制变量。综上，本文的基本面板模型可表示为

$$\text{NewCertification}_{rs} = \alpha + \beta_1 \text{Unqualified}_{r\text{lag}-s} + \sum_k \gamma_k \text{controls}_{krs} + \varepsilon_{rs} \tag{1}$$

模型（1）中，下标 r 表示个体差异的地区变量，根据我国经济地理四大分区划分，将样本分为东部地区、中部地区、西部地区及东北地区四组；本文面板数据以季度为时间单位，下标 s 代表时间变量季度，如 $\text{NewCertification}_{rs}$ 代表的是 r 地区 s 季度新增肉制品生产者的 HACCP 认证数量；在抽检结果发布后，食品生产加工企业对抽检结果的反应存在一定的滞后性，包括生产者的决策思考时间与 HACCP 认证的申请审批时间等，因此对 HACCP 认证时间与不合格抽检公布时间进行了滞后处理，$\text{Unqualified}_{r\text{lag}-s}$ 代表了考虑滞后效应后的 r 地区 s 季度抽检肉类产品不合格数量；controls_{krs} 则代表了模型中不同类型的控制变量。

考虑到可能存在的地区保护主义及不同地区监管者对不合格食品农产品的监管差异，本文根据不合格肉类产品的产地以及政府食品安全信息的公示地，进一步将抽检不合格样本分为“本地公示”与“异地公示”两组，讨论“异地监督”对农产品生产者认证行为激励作用的差异性，由此可得以下模型：

$$\text{NewCertification}_{rs} = \alpha + \beta_1 \text{Local}_{r\text{lag}-s} + \beta_2 \text{Nonlocal}_{r\text{lag}-s} + \sum_k \gamma_k \text{controls}_{krs} + \varepsilon_{rs} \tag{2}$$

其中，$\text{Local}_{r\text{lag}-s}$ 为考虑了滞后效应的本地公示肉类产品不合格数量；$\text{Nonlocal}_{r\text{lag}-s}$ 为考虑了滞后效应的异地公示肉类产品不合格数量。

（二）数据来源

本文的省级食品农产品抽检不合格数据收集于各省食品药品监督管理局和市场监督管理局公开发布的抽检结果，HACCP 认证数据来自国家认证认可监督管理委员会开发的“中国食品农产品认证信息系统”。由于数据发布格式的原因，本文使用了格式统一的 2015~2018 年的省级抽检不合格的食品农产品样本。其余各控制变量来自国家统计局、《中国统计年鉴》及《中国农村统计年鉴》。

根据国家认证认可监督管理委员会《出口食品生产企业备案管理规定》，用于出口的罐头类、水产品类（活品、冰鲜、晾晒、腌制品除外）、肉及肉制品类、速冻蔬菜、果蔬汁、含肉或水产品的速冻方便食品和乳及乳制品类食品生产企业必须验证实施 HACCP 体系，这部分样本的存在会扭曲模型结果，所以本文将包含出口这些类别食品的生产加工企业从样本中进行剔除处理。剔除后 2015~2018 年的新增认证 HACCP 体系生产者数量为 11 565 个，2015~2018 年相关部门抽检的各批次食品农产品中不合格产品公示总数为 48 170 个。相应地，肉类产品生产者新增认证 HACCP 体系数量为 2 473 家，抽检不合格产品公示数量为 3 307 家。

（三）变量选择

本文选取的因变量为农产品生产者 HACCP 新增认证数量，核心自变量为政府抽检不合格食品农产品公示数量，具体变量设置见表 1。

表 1　变量定义与数据来源

变量	定义	数据来源
NewCertification	新增 HACCP 认证数	国家认证认可监督管理委员会
Unqualified	公示不合格产品数	食品药品监督管理局
Local	本地公示不合格产品数	食品药品监督管理局
Nonlocal	异地公示不合格产品数	食品药品监督管理局
Industry-share	第一产业占地区生产总值比例	《中国农村统计年鉴》
Price-index	农产品生产价格指数	《中国农村统计年鉴》
Edu	高中及以上学历人口比例	《中国统计年鉴》
GDP	地区生产总值	《中国统计年鉴》
per-capita-GDP	地区人均生产总值	《中国统计年鉴》
Industry	第一产业增加值	《中国统计年鉴》
Region	东部地区为 1，中部地区为 2 西部地区为 3，东北地区为 4	国家统计局

（四）描述性统计分析

肉类产品生产者 HACCP 认证数量与肉类产品抽检不合格数量分别是本文的因变量与主要关注的自变量，另外，还包含了地区农产品生产状况、地区宏观发展情况、地区环境因素与认知因素三个维度的控制变量，表 2 是相关变量的描述性统计分析。

表 2　描述性统计

变量	*N*	均值	标准差	最小值	最大值
地区	496	2.500	1.129	1	4
公示不合格产品数	496	51.1	29.9	7	158
新增 HACCP 认证数	496	44.9	37.4	9	139
第一产业占地区生产总值比例	496	0.093 5	0.027 9	0.045 7	0.121
农产品生产价格指数	496	99.89	4.596	88.87	105.5
高中及以上学历人口比例	496	0.311	0.045 9	0.234	0.396
地区生产总值	496	207 467	145 003	52 410	480 996
地区人均生产总值	496	57 644	18 268	40 028	93 602
第一产业增加值	496	23 847	28 998	5 034	121 078
本地公示不合格产品数	496	21.79	8.58	6	41
异地公示不合格产品数	496	41.81	32.11	5	159

从表3分地区比较的情况来看，不论是肉类产品生产者HACCP新增认证数量还是抽检不合格数量的地区分布排序都为东部 > 西部 > 中部 > 东北。可见HACCP的认证与抽检不合格的现象主要集中在东部地区，全国占比分别为56.05%与44.36%，而东北地区则较少，其全国占比为9.22%与11.76%。HACCP的新增认证数与抽检不合格数在空间上的变动有较强的一致性，具体地区分布情况见表3。

表 3 地区分布情况

地区	HACCP 新增认证数/家	抽检不合格数/例	HACCP 新增认证数占比	抽检不合格数占比
东部	1 386	1 467	56.05%	44.36%
中部	338	605	13.67%	18.29%
西部	521	846	21.07%	25.58%
东北	228	389	9.22%	11.76%
全国	2 473	3 307	100.00%	100.00%

中国农产品市场地域广阔的特征决定了农产品的生产与销售在地域上分离的状况十分普遍，本文将抽检不合格肉类产品按照其产地与公示地相同和产地与公示地不同，分为“本地公示”产品与“异地公示”产品两类进行比较讨论。表 4 为政府公布的不合格食品农产品的“异地监督”分布情况。可以看出四个区域的异地公示数量也呈现出了较强的区域特征，东部、中部、西部和东北四个地区的异地公示数量在本地区总公示数量的占比分别为 77.10%、64.79%、56.97%和 43.44%。这种情况的出现可能是因为东部地区人口较为稠密，对肉类产品的需求较高，而我国肉类产品的主产区又较多地集中于中西部的四川、湖南、河南等地，因此相较于其他地区，东部地区接收了更多的外来肉类产品，在政府抽检公示结果中异地生产的肉类产品占比较高，仅有 22.90%的不合格产品是本地生产的。我国西部和东北地区则可能由于地区内肉类产品的自给水平较高、地区农产品生产技术水平相对较低的原因，其抽检不合格产品中本地生产的产品数量占比较高。

表 4 本地和异地公示分布情况

地区	本地公示数量/例	异地公示数量/例	本地公示数量占比	异地公示数量占比
东部	336	1 131	22.90%	77.10%
中部	213	392	35.21%	64.79%
西部	364	482	43.03%	56.97%
东北	220	169	56.56%	43.44%
全国	1 133	2 174	34.26%	65.74%

全国抽检公示不合格肉类产品数量的空间分布显示，东部、中部、西部和东北四个地区的抽检公示不合格产品数量占比分别为 33.46%、23.96%、32.97%和 9.60%。可见

公示不合格肉类产品主要集中在东南沿海和中部地区，总体上呈现出由南到北、由东到西公示不合格产品数量递减的趋势。全国肉类产品生产者新增 HACCP 认证数量的空间分布表明，东部、中部、西部和东北地区的新增 HACCP 占比分别为 56.06%、13.68%、12.05%和 9.21%。同样主要分布在东南沿海地区，总体呈现出自东向西认证数量递减的趋势。

对比全国抽检公示不合格肉类产品数量的空间分布和全国肉类产品生产者新增 HACCP 认证数量的空间分布，我们可以发现，东部地区的抽检公示不合格结果与生产者 HACCP 的认证数量有着较好的一致性，即公示不合格产品数量多的省份同时也是认证数量较多的省份，这可能是由于东部地区相比于其他地区政府监管较强、政府对于食品安全问题的重视程度较高，如浙江省近几年大力推进的食品安全县市的建立，体现了该地区政府对于食品安全问题的高度重视，因此东部地区对不合格农产品的公示曝光也更加频繁；同时，相比于中西部和东北，东部地区的总体经济发展水平较高，肉类产品生产者平均生产规模较大，且地区内人口整体受教育水平较高，这都为 HACCP 认证的增加提供了有利的条件。

四、实证研究结果

（一）基础面板模型回归结果

本文使用 Stata 软件分别采用 OLS 模型与固定效应模型估计政府抽检不合格产品数量对生产者 HACCP 认证决策的影响。在选取面板模型前，本文首先使用不包含聚类稳健标准误的固定效应模型对结果进行估计，得到对于原假设“H_0：all $u_r=0$”的一个 F 检验，对应该使用混合回归还是固定效应模型进行判断，检验结果 P=0.000 0，故强烈拒绝原假设，即固定效应模型优于混合回归。接着使用 Hausman 检验判断应选择随机效应模型还是固定效应模型对地区间不可观测的因素进行控制。Hausman 检验结果 P=0.012 5，从而拒绝原假设，应选择固定效应模型进行估计。因此，本文的面板模型选择的是使用聚类稳健标准误的固定效应模型。

根据表 5 回归结果，政府抽检食品农产品不合格数量增加显著增加了生产者 HACCP 的认证数量，且结果稳健。OLS 模型的回归结果表明，政府抽检不合格食品农产品数量每增加 100 例，就会引起 7.3 家食品生产加工企业采取认证 HACCP 体系的决策。同样，相应地控制了区域间不可观测因素的固定效应模型结果表明，抽检不合格产品数增加 100 例，认证 HACCP 体系的食品农产品生产者就会多 6.6 家。

表 5 政府抽检对生产者认证决策的估计

变量	OLS 模型 新增认证数	固定效应模型 新增认证数
公示不合格产品数	0.073 2*** （3.21）	0.065 8*** （3.51）
第一产业占地区生产总值比例	−3 150.6 （−1.16）	−1 522.2 （−0.67）
农产品生产价格指数	5.192 （1.36）	0.687 （0.21）

续表

变量	OLS 模型 新增认证数	固定效应模型 新增认证数
高中及以上学历人口比例	1 711.5** (2.15)	1 573.9* (1.81)
地区生产总值	0.002 20*** (3.65)	0.002 25*** (3.93)
地区人均生产总值	−0.008 72 (−1.53)	0.000 791 (0.16)
第一产业增加值	−0.000 387 (−0.97)	−0.000 774** (−2.32)
地区	−59.9 (−1.45)	
_cons	−974.2** (−2.05)	−748.4* (−1.92)
N	496	496

***、**和*分别表示在 1%、5%和 10%的水平上显著

注：括号中为稳健性 *t* 统计量

另外，表 5 的回归结果还表明，高中及以上学历人口比例和地区生产总值对食品农产品的认证决策有显著的正向激励。当地第一产业增加值则在固定效应模型中表现出对生产者的认证决策显著的负向影响。也就是说，地区内拥有高中及以上教育程度的人口比例越高、当地整体经济发展水平越高，该地区选择认证的生产者就会越多，这与以往研究结果是一致的。另外，这一结果并没有受到我们引入东部、中部、西部和东北这一虚拟变量后的显著影响。其他的诸如当地第一产业占比、农产品生产价格指数和地区人均生产总值并未表现出对生产者认证决策的显著影响。

（二）地区间差异回归结果

我国幅员辽阔，地区间差异明显，不同地区农产品生产者、消费者对政府抽检公示结果的敏感性与反应也有所不同。因此本文根据中国经济地理区划，将样本分为东部、中部、西部和东北四大区域分别回归进行比较，探究政府监管对于食品农产品生产者认证行为影响的地区间差异。

根据表 6 结果不难看出，政府抽检公示不合格产品数量对于东部地区和中部地区的影响显著，而对西部地区和东北地区则没有产生明显的影响。在影响较为显著的东部地区中，政府抽检公示不合格产品数量每增加 100 例，选择新参与认证的生产者就会增加 9.21 家，这个结果要大于中部地区子样本和全国总样本的回归水平。说明东部地区生产者对于抽检不合格结果的反应更加敏感，抽检结果对中部地区农产品生产者的认证行为虽然也有明显的影响，但同样增加公示 100 例的抽检不合格产品，中部地区新增加的 HACCP 认证量仅有 6.61 家。对于西部地区和东北地区而言，政府监管的信息公示并不会对当地的生产者认证决策造成显著的影响，对西部地区农产品生产者认证行为有显著影响的变量是第一产业占地区生产总值比例以及高中及以上学历人口比例，说明农业在当地经济中的重要程度和公众对于认证的认知水平才是影响生产者认证决策的主要因素。另外，我们还注意到，对比东部地区与西部地区来看，第一产业占地区生产总值比

例对于农产品生产者认证行为的影响是相反的，东部地区第一产业占地区生产总值比例的增加显著减少了相应区域生产者的认证量，而在西部地区更高的第一产业占地区生产总值比例则意味着更高的认证数量。这可能是由于在经济发展水平较高的东部省份中，更低的第一产业占地区生产总值比例对应了更高的经济发展水平，食品农产品生产者自发性认证的比例也就更高。在经济发展较落后的西部地区，农业在经济中的占比越高可能对应着当地有越多的农产品生产者，所以该地的认证数量也相应较多。

表 6　地区间差异回归结果

变量	全国 新增认证数	东部 新增认证数	中部 新增认证数	西部 新增认证数	东北 新增认证数
公示不合格产品数	0.073 2*** （3.21）	0.092 1** （2.96）	0.066 1** （2.65）	−0.002 17 （−0.10）	0.069 9 （1.29）
第一产业占地区生产总值比例	−3 150.6 （−1.16）	−5 553.1* （−2.05）	767.5 （0.26）	1 329.3* （2.35）	−283.2 （−0.15）
农产品生产价格指数	5.192 （1.36）	15.78 （0.97）	−0.553 （−0.09）	−11.38 （−1.29）	−1.466 （−0.19）
高中及以上学历人口比例	1 711.5** （2.15）	7 033.6 （0.98）	713.7 （0.69）	4 130.6* （2.10）	703.8 （0.40）
地区生产总值	0.002 20*** （3.65）	−0.005 91 （−0.79）	0.000 107 （1.24）	0.000 158 （0.08）	0.012 7 （0.29）
地区人均生产总值	−0.008 72 （−1.53）	0.016 2 （0.42）	0.004 49 （0.82）	−0.015 4 （−0.48）	−0.018 1 （−0.29）
第一产业增加值	−0.000 387 （−0.97）	−0.015 5 （−0.26）	0.000 038 8 （0.22）	0.015 0 （0.11）	0.001 12 （0.02）
地区	−59.9 （−1.45）				
_cons	−974.2** （−2.05）	−561.1 （−0.21）	−383.4 （−1.33）	1 882.2* （2.03）	203.5 （0.13）
N	496	160	96	192	48

***、**和*分别表示在 1%、5%和 10%的水平上显著

注：括号中为稳健性 *t* 统计量

（三）“异地监督”差异化影响

考虑到我国农产品销售中普遍存在的产销分离现状，消费者、生产者和监管者对于本地销售农产品与异地销售农产品的行为与态度存在一定的差别。消费者和监管者往往对异地农产品的质量安全问题更为敏感，生产者也由于市场拓展和维护品牌声誉等需求对于异地公示的不合格产品情况更加重视。由于不同地区监管对于农产品生产者认证行为的激励可能存在明显的区别，本文根据农产品不合格产品的生产地与公示地的异同情况，将政府监管公示分为“本地公示”与“异地公示”两类，以探讨异地监督对于农产品生产者认证行为的差异化影响。并在此基础上讨论了我国四个不同地理区划异地监管的影响差异。

从表 7 回归结果可以看出，从全国范围来看，异地公示对于农产品生产者的认证行为的影响要显著大于本地公示的影响，异地公示的不合格食品农产品数量每增加 100 例，会推动 12.6 家生产者进行 HACCP 认证，而本地公示的影响则远小于异地公示，每增加 100 例的公示不合格数仅推动了 5.9 家生产者进行 HACCP 认证。在分地区比较中，

仅有东部地区子样本的本地公示、异地公示以及西部地区子样本的异地公示通过了显著性检验。可以看到，东部地区也呈现出了异地公示比本地公示对农产品生产者认证HACCP行为影响更大的结果，本地公示数和异地公示数每增加100例分别使生产者新认证HACCP的数量增加4.8家与14.3家，这个结果与全国样本的结果一致，且异地公示对东部地区生产者的认证行为有着更大的影响力。西部地区仅有异地公示通过了显著性检验，每增加100例不合格产品会推动9.0家农产品生产者进行认证，低于全国样本中异地公示的平均影响力。总结来说，在全国和东部地区样本中，异地公示对生产者HACCP认证行为的影响力要大于本地公示的影响力，而中部、西部与东北地区的本地公示与异地公示均未完全通过显著性检验，异地监督影响的地域差异显著。

表7　本地公示与异地公示对生产者认证行为的影响

变量	全国 新增认证数	东部 新增认证数	中部 新增认证数	西部 新增认证数	东北 新增认证数
本地公示数量	0.058 6* （2.09）	0.047 9** （2.89）	−0.031 2 （−0.25）	0.013 2 （1.47）	0.137 （0.36）
异地公示数量	0.126*** （3.04）	0.143* （2.01）	0.081 0 （1.27）	0.090 1* （2.34）	0.146 （1.19）
第一产业占地区生产总值比例	−3 169.7 （−1.38）	−5 478.3** （-2.86）	−10 079.7 （−1.67）	−4 323.2 （−1.09）	−196.1 （−0.09）
农产品生产价格指数	3.423 （1.07）	−12.36 （−1.20）	18.66 （1.20）	−5.540 （−0.58）	2.858 （0.22）
高中及以上学历人口比例	2 766.2*** （3.89）	5 770.3* （2.31）	5 431.4** （2.80）	−3 101.6 （−1.06）	198.3 （0.06）
地区生产总值	0.003 02*** （6.33）	−0.007 91 （−1.76）	0.017 3 （0.63）	−0.001 02 （−0.47）	−0.024 4 （−0.26）
地区人均生产总值	0.016 4*** （3.62）	0.034 4 （1.46）	−0.073 6 （−0.66）	−0.016 4 （−0.58）	0.037 2 （0.27）
第一产业增加值	0.003 40 （1.49）	0.063 4 （1.70）	0.012 0 （0.60）	−0.003 90 （−0.03）	−0.043 7 （−0.34）
地区	−25.3 （−0.43）				
_cons	−1 051.6** （−2.57）	238.1 （0.14）	334.9 （0.34）	762.6 （0.90）	−537.0 （−0.26）
N	496	496	496	496	496

***、**和*分别表示在1%、5%和10%的水平上显著

注：括号中为稳健性*t*统计量

五、讨论与总结

政府对于食品农产品质量安全信息的公示是食品质量安全监管的重要组成部分，也是食品农产品生产者安全生产和认证的主要外部压力。政府相关部门对于监管及质量安全信息公示的加强，也是缓解消费者在选择食品农产品时信息弱势情况的有效手段。政府监管不合格信息公示结果的变化，会打破原有生产者采取认证行为后成本收益的平衡，从而对其认证决策产生一定的影响。高质量的食品农产品生产者出于品牌效应等考虑，会采取认证等向外界传递质量信号的手段将自己与其他生产者区别开。

本文按照全国经济地理区划的划分，将全国分为东部、中部、西部与东北四个地

区，使用省级面板数据，基于地区间差异的比较，实证研究了政府监管对于农产品生产者认证行为的影响后发现，政府监管的不合格产品质量信息公示会对农产品生产者的HACCP 认证行为产生影响，且地区间的差异显著，东部地区农产品生产者受到政府不合格信息公示的影响最为明显。在进一步探究“异地监督”对于生产者认证行为的影响时发现，政府食品农产品不合格信息的异地公示比本地公示对生产者的认证行为影响更为显著，这一点在东部地区的子样本中表现得更加明显，而其他地区则不存在显著的促进效应。

因此，本文提出了以下几方面的政策启示。

（1）政府相关部门应该重视食品质量安全信息传播渠道的建立，这种具有公信力的食品安全信息可以缓解食品农产品市场中信息不对称的问题，并对农产品生产者的认证行为有显著的正向激励，在食品农产品认证的推广普及中发挥了重要作用。

（2）政府监管对于农产品生产者认证行为的地区差异显著，政府监管部门应该利用各种渠道，对于中西部及东北地区就食品安全与认证的知识进行常态化的教育和宣传，提高公众对于食品质量安全与认证的认知水平，有助于提升政府对于食品农产品生产者的监管效果。

（3）由于异地监管对于农产品生产者认证行为的影响更为显著，同时也为了减小可能出现的食品安全问题的影响范围，政府相关监管部门应加强对异地生产的食品农产品的监管力度，激励农产品生产者进行认证与采用 HACCP 体系等更高要求的食品农产品生产体系，提升我国食品农产品的监管效率与食品安全水平。

参考文献

曹裕，俞传艳，万光羽. 2017. 政府参与下食品企业监管博弈研究. 系统工程理论与实践，37（1）：140-150.

陈雨生，乔娟，闫逢柱. 2009. 农户无公害认证蔬菜生产意愿影响因素的实证分析——以北京市为例. 农业经济问题，30（6）：34-39.

冯忠泽，李庆江. 2008. 消费者农产品质量安全认知及影响因素分析——基于全国 7 省 9 市的实证分析. 中国农村经济，（1）：23-29.

龚强，张一林，余建宇. 2013. 激励、信息与食品安全规制. 经济研究，48（3）：135-147.

李洪芳. 2018. HACCP 体系在食品生产企业中的运用. 食品安全导刊，（9）：42.

李晓瑜. 2003. 食品企业实施 HACCP 的障碍与克服方法. 中国标准化，（1）：24-25.

刘彬，林剑波，潘家强. 2012. 浅析不同经济发展水平下无公害畜产品认证的变化与发展. 农业经济，（11）：120-121.

刘婕. 2014. 我国食品行业应用 HACCP 体系管理的现状和对策. 中国食品添加剂，（8）：146-149.

刘先德，段启甲，余锐萍. 2007. 我国目前 HACCP 应用存在的问题和对策. 食品科学，28（5）：369-373.

鹿永华，辛德树，单洪国. 2010. 柠檬市场与农产品质量安全. 农业经济，（6）：90-92.

罗爱军，成黎. 2011. 解读 HACCP 体系在我国食品行业的应用. 食品安全导刊，（9）：18-22.

马颖，吴燕燕，郭小燕. 2014. 食品安全管理中 HACCP 技术的理论研究和应用研究：文献综述. 技术经济，33（7）：82-89.
苏成雪. 2005. “异地监督”：舆论监督向法治的过渡. 武汉大学学报（人文科学版），58（6）：790-794.
王琦. 2019. 政府监管与企业社会责任行为的演化博弈研究. 西南政法大学学报，21（1）：133-142.
王志刚，毛燕娜. 2006. 城市消费者对 HACCP 认证的认知程度、接受程度、支付意愿及其影响因素分析——以北京市海淀区超市购物的消费者为研究对象. 中国农村观察，（5）：2-12.
王志刚，周永刚. 2014. 食品加工企业采纳 HACCP 的激励因素探索. 食品科学技术学报，32（3）：77-82.
徐宇丽，王志强，王旭. 2014. 国际实施 HACCP 影响因素探讨及对我国启示. 食品工业，35（2）：226-229.
元延芳，尚红叶，陈慧，等. 2017. 美国食品监督检查制度的分析和借鉴. 食品与机械，33（1）：59-61.
张彩萍，白军飞，蒋竞. 2014. 认证对消费者支付意愿的影响：以可追溯牛奶为例. 中国农村经济，（8）：76-85.
张菊梅，吴清平，吴慧清，等. 2004. 食品企业实施 HACCP 存在的主要障碍. 食品工业科技，25（10）：122-124.
周德翼，杨海娟. 2002. 食物质量安全管理中的信息不对称与政府监管机制. 中国农村经济，（6）：29-35，52.
周洁红，幸家刚，虞轶俊. 2015. 农产品生产主体质量安全多重认证行为研究. 浙江大学学报（人文社会科学版），45（2）：55-67.
Ehiri J E，Morris G P，McEwen J. 1995. Implementation of HACCP in food businesses：the way ahead. Food Control，6（6）：341-345.
Henson S，Holt G，Northen J. 1999. Costs and benefits of implementing HACCP in the UK dairy processing sector. Food Control，10（2）：99-106.
Hielm S，Tuominen P，Aarnisalo K，et al. 2006. Attitudes towards own-checking and HACCP plans among Finnish food industry employees. Food Control，17（5）：402-407.
Jin S S，Zhou J H，Ye J T. 2008. Adoption of HACCP system in the Chinese food industry：a comparative analysis. Food Control，19（8）：823-828.
Khatri Y，Collins R. 2007. Impact and status of HACCP in the Australian meat industry. British Food Journal，109（5）：343-354.
Mortlock M P，Peters A C，Griffith C J. 1999. Food hygiene and hazard analysis critical control point in the United Kingdom food industry：practices，perceptions，and attitudes. Journal of Food Protection，62（7）：786-792.
Murat B，Yüksel M，Cavusoglu T. 2007. Difficulties and barriers for the implementing of HACCP and food safety systems in food businesses in Turkey. Food Control，18（2）：124-130.
Orriss G D，Whitehead A J. 2000. Hazard analysis and critical control point（HACCP）as a part of an overall quality assurance system in international food trade. Food Control，11（5）：345-351.

Panisello P J，Quantick P. 2001. Technical barriers to hazard analysis critical control point（HACCP）. Food Control，12（3）：165-173.

Ropkins K，Beck A J. 2000. HACCP in the home：a framework for improving awareness of hygiene and safe food handling with respect to chemical risk. Trends in Food Science & Technology，11（3）：105-114.

Segerson K. 1999. Mandatory versus voluntary approaches to food safety. Agribusiness，15（1）：53-70.

Vela A R，Fernández J M. 2003. Barriers for the developing and implementation of HACCP plans：results from a Spanish regional survey. Food Control，14（5）：333-337.

Violaris Y，Bridges O，Bridges J. 2008. Small businesses-big risks：current status and future direction of HACCP in Cyprus. Food Control，19（5）：439-448.

参考书目

刘西川. 2020. 实证论文写作八讲. 北京：北京大学出版社.

马戎. 2001. 试谈社会学学位论文的写作. 学位与研究生教育，（9）：35-38.

孙洁. 2007. 毕业论文写作与规范. 北京：高等教育出版社.

吴子牛，白晨媛. 2019. 学位论文写作. 北京：北京航空航天大学出版社.

殷 R K. 2017. 案例研究：设计与方法. 5 版. 周海涛，史少杰，译. 重庆：重庆大学出版社.

附录一：常用杂志投稿网址

一、综合性社会科学类

中国社会科学——http://www.cssn.cn/
学术月刊——http://www.xsyk021.com
国外社会科学——http://www.ssaj.org.cn/
中国社会科学院研究生院学报——http://yjsyxb.cn/

二、大学学报类

复旦大学学报（社会科学版）——http://www.fdwkxb.fudan.edu.cn/
吉林大学社会科学学报——http://www.jldb.cbpt.cnki.net/WKA2/WebPublication/index.aspx?mid=jldb
上海财经大学学报（哲学社会科学版）——https://qks.sufe.edu.cn/J/CDXB.html/CN
华中师范大学学报（人文社会科学版）——http://journal.ccnu.edu.cn/sk/CN/volumn/home.shtml
北京大学学报——http://journal.pku.edu.cn
山东大学（文史哲）编辑部——http://www.lhp.sdu.edu.cn/
山东大学学报（哲学社会科学版）——https://www.journal.sdu.edu.cn/
厦门大学学报（自然科学版）——http://jxmu.xmu.cdu.cn/
陕西师范大学学报——http://www.xuebao.snnu.edu.cn/
中山大学学报编辑部（期刊管理中心）——http://xuebao.sysu.edu.cn/
武汉大学学报（哲学社会科学版）——http://wsld.cbpt.cnki.net
浙江大学学报（人文社会科学版）——https://www.zjujournals.com/soc/CN/article/showOldVolumn.do
西北师范大学学报编辑部——https://xbbjb.nwnu.edu.cn/
湘潭大学学报（哲学社会科学版）——http://www.jxtu.net/
清华大学学报（哲学社会科学）——http://qhdz.cbpt.cnki.net
上海师范大学学报——http://xuebao.shnu.edu.cn/
四川大学期刊社——http://journal.scu.edu.cn/qkdh1/zxshkxlqk.htm
东北师大学报（哲学社会科学版）——http://dswkxb.nenu.edu.cn
华东师范大学学报（哲学社会科学版）——http://www.xb.ecnu.edu.cn/
南京师范大学学报（社会科学版）——http://xuebao.njnu.edu.cn

河南师范大学学报——https://www.htu.edu.cn/xuebao/
南京农业大学学报（社会科学版）——http://njnydxxbskb.paperonce.org/
西安交通大学学报（社会科学版）——http://skxb.xjtu.edu.cn
中国农业大学学报（社会科学版）——http://zgnydxsk.cnjournals.net/ch/index.aspx
西南大学期刊社——http://xbbjb.swu.edu.cn/
湖南师范大学社会科学学报——http://www.hnsfdxxb.cn/
河北大学学报（哲学社会科学版）——http://hbdxxb.cn/
河北大学学报（自然科学版）——http://www.hebeidxxb.cn/
上海交通大学学报（哲学社会科学版）——http://shjx.cbpt.cnki.net
河南大学学报（社会科学版）——http://hnds.cbpt.cnki.net
北京工商大学学报（社会科学版）——http://btbuskxb.ijournals.cn/ch/index.aspx
兰州大学学报（社会科学版）——https://ldsk.cbpt.cnki.net/WKE/WebPublication/index.aspx?mid=LDSK
中国地质大学学报（社会科学版）——https://ddxs.cbpt.cnki.net/EditorDN/Quit.aspx
山西大学学报（哲学社会科学版）——http://sxdxxb.cn/
暨南大学学报编辑部——http://jnxb.jnu.edu.cn
烟台大学学报（哲学社会科学版）——http://xuebao.ytu.edu.cn
华南师范大学学报（社会科学版）——http://journal-s.scnu.edu.cn/
重庆大学期刊社（社会科学版）——http://qks.cqu.edu.cn
重庆邮电大学期刊社（社会科学版）——http://journal.cqupt.edu.cn
重庆工商大学学术期刊社（社会科学版）——http://journal.ctbu.edu.cn
郑州大学期刊中心学报编辑部——http://www5.zzu.edu.cn/xuebao/index.htm
大连理工大学学报（社会科学版）——http://xbsk.dlut.edu.cn/
天津大学学报（社会科学版）——http://xbskb.tju.edu.cn/
深圳大学学报（人文社会科学版）——http://xb.szu.edu.cn
华中科技大学学报（社会科学版）——http://hzls.chinajournal.net.cn
东北大学学报（社会科学版）——http://xuebao.neu.edu.cn/social/
福建师范大学学报（哲学社会科学版）——http://fjsx.cbpt.cnki.net
华南农业大学学报（社会科学版）——http://xuebao.scau.edu.cn/sk
上海大学学报（社会科学版）——http://www.jsus.shu.edu.cn/
齐鲁学刊——http://qlxk.cbpt.cnki.net/
北京理工大学学报（社会科学版）——http://journal.bit.edu.cn/sk
云南大学学报（社会科学版）——www.wkxb.ynu.edu.cn
安徽师范大学学报编辑部——http://journal.ahnu.edu.cn/
北京交通大学学报（社会科学版）——http://xbsk.bjtu.edu.cn/CN/volumn/home.shtml
西藏大学学报（社会科学版）——http://xzdx.cbpt.cnki.net

三、人为地理、环境类

城市规划学刊——http://cxgh.cbpt.cnki.net
中国人口·资源与环境——http://www.cpre.sdnu.edu.cn/
资源科学——http://www.resci.cn/CN/1007-7588/home.shtml
长江流域资源与环境——http://yangtzebasin.whlib.ac.cn/CN/1004-8227/home.shtml

四、统计类

统计研究——https://tjyj.stats.gov.cn/
统计与决策——http://www.tjyjc.com/

五、管理类

管理世界——http://www.mwm.net.cn/web/
中国软科学——http://www.cssm.com.cn/
科学学研究——http://www.kxxyj.com/CN/1003-2053/home.shtml
南开管理评论——https://nbr.nankai.edu.cn/ch/index.aspx
外国经济与管理——https://qks.sufe.edu.cn/J/WJGL.html/CN
科学学与科学技术管理——http://www.ssstm.org/CN/1002-0241/home.shtml
中国管理科学——http://123.57.62.217/CN/1003-207X/home.shtml
管理科学——http://glkx.hit.edu.cn/glkxcn/ch/index.aspx
管理评论—— http://www.glplzz.com
预测——http://yuce.cbpt.cnki.net
管理学报——http://glxb.hust.edu.cn
公共管理学报——http://www.ggglxbzz.cn/
科研管理——http://journal26.magtechjournal.com/Jwk3_kygl/CN/1000-2995/home.shtml
中国科技论坛——http://www.zgkjlt.org.cn/CN/volumn/home.shtml
软科学——https://xuxi.cbpt.cnki.net/WKC3/WebPublication/index.aspx?mid=XUXI
科技进步与对策——http://www.kjjb.org/
工程管理学报——http://jem.hit.edu.cn/
财经理论与实践——http://hdxbcjb.cnjournals.net/ch/index.aspx
宏观经济管理——http://www.hgjjgl.com/
华东经济管理——https://hdjj.cbpt.cnki.net/WKD/WebPublication/index.aspx?mid=hdjj

六、经济类

经济研究——http://www.erj.cn
世界经济——http://manu30.magtech.com.cn/sjjj/CN/volumn/home.shtml
当代经济科学——http://jjkx.xjtu.edu.cn/

国际经济评论——http://ejournaliwep.cssn.cn/qkjj/201803/t20180314_4353975.shtml
数量经济技术经济研究——http://www.jqte.net/sljjjsjjyj/ch/index.aspx
财经研究——http://cbxt.shufe.edu.cn/
农业经济问题——http://www.iaecn.cn/WKB2/WebPublication/index.aspx?mid=iaecn
农业技术经济——http://www.iaecn.cn/WKB2/WebPublication/index.aspx?mid=iaecn
财贸经济——http://www.caimaojingji.cn/
南开经济研究——https://nkes.nankai.edu.cn/
世界经济研究——https://jing.cbpt.cnki.net/WKB2/WebPublication/index.aspx?mid=jing
世界经济文汇——http://sjjjwh.magtech.com.cn/CN/column/column22.shtml
经济学家——https://jjxj.swufe.edu.cn/CN/volumn/current.shtml
经济社会体制比较——https://jjsh.cbpt.cnki.net/WKD/WebPublication/index.aspx?mid=jjsh
经济评论——http://jer.whu.edu.cn/
改革——http://www.reform.net.cn
国际贸易问题——http://gjmw.cbpt.cnki.net/WKC/WebPublication/index.aspx?mid=GJMW
当代财经——http://cfejxufe.magtech.com.cn/CN/cfe/home.shtml
财贸研究——http://cmyj.cbpt.cnki.net
中央财经大学学报——http://xbbjb.cufe.edu.cn
商业经济与管理——http://zzs.zjgsu.edu.cn/gl/CN/volumn/current.shtml
中南财经政法大学学报——http://xuebao.zuel.edu.cn/
当代经济研究——http://www.ddjjyj.com
国际经贸探索——http://gjts.cbpt.cnki.net
南方经济——http://www.scje.org
金融经济学研究——https://jfe.gduf.edu.cn/CN/1674-1625/home.shtml
经济经纬——http://www.jjjw.org.cn/CN/volumn/home.shtml
科技与经济——http://www.kjyjj.cn/ch/index.aspx
中国经济问题——http://ces.xmu.edu.cn
审计与经济研究——http://xbbjb.nau.edu.cn/sjyjjyj/ch/index.aspx
南京审计大学学报——http://xbbjb.nau.edu.cn/sjxyxb/ch/index.aspx

七、社会学

社会学研究——http://shxyj.ajcass.org/
中国人口科学——http://www.zgrkkx.com/

八、扩展版

系统工程理论与实践——http://www.sysengi.com/CN/volumn/current.shtml
中国科技资源导刊——http://zxs.ijournals.cn/zgkjzydk/ch/index.aspx
企业经济——http://www.qyjj.cn/

云南财经大学学报——http://www.ynufe.edu.cn/

现代财经——天津财经大学学报——https://xcxb.chinajournal.net.cn/

商业研究——http://www.crjournal.org.cn/CN/1001-148X/home.shtml

兰州财经大学学报——http://journal16.magtechjournal.com/Jwk3_lzcj/CN/1004-5465/home.shtml

税务与经济——https://swyj.cbpt.cnki.net/EditorDN/Quit.aspx

开发研究——http://kfyj.cbpt.cnki.net/WKB2/WebPublication/index.aspx?mid=kfyj

兰州学刊——http://www.lanzhouxuekan.com/

北京林业大学学报（社会科学版）——http://sheke.bjfu.edu.cn/

中国海洋大学学报（社会科学版）——https://zghz.cbpt.cnki.net/WKD/WebPublication/index.aspx?mid=zghz

北京航空航天大学学报（社会科学版）——https://bhxb.buaa.edu.cn/

贵州师范大学学报（社会科学版）——https://xb.gznu.edu.cn/

北京工业大学学报（社会科学版）——https://journal.bjut.edu.cn/skb/CN/1671-0398/home.shtml

西南交通大学学报——http://journal16.magtechjournal.com/Jweb_xnjd/CN/volumn/current.shtml

湖北大学学报（哲社版）——http://xb.hubu.edu.cn/

宁夏大学学报（人文社会科学版）——https://nxdx.cbpt.cnki.net/WKC2/WebPublication/index.aspx?mid=nxdx

武汉理工大学学报——http://whlgdxxb.magtech.org.cn/cn/dqml.asp

武汉理工大学学报（社会科学版）——http://www.whxbsk.net/

杭州师范大学学报（社会科学版）——https://hsxx.cbpt.cnki.net/

四川师范大学学报（社会科学版）——http://wkxb.sicnu.edu.cn/

安徽大学学报（哲学社会科学版）——https://adzs.chinajournal.net.cn/

中南大学学报（社会科学版）——http://www.zndxsk.com.cn/

西北农林科技大学学报（社会科学版）——http://www.xnxbs.net

北京联合大学学报——https://bjlh.cbpt.cnki.net/WKE/WebPublication/index.aspx?mid=BJLH

北京联合大学学报（人文社科版）——https://bjlb.cbpt.cnki.net/WKC/WebPublication/index.aspx?mid=bjlb

苏州职业大学学术期刊中心——http://xb.jssvc.edu.cn/

附录二：常用数据网

国家统计局 http://www.stats.gov.cn/

中华人民共和国海关总署 http://www.customs.gov.cn

江苏省统计局 http://tj.jiangsu.gov.cn/

联合国粮食及农业组织 http://www.fao.org/

金融经济学网站（Financial Web）http://www.finweb.com/

神奇经济数据库 https://www.economagic.com/

国民经济研究局（National Bureau of Economic Research）http://www.nber.org

经济政策研究中心（Center for Economic Policy Research）http://www.cepr.org

普林斯顿大学 Pliny Fisk 经济学和金融图书馆 https://www.princeton.edu/econlib/

经济链接（Financial Links）http://econlinks.com/

Elsevier Science /North-Holland 的经济数据 http://www.elsevier.nl/homepage/sae/econbase/menu.sht

耶鲁大学社会科学数据库 http://statlab.stat.yale.edu/SSDA/ssda.html

美国统计署 http://www.census.gov/

美国劳动统计署 http://www.bls.gov/

（美国）健康统计中心 http://www.cdc.gov/nchs/default.htm

（美国）社会保障管理局 http://www.ssa.gov/

政治和社会研究大学联合会（密歇根大学）http://www.icpsr.umich.edu/

密歇根调查研究中心 http://www.isr.umich.edu/src/research.html

外国劳动统计 http://stats.bls.gov/flshome.htm

《计量经济学》杂志数据库 http://qed.econ.queensu.ca/jae/

世界银行数据库 http://www.worldbank.org/data/

经济合作与发展组织（OECD）http://www.oecd.org/

世界银行 http://www.worldbank.org/